böhlau Wien

ÖSTERREICHISCHE AKADEMIE DER WISSENSCHAFTEN
Philosophisch-historische Klasse - Kommission für Rechtsgeschichte Österreichs

FONTES RERUM AUSTRIACARUM

Österreichische Geschichtsquellen

Dritte Abteilung

FONTES IURIS

14. Band

DIE RECHTSQUELLEN DER STADT LEOBEN

CHRISTA SCHILLINGER-PRASSL

DIE RECHTSQUELLEN DER STADT LEOBEN

CHRISTA SCHILLINGER-PRASSL

BÖHLAU VERLAG WIEN · KÖLN · WEIMAR

Vorgelegt von w. M. Werner Ogris
in der Sitzung vom 12. Juni 1996.

Gedruckt mit Unterstützung durch
den Fonds zur Förderung der wissenschaftlichen Forschung
und die Stadt Leoben

Umschlagabbildung:
Urkundenkoffer, Leoben, um 1500. Steiermärkisches Landesmuseum Joanneum.
Kunstgewerbliche Sammlungen, Graz.

Die Deutsche Bibliothek – CIP-Einheitsaufnahme

Schillinger-Prassl, Christa:
Die Rechtsquellen der Stadt Leoben / Christa Schillinger-Prassl. – Wien ; Köln ; Weimar : Böhlau, 1997
(Fontes rerum Austriacarum : Abt. 3, Fontes iuris ; Bd. 14)

ISBN 3-205-98753-5

NE: Fontes rerum Austriacarum / 03

Gedruckt auf umweltfreundlichem, chlor- und säurefreiem Papier.

Satz: Zehetner Ges. m. b. H., A-2105 Oberrohrbach

Druck: Plöchl, A-4240 Freistadt

INHALT

GELEITWORT

Überraschend kurze Zeit nach Band XIII darf ich namens der *Kommission für Rechtsgeschichte Österreichs* Band XIV der Reihe *Fontes iuris* vorlegen. Ich will nicht verhehlen, daß ich mich über diesen „Einstand", welcher der 1995 aus der Taufe gehobenen Kommission gelungen ist, aufrichtig freue. Allerdings wird es aus verschiedenen Gründen kaum möglich sein, dieses Tempo in Zukunft beizubehalten.

Nach Wien, Eferding, Weitra, Feldkirch, Linz, Krems (Stein) und Rust ist nun – als erste steirische Stadt der Fontes iuris – Leoben an der Reihe. Die aus einer Grazer philosophischen Dissertation hervorgegangene Publikation enthält eine ausführliche Einleitung und – als Hauptteil – Rechtsquellen aller Art sowie diverse Anhänge und Register. Damit hat die um 1261 in der Murschlinge neu angelegte „Eisenstadt" wenigstens für die ersten dreieinhalb Jahrhunderte ihrer Geschichte (Ende 13. bis Ende 16. Jahrhundert) eine quellenmäßige Darstellung erfahren. Mögen die „Rechtsquellen der Stadt Leoben" gleichartige Forschungen über andere (steirische!) Städte anregen!

Auch bei diesem Band gilt es, dem Fonds zur Förderung der wissenschaftlichen Forschung zu danken. Er und die Stadt Leoben haben die Drucklegung durch einen namhaften Beitrag unterstützt.

W. M. Werner Ogris
Obmann der Kommission für
Rechtsgeschichte Österreichs

QUELLEN- UND LITERATURVERZEICHNIS

1. Ungedruckte Quellen

Steiermärkisches Landesarchiv, Abteilung Hamerlinggasse 3a:
Allgemeine Urkundenreihe
Diplome
Stadtarchiv Leoben
Landschaftliches Privilegienbuch II
Reformationsakten

Steiermärkisches Landesarchiv, Abteilung Bürgergasse 2a:
Innerösterreichische Urkundenreihe
Hofschatzgewölbebücher
Innerösterreichische Hofkammer – Sachabteilung
Meiller-Akten

Historische Landeskommission für Steiermark, Sammlung Hausmann (HLK-SH)

Haus-, Hof- und Staatsarchiv in Wien (HHStA Wien):
Innerösterreichische Urkundenreihe
Conceptbuch der österreichischen Kanzlei Kaiser Friedrichs III. 1478, 2 Bde.

Hofkammerarchiv in Wien (HKA Wien):
Innerösterreichische Herrschaftsakten (Leoben)

2. Gedruckte Quellen

BERGER	=	Melitta BERGER, Die Rechtsquellen der Freistadt Rust (= FRA, III. Abt., Fontes Iuris 8). Graz – Wien – Köln 1983.
BISCHOFF, Pettauer Stadtrecht	=	Ferdinand BISCHOFF, Das Pettauer Stadtrecht vom Jahre 1376. Wien 1887.
BISCHOFF/SCHÖNBACH	=	Ferdinand BISCHOFF, Anton SCHÖNBACH, Steirische und Kärnthische Taidinge (= Österreichische Weistümer 6). Wien 1881.
BRAUNEDER/JARITZ	=	Wilhelm BRAUNEDER, Gerhard JARITZ, Die Wiener Stadtbücher 1395–1430 (= FRA, III. Abt., Fontes Iuris 10, Teil 1). Graz – Wien – Köln 1989.
BRUNNER O.	=	Otto BRUNNER, Die Rechtsquellen der Städte Krems und Stein (= FRA, III. Abt., Fontes Iuris 1). Graz – Wien – Köln 1953.

BRUNNER W. = Walter BRUNNER, Das Lehenbuch der Liechtensteiner von 1423. In: MittSteiermLdArch 21 (1971) 61–116.

CHMEL, Excurse = Joseph CHMEL, Habsburgische Excurse. Sonderdruck (aus dem Julihefte des Jahrganges 1853 der Sitzungsberichte der phil.-hist. Classe der kaiserlichen Akademie der Wissenschaften XI. Bd.) 183–241.

CHMEL, Geschichtsforscher = DERS., Der österreichische Geschichtsforscher. 1. Bd., Wien 1838.

CHMEL, Regesta = DERS., Regesta chronologico-diplomatica Friderici IV. Romanorum regis (imperatoris III.), 1. Abt., Wien 1838, unveränderter Nachdruck, Hildesheim 1962.

CSENDES, Stadtrechtsprivileg = Peter CSENDES, Das Wiener Stadtrechtsprivileg von 1221. Böhlau-Quellenbücher. Wien – Köln – Graz 1987.

CSENDES, Wien = DERS., Die Rechtsquellen der Stadt Wien (= FRA, III. Abt., Fontes Iuris 9). Graz – Wien – Köln 1986.

DEMELIUS, Ratsurteile = Heinrich DEMELIUS, Wiener Ratsurteile des Spätmittelalters (= FRA, III. Abt., Fontes Iuris 6). Graz – Wien – Köln 1980.

DOPSCH A., Urbare = Alfons DOPSCH, Die landesfürstlichen Gesamturbare der Steiermark aus dem Mittelalter (= Österreichische Urbare, I. Abt., Bd. 2). Wien – Leipzig 1910.

GÖTH, Urkundenregesten = Georg GÖTH, Urkundenregesten für die Geschichte von Steiermark vom Jahre 1252 bis zum Jahre 1580. In: MittHistVSteierm 5 (1854) 213–240; 6 (1855) 248–272; 7 (1857) 242–268; 8 (1858) 171–196; 9 (1859) 283–304; 10 (1860) 314–336; 11 (1862) 249–260; 12 (1863) 227–248; 13 (1864) 198–212; 14 (1866) 188–203.

HERZOG, Urkunden = David HERZOG, Urkunden und Regesten zur Geschichte der Juden in der Steiermark 1475–1558 (= QForschGeschJudenSteierm 1). Graz 1934.

JANOTTA = Christine JANOTTA, Privilegienbuch der Stadt Feldkirch (= FRA, III. Abt., Fontes Iuris 5). Graz – Wien – Köln 1979.

KNITTLER, Weitra = Herbert KNITTLER, Die Rechtsquellen der Stadt Weitra (= FRA, III. Abt., Fontes Iuris 4). Graz – Wien – Köln 1975.

KOGLER, Beiträge = F. KOGLER, Beiträge zur Stadtrechtsgeschichte Kufsteins bis zum Ausgang des Mittelalters. Innsbruck 1912.

KOGLER, Recht = DERS., Recht und Verfassung der Stadt Rattenberg im Mittelalter. München 1929.

KOGLER, Stadtrechtsquellen = DERS., Die älteren Stadtrechtsquellen von Kitzbühel. In: ZFerdinandeum, 3. Folge, 52. Bd. (1908) 1–93.

KRONES = Franz von KRONES, Urkunden zur Geschichte des Landesfürstenthums, der Verwaltung und des Ständewesens der Steiermark von 1283–1411 in Regesten und Auszügen. In: BeitrrKdeSteiermGeschQ 30 (1899) 13–158.

KÜRSCHNER = F. KÜRSCHNER, Die Urkunden Herzog Rudolfs IV. von Österreich (1358–1365). Ein Beitrag zur speciellen Diplomatik. In: AÖG 49 (1872) 1–88.

LICHNOWSKY = Eduard M. LICHNOWSKY, Geschichte des Hauses Habsburg, 8 Bde. (jeweils im Anhang von Ernst BIRK zusammengestellte Urkundenverzeichnisse). Wien 1836–44.

LOSERTH, Acten	=	Johann LOSERTH, Acten und Correspondenzen zur Geschichte der Gegenreformation in Innerösterreich unter Erzherzog Karl II. (1578–1590) (= FRA, II. Abt., 50). Wien 1898; unter Ferdinand II. (1600–1637). Teil 1 (= FRA, II. Abt., 58). Wien 1906, Teil 2 (= FRA, II. Abt., 60). Wien 1907.
LOSERTH, Reformationsordnungen	=	DERS., Die Reformationsordnungen der Städte und Märkte Innerösterreichs aus den Jahren 1587–1628. In: AÖG 96 (1907) 99–190.
MAYERHOFER	=	Fritz MAYERHOFER, Die Rechtsquellen der Stadt Linz 700–1493 (= FRA, III. Abt., Fontes Iuris 11). Graz – Wien – Köln 1985.
MEILLER	=	Andreas MEILLER, Die österreichischen Stadtrechte und Satzungen aus der Zeit der Babenberger. In: AÖG 10 (1853) 87–173.
MELL/MÜLLER, Taidinge	=	Anton MELL, Eugen Freiherr von MÜLLER, Steirische Taidinge (Nachträge) (= Österreichische Weistümer 10). Wien 1913.
MELL/PIRCHEGGER	=	Anton MELL, Hans PIRCHEGGER, Steirische Gerichtsbeschreibungen. In: QForschVerfVerwGeschSteierm 1 (Graz 1914) 127–749.
MONUMENTA HABSBURGICA	=	Joseph CHMEL, Monumenta Habsburgica. Sammlung von Actenstücken und Briefen zur Geschichte des Hauses Habsburg in dem Zeitraum von 1473 bis 1576, I. Abt., 3 Bde., Wien 1854–1858.
MUCHAR, Urkunden-Regesten	=	Albert von MUCHAR, Urkunden-Regesten für die Geschichte Innerösterreichs vom Jahre 1312 bis zum Jahre 1500. In: AÖG 2 (1849) 429–510.
NOTIZENBLATT	=	Beilage zum Archiv für österreichische Geschichtsquellen. 9 Bde. (1851–1859).
OTRUBA	=	Gustav OTRUBA, Österreichische Fabriksprivilegien 16.–18. Jahrhundert (= FRA, III. Abt., Fontes Iuris 7). Graz – Wien – Köln 1981.
POPELKA, Schriftdenkmäler	=	Fritz POPELKA, Schriftdenkmäler des steirischen Gewerbes. Graz 1950.
REGESTA HABSBURGICA	=	Regesten der Grafen von Habsburg und der Herzöge von Österreich aus dem Hause Habsburg. II. Abt., 1. Lieferung, bearb. v. H. STEINACKER. Innsbruck 1905 und 1934; III. Abt. (1314–1330), bearb. v. L. GROSS. Innsbruck 1922–1924.
REGESTEN DER ERZBISCHÖFE UND DES DOMKAPITELS VON SALZBURG 1247–1343 (= ReggEbSa)	=	bearb. v. Franz MARTIN, 3 Bde., Salzburg 1928–1934.
REGESTEN DES HERZOGTUMS STEIERMARK (= Steirische Regesten)	=	Bd. 1 (1308–1319), unter der Leitung von H. WIESFLECKER, bearb. v. Annelies REDIK (= QGeschichtlLdKdeSteierm 6). Graz 1976.
SALZBURGER STADT- UND POLIZEIORDNUNG VON 1524	=	hg. Franz SPECHTLER, Rudolf UMINSKY. Rechtshistorische Einführung Peter PUTZER (= Göppinger Arbeiten zur Germanistik 222, Frühneuhochdeutsche Rechtstexte I). Göppingen 1978.

SALZBURGER URKUNDENBUCH (= SUB) = bearb. v. Willibald HAUTHALER und Franz MARTIN, 4 Bde., Salzburg 1910–1933.

SCHWIND/DOPSCH = Ernst Freiherr von SCHWIND, Alfons DOPSCH, Ausgewählte Urkunden zur Verfassungsgeschichte der deutsch-österreichischen Erblande im Mittelalter. Innsbruck 1895.

SEUFFERT/KOGLER = Burkhard SEUFFERT, Gottfriede KOGLER, Die ältesten steirischen Landtagsakten 1396–1519, 2 Teile (= QVerfVerwGeschSteierm 3/4). Graz 1953 und 1958.

STARZER = Albert STARZER, Die landesfürstlichen Lehen in Steiermark von 1421 bis 1546 (= BeitrrKdeSteiermGeschQ 32). Graz 1902.

TOMASCHEK = J. A. TOMASCHEK, Die Rechte und Freiheiten der Stadt Wien (= Geschichtsquellen der Stadt Wien I, 1). Wien 1877.

URKUNDENBUCH DES HERZOGTUMS STEIERMARK (= StUB) Bd. 1–3 bearb. von Joseph von ZAHN, Graz 1875–1903. Ergänzungsheft zu Bd. 1–3 v. H. PIRCHEGGER u. O. DUNGERN (= VeröffHistLdKommSteierm 33). Graz 1949. Bd. 4 unter der Leitung von Heinrich APPELT, bearb. von Gerhard PFERSCHY, Graz 1967.

WICHNER = P. Jakob WICHNER, Geschichte des Benediktiner-Stiftes Admont. 4 Bde. (mit Urkundenanhang). Graz 1874–1880.

WIDMOSER = E. WIDMOSER (Hg.), Stadtbuch Kitzbühel. 4. Bd., Kitzbühel 1971.

WINTER, Beiträge = Gustav WINTER, Urkundliche Beiträge zur Rechtsgeschichte ober- und niederösterreichischer Städte, Märkte und Dörfer vom zwölften bis zum fünfzehnten Jahrhundert. Innsbruck 1877.

WINTER, Stadtrecht = DERS., Das Wiener-Neustädter Stadtrecht des XIII. Jahrhunderts. Wien 1880.

WUTZEL = Otto WUTZEL, Die Rechtsquellen der Stadt Eferding (= FRA, III. Abt., Fontes Iuris 2). Graz – Wien – Köln 1954.

ZAHN, Miscellen = Joseph von ZAHN, Steirische Miscellen. Zur Orts- und Culturgeschichte der Steiermark. Graz 1899.

ZAHN, Privilegien = DERS., Privilegien steirischer Städte und Märkte. In: SteiermGeschBll 1–6 (1880–1885).

ZAHN, Styriaca = DERS., Styriaca aus dem k. k. Statthaltereiarchiv zu Innsbruck. In: BeitrrKdeSteiermGQ 15 (1878) 3–38.

3. Literatur

ABENDSTEIN = Martina ABENDSTEIN, Die historische Entwicklung des Leobener Bürgerspitals von seiner Gründung bis zum Ende des 17. Jahrhunderts (Geisteswiss. Dipl.-Arb. Graz). Graz 1990.

ACKERMANN = Wilhelm ACKERMANN, Das Pfandrecht in bayerischen Rechtsquellen des 14.–17. Jahrhunderts (Masch. Jur. Diss. München). München 1942.

AMON/LIEBMANN = Karl AMON, Max LIEBMANN, Kirchengeschichte der Steiermark. Graz – Wien – Köln 1993.

ANDRITSCH = Johann ANDRITSCH, Judenburg. Stadtchronik. Judenburg 1989.

BACHOFEN-ECHT = Baron Reinhard BACHOFEN-ECHT, Wilhelm HOFFER, Jagdgeschichte Steiermarks. 3 Bde., Graz 1927 ff.

BALTL, Rechtsarchäologie = Hermann BALTL, Rechtsarchäologie des Landes Steiermark (= Grazer rechts- und staatswissenschaftliche Studien 1). Graz 1957.

BALTL/KOCHER = DERS., Gernot KOCHER, Österreichische Rechtsgeschichte. Graz ^{8}1995.

BALTZAREK, Privileg = Franz BALTZAREK, Das Wiener Privileg von 1221 und die Stadtrechtsbeziehungen des 13. Jahrhunderts im Südosten. In: WienGBll 26 (1971) 296–305.

BALTZAREK, Stadtordnung = DERS., Die Stadtordnung Ferdinands I. und die städtische Autonomie im 16. Jahrhundert. In: WienGBll 29 (1974) 185–197.

BARAVALLE/KNAPP, Burgen = Robert BARAVALLE, Werner KNAPP, Steirische Burgen und Schlösser. 2 Bde., Graz 1936–1941.

BARAVALLE, Burgen = Robert BARAVALLE, Steirische Burgen und Schlösser. Graz 1961.

BARAVALLE, Steirische Maße = DERS., Zur Geschichte der steirischen Maße I und II. In: ZHistVSteierm 29 (1935) 9–98 und ZHistVSteierm 30 (1936) 53–158.

BAUR = Paul BAUR, Testament und Bürgerschaft. Alltagsleben und Sachkultur im spätmittelalterlichen Konstanz (= Konstanzer Geschichts- und Rechtsquellen 31). Sigmaringen 1989.

BIDERMANN = Hermann I. BIDERMANN, Die Verkehrsbeziehungen der Stadt Leoben zu den westlichen Alpenländern vom 16. bis zum 19. Jahrhundert. In: MittHistVSteierm 22 (1874) 3–26.

BILOWITZKY = Harald BILOWITZKY, Die Heiratsgaben in der Steiermark während des späten Mittelalters unter stände- und wirtschaftsgeschichtlichem Aspekt (Phil. Diss. Graz). Graz 1977.

BISCHOFF, Satzungen = Ferdinand BISCHOFF, Österreichische Stadtrechte und Satzungen aus dem 12. und 13. Jahrhundert. [o. O.] 1890.

BISCHOFF, Stadtrechte = DERS., Österreichische Stadtrechte und Privilegien. Wien 1857.

BITTNER = L. BITTNER, Das Eisenwesen in Innerberg-Eisenerz bis zur Gründung der Innerberger Hauptgewerkschaft im Jahre 1625. In: AÖG 89 (1901) 451–646.

BRACHER, Beiträge = Karl BRACHER, Beiträge zur mittelalterlichen Geschichte des Stiftes Göß. In: ZHistVSteierm 35 (1942) 24–37.

BRACHER, Leoben = DERS., Beiträge zur mittelalterlichen Geschichte Leobens und seiner Umgebung. In: ZHistVSteierm 36 (1943) 25–35.

BRAMREITER/DIENES = Peter BRAMREITER, Gerhard DIENES, Graz im Spiegel der städtekundlichen Terminologie. In: Festschrift 850 Jahre Graz. Graz – Wien – Köln 1978, 109–113.

BRAUNEDER, Ehegüterrecht = Wilhelm BRAUNEDER, Die Entwicklung des Ehegüterrechts in Österreich. Salzburg 1973.

BRAUNEDER, Geltung = DERS., Die Geltung obrigkeitlichen Privatrechts im spätmittelalterlichen Wien. In: ZRG GA 92 (1975) 195–200.

BURGER = Gerhart BURGER, Die südwestdeutschen Stadtschreiber im Mittelalter. Böblingen 1960.

CERWINKA, Bürgerspital = Günter CERWINKA, Das Leobener Bürgerspital im Mittelalter. Die Pierer und ihre Stiftung. In: Der Leobener Strauß 6 (1978) 63–90.

CERWINKA, Privileg = DERS., Mittelalterliches Privileg und neuzeitliche Überlieferung. Innerösterreichische Stadt- und Marktprivilegien im Landschaftlichen Privilegienbuch 2 des Steiermärkischen Landesarchivs. In: Festschrift F. HAUSMANN, hg. R. Härtel. Graz 1987, 497–510.

CERWINKA, Städtepolitik = DERS., Untersuchungen zur Städtepolitik der österreichischen Landesfürsten von der Mitte des 13. bis zum Ende des 14. Jahrhunderts (masch. Habil. Graz). Graz o. J.

CERWINKA, Straßenzwang = DERS., Straßenzwang und Städte im späteren Mittelalter. In: ZHistVSteierm 67 (1976) 131–146.

CSENDES, Bibliographie = Peter CSENDES, Bibliographie zum mittelalterlichen Stadtrecht Wiens In: WienGBll 26 (1971) Sonderheft 306–308.

CSENDES, Nennung = DERS., Die bisher früheste namentliche Nennung eines Wiener Stadtanwalts. In: WienGBll 16 (1971) 245 ff.

CZEIKE, Bürgermeisteramt = Felix CZEIKE, Das Wiener Bürgermeisteramt im Hoch- und Spätmittelalter. In: Wiener Bürgermeister im Spätmittelalter (= ForschBeitrrWienerStadtgesch 7). Wien 1980, 3–16.

CZEIKE, Burgrecht = DERS., Das „Burgrecht“ in Wien im 15. Jahrhundert. In: JbVGStWien 10 (1952/53) 115–137.

CZEIKE, Ratsbürger = DERS., Ratsbürger und Honoratioren im 15. Jahrhundert. In: JbVGWien 11 (1954) 97–129.

CZEIKE, Stadtrecht = DERS., Vom Stadtrecht des Mittelalters zur modernen Verfassung. In: WienGBll 26 (1971) 258–271.

DEDIC = Paul DEDIC, Der Protestantismus in Steiermark im Zeitalter der Reformation und Gegenreformation. Leipzig 1930.

DEMELIUS, Güterrecht = Heinrich DEMELIUS, Eheliches Güterrecht im spätmittelalterlichen Wien (= Österreichische Akademie der Wissenschaften, Sitzungsberichte phil.-hist. Klasse 265, 4.). Wien – Köln – Graz 1970.

DEMELIUS, Stadtrichter = DERS., Stadtrichter contra die von Wien. Ein Beitrag zur Wiener Gerichtsverfassung im 16. Jahrhundert. Sonderabdruck aus dem Anzeiger der phil.-hist. Klasse der Österreichischen Akademie der Wissenschaften Nr. 10, 1953.

DER LEOBENER STRAUSS = Beiträge zur Geschichte, Kunstgeschichte und Volkskunde der Stadt und ihres Bezirkes, 9 Bde., Leoben 1973–1981.

DIESTELKAMP = Bernhard DIESTELKAMP, Probleme einer Quellensammlung zur vergleichenden deutschen Städteforschung. In: Festschrift Edith Ennen. Bonn 1972, 23–35.

DILCHER = Gerhard DILCHER, Hell, verständig, für die Gegenwart sorgend, die Zukunft bedenkend. Zur Stellung und Rolle der mittelalterlichen Stadtrechte in einer europäischen Rechtsgeschichte. In: ZRG GA 106 (1989) 12–45.

DOPSCH H., Ministerialität = Heinz DOPSCH, Beobachtungen zum Verhältnis von Ministerialität und Stadt in der Steiermark. In: Stadt und Ministerialität (= VeröffKommgeschLdKde Baden-Württemberg, Reihe B, Bd. 76). Stuttgart 1973, 151–154.

DOPSCH H., Stadtrecht = DERS. (Hg.), Vom Stadtrecht zur Bürgerbeteiligung. Festschrift 700 Jahre Stadtrecht in Salzburg. Salzburg 1987.

DRÜPPEL = Herbert DRÜPPEL, Iudex civitatis. Zur Stellung des Richters in der hoch- und spätmittelalterlichen Stadt deutschen Rechts (= Forschungen zur deutschen Rechtsgeschichte 12). Köln – Wien 1981.

EBEL, Bürgereid = Wilhelm EBEL, Der Bürgereid als Geltungsgrund und Gestaltungsprinzip des deutschen mittelalterlichen Stadtrechts. Weimar 1958.

EBEL, Erbe = DERS., Erbe, Erbgut und wohlgewonnenes Gut im lübischen Recht. In: ZRG GA 97 (1980) 1–42.

EBEL, Formel = DERS., Über die Formel „für mich und meine Erben“ in mittelalterlichen Schuldurkunden. In: ZRG GA 84 (1967) 236–274.

EBEL, Leihegedanke = DERS., Über den Leihegedanken in der deutschen Rechtsgeschichte. In: VortrrForsch 5 (^{2}1972) 11–36.

EBEL, Leistung = DERS., Über die rechtsschöpferische Leistung des mittelalterlichen deutschen Bürgertums. In: VortrrForsch 11 (^{2}1974) 141–258.

EBNER, Bergbaustädte = Herwig EBNER, Österreichische Bergbaustädte und Bergmärkte im Mittelalter und in der frühen Neuzeit. In: JbRegG 16/I (1989) 57–72.

EBNER, Besitzgeschichte = DERS., Die Besitzgeschichte des Nonnenstiftes Göß in Steiermark vom Jahre 1020 bis 1460 mit besonderer Berücksichtigung des Klostergutes im Gerichtsbezirk Leoben (Phil. Diss. Graz). Graz 1949.

EBNER, Burgen = DERS., Burgen und Schlösser der Steiermark II. Mürztal und Leoben. 2. erweiterte Auflage, Wien 1979.

EBNER, Edlinger = DERS., Von den Edlingern in Innerösterreich (= ArchVaterldGeschTopographie 47). Klagenfurt 1956.

EBNER, Eigen = DERS., Das freie Eigen (= Aus Forschung und Kunst 2). Klagenfurt 1969.

EBNER, Römerzeit = DERS., Von der Römerzeit bis zur Gründung des Stiftes Göß. In: Festschrift Göß, 1960, 17–23.

EBNER, Ideologie = DERS., Zur Ideologie des mittelalterlichen Städtebürgertums aufgrund österreichischer Stadtrechte des späten Mittelalters. In: JbGeschFeud 7 (1983) 157–184.

EBNER, Städtewesen = DERS., Das Städtewesen in der Steiermark am Ausgang des Mittelalters. In: Die Stadt am Ausgang des Mittelalters (= Beiträge zur Geschichte der Städte Mitteleuropas III). Linz 1974, 313–359.

EBNER, Tischlerstreit = DERS., Der Tischlerstreit zwischen Leoben und Bruck. In: BllHeimatKde 42 (1968) 12–18.

EBNER, Trofaiach = DERS., Trofaiach. Geschichte des Marktes und seines Umlandes. In: Trofaiach. Die Geschichte einer steirischen Pfarre. Trofaiach 1963, 5–10.

EGGERT = Rainer EGGERT, Die Bürgschaft im süddeutschen Recht des späteren Mittelalters (Rechtswiss. Diss. Frankfurt). Frankfurt 1961.

EGGLMAIER = Herbert EGGLMAIER, Gerichtsbarkeit und Gerichtshoheit steirischer Städte und Märkte. Ihre Ausweitung bis zur Mitte des 15. Jahrhunderts In: BllHeimatKde 57 (1983) 33–38.

EISENMANN	=	Hartmut EISENMANN, Konstanzer Institutionen des Familien- und Erbrechts von 1370 bis 1521 (= Konstanzer Geschichts- und Rechtsquellen. Neue Folge der Konstanzer Stadtrechtsquellen 14). Konstanz 1964.
ENNEN	=	Edith ENNEN, Die europäische Stadt des Mittelalters. 4., verbesserte Auflage, Göttingen 1987.
ERLER	=	Adalbert ERLER, Bürgerrecht und Steuerpflicht im mittelalterlichen Städtewesen mit besonderer Untersuchung des Steuereides. Frankfurt/Main ^{2}1963.
FEDERHOFER	=	Hellmut FEDERHOFER, Die Stadttürmermeister von Leoben. In: BllHeimatKde 23 (1949) 109–116.
FISCHER, Burgbezirk	=	Herbert FISCHER, Burgbezirk und Stadtgebiet im deutschen Süden (= Wiener rechtsgeschichtliche Arbeiten 3). Wien 1956.
FISCHER, Doppelstadt	=	DERS., Doppelstadt und Stadtverlegung. In: ZRG GA 66 (1948) 236–260.
FISCHER, Siedlungsverlegung	=	DERS., Die Siedlungsverlegung im Zeitalter der Stadtbildung. Unter besonderer Berücksichtigung des österreichischen Raumes (= Wiener rechtsgeschichtliche Arbeiten 1). Wien 1952.
FISCHER, Stadtrechtsfamilie	=	DERS., Die Wiener Stadtrechtsfamilie. In: JbVGStWien 7 (1948) 52–77.
FLOSSMANN	=	Ursula FLOSSMANN, Österreichische Privatrechtsgeschichte. 2., neubearbeitete Auflage, Wien 1992.
FORCHER VON AINBACH	=	Franz FORCHER VON AINBACH, Die alten Handelsbeziehungen des Murbodens mit dem Auslande. Beiträge zum Werden und Vergehen der Hammer- und Sensenwerke. In: ZHistVSteierm 5 (1907) 49–134.
FREUDENTHALER, Eisen	=	Josef FREUDENTHALER, „Eisen auf immerdar". Geschichte der Stadt und des Bezirkes Leoben in Kulturbildern. Leoben 1936.
FREUDENTHALER, Testamente	=	DERS., Leobner Testamente nach der Rekatholisierung. In: BllHeimatKde 29 (1955) 23–27.
GÄNSER	=	Gerald GÄNSER, Inventar der Typarsammlung des Steiermärkischen Landesarchivs. In: MittSteiermLdArch 42/43 (1993) 147 f.
GERHARTL	=	Gertrud GERHARTL, Wiener Neustadt. Kunst, Kultur, Wirtschaft. Wien 1978.
GEYER	=	Richard GEYER, Die mittelalterlichen Stadtrechte Wiens. In: MIÖG 58 (1950) 589–613.
GÖNNENWEIN	=	Otto GÖNNENWEIN, Das Stapel- und Niederlagsrecht (= Quellen und Darstellungen zur hansischen Geschichte N. F. 11). Weimar 1939.
GÖTH, Herzogthum	=	Georg GÖTH, Das Herzogthum Steiermark geographisch – statistisch – topographisch dargestellt, 3 Bde., Wien 1840–1843.
GRAF	=	Joseph GRAF, Nachrichten über Leoben und die Umgegend. Graz 1824.
GRÖLL	=	F. GRÖLL, Die Entwicklung des Klagenfurter Stadtrechtes. In: Carinthia I 140 (1950) 631–645.
GROSS	=	Lothar GROSS, Stadt und Markt im späten Mittelalter. In: ZRG GA 45 (1925) 65–82.

GRÜLL	=	Georg GRÜLL, Die Stadtrichter, Bürgermeister und Stadtschreiber von Freistadt. In: Freistädter Geschichtsblätter, H. 1 (1950) 5–66.
GUTKAS, Entwicklung	=	Karl GUTKAS, Die Entwicklung des österreichischen Städtewesens im 12. und 13. Jahrhundert. In: Die Städte Mitteleuropas im 12. und 13. Jahrhundert (= Beiträge zur Geschichte der Städte Mitteleuropas 1). Linz 1963, 77–91.
GUTKAS, Stadtrechte	=	DERS., Die mittelalterlichen Stadtrechte Niederösterreichs. In: Beiträge zur Stadtgeschichtsforschung (= Veröffentlichungen des Kulturamtes St. Pölten 2). St. Pölten 1959, 58–77.
GUTKAS, Städtewesen	=	DERS., Das Städtewesen der österreichischen Donauländer und der Steiermark im 14. Jahrhundert. In: Stadt und Stadtherr im 14. Jahrhundert (= Beiträge zur Geschichte der Städte Mitteleuropas 2). Linz 1972, 229–245.
HAID	=	Wolfgang HAID, Geschichte der Juden in Leoben. In: Geschichte der Juden in Österreich. Tel Aviv 1971, 51–52.
HANDBUCH DER HISTORISCHEN STÄTTEN DEUTSCHLAND		Bd. 7: Bayern, hg. Karl BOSL (= Kröners TB 277). 2., überarbeitete Auflage, Stuttgart 1965.
HANDBUCH DER HISTORISCHEN STÄTTEN ÖSTERREICH	=	Bd. 2: Alpenländer mit Südtirol, hg. Franz HUTER (= Kröners TB 279). Stuttgart 1966, ^{2}1978.
HANDWÖRTERBUCH ZUR DEUTSCHEN RECHTSGESCHICHTE (= HRG)		hg. v. Adalbert ERLER und Ekkehard KAUFMANN. Berlin 1971 ff.
HASSINGER, Geschichte	=	Herbert HASSINGER, Geschichte des Zollwesens, Handels und Verkehrs in den österreichischen Alpenländern bis in die zweite Hälfte des 18. Jh., Bd. 1, Wiesbaden 1987.
HASSINGER, Zollwesen	=	DERS., Zollwesen und Verkehr in den österreichischen Alpenländern bis um 1300. In: MIÖG 73 (1965) 292–361.
HERZOG, Judenbuch	=	David HERZOG, Das „Juden-Buch" des Stiftes Rein. In: ZHistVSteierm 28 (1934) 79–146.
HILLBRAND	=	Erich HILLBRAND, Das Ungeld in Nieder- und Oberösterreich vom 13. bis zum 19. Jahrhundert mit besonderer Berücksichtigung der Zeit von 1500 bis 1700 (Phil. Diss. Wien). Wien 1953.
HIRSCHMANNER	=	Beate HIRSCHMANNER, Stadt-Umland-Beziehungen im Spätmittelalter und in der frühen Neuzeit am Beispiel der steirischen Städte Bruck a. d. Mur, Judenburg und Leoben (Geisteswiss. Dipl.-Arb. Graz 1995).
HUNDSBICHLER	=	Helmut HUNDSBICHLER, Prominente Reisende im mittelalterlichen Leoben. Ihr Beitrag zum kulturgeschichtlichen Erscheinungsbild der Stadt bis an die Wende zur Neuzeit In: Der Leobener Strauß 9 (1981) 125–155.

ILWOF, Eisen = Franz ILWOF, Steirisches Eisen zur Wehr und Waffen in den Zeiten Maximilians I. und Ferdinands I. In: MittHistVSteierm 34 (1886) 78–102.

ILWOF, Protestantismus = DERS., Der Protestantismus in Steiermark, Kärnten und Krain vom 16. Jahrhundert bis in die Gegenwart. Graz 1900.

JANISCH = Josef A. JANISCH, Topographisch-statistisches Lexikon von Steiermark. 3 Bde., Graz 1878–1885, Nachdruck, Graz 1978.

JARITZ = Gerhard JARITZ, Österreichische Bürgertestamente als Quelle zur Erforschung städtischer Lebensformen des Spätmittelalters. In: JbGeschFeud 8 (1984) 249–264.

JONTES G., Bettlerbruderschaft = Günther JONTES, Die Leobener Bettlerbruderschaft von 1516. In: Stadt Leoben. Amtliche Nachrichten und Informationen 2 (1971) 33 f.

JONTES G., Bergstadt = DERS., Leoben, die alte Bergstadt. Geschichte, Kunst, Gegenwart. Fohnsdorf o. J.

JONTES G., Leoben = DERS., Leoben. In: Österreichisches Städtebuch, Bd. 6: Steiermark. Hg. v. O. PICKL, Teil 3 J–L. Wien 1990, 113–146.

JONTES G., Quellenlage = DERS., Zur Quellenlage in der Leobener Geschichtsforschung. In: Biblos 27 (1978) 282–291.

JONTES G., Salzwesen = DERS., Leobens Beziehungen zum Salzwesen der Alpenländer. In: Der Leobener Strauß 4 (1976) 97–113.

JONTES G., Straßennamen = DERS., Leobener Straßennamen erzählen (= Beilage zu Stadt Leoben. Amtliche Nachrichten und Informationen 20). Leoben 1989.

JONTES L., Bruderschaften = Lieselotte JONTES, Die Bruderschaften in der Steiermark (Phil. Diss. Graz). Graz 1971.

KASER = Karl KASER, Eisenverarbeitung und Eisenhandel (=ForschVerfVerwGesch 10/3). Graz 1932.

KEIL/LOHRMANN, Studien = Martha KEIL, Klaus LOHRMANN, Studien zur Geschichte der Juden in Österreich (= Handbuch zur Geschichte der Juden in Österreich, R. B, 2). Wien – Köln – Weimar 1994.

KIRNBAUER, Strauß = Franz KIRNBAUER, Der Vogel Strauß als Sinnbild des Eisenhandels. In: ÖsterrZVolkskde 61 (1958) 254–257.

KIRNBAUER, Wappen = DERS., Wappen der Stadt Leoben (= Leobener grüne Hefte 38). Leoben 1959.

KLAAR = Adalbert KLAAR, Atlas der historischen Schutzzonen in Österreich I: Städte und Märkte, hg. Bundesdenkmalamt. Graz 1970.

KLEIN = Herbert KLEIN, Judendörfer im Salzburgischen. In: Festschrift Fritz Popelka zum 70. Geburtstag (= VeröffSteiermLdArch 2, Graz 1960) 65–68. Auch in: Beiträge zur Siedlungs-, Verfassungs- und Wirtschaftsgeschichte von Salzburg. Gesammelte Aufsätze von Herbert KLEIN (= Festschrift zum 65. Geburtstag von H. KLEIN). Salzburg 1965, 631–635.

KNEFELKAMP = Ulrich KNEFELKAMP, Materielle Kultur und religiöse Stiftung in Spätmittelalter und Reformationszeit. Das Beispiel des Spitals. In: Materielle Kultur und religiöse Stiftung im Spätmittelalter (= Veröffentlichungen des Instituts für mittelalterliche Realienkunde Österreichs 12) Wien 1990, 95–108.

KNIELY, Diebsweg	=	Konrad KNIELY, Der „Diebsweg" bei Leoben. In: BllHeimatKde 6 (1928) 62–64.
KNITTLER, Herrschaftsstruktur	=	Herbert KNITTLER, Städte und Märkte (= Herrschaftsstruktur und Ständebildung, Bd. 2). Wien 1973.
KNITTLER, Niederlagen	=	DERS., Salz- und Eisenniederlagen. Rechtliche Grundlagen und wirtschaftliche Funktion. In: Österreichisches Montanwesen. Wien 1974, 199–233.
KOBEL/ PIRCHEGGER	=	Ludwig KOBEL, Hans PIRCHEGGER, Steirische Ortswappen einschließlich jener der ehemaligen Untersteiermark. Graz 1954.
KOCHER, Frau	=	Gernot KOCHER, Die Frau im spätmittelalterlichen Rechtsleben. In: Frau und spätmittelalterlicher Alltag (= Veröffentlichungen des Instituts für mittelalterliche Realienkunde Österreichs 9). Krems 1986, 475 ff.
KOCHER, Privatrechtsentwicklung	=	DERS., Privatrechtsentwicklung und Rechtswissenschaft in Österreich. Wien – Köln 1989.
KOGLER, Erbrecht	=	Ferdinand KOGLER, Das Erb- und eheliche Güterrecht des Wiener Stadtrechtsbuches (Masch. Jur. Diss. Wien). Wien 1943.
KOLLER	=	Heinrich KOLLER, Die mittelalterliche Stadtmauer als Grundlage städtischen Selbstbewußtseins. In: Stadt und Krieg (= Stadt in der Geschichte 15). Sigmaringen 1989, 9–25.
KOLMAYR	=	Anton KOLMAYR, Das Ledererhandwerk in der Steiermark (Phil. Diss. Graz). Graz 1932.
KRAUSS	=	Ferdinand KRAUSS, Die eherne Mark. Eine Wanderung durch das steirische Oberland. 2 Bde. Graz 1892–1897.
KÜCHLER	=	Winfried KÜCHLER, Das Bannmeilenrecht. Ein Beitrag der mittelalterlichen Ostsiedlung zur wirtschaftlichen und rechtlichen Verschränkung von Stadt und Land (= Marburger Ostforschungen 24). Würzburg 1964.
LECHLEITNER	=	Herwig LECHLEITNER, Stadtentwicklung und Stadtplanung in Leoben. In: Österreichische Geographische Gesellschaft 101, Heft II (Wien 1959) 202–240.
LENTZE, Gewerbereform	=	Hans LENTZE, Die Gewerbereform Rudolfs IV. In: Festschrift Hans Schmitz zum 70. Geburtstag. Wien 1967, 90–101.
LENTZE, Rat	=	DERS., Der Rat und das Wiener Testamentsrecht des Mittelalters. In: WienGBll 2 (1947) 31–35.
LENTZE, Struktur	=	DERS., Die rechtliche Struktur des mittelalterlichen Zunftwesens in Wien und den österreichischen Städten. In: MittVGStWien 15 (1935) 15–41.
LENTZE, Testamentsrecht	=	DERS., Das Wiener Testamentsrecht des Mittelalters, Teil I und II. In: ZRG GA 69 (1952) 98–154 und 70 (1953) 159–229.
LESKY	=	Grete LESKY, Vogel Strauß, der Eisenfresser. Ein Beitrag zur Ergänzung von Arbeiten über den Vogel Strauß als Leobener Stadtwappen. In: Der Leobener Strauß 1 (1973) 9–20.
LHOTSKY	=	Alphons LHOTSKY, Quellenkunde zur mittelalterlichen Geschichte Österreichs (= MIÖG Erg.-Bd. 19). Graz – Köln 1963.
LIST J., Leoben	=	Johann LIST, Leoben und seine nächste Umgebung. Leoben 1895.
LIST R., Bergstadt	=	Rudolf LIST, Die Bergstadt Leoben. Antlitz, Geschichte, Gegenwart. Leoben 1948.

LIST R., Kunst = DERS., Kunst und Künstler in der Steiermark. Ried i. I. 1975.

LOEHR, Leoben = Maja LOEHR, Leoben. Werden und Wesen einer Stadt. Baden bei Wien 1934.

LOEHR, Thörl = DIES., Thörl. Geschichte eines steirischen Eisenwerkes vom 14. Jahrhundert bis zur Gegenwart. Wien 1952.

LOHRMANN, Judenrecht = Klaus LOHRMANN, Judenrecht und Judenpolitik im mittelalterlichen Österreich (= Handbuch zur Geschichte der Juden in Österreich, R. B, 1). Wien – Köln 1990.

LOHRMANN, Judenurkunde = DERS., Forschungsprobleme der Geschichte des mittelalterlichen Judentums: die Judenurkunde. In: Bericht über den 16. österreichischen Historikertag in Krems a. d. Donau (Wien 1985) 100–106.

LOSERTH, Zeit = Johann LOSERTH, Aus der protestantischen Zeit von Leoben, Vortrag. In: JbGesGProtÖsterr 27 (1906) 79–110.

LURKER = Manfred LURKER (Hg.), Wörterbuch der Symbolik (= Kröners TB 464). 2., erweiterte Auflage, Stuttgart 1983.

LUSCHIN, Geschichte = Arnold LUSCHIN, Geschichte des älteren Gerichtswesens in Österreich ob und unter der Enns. Weimar 1879.

LUSCHIN, Reisebericht = DERS., Reisebericht über innerösterreichische Archive. In: BeitrrKdeSteiermGeschQ 11 (1874) 1–28.

MALLINGER = Karl MALLINGER, Aus alten Jahrhunderten der Vorstadt. In: Obersteirische Zeitung, Leoben 2. 7. 1949, 7–9.

MAYER = J. MAYER, Geschichte von Wiener Neustadt. 1924–1926.

MEIXNER-SCHÖLLER, Reformationszeit = Erich MEIXNER-SCHÖLLER, Die Reformationszeit in der Pfarre St. Jakob in Leoben (Theolog. Diss. Graz). Graz 1961.

MELL, Grundriß = Anton MELL, Grundriß der Verfassungs- und Verwaltungsgeschichte des Landes Steiermark. Graz – Wien – Leipzig 1929.

MELL, Remanenzgeld = DERS., Das Remanenzgeld der landesfürstlichen Städte und Märkte in Steiermark. In: ZHistVSteierm 8 (1910) 176–231.

MENSI, Steuern = Franz MENSI, Geschichte der direkten Steuern in Steiermark bis zum Regierungsantritt Maria Theresias. In: ForschVerfVerwGeschSteierm 7 (1910), 9 (1912), 10 (1921), 11 (1941).

MONE = F. MONE, Das Stadtrecht von Feldkirch. In: ZGORh 18 (1868) 129–171.

MUCHAR, Geschichte = Albert von MUCHAR, Geschichte des Herzogthums Steiermark. 9 Bde., Graz 1844–1874.

NEUMANN, Einlager = Wilhelm NEUMANN, Das Einlager, eine frühe Form der Kreditsicherung im Mittelalter. In: 100 Jahre Villacher Sparkasse (Villach 1967) 109–120.

NEUMANN, Geschichte = DERS., Zur frühen Geschichte der Juden in Kärnten. In: Festschrift Gotbert Moro (= Beilage zur Carinthia I 152, 1962) 92–104.

NÖSSLBÖCK = Ignaz NÖSSLBÖCK, Die Entstehung Freistadts in Oberösterreich (Sonderdruck aus dem 80. Jahresbericht des Oberösterreichischen Musealvereines). Linz 1924.

OER = Franz OER, Das Bruderschaftswesen der Diözese Seckau. Dargestellt aus den Originalakten. Graz 1919.

OGRIS A., Bürgerschaft = Alfred OGRIS, Die Bürgerschaft in den mittelalterlichen Städten Kärntens bis zum Jahre 1335 (= Das Kärntner Landesarchiv 4). Klagenfurt 1974.

OGRIS W., Leibrentenvertrag	=	Werner OGRIS, Der mittelalterliche Leibrentenvertrag. Ein Beitrag zur Geschichte des deutschen Privatrechts (= Wiener rechtsgeschichtliche Arbeiten 6). Wien 1961.
OGRIS W., Sicherheiten	=	DERS., Die persönlichen Sicherheiten im Spätmittelalter. Versuch eines Überblicks. In: ZRG GA 82 (1965) 140–189.
PAGITZ	=	Franz PAGITZ, Die Rechtsquellen der Kärntner Städte und Märkte 1269–1518 (masch. Hausarbeit am IÖG Wien). Wien 1956.
PANTZ	=	Anton von PANTZ, Die Gewerken im Bannkreis des steirischen Erzberges (= Jahrbuch der heraldischen Gesellschaft „Adler", N. F. 27/28). Wien 1918.
PEINLICH, Ordnung	=	Richard PEINLICH, Die ältere Ordnung und Verfassung der Städte in Steiermark. Graz 1879.
PEINLICH, Pest	=	DERS., Geschichte der Pest in Steiermark. 2 Bde., Graz 1876.
PEINLICH, Rathsstubenregiment	=	DERS., Das Rathsstubenregiment der steierischen Landstädte im 16. Jahrhundert mit besonderer Berücksichtigung von Leoben. Vortrag. In: MittHistVSteierm 22 (1874) XVI–XVII.
PEINLICH, Religionshandlung	=	DERS., Die „Religionshandlung" zu Leoben 1576. In: MittHistVSteierm 26 (1878) 58–78.
PERGER	=	Richard PERGER, Landesfürst und landesfürstliche Städte im Mittelalter und in der frühen Neuzeit im Ostteil der habsburgischen Erbländer. In: Bericht über den 19. Österreichischen Historikertag (Graz 1993) 423–426.
PFERSCHY, Gefüge	=	Gerhard PFERSCHY, Das Gefüge der Herrschaft König Ottokars über die Steiermark (= Einleitung zu StUB IV). Wien 1975, XI–XXVII.
PFERSCHY, Schulmeister	=	DERS., Schulmeister Dietrich von Leoben als Gösser Urkundenschreiber. In: Der Leobener Strauß 1 (1973) 21–29.
PFERSCHY, Stadtrichter	=	DERS., Stadtrichter und Stadtsiegel. Über die Anfänge des städtischen Urkundenwesens in der Steiermark. In: Forschungen zur Landes- und Kirchengeschichte. Graz 1988, 359–364.
PICKL, Geschäftsbuch	=	Othmar PICKL, Das älteste Geschäftsbuch Österreichs (= ForschGeschichtlLdKdeSteierm 23). Graz 1965.
PICKL, Lage	=	DERS., Die wirtschaftliche Lage der Städte und Märkte der Steiermark im 16. Jahrhundert. In: Die Stadt an der Schwelle zur Neuzeit (= Beiträge zur Geschichte der Städte Mitteleuropas IV). Linz 1980, 93–128.
PICKL, Rolle	=	DERS., Die Rolle der österreichischen Städte für den Handel mit Eisen und Eisenwaren. In: Stadt und Eisen (= Beiträge zur Geschichte der Städte Mitteleuropas XI). Linz 1992, 171–195.
PICKL, Städte	=	DERS. (Hg.), Die Städte der Steiermark J–L (= Österreichisches Städtebuch 6). Wien 1990.
PIRCHEGGER, Eisenwesen	=	Hans PIRCHEGGER, Das steirische Eisenwesen bis 1564. Mit einem Überblick über das Kärntner Eisenwesen. Graz 1932.
PIRCHEGGER, Erläuterungen	=	DERS., Erläuterungen zum Historischen Atlas der Österreichischen Alpenländer. I. Abt.: Die Landgerichtskarte, 1. Teil, 2. Ausgabe, Wien 1917. II. Abt.: Die Kirchen- und Grafschaftskarte, 2 Teile. Wien 1940 und 1951.

PIRCHEGGER, Landesfürst = DERS., Landesfürst und Adel in Steiermark während des Mittelalters. 3 Bde. (= ForschVerfVerwGeschSteierm 12, 13 und 16). Graz 1951–1958.

PIRCHEGGER, Probleme = DERS., Probleme aus der Frühgeschichte Leobens. In: Obersteirische Volkszeitung. Leoben 13. 3. 1954, 6–7.

PLANITZ, Stadt = Hans PLANITZ, Die deutsche Stadt im Mittelalter. Von der Römerzeit bis zu den Zunftkämpfen. Graz – Köln 1954.

PLANITZ, Stadtrecht = DERS., Das Wiener Stadtrecht und seine Quellen. In: MIÖG 56 (1948) 287–327.

PLANITZ/ECKHARDT, Rechtsgeschichte = DERS., Karl ECKHARDT, Deutsche Rechtsgeschichte. Köln – Wien ^{4}1981.

POPELKA, Graz = Fritz POPELKA, Geschichte der Stadt Graz. 2 Bde., Graz 1928 (Nachdruck, Graz 1959 und 1984).

POPELKA, Handwerk = DERS., Geschichte des Handwerkes in Obersteiermark bis zum Jahr 1527. In: VSWG 19 (1926) 86–144.

POPELKA, Judendorf = DERS., Der Name Judendorf in den östlichen Alpenländern und seine handelsgeschichtliche Bedeutung. In: BllHeimatKde 13 (1935) 57–60.

POPELKA, Rat = DERS., Der „ewige" Rat. Eine Episode aus dem Kampf um die städtische Demokratie. In: ZHistVSteierm 46 (1955) 150–161.

POSCH, Anfänge = Fritz POSCH, Die Anfänge des steirischen Städtewesens. In: ZHistVSteierm 59 (1968) 3–16.

POSCH, Stadtanlagen = DERS., Die mehrstufigen Stadt- und Marktanlagen der Steiermark im Mittelalter und ihre Bedeutung für die Siedlungsgeschichte. In: MIÖG 78 (1970) 274–285.

PUSCHNIG = Reiner PUSCHNIG, Städte und Märkte in der Steiermark. In: Die Steiermark – Land, Leute, Leistung. Graz ^{2}1971, 494–522.

RAUSCH = Wilhelm RAUSCH (Hg.), Bibliographie zur Geschichte der Städte Österreichs. Linz/Donau 1984.

REDIK = Annelies REDIK, Seelenheil und Wohltätigkeit. Der karitative Aspekt religiöser Stiftungen – untersucht an steirischen Urkunden des Zeitraumes von 1250 bis 1400. In: Geschichtsforschung in Graz. Festschrift 125 Jahre Institut für Geschichte Graz, hg. H. Ebner u. a. Graz 1990, 209–218.

ROSENBERG = Artur ROSENBERG, Beiträge zur Geschichte der Juden in Steiermark (= Quellen und Forschungen zur Geschichte der Juden in Deutsch-Österreich VI). Wien – Leipzig 1914.

ROTH, Adelswappen = Paul W. ROTH, Die Adelswappen der westlichen Obersteiermark im Mittelalter (Phil. Diss. Graz). Graz 1965.

ROTH, Judenniederlassungen = DERS., Die ältesten Judenniederlassungen in Österreich. In: BllHeimatkde 49 (1975) 40–47.

ROTHE = Elfriede ROTHE, Die Leobener Bürger bis zum Jahre 1434 (= Schriftenreihe des Instituts für Geschichte 5). Graz 1993.

SAILER = Leopold SAILER, Die Wiener Ratsbürger des 14. Jahrhunderts (= Studien aus dem Archiv der Stadt Wien 3/4). Wien 1931.

SCHEIN = Karl-Heinz SCHEIN, Leoben um 1812. Politische Kultur und Infrastruktur im statistischen Werk des Bürgermeisters Philipp Edlen von Vissa und Sabassi (Geisteswiss. Dipl.-Arb. Graz). Graz 1989.

SCHELANDER = Gabriele SCHELANDER, Die Stadtrechte im spätmittelalterlichen Kärnten (Geisteswiss. Dipl.-Arb. Klagenfurt). Klagenfurt 1984.

SCHMELZER = Adolf SCHMELZER, Die Massenburg bei Leoben. Beiträge zur Geschichte der Burg und Herrschaft auf dem Massenberg und deren Besitzer, mit Rücksicht auf die Beziehungen derselben zur Stadt Leoben (= Jahresbericht des Landes-Obergymnasiums zu Leoben) 1. Teil, Leoben 1894; 2. Teil, Leoben 1895.

SCHMUTZ = Carl SCHMUTZ, Historisch Topographisches Lexicon von Steyermark. 4 Bde., Graz 1822 ff.

SCHRÖDER/KÜNSSBERG = Richard SCHRÖDER, Freiherr Eberhard von KÜNSSBERG, Lehrbuch der deutschen Rechtsgeschichte. Berlin – Leipzig ^{7}1932.

SCHUSTER, Rechtsleben = H. SCHUSTER, Rechtsleben, Verfassung und Verwaltung. In: Geschichte der Stadt Wien II/1. Wien 1900, 352–498.

SCHUSTER, Stadtrechtsbuch = DERS., Das Wiener Stadtrechts- und Weichbildbuch. Wien 1873.

SELENKO-SCHEFZEK = Brigitte SELENKO-SCHEFZEK, Das Bistum Leoben und sein Bischof Alexander Franz Joseph Graf Engl von und zu Wagrain (1786–1800). Ein Beitrag zur Geschichte des Josephinismus in der Steiermark (Phil. Diss. Graz). Graz 1966.

STAFFENBERGER = Karin STAFFENBERGER, Leoben zur Zeit der Franzoseneinfälle (Phil. Diss. Wien). Wien 1965.

STEINER = Gerald STEINER, Die Stadtrechte Kärntens (Hausarbeit am Institut für Geschichte der Universität Graz). Graz 1975.

SUTTER = Berthold SUTTER, Das Vogtrecht. Eine Untersuchung über Entstehung, Wesen und Inhalt der nutzbaren Rechte der Vogtei mit besonderer Berücksichtigung steirischer Geschichtsquellen (Phil. Diss. Graz). Graz 1948.

TOMEK/AMON = Ernst TOMEK, Karl AMON, Geschichte der Diözese Seckau. I. Bd. (Tomek) Wien – Graz 1917; III. Bd., 1. Lieferung (Amon) Graz – Wien 1960.

TORGGLER = Karl TORGGLER, Stadtrecht und Stadtgericht in Klagenfurt. Beiträge zur Geschichte des Verfahrensrechtes in den österreichischen Alpenländern. Klagenfurt 1937.

TREMEL, Beiträge = Ferdinand TREMEL, Beiträge zu einer Handelsgeschichte Leobens in der frühen Neuzeit. In: ZHistVSteierm 60 (1969) 107–126.

TREMEL, Eisenwesen = DERS., Die Entwicklung des Eisenwesens im Raum von Leoben. In: BllHeimatKde 37 (1963) 2–13.

TREMEL, Frühkapitalismus = DERS., Der Frühkapitalismus in Innerösterreich. Graz 1954.

TREMEL, Gewerbe = DERS., Das Gewerbe in Leoben um die Mitte des 16. Jahrhunderts. In: Der Leobener Strauß 1 (1973) 30–51.

TREMEL, Murflößerei = DERS., Zur Geschichte der Murflößerei. In: BllHeimatKde 19 (1941) 2–8.

TREMEL, Studien = DERS., Studien zur Wirtschaftspolitik Friedrichs III. 1435–1453. In: Carinthia I 146 (1956) 549–580.

TSCHERNUTTER	=	Edith TSCHERNUTTER, Die Prankher. Genealogie und Besitzgeschichte eines steirischen Adelsgeschlechtes im Mittelalter. 2 Bde. (Phil. Diss. Graz). Graz 1973.
VOLTELINI, Stadtordnung	=	Hans VOLTELINI, Die Wiener Stadt- und Stadtgerichtsordnung Ferdinands I. von 1526. In: MittVGStWien 9/19 (1929/30) 105–129.
VOLTELINI, Stadtrecht	=	DERS., Das älteste Innsbrucker Stadtrecht. 1913.
WADL	=	Wilhelm WADL, Geschichte der Juden in Kärnten im Mittelalter (= Das Kärntner Landesarchiv 9). Klagenfurt 1981.
WEIGL	=	Herwig WEIGL, Schriftlichkeit in einer spätmittelalterlichen Kleinstadt. Verlorene Quellen und des Kleinstadthistorikers Not. In: MIÖG 100 (1992) 254–267.
WENGERT	=	Hermann WENGERT, Die Stadtanlagen in Steiermark. Graz 1932.
WENNINGER	=	Markus WENNINGER, Die Siedlungsgeschichte der innerösterreichischen Juden im Mittelalter und das Problem der „Juden"-Orte. In: Bericht über den 16. Österreichischen Historikertag Krems 1984 (Wien 1985) 190–217.
WESENER, Entwicklung	=	Gunter WESENER, Die Entwicklung des Bürgschaftsrechtes in den altösterreichischen Ländern. In: Recueils de la Société Jean Bodin 29 (1971) 673 ff.
WESENER, Geschichte	=	DERS., Geschichte des Erbrechtes in Österreich seit der Rezeption (= Forschungen zur neueren Privatrechtsgeschichte 4) 1957.
WESENER, Kauf	=	DERS., Der Kauf nach österreichischem Privatrecht des 16. und 17. Jahrhunderts. In: Festschrift H. Hämmerle (1972) 433 ff.
WESENER, Pfandrecht	=	DERS., Zur Entwicklung des Pfandrechtes in den altösterreichischen Ländern. In: Festschrift Heinrich Demelius (1973) 258 ff.
WESENER, Rechtsstellung	=	DERS., Die Rechtsstellung des unehelichen Kindes in Österreich (vom Mittelalter bis zur Gegenwart). In: Recueils de la Société Jean Bodin 36 (1976) 493 ff.
WESENER, Stellung	=	DERS., Die Stellung des Kindes im Recht der altösterreichischen Länder (vom Mittelalter bis zum ABGB) In: Recueils de la Société Jean Bodin 36 (1976) 453 ff.
WICHNER	=	P. Jakob WICHNER, Geschichte des Benediktiner-Stiftes Admont. 4 Bde., Graz 1874–1880.
WICHNER/ SCHMELZER, Leoben	=	P. Jakob WICHNER, Adolf SCHMELZER, Beiträge zur Geschichte der Stadt Leoben. Graz – Wien 1912.
WIELAND	=	Georg WIELAND, Leoben in der katholischen Erneuerung (Teil 1). In: Der Leobener Strauß 9 (1981) 157–249.
WIESER	=	Brigitte WIESER, Zur Besitz- und Siedlungsgeschichte des Trofaiacher Beckens. Ein Beitrag zum Problem „Liubana" (Phil. Diss. Graz). Graz 1972.
WIESFLECKER-FRIEDHUBER, Austreibung	=	Inge WIESFLECKER-FRIEDHUBER, Die Austreibung der Juden aus der Steiermark unter Maximilian I. In: Juden im Grenzraum (= Wissenschaftliche Arbeiten aus dem Burgenland 92). Eisenstadt 1993, 47–64.

WIESFLECKER-FRIEDHUBER, Beiträge = DIES., Beiträge zur Geschichte der Vertreibung der Juden aus der Steiermark unter Maximilian I. In: Geschichtsforschung in Graz. Festschrift 125 Jahre Institut für Geschichte Graz. Graz 1990, 169–179.

WOISETSCHLÄGER = Kurt WOISETSCHLÄGER u. a., Waasenkirche. Ein Führer durch Geschichte und Kunst. Leoben 1978.

ZAHN, Anonymus = Joseph von ZAHN, Über den Anonymus Leobiensis. In: BeitrrKdeSteiermGeschQ 1 (1864) 47–102.

ZAHN, Formelbuch = DERS., Über ein admontisches Formelbuch aus dem 16. Jahrhundert. In: BeitrrKdeSteiermGeschQ 14 (1877) 126–131.

ZAHN, Ortsnamenbuch (= ONB) = DERS., Ortsnamenbuch der Steiermark im Mittelalter. Graz 1893.

ZAHN, Zünfte = DERS., Über Materialien zur inneren Geschichte der Zünfte in Steiermark. In: BeitrrKdeSteiermGeschQ 14 (1877) 83–111; 15 (1878) 74–128; 18 (1881) 43–111.

ZECHNER = Karl-Heinz ZECHNER, Die Rechte der Kärntner Städte im Mittelalter und ihr Zusammenhang mit den Stadtrechten außerhalb Kärntens (Phil. Diss. gedruckt Würzburg). Würzburg 1938.

ZOTTER, Dominikaner = Hans ZOTTER, Die Geschichte der Dominikaner in Innerösterreich (Phil. Diss. Graz). Graz 1969.

Teil 1

I. EINLEITUNG

1. FORSCHUNGSSTAND UND METHODE

Die Beschäftigung mit Stadtrechten österreichischer Städte und deren Edition begann bereits im 19. Jahrhundert.[1] J. Zahn lenkte den Blick bereits auf jene Privilegien, die in Städten ohne verliehenes Stadtrecht Kenntnis über rechtliche Verhältnisse ermöglichten.[2]

Besonders intensiv wurden seit J. Tomaschek die Quellen des Wiener Rechtes und das Verbreitungsgebiet desselben behandelt.[3] K. Gutkas widmete sich 1959 den mittelalterlichen Stadtrechten Niederösterreichs.[4]

Die Rechte der Kärntner Städte wurden 1938 von K. Zechner grundlegend behandelt.[5] Zechners Studie wurde in der Folge ausgebaut und korrigiert.[6]

Von den Tiroler Städten wurden bislang Innsbruck, Kitzbühel, Kufstein und Rattenberg untersucht.[7]

Für Salzburg liegt seit 1987 die Festschrift „700 Jahre Stadtrecht von Salzburg" vor.[8]

1946 beschloß die Akademie der Wissenschaften, die Fontes Rerum Austriacarum durch die neue Reihe der Fontes Iuris zu ergänzen. Im ersten Band erschienen 1953 die von Otto Brunner bearbeiteten Rechtsquellen der landesfürstlichen Städte Krems und Stein, wobei O. Brunner bereits in der noch knappen Einleitung auf den weitgefaßten Begriff „Rechtsquelle" hinwies. Zeitlich wurden Quellen bis ins 19. Jahrhundert aufgenommen.[9] Es folgten die patrimoniale Stadt

---

1 Vgl. BISCHOFF, Stadtrechte, Satzungen und Pettauer Stadtrecht; MEILLER; MONE; SCHUSTER, Stadtrechtsbuch; TOMASCHEK; WINTER, Beiträge und Stadtrecht.

2 Vgl. ZAHN, Privilegien.

3 Vgl. VOLTELINI, Stadtordnung; PLANITZ, Stadtrecht; GEYER; BALTZAREK, Privileg und Stadtordnung; CZEIKE, Stadtrecht; CSENDES, Bibliographie und Stadtrechtsprivileg.

4 Vgl. GUTKAS, Stadtrechte.

5 Vgl. ZECHNER.

6 Vgl. GRÖLL; STEINER; SCHELANDER.

7 Vgl. VOLTELINI, Stadtrecht; KOGLER, Stadtrechtsquellen; Beiträge und Recht; WIDMOSER.

8 Vgl. DOPSCH H. (Hg.), Stadtrecht.

9 Vgl. BRUNNER O. XII f.

Eferding[10] und 1975 Weitra, eine Stadt mit gemischten Herrschaftsverhältnissen.[11] Den Rechtsquellen der Stadt Weitra wurde von H. Knittler eine ausführlichere Einleitung vorangestellt, die eine Berücksichtigung der anderen, rechtsgeschichtlich nicht relevanten Quellen und den Vergleich mit anderen Städten beinhalten sollte. In der Folge erschienen als Bände 5 bis 11 neben Stadtrechtsquellen im engeren Sinn auch andere Quellen rechtlichen Inhalts.[12]

Der rechtsgeschichtliche Aspekt stand bei den bislang erschienenen Studien zur Geschichte Leobens im Hintergrund.[13] Mit der Frühgeschichte des Raumes befaßten sich K. Bracher, H. Pirchegger und H. Ebner, der sich auch mit den Wehrbauten in und um Leoben auseinandersetzte.[14] In der Publikationsreihe „Der Leobener Strauß“ beschäftigten sich Autoren mit verschiedenen Aspekten der Geschichte, Kunstgeschichte und Volkskunde der Stadt und des Bezirkes Leoben.[15] G. Jontes bot als Direktor des dortigen Stadtmuseums einen Überblick über die Quellen und bearbeitete neben einer jüngst abgeschlossenen Grazer Diplomarbeit weitere Detailprobleme.[16]

Der zeitliche Rahmen der vorliegenden Arbeit reicht von der Stadtverlegung 1261/62 bis 1600; räumlich umfaßt sie die Stadt Leoben innerhalb der Stadtmauern und die Vorstadt Waasen. Nicht berücksichtigt wurden Gösser Rechtsprobleme, soweit sie nicht die Stadt und ihre Bürger betrafen. Die Eingrenzung mit dem Jahr 1600 wurde wegen der Materialfülle notwendig, da die der Arbeit zugrundeliegende Definition des Begriffes „Rechtsquelle“ nicht nur normative Rechtsquellen an sich einschließt, sondern alle Quellen, die über das Rechtsleben in der Stadt Auskunft geben. Dazu gehört die Erstnennung eines Stadtrichters ebenso wie Rechtsquellen privatrechtlichen Inhalts.[17] Das Ende mit 1600 läßt sich jedoch auch mit dem

---

10 Vgl. WUTZEL; KNITTLER, Weitra.

11 Vgl. KNITTLER, Weitra 5 ff.

12 Vgl. JANOTTA; DEMELIUS, Ratsurteile; OTRUBA; BERGER; CSENDES, Wien; BRAUNEDER/JARITZ; MAYERHOFER.

13 Vgl. GRAF; WICHNER/SCHMELZER, Leoben; LOEHR, Leoben; FREUDENTHALER, Eisen; LIST J.; LIST R., Bergstadt.

14 Vgl. BRACHER, Leoben und Beiträge; PIRCHEGGER, Probleme; EBNER, Besitzgeschichte, Göß sowie Burgen.

15 Vgl. DER LEOBENER STRAUSS.

16 Vgl. JONTES G., Quellenlage, Leoben, Straßennamen, Bettlerbruderschaft und Salzwesen. Zu weiteren Studien über einzelne Fragen siehe jeweiliges Spezialkapitel sowie HIRSCHMANNER.

17 Vgl. DIESTELKAMP 29.

erfolgreichen Wirken der Religionsreformationskommission rechtfertigen.

Aufgenommen wurden alle Privilegien; daneben landesfürstliche Mandate, Handwerks- und Bruderschaftsordnungen, jüdische Schuldurkunden und Rechtsquellen privatrechtlichen Inhaltes. Bei gleich oder ähnlich lautenden Stücken galt das Prinzip des Vorranges des zeitlich früheren; so etwa bei Landtagsladungen, Verpfändungen von Maut und Ungeld sowie bei Kauf-, Pfand- und Heiratsbriefen. Im 16. Jahrhundert konnte aus Zeitgründen keine systematische Auswertung der Gerichts- und Ratsprotokolle erfolgen. Auch hier wurden Typen ausgewählt.

2. KURZER ABRISS DER GESCHICHTE DER STADT LEOBEN UND IHRER VERFASSUNG VOM ENDE DES 13. JAHRHUNDERTS BIS 1600

2.1. Name

Der Name Leoben kann Verschiedenes bezeichnen.[18] Er wurde ursprünglich abgeleitet von der Leuben (= Vordernbergerbach), die das ganze Mittelalter hindurch unter diesem Namen in den Quellen erscheint.[19] Das Tal des Vordernbergerbaches wurde im Frühmittelalter zum Zentrum und damit namengebend für die Grafschaft Leobental („Liupinatal"). Diese deckte sich im Norden, Westen und Süden nahezu mit der Grenze des späteren politischen Bezirkes Leoben; er umfaßte die Täler der Liesing, der Leuben, des Lamingbaches und die Breitenau sowie das Murtal von der Einöde ob Kraubath bis zur Kalten Rinne bei Röthelstein.[20] Amtssitz des Grafen war – strategisch günstig gelegen – das „Steinhaus" zu St. Peter bzw. seit dem 12. Jahrhundert die Burg Leoben am Freienstein.[21] Diese Burg war seit dem 13. Jahrhundert Sitz des Landgerichtes Leoben und des Urbaramtes.[22] Im 14. Jahrhundert erscheint dieses Landgericht als „gericht ze Leuben".[23]

In einer Besitzbestätigungsurkunde für das Erzstift Salzburg erscheint im 10. Jahrhundert ein Gut „Liubana", das als nördlicher Teil Trofaiachs lokalisiert werden konnte. Auch der Flurname „in der Loiben" hat sich bei Hafning erhalten.[24] Im Trofaiacher Becken begüterte „homines liberi" nannten sich ebenfalls „von Leoben".[25]

Im 12. Jahrhundert entstand gegenüber der Einmündung der Leuben in die Mur um die St.-Jakobs-Kirche der unbefestigte Eisenmarkt (Alt-)Leoben, der 1173 erstmals als „forum Liuben" erwähnt wird. Bei der Urkunde handelt es sich jedoch um eine Fälschung.[26] 1160

18 Über die Etymologie zuletzt JONTES G., Leoben 113; ZAHN, ONB 304 f.
19 Z. B. RQQ 59, 86, 94.
20 Vgl. BRACHER, Leoben 25 f.; PIRCHEGGER, Erläuterungen II. Abt. (Grafschaftskarte).
21 Vgl. EBNER, Burgen 50.
22 StLA-U 1488a; Vgl. DOPSCH A., Urbare 45.
23 StLA-U 2004a, 2927, 3078a, 3372, 3381.
24 Vgl. WIESER 221–230.
25 Vgl. PIRCHEGGER, Landesfürst 99 f.
26 StUB I, Nr. 550.

urkundete Markgraf Otakar III. zu Leoben, was auf eine gewisse Bedeutung dieses Straßenmarktes schließen läßt.[27] 1182 erhielt die Kartause Seitz 20 Maß Eisen, die in Leoben zu beziehen waren.[28] Ab 1227 ist der Bestand eines „officium de Liuben" bezeugt.[29]

Mit der Stadtverlegung zwischen 1261 und 1280 wurde der Name Leoben von (Alt-)Leoben auf die neuangelegte Stadt übertragen.[30]

Die enge Beziehung zwischen Vordernberg und Leoben wird daran deutlich, daß in den Urkunden häufig Leoben zur näheren Ortsbestimmung für Vordernberg herangezogen wird. 1455 ist sogar von Richter und Räten „im Innernperg unsers Eysenerczts ze Lewben" die Rede.[31]

2.2. Stadtverlegung

Die Verlegung der Siedlung um St. Jakob in die Murschlinge wurde wahrscheinlich am Landestaiding von 1261 politisch-militärischer Intentionen König Ottokars II. wegen beschlossen.[32] Die Anlage erfolgte planmäßig mit vier Wehrecken, obwohl die Stadt auf drei Seiten von der Mur natürlich geschützt wurde. Gegen Süden sicherte sie die Burg „Oberhaus" (später „Massenberg" bzw. Massenburg").[33] In Zusammenhang mit der Siedlungsverlegung dürfte auch die Wappenverleihung erfolgt sein.[34] Die St.-Jakobs-Kirche blieb bis 1811 außerhalb der Stadtmauern, wenngleich es mehrere Versuche gab, die Pfarrkirche in die Stadt zu verlegen.[35] Die Vermutung eines verheerenden Brandes als Ursache für die Neuanlage der Stadt läßt sich quellenmäßig nicht verifizieren.[36]

Die genaue genealogische Bestimmung jener Personen, die sich zur Zeit der Verlegung „von Leuben" nennen – zu unterscheiden von den

27 StUB I, Nr. 404.
28 StUB I, Nr. 620.
29 StUB II, Nr. 245.
30 Über die näheren Umstände vgl. 2.2.
31 Orig. Stiftsarchiv Admont; ed. WICHNER Nr. 571b.
32 StUB IV, Nr. 43; vgl. LOEHR, Leoben 18 ff., FISCHER, Siedlungsverlegung 118 f., PUSCHNIG 506 f; Baualterplan von KLAAR.
33 Vgl. EBNER, Burgen 90.
34 Siehe Kap. 5.
35 Siehe Kap. 7.
36 HKA, I.Ö. Herrschaftsakten fol. 246–247'; vgl. ZAHN, Anonymus sowie zur Wertung des Anonymus LHOTSKY 301 ff.

freien Leuten des 12. Jahrhunderts – und vermutlich an deren Organisation beteiligt waren, bleibt einer späteren Arbeit vorbehalten.[37]

Nicht endgültig geklärt ist der Rechtsinhalt jener Urkunde, in der die Äbtissin von Göß Herzog Ernst ihre Anteile an der Stadt Leoben sowie an den Festen Pfannberg, Kaisersberg und Luginsland um etwa 1420 als Lehen überläßt.[38] K. Bracher zählte das Gebiet Leobens zu den 20 Königshuben, die Arpo, Sohn des Grafen Otakar (von Karantanien), 904 von König Ludwig dem Kind geschenkt erhielt.[39] Sie bildeten den Kern der Dos des um das Jahr 1000 von den Aribonen gegründeten Frauenklosters Göß. H. Ebner vermutete, daß die Gösser Lehensherrlichkeit auf eine Schutzfunktion zurückzuführen ist.[40]

2.3. Verfassung

In der ersten erhaltenen städtischen Urkunde erscheinen Richter, „consules", und die ganze Bürgerschaft als Handelnde.[41] 1284 urkunden neben dem Richter zwölf Geschworene und die Bürgergemeinde.[42] Die Ausbildung der Ratsverfassung hängt vermutlich mit der Stadtverlegung zusammen. Die Stadt wird in den Quellen ausschließlich als „civitas" bezeichnet. Die Legende am Stadtsiegel deutet ebenfalls auf eine ausgebildete Körperschaft mit handelnden Organen hin.[43]

Vom Beginn des 14. Jahrhunderts an erhielt die Stadt zahlreiche Privilegien, so 1305 die Bannmeile und 1314 die Eisenniederlage betreffend, die die Stadt in der Folge zum Zentrum des Handels mit Vordernberger Eisen werden ließen.[44] 1347 bestimmte Herzog Albrecht II., daß zu Leoben zwei Bierbrauer tätig sein durften, und beauftragte

37 LOEHR, Leoben 27, hält den 1277 (StLA-U 1071) und 1282 (RQ 4) genannten „Her(t)wicus miles de Luiben" für einen Krottendorfer. Spätere Personen, die sich „von Leuben" nennen, führen im Wappen einen Zinnenschnitt, gleich jenem der Timmersdorfer. Hermann von Krottendorf hat 1313 einen Dreizack im Wappen (RQ 15); er bezeichnet Dietrich von Leuben als seinen „freunt". 1346 erscheint im Text als Siegler der ehrbare Ritter Hertneid von Minzenberg. Das Siegelbild zeigt einen Zinnenschnitt, die Umschrift lautet jedoch + S HAERTNIDI DE LEVBEN (RQ 30).

38 RQ 111.

39 Vgl. BRACHER, Beiträge 30.

40 Vgl. EBNER, Römerzeit 22 f. und Eigen 49.

41 RQ 3.

42 RQ 5.

43 Siehe Kap. 5.

44 RQQ 9 und 18.

den Richter und die Zwölf des Rates, Maße für die Weinschenken zu bestimmen.[45] Im Laufe des 14. Jahrhunderts mehrten sich Aufgaben und Befugnisse des Richters und des Rates.[46] 1476 gewährte Kaiser Friedrich III. das Recht der freien jährlichen Stadtrichterwahl. Damals war Leoben bereits im Besitz der Hochgerichtsbarkeit, da der Stadtrichter vom Stadtherrn den Bann empfangen mußte.[47] Kaiser Friedrich III. verordnete 1487 aufgrund einer Beschwerde der Bürgerschaft, daß der Richter und vier Räte jährlich aus der Bürgerschaft neu zu wählen seien.[48] Man ist geneigt, darin Ansätze eines Äußeren Rates zu sehen, der sich jedoch quellenmäßig, mit Ausnahme des Jahres 1541, nicht belegen läßt.[49] In der 1525 erhaltenen Liste der Stadtämter, deren Vollständigkeit zweifelhaft ist, fehlt ein Äußerer Rat.[50] 1530 folgt im Anschluß an die Aufzählung der Stadtämter der Vermerk: „ein ersame gemainde hat in ansehung der geverlichen und sorglichen leuff, so sich ettliche jar heer begeben und zuegetragen, auch noch vor augen sein, und anndern ursachen erwegen das gemainer statt nit fürträglich, nutz noch guet sei, nach innhalt irer freyhait alle jar vier herren aus dem rat zu nemen etc. und demnach zuegeben und bewilligt, das ain ersamer rat, wie er vormals besezt ist, diss jars auch also beyeinander beleiben. Doch soll inen solhs khunfftigklichen an bemelter irer gnad und freyhait unvergriffen und on allen nachtaill und schaden sein." Dieser Passus bezieht sich ohne Zweifel auf die Urkunde von 1487. Von einem Äußeren Rat kann keine Rede sein. Die Verwaltung der Stadt ruhte in den Händen der Ratsbürger, die in Leoben vorwiegend im Eisenhandel tätig waren. Der Vermerk ist ein Indiz für die Tendenz, einen bleibenden Rat zu schaffen. 1536 wurde ein Ausschuß „von der gemain zum ratte" bestimmt. Im folgenden Jahr hatten zwei Ausschüsse vom Rat und der Gemeinde beratende Funktion.[51]

1541 erhielt die Stadt Leoben in Würdigung ihrer Verdienste um das Eisenwesen das Recht der freien Bürgermeisterwahl.[52] Im Ratsprotokoll desselben Jahres erscheint ein aus zwölf Personen bestehender Äußerer Rat, darunter Christoph Weinheber, Jörg Ledrer und Ni-

45 RQ 33.
46 Z. B. RQQ 74, 75.
47 RQ 181.
48 RQ 211.
49 RP 1541, fol. 2 f.
50 RQ 259 und GP ff.
51 StLA, St.A. Leoben, Sch. 5, GP 1536 und 1537.
52 RQ 291.

klas Schuster als vermeintliche Gewerbetreibende.[53] In den folgenden Jahren wurden Ausschüsse mit unterschiedlicher Mitgliederzahl bestimmt.[54] 1581 begehrte die Gemeinde zu Leoben, den Ausschuß auf etwa 20 Mitglieder aufzustocken. Der Rat lehnte dies mit der Begründung ab, „weil von alters her nie mehr als vier zu erwählen waren und es nicht thunlich sei, zuwider den diesfalls bestehenden befreiungen der gemeinen stadt, ausschuß über ausschuß zuzulassen".[55] Die Absonderung der ratsfähigen Bürger von der gemeinen Bürgerschaft und dem Bürgerausschuß wurde damit deutlich. Der Rat und die Ratsämter bildeten das Stadtregiment. Die jährliche Ratsveränderung und die damit verbundene Einflußnahme der Gemeinde wurde immer mehr zum Stein des Anstoßes.

Zur Überwachung der gesetzten Reformationsordnung und des gesamten Gemeinwesens der „untreuen", weil überwiegend protestantischen Bürgerschaft wurde 1598 ein Stadtanwalt eingesetzt.[56] Kurze Zeit später wurde ebenfalls im Zuge der Gegenreformation 1598 auf Ansuchen des Bürgermeisters, des Richters und des Rates der „ewige unveränderliche Rat" eingeführt, der die Mitgliedschaft im Rat für lebenslänglich erklärte. Erzherzog Ferdinand II. bewilligte das Ansuchen wegen treuer Dienste und weil der ewige Rat zur Vermehrung des Kammergutes und zum Nutzen der Stadt Leoben beitrage. Doch sollte der Magistrat die Ratsstellen mit fähigen Personen besetzen. Nicht erwähnt wurde in diesem Zusammenhang das religiöse Bekenntnis.[57] 1643 erfolgte die Bestätigung durch Kaiser Ferdinand III.[58]

Wir sehen also am Ende des 16. Jahrhunderts im Zuge des Aufbaues einer einheitlichen landesfürstlichen Verwaltung und des Abbaues städtischer Sonderrechte in Leoben – wie in anderen Städten auch – eine starke Einschränkung der bürgerlichen Mitbestimmung und der städtischen Autonomie zugunsten der Ratsherrenfamilien, die großteils nicht aus Leoben stammten.

---

53 Siehe Anm. 49.

54 RP 1543 ff.

55 Vgl. PEINLICH, Ordnung 48.

56 RQ 327; vgl. für Wien CSENDES, Nennung.

57 RQ 328; vgl. POPELKA, Rat 153 f.; PEINLICH, Ordnung 51.

58 StLA-U 1643 X 3, Ebersdorf. In dieser Urkunde wird Bezug genommen auf die Verordnung Kaiser Friedrichs III. von 1487. Der erwähnte Inhalt stimmt jedoch nicht überein. Es wird erwähnt, daß die Bürgerschaft das Recht erhalten habe, jährlich vier aus dem Inneren und zwei aus dem Äußeren Rat zu nehmen und durch andere aus der Gemeinde zu ersetzen. 1487 ist nur von einem Wechsel von vier Personen die Rede, ohne die Nennung eines Inneren oder Äußeren Rates.

3. STADT UND RECHT

3.1. Stadtrichteramt

Bis zum Aufkommen des Bürgermeisteramtes war das des Stadtrichters das wichtigste Amt in der Stadt.

1265/67 ist ein Gericht („iudicium") zu Leoben bezeugt.[59] Ob dieses schon auf die neuangelegte Stadt zu beziehen ist, bleibt fraglich. Die erste Stadtrichterurkunde, die nicht im Original vorliegt, stammt aus dem Jahr 1280. Der Richter tritt nicht allein als Handelnder auf, sondern zusammen mit „consules totaque universitas civium Levben".[60] Diese „consules" werden 1284 als „jurati" bezeichnet.[61] Der 1297 und 1298 erwähnte „subjudex" ist in seiner Bedeutung noch nicht endgültig geklärt.[62] F. Popelka setzt ihn für Graz mit dem späteren Nachrichter (= Unterbeamter des Stadtrichters) gleich.[63]

Seit dem Ende des 13. Jahrhunderts beinhaltet das Stadtrichteramt nicht nur gerichtliche Befugnisse, sondern wird auch zur Instanz für alle bürgerlichen Rechtsangelegenheiten. Zahlreiche Zeugenschaften und oftmalige Sieglertätigkeit zu den verschiedensten Betreffen zeigen dies.[64]

Die erstgenannten Richter in Leoben lassen sich keiner bestimmten Familie zuordnen. Vor der Mitte des 14. Jahrhunderts wird bereits der Familienname erwähnt, die Anrede „erber mann, zu den zeiten richter zu Levben" in den Urkunden allgemein üblich.[65] Es ist auffällig, daß sich in den 70er Jahren des 14. Jahrhunderts die Bezeichnung „richter

---

59 Vgl. DOPSCH A., Urbare 64. Vgl. dazu auch PIRCHEGGER, Erläuterungen I, 215.

60 RQ 3. Trotz geäußerter Zweifel an der Echtheit einzelner Passus der Urkunde ist der Kern zweifellos echt und ermöglicht wichtige Feststellungen bezüglich des Ganges der Neubesiedlung, die von Richter, Rat und Bürgerschaft wesentlich mitgestaltet wurde. Vgl. LOEHR, Leoben 103.

61 RQ 5; vgl. WINTER, Stadtrecht 87 f.

62 RQQ 6 und 7; RQ 6 ist nur mehr in einer Abschrift des 16. Jh.s in deutscher Übersetzung erhalten, die sich teilweise mit dem lateinischen Text der RQ 7 deckt. Dabei fällt auf, daß „Hainrich angeseczter richter" in RQ 6, in RQ 7 aber als „Hainricus subjudex" erscheint. Ein angesetzter Richter hatte im 16. Jh. als Stellvertreter für den abwesenden Stadtrichter zu fungieren (RP 1541 fol. 7).

63 Vgl. POPELKA, Graz I 413. RQ 141 bietet für 1443 den einzigen Hinweis auf einen „Herman dietzeitt nachrichter ze Lewben". Vgl. HRG Bd. 2, Sp. 75 ff. (Nachrichter » Henker).

64 Der Großteil der für die Stadtrichterliste verwendeten Namen ist den Zeugenreihen und Siegierankündigungen entnommen.

65 Z. B. RQQ 21, 27, 31.

ze Levben" in „statrichter ze Levben" wandelt.[66] Im 15. Jahrhundert lautet die Anrede „erber weiser".[67] Der Zusatz „edel" deutet darauf hin, daß die jeweilige Person noch andere Ämter – meist landesherrliche – innehatte.[68]

Im Laufe des 14. Jahrhunderts gewinnen die Bürger bzw. die Räte mehr Einfluß auf die Stadtrichterwahl. Wann den Bürgern das Vorschlagsrecht eingeräumt wurde, läßt sich nicht feststellen.[69] 1411 bestimmte Herzog Ernst, daß alle Städte und Märkte eigene Gerichtsbarkeit haben müßten.[70] Die Verbriefung der freien Wahl erfolgte erst im 15. Jahrhundert, was jedoch nur den Abschluß einer Entwicklung bedeuten dürfte.[71]

3.2. Amtsbereich (Stadtburgfried)

Städte und Märkte unterschieden sich durch das Stadt- oder Marktrecht von der dem allgemeinen Landrecht unterworfenen Bevölkerung auf dem Land und im Gäu. Der Stadtrichter war jener, dem zur Schlichtung von zivilrechtlichen Streitigkeiten unter Bürgern und Inwohnern in seiner Funktion als Gerichtsvorsitzender die größte Bedeutung zukam.[72] Diese niedergerichtlichen Befugnisse nahmen die Stadtrichter gewohnheitsrechtlich, ohne besondere Verleihung durch den Stadtherrn in Anspruch. Die Niedergerichtsbarkeit galt anfangs nur „intra muros". Erst später erfolgte eine Erweiterung des Stadtburgfrieds über die Mauern hinaus, wie H. Egglmaier an verschiedenen steirischen Städten feststellen konnte.[73] In Leoben läßt sich dieser Prozeß 1365 und 1447 urkundlich nachweisen.[74]

Im Burgfried war die Kompetenz des Stadtrichters durch den Grund- und Hausbesitz geistlicher und weltlicher Herren eingeschränkt, die

---

66 StLA-U 3255[b] (1376), RQQ 59, 64, 67.

67 Erstmals in RQ 102 (1417).

68 StLA-U 7952[b]: „edeln und fursichtigen Gregorn Lewbnner"; RQ 207: „edel Paulen Gabelkouer"; RQ 234: „edel Sigmunden Pawngartner alls statrichter hie zw Lewben".

69 Vgl. Vermutung von ROTHE, 27, Anm. 220, in der Formulierung „unser richter von Leuben" in RQ 25 einen Hinweis darauf zu sehen. Vgl. WINTER, Stadtrecht 85.

70 RQ 91.

71 RQ 181.

72 Zur Funktion des Stadtrichters vgl. allgemein DRÜPPEL 3 ff.

73 Vgl. EGGLMAIER 33–38.

74 RQ 46; in RQ 147 wird die an der Leuben (= Vordernbergerbach) gelegene Zweckmühle als im Burgfried der Stadt Leoben befindlich bezeichnet.

über ihr Gut eigene Gerichtsbarkeit ausübten.[75] Personell gesehen waren bestimmte Stadtbewohner von der städtischen Gerichtsgewalt eximiert. Von der städtischen Gerichtsbarkeit ausgenommen waren die stadtherrlichen Ministerialen, so die Timmersdorfer, Krottendorfer und Saurauer. In gleicher Weise galt dies für die stadtherrlichen „officiales“, in Leoben vor allem für die Mautner und Gegenschreiber. Der innerhalb der Stadt ansässige Klerus war gleichermaßen der stadtrichterlichen Jurisdiktion entzogen. Das geistliche Gericht galt als ausschließlicher Gerichtsstand, gleichgültig, ob der Klerus als Kläger auftrat oder selbst belangt wurde. Auch Bürger mußten etwa bei bestimmten Angelegenheiten des Eherechtes vor das geistliche Gericht.[76] Die 1578 bezeugte Ledererzunft behielt sich die Bestrafung von Verstößen gegen die Handwerksordnung vor.[77] Vom Stadtgericht waren ferner die Juden ausgenommen.[78] Streitigkeiten bezüglich des Gerichtsstandes sind für Leoben nicht nachzuweisen.

Die erste überlieferte Beschreibung des Burgfrieds der Stadt Leoben stammt aus dem Jahre 1535. In ihm besaß der Stadtrichter spätestens seit Kaiser Friedrich III. die hohe Gerichtsbarkeit.[79]

Aus einem Burgfriedsstreit zu Ende des 16. Jahrhundert läßt sich erkennen, daß das mit der Verlegung der Stadt in die Murschleife nach 1261 verlassene Gebiet um die St.-Jakobs-Kirche von alters her zum Burgfried der Stadt gezählt wurde.[80] Die Stadt wehrte sich gegen die Gewährung eines Burgfrieds für die Burg Massenberg, da diese in ihrem Burgfried gelegen war.[81] Außerdem erwuchsen den Leobenern daraus vielerlei Nachteile bezüglich der Viehweide und der Holznutzung sowie für die Pfarrkirche, den Friedhof und die Wasserversorgung der Stadt. Unter anderem geht aus einer Beschwerdeschrift hervor, daß bereits im 16. Jahrhundert Wasser aus dem Bereich der Massenburg durch Rohre in die Brunnen der Stadt geleitet wurde.[82]

---

75 Vgl. DRÜPPEL 17.

76 RQ 183.

77 RQ 316.

78 Siehe Kap. 8.

79 RQ 282. Lt. PIRCHEGGER, Erläuterungen I, 194, erhielten die meisten landesfürstlichen Städte die Hochgerichtsbarkeit über den Burgfried.

80 RQQ 319; „. . . so doch eben an disem ortt, da unnser purckhfridtsgezierckh anjezo ist, die allt Leobm statt hievor gestannden, darauff unnsere vorfaren von denn fürsten von Ossterreich die statt freyhait gehabt . . .“

81 RQ 243.

82 RQ 324. Zeitgenössisch mutet die dabei ausgesprochene Befürchtung an, daß das Wasser dann „in sein herrn Zollners anjezo zuegeaigneten purckhfridt wäre, mit dessen

3.3. Stadtrichtersiegel

Am Ende des 13. und zu Beginn des 14. Jahrhunderts erfolgte die Besiegelung von Stadtrichterurkunden in Leoben mit dem Stadtsiegel.[83] Das erste erhaltene Stadtrichtersiegel ist jenes eines nicht näher bestimmbaren Heinrich von 1331, dessen Siegelbild dem Leobener Strauß nachgebildet wurde.[84] Seit der Mitte des 14. Jahrhunderts sind – soweit erhalten – persönliche Siegel als Stadtrichtersiegel verwendet worden.[85] Die Wahl zum Stadtrichter konnte auch Anlaß sein, sich ein Siegel fertigen zu lassen, so etwa 1488, als ein Ratsbürger zur Besiegelung herangezogen wurde, da der Stadtrichter noch kein „grabns insigl“ gehabt hatte.[86]

Vor Ort wurde der Stadtrichter auch in fremder Sache zur Besiegelung herangezogen.[87] Zu seinem Einkommen zählten auch Taxen für die Besiegelung mit dem Stadtrichtersiegel, wobei zwischen Siegel und Petschaft unterschieden wurde.[88]

3.4. Wahlmodalitäten und Amtseinsetzung

Über die Voraussetzungen für die Zulassung zum Richteramt schweigen die Quellen.[89] Doch dürfen das Bürgerrecht und eine „ehrenhafte“ Abstammung als Bedingung angenommen werden.[90] 1476 gewährte

unnd seiner nachkhumben gunst, willen unnd zuegeben wir das liebe wasser khunfftig in die statt bringen unnd villeicht lezlich woll dasselb von innen gar erkhauffen muessen“ (!).

Die seitenlangen Beschwerdeschriften hatten keine Wirkung (RQ 323). Doch die Leobener gaben sich nicht so schnell geschlagen. Noch 1598 mußten Nö. Regierung und Kammer den Leobenern unter Strafe androhen, den massenbergerischen Burgfried endlich zu akzeptieren (I.Ö.K. Sachabteilung Karton 186, Nr. 16).

83 RQQ 3, 5, 6, 7, 17.

84 RQ 25; Beschreibung bei ROTHE 74: Im spitzen Schild ein Strauß mit widersehendem Kopf und Hufeisen im Schnabel, ohne Hufeisen in der Kralle.

85 Z. B. RQQ 27, 31, 50.

86 RQ 213.

87 RQ 119.

88 Lt. RQ 305 betrug die Taxe für das Siegel 60 Pfennige, für das Petschaft aber nicht mehr als 24 Pfennige.

89 Für Leoben wird angenommen, daß wahrscheinlich noch im 13. Jahrhundert stadtherrliche Ministerialen für das Stadtrichteramt vom Stadtherrn ausgewählt wurden. Vgl. ROTHE 26 f.

90 Vgl. DRÜPPEL 49 ff.

Kaiser Friedrich III. jährlich „ainen unsrer burger aus in, so dartzu teuglich" zum Stadtrichter zu wählen.[91] Worin die Tauglichkeit bestand, wird nicht näher definiert. Eine Ausbildung zum Richter gab es nicht. Erst seit der Mitte des 16. Jahrhunderts waren Leobener Studenten an deutschen Universitäten.[92] 1599 befahl Erzherzog Ferdinand II. den Leobenern, ihre Kinder, die sie zum Studieren außer Landes geschickt hatten, binnen Monatsfrist zurückzurufen und an die Grazer Universität oder an das in Laibach gegründete Jesuitenkolleg zu schicken. Der Besuch fremder höherer Schulen wurde untersagt.[93] Daraus ist abzuleiten, daß die Leobener Stadtrichter ihre Kenntnisse bis ins 16. Jahrhundert durch ihre Tätigkeit als Geschworene, also aus der Praxis bezogen. Die Tatsache, daß ein Bürger mehrmals in nicht aufeinanderfolgenden Jahren gewählt wurde, zeugt davon, daß man geneigt war, erfahrenen Persönlichkeiten die Leitung der Stadtgeschäfte anzuvertrauen. Der erste Bürgermeister, Wolfgang Donnersberger, war vor seiner Wahl in den Jahren 1526, 1529 und 1538 Stadtrichter.[94]

Wahltermin war im 16. Jahrhundert die Zeit vor Weihnachten;[95] Tag der Amtsübernahme der Neujahrstag. Im Spätmittelalter scheint es einer der Sonntage in der Fastenzeit bzw. Petri Stuhlfeier (22. Februar) gewesen zu sein. Das kann aus Nennungen zweier verschiedener, später wieder amtierender Stadtrichter innerhalb eines Jahres geschlossen werden.[96] Wahlberechtigt waren die Vollbürger der Stadt. Das Amt des Stadtrichters war sehr angesehen, jedoch mit großem Zeitaufwand und mit Kosten verbunden, so daß es immer wieder Versuche gab, sich dieser lästigen Pflicht zu entziehen. Darüber geben unter anderem die Ratsprotokolle Auskunft: 1546 wird über eine Doppelwahl berichtet, nach der beide Kandidaten so triftige Entschuldigungsgründe vorbrachten, daß sich der Rat gezwungen sah, den noch amtierenden Richter für ein weiteres Jahr zu betrauen.[97]

Dr. med. Sebastian Hinkher war 1540, nachdem er viermal das Stadtrichteramt bekleidet hatte, seiner Amtsgeschäfte müde geworden, da sie ihn an seinen eigenen Geschäften und Studien hinderten.[98]

---

91 RQ 181.
92 Vgl. LOEHR, Leoben 84 f.
93 RQ 330.
94 Siehe Liste der Stadtrichter im Anhang.
95 Lt. RPP: 1542 8. Dez.; 1546 17. Dez.; 1547 12. Dez.
96 Siehe z. B. Liste der Stadtrichter zum Jahr 1385.
97 RP 1546, fol. 33.
98 Vgl. PEINLICH, Ordnung 31 ff.

Zur Ausübung der Hochgerichtsbarkeit mußte der Stadtrichter als Teil der Amtseinsetzung beim Stadtherrn Acht und Bann einholen.[99] Starb ein Stadtrichter während des Jahres oder war er abwesend, wurde ein „gesetzter" Richter als Stellvertreter bestimmt.[100]

Das Einkommen des Stadtrichters zu Leoben bestand 1561 aus Geldleistungen und Naturalien, so aus dem Grundzins von allen Häusern und Gründen im Burgfried, aus Mauteinnahmen vom Jahrmarkt zu Dionysius (9. Oktober), aus Strafgeldern und Abgaben der Haidstaller. Daneben erhielt er – wohl als Entgelt für rechtlichen Beistand – von den Fleischhackern Ochsenzungen und Lammfelle sowie von drei Meierhöfen bei St. Peter/Freienstein, Donawitz und Waltenbach jeweils drei Fuder Heu.[101]

3.5. Kompetenzen des Stadtgerichts

Am Ende des 13. und zu Beginn des 14. Jahrhunderts erscheinen in den Quellen die Formulierungen „mit gerichte handen" oder „mit des richter hant von Levben".[102] Es handelt sich dabei jeweils um Grundstücksübertragungen durch Verkauf, Erbteilung und Stiftungen. 1378 wird der Verkauf eines Burgrechtes „mit gerichtes hant ze Lewben" geschützt.[103] Herzog Wilhelm erlaubte 1396 dem Stadtrichter, über Erbgüter und Streitigkeiten im Burgfried zu entscheiden.[104] Ein kurioser Fall, dessen Vorgeschichte und Ausgang nicht bekannt ist, ereignete sich 1415. Die Bürger von Leoben, Bruck a. d. Mur, Mürzzuschlag, Kindberg, Eisenerz und Vordernberg hatten gegen einen Untertanen des Landgerichtes Hohenberg an der Eger (LK Rehau, Oberfranken)[105] eine Klage „von prants wegen, den sy zw schedigung auf sy geschikcht solten haben" eingebracht. Da die genannten Bürger der Ladung zu einem Rechtstag nicht nachkamen, wurden sie zu einer ansehnlichen Geldstrafe verurteilt.[106] Zu den Aufgaben eines Richters

99 Seit wann dies in Leoben der Fall war, läßt sich nicht feststellen. 1476 gilt als Terminus ante quem.
100 RP 1541, fol. 7.
101 RQ 305.
102 RQQ 6, 7, 12, 13, 15.
103 RQ 59; ebenso RQ 88.
104 RQ 75.
105 Vgl. HbHistStättenD VII (Bayern) 307 f.
106 RQ 100.

gehörte auch die Ergreifung von Tätern. So erging 1427 eine Aufforderung an Bürgermeister, Richter und Rat der Stadt Ödenburg, einen ehemaligen Leobener Bürger wegen Mordes den Leobenern („in unser stat schrann") zu übergeben.[107]

Eine Besonderheit stellt die Abschrift eines Zeugenprotokolls dar, das 1436 im Streit zwischen dem Kloster Göß und den Bürgern von Leoben bezüglich des Bürgerwaldes auf kaiserlichen Befehl angefertigt wurde.[108] Mit Gerichtshanden erfolgte 1443 die Übergabe eines Hauses an die Gläubiger, da der Schuldner verstorben war.[109]

Dem Stadtgericht war jener Geldzins zu leisten, der dem Stadtherrn für die Überlassung von Grund und Boden in Form der erblichen Leihe zustand.[110]

Die Meister und Knechte der Bäcker und Müller zu Leoben verpflichteten sich 1481, Streitigkeiten vor dem Stadtgericht auszutragen.[111] Dem Juden Hierschel wurde 1485 ein an ihn verpfändetes Haus nach Burgrechtsrecht vom Gericht übergeben.[112]

1495 erhalten Richter und Rat die Befugnis, im Burgfried in allen Fällen Recht zu sprechen, die gegen einen oder mehrere Artikel der Landhandfeste verstießen.[113]

Ort der Rechtsprechung war das 1485 erstmals erwähnte, aber gewiß schon länger bestehende Rathaus der Stadt.[114] Für die Zeit davor ist anzunehmen, daß die Verhandlungen, ohne an einen bestimmten Ort gebunden zu sein, im Freien, in einer Gerichtslaube oder im Privathaus des Richters bzw. eines anderen Bürgers abgehalten wurden.[115] Entscheidendes Kriterium war die Öffentlichkeit des Gerichtsverfahrens.[116]

Gerichtstage gab es im 16. Jahrhundert etwa sechs pro Jahr, ausschließlich an Donnerstagen. Beliebte Termine waren die Zeit um

---

107 RQ 118.
108 RQ 127.
109 RQ 141.
110 RQ 168.
111 RQ 196: „Auch sullen wir was sachen sich unnder unserm hanntwerch hie oder anndern ennden begeb, das dann gerichtshanndell berueren tett, das wir dann solh hanndell unnder unns selbs an gerichts willen nicht aynnen noch ingehaim understeen sullen."
112 RQ 207; vgl. Kap. 8.
113 RQ 230.
114 RQ 207.
115 In den Quellen finden sich keinerlei Anhaltspunkte. Vgl. DRÜPPEL 37 ff.
116 RQ 229: „in offner schrann hie ze Lewben".

Epiphanie (6. Jänner), um Ostern, um Michaeli (29. September) und um Weihnachten.[117] Zwischen 1522 und 1527 fanden in Leoben die Gerichtstage in Abständen von annähernd sechs Wochen statt. Ernte- oder Marktzeiten führten zu Vertagungen auf den jeweils nächsten Termin.[118] Für die Überlassung der Gerichtsbefugnisse entrichtete die Stadt dem Stadtherrn das sogenannte Gerichtsgeld, das 1435 erstmals quellenmäßig faßbar ist.[119] In seiner Tätigkeit unterstützt wurde der Stadtrichter im 16. Jahrhundert durch von der Stadt besoldete Gerichtsdiener.[120]

Aufschlüsse über den Ablauf der Gerichtsverfahren sind dürftig. Auf jeden Fall „saß" der Richter mit den Geschworenen dem Gericht vor, während die Beklagten stehen mußten.[121]

Der Formalismus war stark ausgeprägt: 1493 erfolgte vom Stadtrichter eine dreimalige Ladung an die Gläubiger des Valentin Murer.[122] Erst nach einer vierten gerichtlichen Aufforderung wurden nicht angemeldete Schuldbriefe und Forderungen für ungültig erklärt.[123]

Im 16. Jahrhundert häuften sich obrigkeitliche Eingriffe in stadtgerichtliche Belange. 1513 wird der Stadtrichter benachrichtigt, einen dort Gefangenen nach Graz zu überstellen.[124] 1523 fordern die Räte Erzherzog Ferdinands härteres Durchgreifen in der Bestrafung von Übeltätern.[125] Das Auftreten der Wiedertäufer zu Leoben zog eine Reihe von Mandaten an die Leobener nach sich, wie sie mit diesen zu verfahren hätten.[126] Im Jahre 1600 verordnete Erzherzog Ferdinand II. die Bestrafung zweier Leobener Goldschmiede wegen unbefugter Goldwäscherei, die das Stadtgericht ungestraft ließ.[127]

---

117 GP fol. 150: „das statrecht ist besessen worden am phintztag nach Erhardi in Wolfgangen Donrsperger gericht anno Domini 1522 (9. Jänner) und nachdem nyemanndt an heut erschienen ist, der erst, annder oder dritte tag zu clagen gehabt, auch sonsst dhain parthey noch sach im statrechten hanngt, ist das statrecht mit recht weitter geschoben bis auf phintztag nach Reminiscere in die vasten". Vgl. WINTER, Stadtrecht XV. ff.

118 GP fol. 150–169.

119 RQ 122.

120 RQ 304. Diese waren laut POPELKA, Graz I 413 Nachfolger der Nachrichter (RQ 141); siehe auch Abschnitt 3.1.

121 GP fol. 150.

122 RQQ 223, 226, 227.

123 RQ 229.

124 RQ 242.

125 RQ 256.

126 RQQ 265, 266, 267, 268, 269, 273, 275.

127 RQ 334.

Bis 1600 sind nur wenige strafrechtliche Urteile bekannt.[128] Die Delikte bieten eine reiche Palette von Diebstahl, Ehebruch und Übertretung von Verboten bis hin zu Totschlag und Mord. Drei Knechte des Winkelmairhofes wurden 1530 ertappt, als sie in der Nacht mit einer Leiter über das verschlossene Stadttor gestiegen waren und auf der Schiffslände Wein aus den dort gelagerten Fässern gelassen hatten und wegtragen wollten. Das Verhör erfolgte gütlich, notfalls auch peinlich unter der Folter. Nicht jeder überstand die körperlichen Torturen.[129] Über die Strafen kann aufgrund des geringen Materials wenig ausgesagt werden. Von 1522 bis 1531 wurden drei Todesurteile verhängt, was eher gering ist. Daneben kommen vor: durch die Backen brennen, mit Ruten streichen, Landesverweis und Prangerstehen. Eine Ehebrecherin wird – auch auf Fürbitte ihres Mannes – anstatt einer Leibstrafe dazu verurteilt, „den pokhstain in der stat zurings umbtragen und ir der stattpot mit ainem pekhlein vorgeen und klingen soll".[130]

Über den Hergang bei der Vollstreckung der Todesurteile ist nichts bekannt. Die Richtstätte befand sich im 16. Jahrhundert am heutigen Galgenberg südwestlich der Stadt.[131] Ob der 1348 genannte Galgen bereits dem Stadtgericht Leoben zugehörig war, muß offenbleiben.[132] In der Stadt gab es einen Pranger und ab 1559 auch ein „Narrenhäusel", überwiegend für Gotteslästerer und leichtere Vergehen minderer Leute.[133] Die sogenannte „Keuche" oder „Keiche" scheint sich im

128 Um 1520 wurde in Leoben ein Buch angelegt, dessen Konzeption eine Reihe von strafrechtlichen Urteilen erwarten läßt: „Das puech ist tailt in drey taill – im ersten taill werden begriffen ubersetzung der stat[ambter], all gerichtlich hanndlungen und vertreg. Im anderen tail statrechtens und gastrechtenshannlungen in bey und enturtailen, auch gutlicher entschid zwischen partheyen. Im driten tail malefizhandlungen und von personen, die vechdsachen [Fehdesachen] auf inehaben, auch urgicht [Urteile] und urfechd [Urfehden]." Die angekündigte Systematik wird leider nicht eingehalten; so finden sich nur auf fol. 310 bis 315' strafrechtliche Urteile zwischen 1522 und 1531.

129 GP fol. 311: „und ist nach strenger frag ungewarlich bei anderthalben stund in ainer stuben gestorben und hinauß zum creutz begraben . . ."

130 GP fol. 313'.

131 RQ 244; der Galgenberg hieß zu jener Zeit „Puechberg". 1369 stiftet Leonhard Dornler von Leitendorf eine Wiese an der Leuben „enhalb dez Halsleins und der heiligen varichen" (RQ 49). Topographisch könnte ein Zusammenhang mit der späteren Richtstätte bestanden haben. Vgl. PIRCHEGGER, Erläuterungen I, 216.

132 RQ 35.

133 RQ 303.

Rathaus befunden zu haben.[134] 1522 war aus ihr ein Dieb ausgebrochen und entwischt.[135]

Die Freilassung erfolgte nach Leistung der Urfehde, dem Abschwören jeglicher „veintschaft" gegen Stadt und Gericht. Die einzige im Untersuchungszeitraum erhalten gebliebene Urfehdeurkunde ist jene des Hans Vnkel von Trofaiach „umb di intzicht, di ich gehabt hab von der heyrat wegen gen Petreins des Goltsmid stewftachter, darumb ich zu Lewben gevangen pin gelegen und auch umb di droered, di ich dem obgenant Petrein dem Goltsmid von der heirat wegen getan hab".[136]

Im 16. Jahrhundert erfolgten Anzeigen über Verstöße gegen die öffentliche Ordnung, die unter Androhung „swarer straff an leyb und guet" standen.[137]

Die Beziehungen des Stadtgerichts zu anderen Gerichten sind aus den spärlichen Quellen sehr schwer faßbar. 1346 befiehlt Herzog Albrecht II. dem Landrichter zu St. Peter/Freienstein „swer auf dem Hals [!] gevangen werd in dem lantgericht, daz da gehört gen sand Peter, daz du den antwurtest in unser stat ze Leuben und da vor unsern purgern daz recht uber in verhörest".[138] 1373 beschwerten sich die Leobener bei Herzog Albrecht III., daß sie von den Landrichtern und anderen Personen in der Steiermark in ihrem Gras- und Heurecht bedrückt würden.[139] Im 16. Jahrhundert kam es zu Schwierigkeiten bei der Übergabe von Gefangenen. Beim Durchzug des Leobener Burgfrieds war der Landrichter verpflichtet, den Stadtrichter mündlich und schriftlich um eine Bewilligung zu ersuchen.[140]

1516 bestätigten Richter und Rat der Stadt Leoben die Ordnung der Jakobs-Bruderschaft der Bettler, die unter anderem die Bestellung eines Bettlerrichters vorsah. Dieser hatte vor allem die Aufgabe, die armen Leute gegen fremde Bettler zu schützen; er wurde aus dem Einkommen der Bruderschaft besoldet.[141]

134 RP 1568, fol. 63.
135 GP fol. 310.
136 RQ 68. Dieser für die Thematik wertvolle Urkundentypus scheint Skartierungen zum Opfer gefallen zu sein.
137 RQQ 275, 293.
138 RQ 32.
139 RQ 56.
140 RQQ 308, 309.
141 RQ 247.

3.6. Bürgermeisteramt

Das Bürgermeisteramt ist wesentlich später bezeugt als das des Stadtrichters.

Der im Jahre 1400 genannte Bürgermeister dürfte noch nicht die später übliche Funktion ausgeübt haben; er war zugleich landesfürstlicher Mautner.[142] 1427 soll Paul Wüssl Bürgermeister zu Leoben gewesen sein.[143] Daß Thomas Matheser 1449, 1459 und 1465 Bürgermeister zu Leoben war, läßt sich quellenmäßig ebenfalls nicht verifizieren.[144]

Erst 1461 ist ein Bürgermeister zusammen mit Richter und Rat der Stadt Leoben urkundlich faßbar.[145] Der erste namentlich genannte Bürgermeister, Michel der Swanselperger, besiegelte 1462 nach dem Stadtrichter Ulrich Popperhandel eine Erbverzichtsurkunde.[146] 1464 siegelte der ehrbare und weise Hans Zwickl als Bürgermeister zu Leoben.[147] 1467, 1468 und 1471 erscheint Friedrich Kainer als Inhaber dieses Amtes.[148] Zur Wertung dieser Nennungen ist anzumerken, daß in den Adressen der in diesem Zeitraum ergangenen Mandate kein Bürgermeister vorkommt, sondern stets nur Richter und Rat von Leoben.[149] Eine Ausnahme bildet das Jahr 1528.[150] Über die Funktion und

142 Vgl. NÖSSLBÖCK 20: 1400 September 14, Leoben: Bürgermeister Jakob Unger, Mautner zu Leoben, an Bürgermeister, Richter und Rat zu Freistadt, daß ihm Wenczla der Pestel an der Maut zu Leoben viel schuldig geworden ist; sie sollen ihn zur Bezahlung verhalten, sonst werde er sich bei den nächsten Freistädtern schadlos halten.

143 Vgl. MUCHAR, Geschichte VII, 195: Graf Hermann von Cilli hatte in diesem Jahr Streit wegen der Zehente in Österreich, zu Brunn und Mödling, dessen Entscheidung er Paul Wüssl, Bürgermeister in Leoben, übertrug. Laut Muchar bestand das Bürgermeisteramt bis 1484, verschwand dann aus nicht bekannter Ursache und kam 1541 wieder in Übung. Worauf sich diese Vermutung stützt, wird nicht deutlich. Die Quellen bieten für 1484 keinen Anhaltspunkt.

144 Vgl. WICHNER/SCHMELZER, Leoben 132. Thomas Matheser war 1448 Bürger und landesfürstlicher Verweser zu Leoben. Vgl. RQ 148.

145 StLA-U 6839 und 6841.

146 RQ 164.

147 RQ 166. Dieser ist 1466, 1471 und 1473 als Stadtrichter bezeugt.

148 StLA-U 7935; RQQ 169 und 178. Derselbe erhält 1470 von Kaiser Friedrich III. als Bürger von Leoben Mauteinnahmen verpfändet. Vgl. RQ 175; zugleich war er 1471 kaiserlicher Amtmann in Leoben. Darauf deutet auch seine Bezeichnung als „fursichtiger, erber, weiser“ (RQ 177). Er ist vor 1484 gestorben (RQ 204).

149 RQQ 170, 171, 172, 173, 174.

150 In RQQ 265, 266, 267 und 268 lautet die Adresse: Bürgermeister, Richter und Rat der Stadt Leoben.

Stellung des Leobener Bürgermeisters geben die Quellen keine Kunde. Ob es sich hier um eine – ohne obrigkeitliche Erlaubnis – vorgenommene Nachahmung der Verhältnisse in anderen steirischen Städten – vornehmlich Graz – handelt, muß in Erwägung gezogen werden.[151]

1541 verlieh König Ferdinand I. der Stadt Leoben das Recht der freien Bürgermeisterwahl.[152] In der Urkunde wird dies mit den gesteigerten Aufgaben im Hinblick auf die „versehung des eysenperckhwerchs“[153] und „fürnemblich den bürgerlichen täglich furfallunden sachen“ sowie mit den Verdiensten der Stadt bezüglich der Mehrung des Kammergutes und der Türkenabwehr begründet. Die erste Wahl erfolgte am 3. März 1541 durch Rat und gemeine Bürgerschaft.[154] Am 27. März wurde dem gewählten Wolfgang Donnersberger das Bürgermeisteramt übergeben, und „am monntag darnach hat der bemellt burgermaister den gewonndlichen burgermaisteraidt gethan“.[155] Am 19. April geriet er bereits mit dem Baumeister der Stadt bezüglich des Weiderechtes im Stadtgraben in Streit.[156] 1542 wurde beschlossen, die Bürgermeisterwahl jeweils zu Weihnachten abzuhalten. Wir erfahren aus der Quelle auch Einzelheiten zum Ablauf: „und soll ain yeder ratsverwanntter sein waal zu dem burgermeisterambt in ainem zetl stellen und verpetschafftet dem alten burgermeister uberantworten. Der sol mitsambt dem angesetzten statschreiber alsdann auf den angesetzten tag die zetl eröffnen und welicher die maist waal hat, der gemain anzaigen und furhalten.“[157] Wahlberechtigt waren nur mehr die Ratsmitglieder.[158]

---

151 Vgl. POPELKA, Graz I 447 ff., wo schon um die Mitte des 15. Jahrhunderts Bürgermeister bezeugt sind und König Friedrich IV. 1446 ein Mandat an Bürgermeister, Rat und Bürger richtete.

152 RQ 291.

153 Die Stadt Leoben war durch einen 1539 mit Sebald Pögl geschlossenen Vertrages 1540 in den Besitz von drei Radwerken zu Vordernberg gelangt. Vgl. RQQ 286, 289. Die Verleihung dieses Rechtes darf wohl in Zusammenhang mit der Auseinandersetzung um Sebald Pögl gesehen werden.

154 RP 1541, fol. 7.

155 RP 1541, fol. 10. Im GP 1545 geschieht die Übergabe „also mit dem furhalten, das er Ro. Ku. Mt. etc. auf gemainer stat nuz, fromen unnd wolfart betrachten, hanndlen unnd in allen dingen befurdern auch den aigen nuz unnderdrugkhen soll unnd well . . .“ fol. 304’.

156 RQ 292.

157 RP 1542, fol. 249’.

158 GP 1542, fol. 255.

Die Stadt bemühte sich, Hinderungsgründe zur Annahme des Bürgermeisteramtes zu beseitigen. Man erkundigte sich 1545, ob der Besitz eines Drittels an einem Radwerk die Ansässigkeit mit eigenem Rücken bedinge. Da dies dem Amtmann zu Vordernberg nicht notwendig erschien, erklärte sich der gewählte Kandidat bereit, „die schlüssl unnd das, so ainem burgermaister zugehorig, sambt der eerung [= Kette]“ zu übernehmen.[159]

Der Bürgermeister übernahm den Vorsitz im Rat, die Verwaltung des städtischen Besitzes und der Finanzen.[160] Über sein nicht allzu großes Einkommen und die Vorrechte finden sich Angaben im städtischen Grundbuch von 1561. Als Vogt des Dominikanerklosters erhielt er Faschingshühner. Er durfte das Siegelgeld einnehmen und bekam ferner 16 Pfund in bar. Weiters war er von den bürgerlichen Pflichten wie Wache, Torstehen und Robot befreit und hatte für sein Vieh Weiderecht im Stadtgraben.[161]

159 GP 1545, fol. 304’.
160 Z. B. RQQ 295, 296, 304, 315.
161 RQ 305.

4. RECHTLICHE STELLUNG DER BÜRGER[162]

4.1. Bürgerrecht

Die rechtliche Stellung der städtischen Bevölkerung Leobens war differenziert. Neben Bürgern mit vollem Bürgerrecht gab es Stadtbewohner mit beschränkten bürgerlichen Pflichten – die sogenannten Haidstaller – sowie Inwohner, Gäste, Juden, Adelige und Kleriker.

Bürger erscheinen seit der Stadtverlegung als cives.[163] 1262 werden sie Leobener („Leobienses") genannt.[164] Ein Konrad war 1308 Bürger und Mautner in Leoben.[165] Elisabeth Holensteinerin, eine bäuerliche Hintersassin des Klosters Rein, verkaufte 1321 ihren Hof und erhielt dafür das Haus desselben Klosters in der Stadt Leoben.[166] Herzog Albrecht II. bestimmte 1343, daß zu Bruck a. d. Mur „weder burger noch innleutt" aus Leoben mautpflichtig sein sollten.[167] Herzog Rudolf IV. versprach 1363 der Äbtissin von Göß, keinen ihrer Untertanen in seine Herrschaft aufzunehmen, worunter vor allem die Stadt Leoben gemeint gewesen sein muß. Diese Urkunde ist ein Indiz für den Zuzug aus dem Umland in die Stadt.[168] 1373 erhielten die Bürger von Leoben das Privileg, zum Wiederaufbau der eingefallenen Stadtmauer, unter anderem von „fremden und äußeren Leuten", die Eisen in die Stadt führen, erhöhte Maut zu fordern.[169] Herzog Friedrich V. bewilligte 1439, daß sich ein jeder „gesessner burger" mit einer Höchsteinlage von 100 Pfund an der 1415 von Herzog Ernst genehmigten Eisenhandelskommunität beteiligen konnte.[170] 1443 erscheint ein Thomas Riemer, „mitwoner ze Lewben", als Gläubiger.[171] Michael Sulzbacher, der sich in der Urkunde als „Mitbürger" zu Leoben bezeichnet, verkauft 1488 sein Haus samt Hof und Garten nach Burgrechtsrecht.[172]

---

162 Auf die genealogischen, sozialen und ökonomischen Lebensbedingungen mußte im Rahmen dieser Arbeit, soweit nicht Vorarbeiten vorhanden sind (vgl. ROTHE), verzichtet werden.

163 RQ 5: Herbrand „concivis noster" ist in diesem Sinn zu werten.

164 RQ 1.

165 RQ 11.

166 RQ 21.

167 RQ 28.

168 RQ 44; vgl. ROTHE 9.

169 RQ 55.

170 RQ 132.

171 RQ 141.

172 RQ 213.

Über den Vorgang der Bürgeraufnahme gibt es erste Nachrichten aus dem 16. Jahrhundert. 1531 wird der aus einer Vordernberger Radmeisterfamilie stammende Wolf Wiener gegen Nachweis der Aufsagung des Bürgerrechts in Vordernberg und eines Kaufbriefes über ein Haus auf sein „vleissig bitten" als Bürger aufgenommen und „hat darauf seinen burgerlichen ayd und glubd von stundan gethan und geswornn". Als Gegenleistung für die Verleihung des Bürgerrechtes soll er der Stadt zwei gefaßte Hakenbüchsen geben.[173] Gewöhnlich wurde der Bürgereid am Jahresbeginn geleistet, so etwa der Stadtschreiber Martin Widner laut GP am 2. Jänner 1531. Die 1536 aufgenommenen Neubürger waren verpflichtet, als Einstandsgeld (= Anlait) der Stadt Dachziegel zu liefern.[174]

Einer der Anklagepunkte im Prozeß gegen Sebald Pögl war 1539, daß er sich unter dem Schein des Bürgerrechtes, das er durch seine erste Ehe mit einer Leobener Bürgerstochter erworben hatte, Vorrechte herausnahm, die ihm durch seine Erhebung in den Reichsfreiherrenstand nicht mehr zustanden. Pögl mußte auf das Bürgerrecht und den bürgerlichen Handel verzichten. Alle Urkunden darüber wurden für ungültig erklärt. Als Entschädigung sollte er seine drei Radwerke zu Vordernberg an die Stadt Leoben oder andere taugliche Personen verkaufen.[175]

Die Aufnahme eines Schneiders als Haidstaller für ein Jahr erfolgte 1525 unter der Bedingung, daß er innerhalb dieses Jahres bei sonstiger Strafe ein Haus kaufe.[176] 1561 werden Möglichkeiten der Leistung der Anlait aufgezählt.[177]

Der Wortlaut des Bürgereides ist aus einem Akt von 1580 bekannt. Es handelt sich um ein Gesuch des Rechenschreibers zu Leoben, Andre Schnelko, in Leoben den Bürgereid ablegen zu dürfen. Er weigerte sich jedoch, dies in der ortsüblichen Form zu tun. Statt dessen war er nur bereit, jenen Eid zu schwören, den die landesfürstlichen Beamten in Graz leisteten.[178] Niederösterreichische Kammer und Regierung entschieden, daß Schnelko, wenn er beabsichtigte, „die burgerliche handtierung" zu treiben, den Leobener Bürgereid zu schwö-

173 RQ 276.

174 GP 1536, fol. 139.

175 RQ 286; vgl. LOEHR, Thörl 27 ff., und TREMEL, Frühkapitalismus 89 ff.

176 RQ 261.

177 RQ 305: Dach- oder Mauerziegel „zu gemainer stat gebewen", „ain taugliche mansweer, harnasch unnd puxen in gemainer stat zeughauß oder darfur pargelt . . ."

178 RQ 320.

ren verpflichtet wäre. Wollte er das nicht, sollte der Eid der sonstigen landesfürstlichen Beamten genügen.[179]

In der Reformationsordnung von 1598 wurde bestimmt, daß nur mehr Katholiken als Bürger aufgenommen werden dürfen. Die Aufkündigung des Bürgerrechtes war dem Landesfürsten vorbehalten.[180] Das Verbot, nichtkatholische Bürger oder Inwohner aufzunehmen, wurde mehrmals erneuert.[181] 1599 gab Ferdinand II. Bürgermeister, Richter und Rat der Stadt Leoben Anweisungen, wie sie sich bei Abzug von Bürgern zu verhalten hätten. Die landesfürstliche Bewilligung des Abzuges war Grundvoraussetzung. Vor dem Abzug mußten alle offenen Angelegenheiten wie Geldschulden, innegehabte Stadtämter und Gerhabschaften geordnet werden. Der Abziehende war verpflichtet, von allen seinen Gütern den zehnten Pfennig als „Nachsteuer" zu geben, der von der Stadt an die niederösterreichische Kammer abgeliefert werden mußte.[182]

Zusammenfassend kann festgestellt werden, daß der Besitz eines Hauses und die Tätigkeit in Handel und Gewerbe Grundvoraussetzung für den Erwerb des Bürgerrechtes waren. Der Zahl der Bürger war jedoch durch die räumliche Beengtheit der mittelalterlichen Stadt eine Grenze gesetzt. 1561 gab es dem städtischen Grundbuch zufolge innerhalb der Stadtmauern samt Rathaus an die 120 Häuser.[183]

4.2. Beziehungen unter den Stadtbewohnern

Über das Verhältnis der rechtlich unterschiedlichen Gruppen der Stadtbewohner verlautet nur wenig aus den Quellen. Berührungspunkte bildeten der Besitz und die Stiftungen:[184]

Die Massenberger, die bis 1312 die Massenburg (Oberhaus) südlich über Leoben innehatten, verpfändeten 1348 Lehen an den Leobener Bürger Heinrich Hackenteufel.[185] Ulrich der Timmersdorfer siegelte 1355 als Burggraf von Massenberg (Massenburg).[186] Eine Handhabe

179 Vgl. POPELKA, Graz I 364.
180 RQ 327.
181 RQQ 329, 331.
182 RQ 332.
183 RQ 305.
184 Siehe Kap. 7; bezüglich Juden siehe Kap. 8.
185 RQQ 14, 35.
186 StLA-U 2545.

gegen fremde Kaufleute bedeutete das Privileg Herzog Rudolfs IV. von 1362, Schuldner zu pfänden und aufzuhalten.[187] Pernger der Timmersdorfer stiftete 1363 einen Jahrtag mit einer Hube zu Edling, die er von Kunigunde Daumin gekauft hatte.[188] Der Leobener Bürger Georg Moder verkaufte dagegen an Kunigunde die Krottendorferin eine Wiese.[189] Pernger der Timmersdorfer, Peter Ramung und der Leobener Bürger Dietrich Pierer quittierten 1381 als herzogliche Steuereinnehmer den Empfang der Steuer von der Äbtissin zu Göß.[190] Derselbe ritterbürtige Pernger der Timmersdorfer ist 1393 als Mitglied der Bürgerbruderschaft bezeugt. Er bat 1394 die Leobener Bürger, das Stadtsiegel an seinen Stiftungsbrief zu hängen.[191] Von einem besonders engen Verhältnis zeugt der Wortlaut einer Urkunde, mit der Pernger der Timmersdorfer den Zwölfen des Rates und der Bürgergemeinde zwei Stiftungsbriefe übergibt.[192] 1435 kam es zu einem Streit zwischen Margarete Ungnadin, Tochter Pernger Timmersdorfers, und der Bürgerschaft zu Leoben wegen verschiedener Güter, die ihr verstorbener Bruder Jörg zu einem Seelgerät gestiftet hatte. Herzog Friedrich V. entschied, daß die Stiftung unverändert bleiben sollte. Doch erhielt Margarete das Recht, für die von ihr beanspruchten Güter innerhalb einer bestimmten Frist solche in gleichem Wert einzutauschen. Die Zinse, die seit etlichen Jahren nicht geleistet wurden, sollten die Bürger einnehmen „und sol in der pawr, der auf demselben hof sitzet und auch ander, die solh zinns innhieten“ damit gehorsam sein. Den Bürgern wird auch der Schutz der Stiftung übertragen.[193] Margarete machte von dieser Möglichkeit Gebrauch.[194] Die Brüder Hans und Kolman Pierer, Bürger zu Leoben, waren zum Sperberdienst an die ritterbürtigen Krottendorfer verpflichtet.[195]

187 RQ 43.
188 RQ 45.
189 RQ 47.
190 RQ 63.
191 RQQ 71, 73.
192 So lautet die Anrede: „Lieben nachpawern, ir zwelf dez rats und auch die gemain der stat ze Lewben“ und weiter „. . . wann ich ew dez sunderleich vor aller menichleich wol traw und wil auch daz gern umb ew dienn, diweil ich leb und wil Got in ener welt darumb fur ew pitten, daz ir die obgenant stift nicht lat abgen . . .“
193 RQ 124.
194 RQ 125.
195 RQ 154.

Die Bewohner der Vorstadt Waasen erhielten 1513 die Erlaubnis, am Buchberg für den Hausgebrauch Holz zu schlagen.[196]

Ein Dorn im Auge der Stadtobrigkeit waren im 16. Jahrhundert jene Personen, die zu den untersten sozialen Schichten der Stadt gehörten. 1517 bestätigten Richter und Rat die Ordnung einer Bettlerbruderschaft „auf anrueffen der armen leut hie bey der stat, so des almusen notturfftig und damit denselben das wirdig almuesen durich die stertzer und umlauffer, die das on notturfftig not, entzogen wurdet". Man versuchte damit ohne Zweifel, die Armut besser in den Griff zu bekommen.[197] Eine Kundmachung des Rates von 1530 richtete sich unter anderem gegen alle unehrenhaften Personen, die innerhalb von acht Tagen die Stadt verlassen sollten; ferner gegen jene, die nicht in einer Frist von vierzehn Tagen eine Arbeit annehmen würden.[198]

Mit dem 1530 eingesetzten Wäger kam es 1533 zu einem Vergleich wegen ausstehender Zinse, der Unvereinbarkeit von Wägeramt und Teilnahme am Eisenhandel, der Nachzahlung „mitleidiger" Steuer und wegen einer Ehrenbeleidigung.[199] 1534 erlaubten Richter und Rat der Stadt Leoben einem kaiserlichen Mauteinnehmer im Stadtzwinger eine Hütte und einen Stall auf eigene Kosten zu bauen. Dieses Recht sollte aber nicht an seine Nachfolger weitergegeben werden.[200] 1541 wurde den Vorstädtern der Eintritt ins Bürgerrecht verwehrt.[201] Im städtischen Grundbuch von 1561 besaßen von 34 Hausgesessenen in der Vorstadt 13 das Bürgerrecht, das ihnen 1560 bewilligt worden war.[202] Den Viertelmeistern wurde 1542 aufgetragen zu achten, „was er fur leut unnder im hat", und die Wächter an den Toren anzuhalten, auf fremde Personen besonderes Augenmerk zu legen.[203] Die Verhältnisse in der Stadt zur Zeit der Reformation und die Beziehungen der Bürger zum Klerus werden an anderer Stelle behandelt.[204]

196 RQ 244.
197 RQ 247.
198 RQ 275.
199 RQQ 274, 280; 1543 ist er Stadtrichter zu Leoben.
200 RQ 281.
201 RP 1541, fol. 11'.
202 StLA, St.A. Leoben, Sch. 32; Kop. Stadtmuseum Leoben; RP 1560, fol. 52'.
203 RQ 293.
204 Siehe Kap. 7.

4.3. Besitzrechte und Vermögensverhältnisse der Bürger

Zu den Vorteilen des Bürgerrechtes zählte die Leiheform des freien Burgrechtes gegen geringen Zins. Der Stadtherr verzichtete auf die Weiterverleihung nach dem Tod des Bürgers, so daß das Burgrecht frei vererbt, verliehen und verkauft werden konnte.[205] Bei Fehlen von Erben oder Gläubigern fiel das Gut an den Stadtherrn.[206] Die Bezeichnung „Burgrecht“ für Rentenkauf, wie es für Wien und andere österreichische Städte festgestellt wurde, konnte in Leoben nicht nachgewiesen werden.[207]

Die Besitzübertragung des freien Burgrechtes erfolgte vor dem Stadtgericht.[208] Eine Gleichsetzung des freien Burgrechtes mit bürgerlichem Eigen konnte nicht beobachtet werden.[209]

Das rechte Burgrecht wurde vom Adel oder von geistlichen Institutionen in und außerhalb der Stadt vergeben.[210]

Freies Eigen i. S. von bürgerlichem Eigen konnten die Bürger durch Pfandschaft oder Kauf erwerben.[211] Das Edlingeigen war eine Sonderform, die sich für Leoben urkundlich belegen läßt.[212] Der Leobener Bürger Hans Reicher tauschte mit der Äbtissin von Göß einen freieigenen Acker im Leitendorfer Feld; vom Tausch ausgenommen war der Zehent.[213]

Bürger konnten außerhalb des städtischen Bereiches auch Inhaber von Lehen sein, so vom Landesfürsten, von den Grafen von Montfort, den Liechtensteinern, den Stubenbergern, den Losensteinern, den Minzenbergern, vom Erzstift Salzburg, vom Nonnenkloster Göß sowie vom Benediktinerstift Admont.[214] Hinweise auf Beutellehen fehlen.[215] Die Äbtissin von Göß gab dem Leobener Bürger Hans Schenk jenen Krautgarten zu Eigen, den er bisher als Gösser Lehen besaß, um

205 Z. B. RQQ 50, 59, 88. Vgl. HRG Bd. 1, Sp. 564 f.

206 RQQ 75, 278.

207 Vgl. CZEIKE, Burgrecht 115 ff. und HRG Bd. 1, Sp. 564.

208 Zur Leistung des Grundzinses siehe Kap. 6.1.

209 Vgl. EBNER, Eigen 94 bzw. Städtewesen 328.

210 Z. B. RQQ 25, 96, 115, 128.

211 Z. B. RQQ 23, 27, 31, 50, 51, 64, 71, 81, 95. Vgl. EBNER, Eigen 91 ff., und EDLINGER 35 ff.

212 RQQ 13, 45.

213 RQ 165.

214 Vgl. bis 1434 ROTHE 16 und RQQ 140, 143, 277.

215 Vgl. EBNER, Eigen 308.

ihn der Kirche St. Jakob stiften zu können.[216] Erasmus Reichenhaller und seine Ehefrau erhielten von den Dominikanern zu Leoben gegen einen jährlichen Zins von 21 Pfennig zu Georgi (24. April) eine „winkchelstat“ in einem bestimmten Flächenausmaß verliehen. Befestigten sie diese, indem sie das Areal „verzewnten oder inplankchten“, sollte die Zinsleistung entfallen. Wollten sie die Winkelstatt bebauen, dürfte die Dachtraufe nicht über die ausgemessene Fläche ragen.[217] Ein Kaufrecht der Kirche Maria Waasen wurde von Mathias Wulffinger, Bürger zu Leoben, und dem Zechmeister Georg Dultsch verliehen.[218]

Aufstieg und Untergang der Familie Pierer als Gründer des Leobener Spitals wurden bereits eingehend untersucht.[219] Dennoch soll ihnen auch hier Augenmerk geschenkt werden. Zum einen gehörte ein Vertreter dieser Familie zu den frühestgenannten Stadtrichtern: Heinrich der Pierer im Jahre 1346.[220] Das Siegelbild läßt die Vermutung zu, daß der Name mit dem Bierbrauen in Verbindung steht.[221] 1347 gestattete Herzog Albrecht II. zwei Bierbrauern in Leoben, ihr Gewerbe auszuüben.[222] 1410 verkaufte Lukas Pierer außer einem Garten und Keller auch einen (Getreide-)Kasten zu Leikauf.[223]

Seit der Mitte des 15. Jahrhunderts erfolgte der finanzielle Abstieg der Familie. Hans Pierer verschuldete sich 1449 bei einem Juden[224] und mußte in der Folge nach und nach Teile seines Besitzes verkaufen. Bemerkenswert ist in diesem Zusammenhang der bis zum Ende des 15. Jahrhunderts mehrfach bezeugte Hof im Winkel.[225]

Erstmals in Piererischen Besitz erscheint „ain hof zu Lewben im Winkchel“ 1454, der an Jakob Herbarter verpfändet war.[226] Kurze Zeit später mußte ihn Hans Pierer gegen Zinsleistung an Hans von Stubenberg abtreten.[227] 1456 wurde der Hof, auf dem er selbst saß, der elf Pfund Pfennige diente und stift-gössisches Lehen war, den Stubenber-

216 RQ 137. Die Eignung war Voraussetzung für die Stiftung; vgl. EBNER, Eigen 255 ff.
217 RQ 162.
218 RQ 203.
219 Vgl. CERWINKA, Bürgerspital 72 ff.; siehe Kap. 7.2.
220 RQ 31.
221 Siegelabbildungen (1346, 1371, 1404, 1422) bei ROTHE 131.
222 RQ 33.
223 RQ 88.
224 RQ 151; vgl. Cerwinka, Bürgerspital 73 f.
225 Vgl. ZAHN, ONB 304; BRACHER, Beiträge 34 f., und LOEHR, Leoben 110 f.
226 StLA-U 6470.
227 StLA-U 6480: „item von erst ain hof zu Leuben im Winkchel, da ich yntz selb aufsitz“.

gern verkauft.[228] Die Brüder Wolfgang und Erasmus von Stubenberg verkauften den Hof zu Leoben im Hof im Winkel um 286 Pfund Pfennige an Veit Ketzer.[229]

Die Witwe Hans Pierers verkaufte 1473 Mert Spitzer „ainen hof mitsambt der behausung zu Lewben auserhalb der rinckmaur im Winckel gelegen ... davon man den edeln und vesten hern Casparn, Walthasarn und Purckharten, gebrudern den Rogendorffern und allen iren erben iarlich dint aindlef phunt phening“, der Kaufrecht ist.[230] Da nun 1477 zwischen der Äbtissin von Göß und dem Pfarrer zu St. Jakob ein Streit „von wegen ains zehents im Winkchl zu Lewbem auf dem hof der etwan der Pierer gewesen ist und yetzund Caspars des Rogendorffer, den der Jörg Kätzler innehat“ entschieden wurde, muß es zwei Höfe im Winkel gegeben haben. Gestützt wird diese Feststellung durch den Ausgang des Streites: Der Pfarrer und seine Nachfolger erhielten den Zehent auf dem vorgenannten Hof von der „stattmawr hinab nach dem weg zu raytten, der die z w e n höf schaydet hundert und zwaintzigk klaffter. Und als die genanten hundert und zwaintzigk klaffter ain endt nemen, da haben wir marchstain gesatzt und von denselben marchstain der lengs ab untz an die Mur und nebem an den pawngarten, der demselben kloster gehort und nicht weytter“.[231]

1478 verkaufte Caspar von Rogendorf den Hof zu Leoben im Winkel an Hans Stubich, den kaiserlichen Amtmann zu Leoben. Dieser wurde von der Äbtissin von Göß belehnt.[232] Hans Stubich verkaufte seinen „hof vor der stat Lewben im Winkel gelegen, darauf Jörg Keczler kauffrecht hat ... der von hern Casparn von Rogendorff mit kauff an mich komen ist ... der zu lehen rurt von der erwirdigen geistlichen frawen der ebbtessin zu Goss“ an Kaiser Friedrich III.[233] Im selben Jahr erklärte Georg Kätzler, Bürger zu Leoben, daß ihm Kaiser Friedrich III. den Hof im Winkel, der in das kaiserliche Amt dienstbar war, um 13 Pfund Pfennige verpfändet hatte. Er verpflichtet sich, ihn in gutem Bauzustand zu erhalten.[234]

---

228 StLA-U 6573. Dazu wurde unter anderem ein Acker verkauft, der „in denselben hoff gezogen“ und stubenbergisches Lehen war.

229 1458 Jänner 12, HHStA Wien.

230 StLA-U 7488b.

231 RQ 182.

232 1478 August 31, HHStA Wien; StLA-U 7730[a].

233 RQ 195.

234 1479 September 7, HHStA Wien;

Daneben leistete er elf Pfund Pfennige von dem anderen Hof im Winkel, „den sein gnaden von Hans Stubich khaufft, darauf ich khaufrecht habe". 1485 verlieh Friedrich III. dem Leobener Bürger Jörg Kätzler seinen vorher verpfändeten „hof im Winkchl bey unserr burgk daselbs gelegen" zu rechtem Burgrecht oder Kaufrecht gegen 13 Pfund Pfennige zu Georgi. Von der Tatsache, daß dieser Hof Gösser Lehen gewesen ist, war keine Rede mehr.[235]

Die Ortsbezeichnung der beiden Höfe deutet auf das nördlich der Stadtmauer in der Murschlinge liegende Gebiet, das spätere Josepheum, hin.[236] Die beiden Höfe befanden sich im 16. Jahrhundert im Besitz der Zollner auf Massenberg und wurden im 17. Jahrhundert von den Jesuiten erworben.[237]

Im 15. Jahrhundert erscheint nochmals die Bezeichnung „Winkel", die im 16. Jahrhundert im städtischen Grundbuch wiederkehrt. Die 1435 als ehemaliger Timmersdorferbesitz genannten „vier guter gelegen hinder der mawr" lagen zusammen mit dem Mauthaus und der Badestube an der Murbrücke im städtischen Winkel anstelle des heutigen westlichen Häuserblockes beim Mautturm.[238]

4.4. Rechte und Pflichten der Bürger

Das wichtigste Vorrecht eines Bürgers gegenüber der bäuerischen Bevölkerung war neben der erblichen Leiheform der Bestand einer eigenen städtischen Gerichtsbarkeit im Burgfried.[239] Der Stadtherr konnte jedoch in dieses Recht eingreifen. Kaiser Friedrich III. lud 1483 zwei Leobener Bürger, die wegen Geldschulden in Streit geraten waren, vor das landesfürstliche Gericht zu Graz.[240]

---

235 RQ 209.

236 In einer undatierten Abschrift im HKA Wien, die allem Anschein nach in Zusammenhang mit dem Streit um den Burgfried Massenberg steht, heißt es: „an die statt Leobm, da sy jezt steet, sein in dem Winckhl zween höf gewesst, der ain des Spizer, der annder des Pierer. Es ist auch der hof genannt der Spanngerall unndter Massenberg auch des Pierer gewesst. Die zween hof hat man abprochen des 1481 jar, da man die passtein in dem Winckhl unnd die gräben auch annders zu der wher zugericht unnd pautt hat." Diese Quelle ist, auch aufgrund anderer Unstimmigkeiten, mit Vorsicht zu werten.

237 Vgl. BRACHER, Beiträge 34 f.

238 RQ 124; vgl. LOEHR, Leoben 111.

239 RQ 91.

240 RQ 200.

Die Bürger hatten Anteil am Bürgerwald, dessen Grenzen zwischen dem Kloster Göß und den Bürgern von Leoben 1436 auf herzoglichen Befehl festgelegt wurden: „von dem Prentgraben und gee auff nach dem Mitterpichl fur die marchpawm biss auff das Hochkhögel khegen der stat; und was also der weld ist, die gegen der stat ligent, die gehorn den purgern zw Leubn zw, ausgenomen die herren, die auch darin habent.“[241] Viele Hinweise bezüglich bürgerlicher Vorrechte sind einem Entscheid der kaiserlichen Räte und verordneten Kommissäre der „umbreitterey in Össterreich unndter unnd ob der Ennß, auch in Steyr“ zwischen Hans Gerhab, Pfleger auf Massenberg, und der Stadt Leoben zu entnehmen.

Als Streitpunkte wurden das Fischen in der Mur, die Jagd auf „fix, hassen undt federwilt“ und die „Gemain“ am Fuße des Massenberges an die „Umreiter“ herangetragen.[242]

1513 erhalten Richter, Rat und die Bürgergemeinde der Stadt Leoben das Recht bestätigt, auf der halben Seite des Buchbergs (= Galgenbergs) ihr Vieh aufzutreiben und Holz für ihre Hämmer und Werkstätten zu entnehmen. Die Bewohner der Vorstadt Waasen durften für den Hausgebrauch Holz schlagen. Ebenso sollten die Leobener den Steinbruch nutzen dürfen.[243]

Zu den Pflichten der Bürger zählten die militärische Sicherung der Stadt sowie die Erhaltung der Sicherheit im Inneren und die Steuerleistung.[244] 1284 wurde das Haus des Klosters Admont von jeder Zwangsauflage (exactio), Steuer (steura) und von den Diensten und Lasten (servitia, onera) befreit, die „zum Nutz und Notwendigkeit“ der Bürgerschaft oder der Stadt eingehoben wurden.[245] Die Befreiung des Grundes des Pfarrers von Proleb erfolgte „von allen mitleidigen diensten alls steuer, zinssung unnd andern anforderungen, auch von wachten, bauen an den mauern unnd anderstwo“.[246] Herzog Friedrich der Schöne befreite das Haus des Klosters Rein neben der Steuer von allem „ez sei von zierken oder von andern sachen, daz di purger anget“.[247] Die Bürger wurden also zur Robot bei der Anlage und Ausbesserung der Befestigung sowie zur Wache an den Stadtmauern

241 RQ 127.
242 RQ 243.
243 RQ 244.
244 Zur Steuer Siehe Kap. 6.1.
245 RQ 5.
246 RQQ 6, 7.
247 RQ 19.

(die man aufgrund der vollführten Runden auf den Wehrgängen der Stadtmauern auch Zirken nannte) und den Toren verpflichtet. Dies war im Interesse des Stadtherrn, der in Kriegszeiten mitunter in die Belange der Sicherheit seiner Stadt eingriff. 1469 befahl Kaiser Friedrich III. dem Richter und Rat zu Leoben, kein Kriegsvolk in die Stadt aufzunehmen, und ordnete an, daß seine Holden und jene genannter Amtsträger eine dreitägige Robot in der Stadt Leoben zu leisten hätten.[248] Wenig später gebot er den Bürgern von Leoben, das Haus eines Bürgers, das vor dem Stadtturm neben der Brücke gelegen war und offensichtlich aus Sicherheitsgründen abgetragen werden sollte, vorläufig nicht abzubrechen.[249] Zum Wiederaufbau der eingefallenen Ringmauer wurde vom landesfürstlichen Stadtherrn die Einhebung einer Maut gewährt.[250]

Nachweislich gab es seit dem 16. Jahrhundert in Leoben besoldete Torsperrer.[251]

Eine wichtige Rolle im Rahmen der Sicherheit spielten die Viertelmeister, denen 1542 unter anderem verordnet wurde, „das man under die zwai thor zwen verordnen thue, die auf die frembten personen guet aufsehen haben".[252] In Notzeiten wurden nach wie vor Bürger zu Wachdiensten herangezogen.[253]

Der Bürgermeister war jedoch von „wacht, torsteen unnd robath" befreit.[254]

Besonderes Augenmerk galt der Brandverhütung. Die Bürger waren verpflichtet, ihre Häuser in gutem baulichen Zustand zu halten.[255] Richter und Rat führten mehrmals Kommissionierungen an Häusern durch, in denen vor allem feuersicher gemauerte Wände und Ziegeldächer vorgeschrieben wurden.[256] Der 1534 bewilligte Bau einer Hütte und eines Stalles im Stadtzwinger sollte „gemainer stat hierinnen geferlichait des liechts, auch fewr unnd in ander weg yederzeyt ganz on nachtail und schaden sein".[257] 1542 wurde den Viertelmeistern aufge-

---

248 RQ 170.
249 RQ 171.
250 Zum sog. „puchslgelt" siehe Kap. 6.1.
251 RQQ 259, 304.
252 RQ 293.
253 RQ 294.
254 RQ 305.
255 RQ 237.
256 RQ 262.
257 RQ 281.

tragen, Personen zu bestimmen, die von Haus zu Haus gehen und die Rauchfänge besichtigen sollten; „welche der ordnung nit gemäß gelegt, dieselben den burgermeister und richter anzuzeigen, die soll man darumben strafen".[258] 1545 wurden die Torwächter und Feuerrufer „in glub genomen", besonders auf Feuer zu achten und dort, wo ein Feuer ausgebrochen war, „von stund an die leut darin, auch die nachsten nachpern daran und nachmals den herrn richter in aller eill aufzewekhen".[259] Auch die Reformationsordnung von 1598 enthält diesen Befehl.[260]

Zu den bürgerlichen Pflichten gehörte auch die Übernahme städtischer Ämter. Nicht immer gab es Zustimmung zu einer solchen zeit- und geldintensiven Tätigkeit.[261] 1525 wurden neben dem Stadtrichter und dem Rat noch ein Baumeister, ein Spitalmeister, der Stadtschreiber, vier Raitherren aus dem Rat und vier aus der Gemeinde, Zechmeister für St. Jakob und St. Johann, zwei Brotbeschauer und Fleischschätzer aus dem Rat und zwei aus der Gemeinde, zwei Forstmeister und Torsperrer, zwei Kalkbrenner, ein Wäger, ein Aufgeber und die Mesner für St. Jakob und St. Johann bestimmt.[262] Die Zahl der Ämter vermehrte sich im Laufe des 16. Jahrhunderts.[263]

4.5. Handel und Gewerbe[264]

Der Stadtherr versuchte, die Bürger seiner Stadt in ihrer Handels- und Gewerbetätigkeit zu schützen.

1305 wurde den Bürgern der Stadt Leoben das Bannmeilenrecht verliehen. Innerhalb einer Meile um die Stadt durften sich, mit Ausnahme von Göß und Trofaiach, keine „caupones, carnifices, pistores seu cuiuslibet operis artifices" niederlassen. Erwähnt wurde in diesem Zusammenhang der Handel mit Salz und anderen Kaufmannswaren (mercimonia), jener mit Eisen dagegen nicht.[265]

---

258 RQ 293.
259 ZAHN, Miscellen 276.
260 RQ 327, Nr. 21.
261 Siehe Kap. 3.1.
262 RQ 259.
263 Vgl. RPP 1541 ff.
264 Nur zum Teil berücksichtigt wurden Stücke, die alle landesfürstlichen Städte und Märkte betrafen.
265 RQ 9.

In Leoben lassen sich bereits Ende des 13. Jahrhunderts Handwerker namentlich nachweisen.[266] 1297 und 1298 gehörten Handwerker zu den Geschworenen der Stadt.[267] Diemut Kreuzer erhielt 1311 aus dem väterlichen Erbe unter anderem „in der stat ze Levben ain flaischpanch und auzzerhalb derselben stat von aim ledergadem den zins".[268] Erste Hinweise auf den Eisenhandel finden sich in einem Testament des Judenburger Bürgers Walter Zand von 1280, dem Leobener Eisenlieferungen schuldeten.[269] 1314 erhielt die Stadt von Herzog Friedrich dem Schönen das Niederlagsrecht für Trofaiacher und Vordernberger Eisen. Damit waren die Vormachtstellung von Leoben im steirischen Eisenhandel und die Entstehung der Eisengewerbe grundgelegt.[270] 1360 bestätigte Herzog Rudolf IV. den Bürgern von Mürzzuschlag ihr altes Recht, wonach zwischen Leoben und dem Semmering nur in ihrer Stadt Eisen verarbeitet werden durfte.[271] Herzog Albrecht II. befahl 1355 dem Grafen von Pfannberg, die Bürger von Leoben gegen Übergriffe der Weinschenken zu Trofaiach zu schützen.[272] Die Lederer zu Judenburg, Knittelfeld, Leoben, Bruck a. d. Mur, Kindberg und Mürzzuschlag erhielten 1357 das Privileg, demzufolge nur in den genannten Städten und „nindert auf khainem gey" Leder verarbeitet und damit Handel getrieben werden durfte.[273] Den Frohnleitenern wurde 1408 verboten, ihren Wein auf dem Gäu zu verkaufen.[274] Das endgültige Aus für das Gäuhandwerk mit Ausnahme der Schneider und Schuster bedeutete das Privileg Herzog Ernsts von 1418.[275]

Der Rat entwickelte sich im 14. Jahrhundert zur oberen Instanz in Gewerbesachen.[276] 1347 wurde den Bürgern die Aufsicht über die Tätigkeit von zwei Bierbrauern sowie dem Richter und Rat die Fest-

---

266 StLA-U 1182: Wulfingus, cerdo de Leuben, und Chunradus watmangarius [Tuchhändler]; RQ 5: Leopoldus panifex als Zeuge; RQ 6: Leopold Peck; RQ 7: Leopoldus pistor und cerdo dictus Chaerpf.

267 RQ 6: Syboto Kürschner, Rapoto Ledrer, Hainrich Mullner; RQ 7: Syboto pellifex, Gundacher carnifex, Rapoto cerdo, Hainricus mulner.

268 RQ 13.

269 StLA-U 1182: Marchlinus de Leuben dictus Frustukchel, Wulfingus cerdo de Leuben, Chunradus watmangarius de Leuben.

270 RQ 18.

271 RQ 41.

272 RQ 38.

273 RQ 39; gleichlautende Bestätigung von Hz. Albrecht III. RQ 54.

274 RQ 84.

275 RQ 104.

276 Vgl. POPELKA, Handwerk 97 f.; LENTZE, Zunftwesen 21.

setzung der Maße für die Weinschenken übertragen.[277] Herzog Albrecht III. erließ 1393 unter anderem eine Bestimmung zum Schutz des städtischen Handels und Gewerbes gegenüber Adel und Klerus.[278] Richter und Rat bestätigen den Meistern und Gesellen der Eisenzieher von Lilienfeld, Judenburg, Weißenbach, Bruck a. d. Mur, Leoben, Wels und Rottenmann ihre Handwerksordnung und die Errichtung einer Bruderschaft.[279]

Die Änderung der Handwerksordnung der Bäcker und Müller erfolgte 1481 mit Zustimmung des Richters und des Rates. Eine gemeinsame Zeche sollte Mängel, „so in unnserm hanntwerch menigertallen beschehenn", abwenden. Das Vermauten und Mahlen des Getreides sollte mit bestem Gewissen geschehen und die Müller die Knechte „nach pilleichkhait unnderweisen", damit die Müller zu Vordernberg, Eisenerz und andernorts durch die Einrichtung der Zeche nicht benachteiligt würden. Vielmehr sollten sie sich auch nach dieser Ordnung richten. Streitigkeiten sollten vor dem Stadtgericht ausgetragen werden, Strafgelder dem Richter zustehen. Zur Förderung der Bäcker wurden Beschränkungen für die Muttelbäcker (= Lohnbäcker) festgesetzt.[280]

Der Rat übermittelte auch Handwerksordnungen an andere Städte, so 1490 die der Schneider, die nicht erhalten ist, nach Rottenmann.[281] Die Zimmerleute von Leoben übernahmen dagegen 1509 die Ordnung der Grazer Zunft.[282]

Brotbeschauer und Fleischschätzer wurden zur Überwachung vom Rat eingesetzt.[283] Bei Beanstandung konnte das Brot dem Spital übergeben werden.[284] Die Aufnahme von Haidstallern lag ebenfalls im Ermessen des Rates.[285] 1530 wurde vom Rat ein Generalmandat König Ferdinands I., betreffend den Fürkauf auf dem Land der Bevölke-

277 RQ 22.
278 RQ 72: „Und daz auch daselbs ze Lewben nyemand, er sey gaistleich oder weltlich mit in kainerlay kaufmanschaft noch gewerb treyben noch arbeitten sol in dhainem weg an irn willen und gunst."
279 RQ 192.
280 RQ 196.
281 RQ 216.
282 RQ 241; vgl. POPELKA, Handwerk 109 ff.
283 Erstmals bezeugt in RQ 259.
284 GP fol. 293'.
285 RQ 261.

rung, kundgemacht.[286] Die Festsetzung von Preisen[287] fiel ebenfalls in den Aufgabenbereich des Rates wie die Bestrafung jener, die sich nicht an die Ordnung ihres Handwerkes hielten.[288] Das städtische Grundbuch vermerkt den Zins für Brottische, Fleischbänke und für die Vergabe der Kaufmannsgewölbe im Rathaus. 1561 hatten dort ein Messerer, ein Kupferschmied, zwei Schlosser, ein Büchsenschmied und ein Hafner von Kapfenberg Werkstätten und Verkaufsläden eingerichtet.[289] Als es zu Spannungen zwischen den Lederern, Schustern und Fleischhackern kam, griffen Bürgermeister, Richter und Rat 1576 schlichtend ein.[290] Die zweimal jährlich stattfindende Versammlung der Ledererzunft zu Leoben, Eisenerz, Vordernberg, Trofaiach und Mautern fand in Leoben statt; ferner sollten dort „alle handlungen gepflegt, auch alda maister unnd khneht in die zunfft aufgenomen gemacht, leerjunger gedingt unnd ledig gezelt“ werden.[291] Erzherzog Maximilian erteilte der Stadt Leoben eine Wirtsordnung und befahl, diese öffentlich kundzumachen und „auch mit ernnst bey inen denen wierthen und gastgeben verfuegen, daran und darob sein wellet, damit sy solchen wierthsordnung würckhlich geleben und derselben gemäß die gest, sonderlich aber das an yetzo durchziehende khriegsvolckh tractiern“.[292]

Herzog Ernst bestätigte 1415 den Leobenern auf Widerruf eine Ein- und Verkaufsgenossenschaft für Eisen aus dem Vorder- und Innerberg („auß beeden pergen“).[293] Aus dieser Bestätigung konnten die Leobener jedoch kein Recht des ausschließlichen Einkaufes ableiten, wie ein Entscheid von 1417 bestätigt. Die Leute vom Erzberg sollten in Zukunft ihr Eisen nach Leoben führen und dort Leobener Bürgern und Gästen verkaufen. Wer aber Lebensmittel nach Vordernberg und Eisenerz lieferte, durfte weiterhin Eisen und Salz, geschlagenes und geschrotenes Eisen dafür eintauschen.[294] Der 1421 ergangene Auftrag an den Landschreiber in Steier, den Kauf und Handel mit Eisen vom Erzberg nach Leoben zum Nutzen der Stadt Leoben, ihrer Bürger und

286 RQ 275.
287 RQQ 279, 284.
288 RQQ 287, 288.
289 RQ 305.
290 RQ 315.
291 RQ 316.
292 RQ 325.
293 RQ 98; vgl. PIRCHEGGER, Eisenwesen 21 ff.
294 RQ 101.

Leute zu ordnen, läßt auf Schwierigkeiten bei der Durchführung des genossenschaftlichen Einkaufes schließen.[295] Im folgenden Jahr bestätigte Herzog Ernst neuerlich die „commun" auf Widerruf[296] und gebot, nur Leobener Eisen zu verarbeiten.[297] 1436 beschwerten sich die Bürger zu Leoben über die Errichtung von Welschhämmern in Vordernberg.[298] Die Eisenhandelskommunität wurde auch von Herzog Friedrich V. 1439 für 15 Jahre bewilligt. Jeder hausbesitzende Bürger durfte sich mit einer Höchsteinlage von 100 Pfund beteiligen und anteilsmäßigen Gewinn entnehmen.[299] Dies ist gleichzeitig die letzte urkundliche Erwähnung dieses Versuches eines wirtschaftlichen Zusammenschlusses. Er scheint der Neuorganisation des Eisenwesens 1448/49 zum Opfer gefallen zu sein.[300]

Unter Kaiser Friedrich III. folgten zum Vorteil der Stadt Leoben weitere Eingriffe in das Eisenwesen.[301] 1493 übertrug der Kaiser Richter und Rat die Besetzung des erst kürzlich geschaffenen Aufgeberamtes.[302] König Maximilian I. legte 1501 als Qualitätsmarke für das Leobener Eisen die Aufschlagung des Straußes fest.[303] Erzherzog Ferdinand gebot Richter und Rat von Leoben, darauf zu achten, daß kein Hüttenbergisches Eisen und „pöss waldeysen" in die Steiermark geführt würde.[304] 1540 gelangte die Stadt Leoben durch einen Vertrag mit Sebald Pögl in den Besitz dreier Radwerke zu Vordernberg.[305]

Die frühesterwähnte Handwerksbruderschaft zu Leoben ist jene der Schmiede und Hammermeister.[306] Der Patron der Bruderschaft war der hl. Leonhard, dessen Attribut Ketten sind.[307] Die erste und einzige Erwähnung einer Bäcker- und Müllerbruderschaft stammt aus dem Jahr 1481.[308]

---

295 RQ 112.
296 RQ 113.
297 RQ 114.
298 RQ 126.
299 RQ 132.
300 RQQ 149, 152; vgl. TREMEL, Studien 563.
301 RQQ 220, 221.
302 RQ 224.
303 RQ 239.
304 RQ 253.
305 RQQ 286, 289.
306 RQ 97.
307 RQ 252.
308 RQ 196.

Die Zimmerleute gründeten 1509 eine Bruderschaft zu Ehren des hl. Josef und Allerheiligen. Daneben erging die Aufforderung, gerechten Lohn zu verlangen und das Werkzeug außerhalb der Arbeitszeit zu reparieren. Fremde Zimmerleute sollten bei ordnungsgemäßer Entrichtung des Wochenpfennigs von der Bruderschaft nicht ausgeschlossen sein.[309]

Es würde zu weit führen, alle Einzelbestimmungen der Handwerksordnungen zu erläutern. Im folgenden sollen aber doch einige markante Artikel, die das Verhältnis zwischen Handwerk und Stadt beleuchten, herausgehoben werden.[310]

Die Meister und Knechte der Bäcker- und Müllerzunft verpflichteten sich 1481, Streitigkeiten vor dem Stadtgericht auszutragen. Die Strafgelder sollten dem Stadtrichter zukommen.[311]

Die Zimmerleute versicherten sich 1509 der Hilfe des Stadtrichters bei säumigen Zahlern und bei anderen Verstößen. Als Voraussetzungen für die Meisterschaft werden Mitgliedschaft in der Zeche, Verheiratung und volles Bürgerrecht („er sey dan ain gesborner burger hie und leid mit der stat") genannt. Bricht in der Stadt Feuer aus, „so sollen alle mayster und gesellen, die zu solher zeidt hie sein, zuelauffen und mit den fewrhagken zu redten helffn, alls der stat ordnung ist". Zuwiderhandelnde müssen in die Zeche ein Pfund Wachs und der Stadt 32 Pfennig geben.[312]

In der aus vier Punkten bestehenden Ledererordnung von 1578 behielt sich die Zunft gewisse Züchtigungsrechte vor, „doch ausgenomen und vorbehaltlichen was gerichtliche handlung ist unnd zu straffen gebürt".[313]

Einen Verstoß gegen die Ordnung der Bäcker ahndeten Richter und Rat 1539, „das sy umb 12 ur auf den thurn in gemaine stat straff geen".[314] Die Strafe wurde zu einer Geldstrafe gemildert mit dem Hinweis, daß mit dieser Übertretung der Stadt beim Besuch eines nicht näher bestimmbaren Grafen großer Spott und Nachteil zugefügt wurde.[315]

---

309 RQ 241.
310 Vgl. allgemein POPELKA, Handwerk 109 ff.
311 RQ 196.
312 RQ 241.
313 RQ 316.
314 RQ 287.
315 RQ 288.

In der Reformationsordnung von 1598 wurde verboten, in den wie bisher an Sonn- und Feiertagen geöffneten Läden zu kaufen, zu verkaufen und „andere gwerb und hanndtierung" zu treiben. Es wurde die Einhaltung der Sonn- und Feiertagsruhe gefordert.[316] Ferner wurden Verordnungen bezüglich Weinausschank, Bäckern und Fleischhackern getroffen.[317]

Im Zuge der Gegenreformation mußten sich Müller, Bäcker, Zimmerleute, Lederer, Schneider und Fleischhauer zu Leoben ihre Ordnungen neu bestätigen lassen.

---

316 RQ 327, Punkt 10.
317 RQ 327, Punkt 13, 14, 15.

5. STADTSIEGEL

5.1. Siegelbild

Der Strauß im Leobener Stadtwappen erfuhr bislang unterschiedliche Deutungen.[318] Konrad von Megenberg beschrieb ihn um 1350 als jenen Vogel, der Eisen fressen und verdauen kann.[319] Für die Zeit bis 1600 sind nur wenige Stadtsiegel erhalten. Das älteste Siegel datiert vom Jahr 1298. Es zeigt im Wappen einen rechtsgewendeten Strauß, ein Hufeisen im Schnabel und eines im linken Fuß haltend.[320] 1311 erscheint der Strauß nach links gewendet.[321]

5.2. Recht zur Siegelführung

Das Siegel als Ausdruck einer rechtlich und verwaltungsmäßig selbsttätigen Bürgergemeinde darf in seiner Bedeutung für die Rechtsgeschichte einer Stadt nicht unterschätzt werden. Die Siegelumschrift des ältesten erhaltenen Stadtsiegels nimmt bereits Bezug auf ein zur Körperschaft entwickeltes Gemeinwesen.[322]

Eine Verleihungsurkunde für das Leobener Stadtwappen gibt es nicht.[323] 1280 urkundeten Richter, Rat und Bürgerschaft der Stadt Leoben und beglaubigten mit ihrem Siegel.[324] Vermutlich wurde das Siegel nicht verliehen, sondern – wie in anderen steirischen Städten – von der Bürgerschaft aus Gründen der Notwendigkeit angenommen.[325]

In den meisten der mit dem Stadtsiegel beglaubigten Urkunden fehlen weitere Siegel, so daß dem Stadtsiegel eine besondere rechtliche Bonität zuerkannt worden sein muß.[326] So erfolgte die Befreiung der Häuser des Stiftes Admont 1284 und des Pfarrers von Proleb 1298

318 Vgl. KIRNBAUER, Strauß 115 f.; KIRNBAUER, Wappen; zuletzt LESKY, Strauß 9 ff.

319 Vgl. KIRNBAUER, Strauß 115 f.; bei LURKER 659 wird diese Eigenschaft nicht erwähnt.

320 RQ 7.

321 RQ 13.

322 RQ 7: + SIGILLVM CIVITATIS DE LIV[BE]N.

323 Woher R. LIST, Kunst 555 – seine Angaben zu einer 1306 von Albrecht I. ausgestellten Verleihungsurkunde bezieht, ist unklar.

324 RQ 3.

325 Vgl. PFERSCHY, Stadtrichter 360.

326 RQQ 3, 5, 6, 7, 8, 12, 13, 17, 23, 121, 241, 252.

auf diese Weise. Zu Beginn des 14. Jahrhunderts stand das Stadtsiegel auch jenen zur Verfügung, die kein eigenes Siegel besaßen.[327] Zudem verlieh das Stadtsiegel für Nichtbürger offensichtlich größere Glaubwürdigkeit.[328] 1440 beurkundete der Ausseer Hallinger Wilhelm Schawerekger, daß die Anhängung des Stadtsiegels an seinen Stiftsbrief der Stadt keinen Schaden bringen sollte.[329]

Neben dem größeren Stadtsiegel verfügte die Stadt Leoben seit dem 15. Jahrhundert auch über ein kleineres Siegel, das in den Quellen als Sekretsiegel bezeichnet wird.[330]

1541 erhielt die Stadt das Recht, „ire hanndvessten, brieff unnd missiven“ mit rotem Wachs zu siegeln.[331] 1569 beschloß der Rat, künftig, „wann man mit gemainer stat clinnern sigil khundtschafften oder annder sachen auf billich begern der partheyen ferttigt“, jeweils 4 Schilling Pfennig als Siegeltaxe zu verlangen.[332]

Verzeichnis der erhaltenen Stadtsiegelurkunden bis 1500:[333]

RQ 7:	1298 Sept. 18, Leoben	+ SIGILLVM CIVITATIS DE LIV[BE]N
RQ 13:	1311 Mai 25, – –	+ SIGILLVM CIVITA[TIS] IN LEVBEN
RQ 23:	1328 Dez. 16, Leoben	w. o.
RQ 31:	1346 Juli 12, Leoben	w. o.
RQ 121:	1435 Juli 22, –	w. o.

5.3. Bürgersiegel

Neben das Stadtsiegel trat in Leoben seit etwa 1330 das bürgerliche Siegel als Beglaubigungsmittel. Die ältesten erhaltenen Bürgersiegel sind jene von Jakob Truller und Heinrich Stupper an einer Urkunde von 1342.[334] E. Rothe stellte fest, daß der Anteil siegelführender Bür-

---

327 RQQ 8, 23.

328 RQQ 12, 13, 31, 73.

329 RQ 134.

330 RQQ 232, 246, 260, 280, 304.

331 RQ 291.

332 RP 1569, fol. 37'.

333 Vgl. GÄNSER 147 f.

334 RQ 27. Das Trullers zeigt eine Lilie im spitzen Schild, das Stuppers im spitzen Schild ein Hufeisen, das oben beiderseits von einer vierblättrigen Rose, unten von einem fünfstrahligen Stern begleitet wird. Vgl. ROTHE 66 und 92.

ger in Leoben gering war. Von den bis zum Jahre 1434 genannten 167 Bürgern verfügten nur 45 über ein eigenes Siegel.[335] Wegen fehlender Vorarbeiten kann für die Zeit von 1434 bis 1600 keine Aussage getroffen werden.

Die Richtersiegel wurden bereits an anderer Stelle behandelt.[336]

Siegelführende Frauen sind nicht bekannt. An ihrer Stelle siegelten die Stadt, der Richter, ein Bürger, der Ehemann oder ein männlicher Verwandter.[337]

Vom Jahre 1481 blieb ein Zechsiegel der Bäcker- und Müllerzunft erhalten.[338]

335 Vgl. ROTHE 32.
336 Siehe Kap. 3.3.
337 Vgl. ROTHE 32.
338 RQ 196.

6. STADTHERR UND STADT

6.1. Beziehungen des Stadtherrn zur Stadt

Die Beziehungen zwischen Stadtherr und Stadt waren vielfältig. Stadtherr von Leoben war der jeweilige Landesfürst, der Herzog von Steiermark.

Der zur Neuanlage der Stadt notwendige Grund und Boden wurde den Bürgern vom Stadtherrn in Form einer freien, erblichen Leihe gegen geringen Geldzins zur Verfügung gestellt. Dieser Grundzins ist in Leoben seit der Mitte des 15. Jahrhunderts quellenmäßig bezeugt.[339] 1468 stiftete eine Witwe Güter und Gründe, die „unserm allergnadigisten herren dem romischen kayser etc. als lanndesfurst in Steyr neynn pfenning zw gruntzynnss in das statgericht hie ze Lewben“ dienen.[340] 1561 zählte der Grundzins laut „brieflicher urkhunden daruber“ zum Einkommen des jeweiligen Stadtrichters.[341]

Eine wichtige Rolle übernahm der Stadtherr in Leoben beim Bau der Stadtbefestigung. Die nordwestliche Wehrecke wurde zur landesfürstlichen Burg ausgestaltet.[342] Um den Bau und die Erhaltung der Stadtmauern finanzieren zu können, erwirkten die Leobener vom Landesfürsten immer wieder die Erlaubnis, eine höhere Maut zu fordern.[343] Es handelte sich um das sogenannte „püchslgeld“. Der Ausdruck wurde im 16. Jahrhundert wahrscheinlich von der Gewohnheit, das Geld in einer Büchse zu sammeln, abgeleitet.[344] Ebenso durften Teile des Ungeldes zu Befestigungszwecken verwendet werden.[345]

Enge Beziehungen zwischen Stadtherrn und Stadt ergaben sich aus den fiskalischen Interessen des Landesfürsten. Die Maut zu Leoben zählte zum landesfürstlichen Kammergut. Sie reicht in ihren Anfängen bis vor die Zeit der Stadtverlegung zurück. Die spätere Mautstelle befand sich am Mauttor an der Murbrücke zur Vorstadt Waasen.[346] Das Mauthaus wird 1435 als ehemaliger Timmersdorferbesitz urkund-

339 RQ 168.
340 RQ 169.
341 RQ 305.
342 Vgl. LOEHR, Leoben 15 ff.
343 RQQ 55, 78, 163, 285.
344 RQQ 285, 304.
345 RQQ 180, 197.
346 Vgl. LOEHR, Leoben 38, JONTES G., Leoben 135.

lich erwähnt.[347] Der Stadtherr erteilte auch Befreiungen von der Leobener Maut.[348] 1497 gab König Maximilian I. einen Teil der Mauteinkünfte für den Bau des Dominikanerklosters zu Graz.[349] 1308 und 1383 hatten Leobener Bürger das Mautneramt inne.[350] Ab 1470 wurde die Maut immer wieder verpfändet.[351] Ein Problem war die Umgehung der Leobener Maut über den sogenannten „Diebsweg".[352] 1490 verbot Kaiser Friedrich III. unter Strafandrohung, diesen Weg durch den Göß- und Gamsgraben zum Viehtrieb und Transport von Kaufmannswaren zu benützen.[353]

Die Leobener waren durch ein Privileg von der Maut zu Bruck a. d. Mur befreit.[354] 1524 bestätigte König Ferdinand den Leobener Bürgern die mautfreie Einfuhr von Waren in die Stadt[355], 1552 die Mautfreiheit im Umkreis von drei Meilen.[356]

Schließlich war die Stadt zu Steuerleistungen an den Stadtherrn verpflichtet.[357] Diese ordentlichen Stadtsteuern erscheinen als „steuer"[358], „gewonliche purgersteuer"[359], „gebonleiche stewer"[360], „gewöhnliche Stadtsteuer"[361], „gewöndleich schatzstewr"[362] und „mitleidig steur"[363] in den Quellen. 1435 mahnte der steirische Landschreiber Richter und Rat der Stadt Leoben, die „stewer, so ir meinem genedigen herren dem hertzogen etc. jerleich geben schullt", unverzüglich zu bezahlen.[364] Herzog Albrecht VI. erteilte 1444 die Erlaubnis, die Steuer auch auf die im Burgfried gelegenen Judenhäuser anzuschlagen.[365]

347 RQ 124.
348 RQQ 1, 10, 26.
349 RQ 231.
350 RQQ 11, 66.
351 RQ 175; weitere Nachweise bei GÖTH, Urkundenregesten, z. B. Nrn. 622, 634, 689, 690.
352 Vgl. KNIELY, Diebsweg.
353 RQQ 193, 219.
354 RQQ 9, 28, 299.
355 RQ 258.
356 RQ 300.
357 Vgl. MENSI 1 ff.
358 RQQ 5, 6, 7, 10, 19.
359 RQ 57.
360 RQ 61.
361 RQQ 120, 173.
362 RQ 150.
363 RQ 280.
364 RQ 122.
365 RQ 142.

Ende des 15. Jahrhunderts nahm Leoben beim Steueraufkommen der landesfürstlichen Städte und Märkte den 4. Platz hinter Graz, Radkersburg und Bruck a. d. Mur ein.[366] Verbrauchs- und Verkehrssteuern wurden auf Tiere und tierische Produkte, Tierhäute und Felle[367] sowie auf Getränke als Ungeld[368] gelegt.

Da die Steuerleistung einer Stadt von ihrer wirtschaftlichen Leistung abhängig war, versuchte der Stadtherr, diese durch Privilegien zu erhöhen. Bannmeile und Niederlagsrecht für Eisen aus Vordernberg ließen Leoben auf Kosten von Judenburg und Trofaiach zu einem wichtigen Umschlagplatz für Eisen werden.[369]

1407 übernahm die Stadt Leoben in einer Einigung zwischen Herzog Leopold IV. und Herzog Ernst die Bürgschaft für Herzog Ernst.[370]

6.2. Kaiser Friedrich III. als Stadtherr

Kurz nach seiner Volljährigkeitserklärung am 25. Mai 1435 huldigte die Stadt Leoben Herzog Friedrich V., seinen Bruder Herzog Albrecht VI. und deren Onkel Friedrich IV.[371] Bereits im Dezember desselben Jahres entschied Herzog Friedrich V. einen Streit zwischen einer Timmersdorferin und der Leobener Bürgerschaft.[372]

1436 wandten sich die Bürger von Leoben mit einer Beschwerde über die Eisenerzer an den Herzog.[373] Am Bergbau interessierten Herzog Friedrich vor allem die Einkünfte. Dieses Interesse kam der Stadt Leoben sehr zugute.[374] 1439 bestätigte Friedrich die von Herzog Ernst bewilligte Eisenkommunität für weitere 15 Jahre. Die Urkunde ist zugleich der letzte Hinweis auf den Bestand dieser frühen Form der Vergesellschaftung im Eisenwesen.[375]

---

366 Vgl. SEUFFERT/KOGLER Teil 1, Nr. 66.

367 RQ 175.

368 RQ 159; vgl. MENSI 37 ff. Für Nieder- und Oberösterreich vgl. HILLBRAND.

369 RQQ 9, 18.

370 RQ 83.

371 RQ 121.

372 RQ 124.

373 RQ 126.

374 Vgl. TREMEL, Studien 560 ff.

375 RQ 132; in den RQQ 149, 152, 220 und 221 wird das Verhältnis zwischen Vordernberg als Erzeugungsstätte für Eisen und Leoben als dessen Umschlagplatz näher geregelt.

1440 trat König Friedrich IV. aufgrund einer Übereinkunft die Stadt Leoben und andere Güter seinem Bruder Herzog Albrecht VI. ab. Der König befahl Richter, Rat und Bürgern der Stadt, diesem gehorsam zu sein, und entband sie der gegen ihn geleisteten „gelubd und aide".[376] Die Stadt fiel 1445 durch Verpfändung wieder an Friedrich zurück.[377] Richter, Rat und Bürgergemeinde wurden neuerlich aufgefordert, ihm Eid und Huldigung vor seinem Vertreter zu leisten „nach inhalt ainer gesecretierten zedeln, so er ew furhalten wirdet".[378]

Im Oktober 1452 hielt sich Kaiserin Eleonora, Gemahlin Kaiser Friedrichs III., in Leoben auf. 1453 erfolgte die Privilegienbestätigung für die Stadt in Graz.[379] In der Folge erließ der Kaiser Mandate bezüglich Weinverkaufs[380] und der Maut[381]. Seine Finanznot zwang ihn, der Stadt Maut und Ungeld zu verpfänden und um ein Darlehen zu ersuchen.[382] Einige Schriftstücke spiegeln die unruhigen Zeiten wider.[383] Der Kaiser kümmerte sich als Stadtherr jedoch auch um Angelegenheiten einzelner Personen, vornehmlich bei Streitigkeiten.[384] 1478 beschäftigte ihn ein Ehezwist zwischen dem Leobener Bürger Pangraz Seidennater und seiner Frau Regina, dessen Ausgang nicht bekannt ist.[385] 1476 gewährte Kaiser Friedrich III. der Stadt das Recht der freien Richterwahl.[386] 1483 schickte er acht Truhen unbekannten Inhalts nach Leoben, wo schon andere derartige Truhen vor den Ungarn und Türken sicher verwahrt wurden.[387]

Die Quellen künden von den vielfältigen Beziehungen des Landes- und Stadtherrn zu seiner Stadt Leoben. Zumeist erscheint der Kaiser als Förderer der Stadt und seiner Bewohner, obwohl er sich kaum in ihren Mauern aufgehalten hat.

---

376 RQ 135.
377 RQ 145.
378 RQ 146.
379 RQ 156.
380 RQ 157.
381 RQQ 161, 163.
382 RQQ 175, 180, 197, 201, 206, 217 und 173.
383 RQQ 170, 172, 174, 179, 205, 208, 215.
384 RQQ 160, 171, 184, 185, 187, 188, 189, 190, 191.
385 RQQ 183, 186.
386 RQ 181.
387 RQ 202.

König Maximilian I. bestätigte die von seinem Vater gewährten Vorrechte.[388] Sein Interesse galt gleichfalls dem Leobener Eisen.[389]

1517 entschied Kaiser Maximilian I. in einem Streit zwischen Leoben und Trofaiach; er befahl dem Stadtrichter, den Schweinen eine andere Weide als den Platz vor der Burg anzuweisen und verlieh einen Jahrmarkt für den Sonntag vor Matthäus (21. September).[390] Diesen verlegte sein Nachfolger König Ferdinand auf den Andreastag (30. November).[391] 1523 griff er in seiner Funktion als Schützer der Witwen in einen Streit ein.[392] Für ihre Treue im Bauernkrieg 1525 dankte König Ferdinand den Leobenern in einem gesonderten Schreiben.[393] Die durch die Flucht von zwei Wiedertäufern an ihn heimgefallenen Häuser in der Stadt Leoben übereignete er 1529 seinem Rat und Kammermeister Veit Zollner, dem späteren Inhaber der Massenburg.[394] 1530 bestimmte er entgegen dem bisherigen Usus einen Nichtbürger zum Wäger in Leoben, wogegen sich die Stadt vehement wehrte.[395] Im selben Jahr machte der Rat der Stadt Leoben drei Mandate Ferdinands kund. Aus der Formulierung „hört und losst" ist zu schließen, daß diese Kundmachung durch öffentliche Verlesung erfolgte; dazu sollten die Verlautbarungen mündlich weitergegeben werden („das sag ainer dem anndern").[396] Die von Erzherzog Maximilian 1594 erteilte Wirtsordnung sollten Bürgermeister, Richter und Rat zu Leoben „strackhs publiciern lassen".[397]

Zur Zeit der Reformation stand die protestantische Bürgerschaft in schroffem Gegensatz zum katholischen Landesfürsten.[398] 1576 sah sich Erzherzog Karl II. genötigt, persönlich zur Maßregelung der Stadt in Leoben zu erscheinen; die Mission zeitigte jedoch wenig Erfolg.[399]

388 RQQ 228, 238.
389 RQ 239; vgl. ILWOF, Eisen 78 ff.
390 RQQ 249, 250, 251.
391 RQ 254.
392 RQ 257.
393 RQ 263.
394 RQ 270.
395 RQ 274; GP 1530, fol. 61'.
396 RQ 275; 1542 wurde vom Rat unter anderem beschlossen, die Ordnung, „so der statschreiber von wegen des gotschwerden, zuetrinckhen, huerrerei und annder lasster halben gestellt, zu stet geschriben, offentlichen berufft und angeslagen werden, damit sich die frembten desselben auch wissen zu erinndern" (RQ 293).
397 RQ 325.
398 Vgl. Kap. 7.
399 Vgl. MEIXNER-SCHÖLLER 127 ff.

1579 erging eine Aufforderung an die Stadt bezüglich der Zigeuner.[400] Die Gegenreformation ließ die Stadt deutlich die landesfürstliche und gleichzeitig stadtherrliche Macht spüren.

400 RQ 317.

7. STADT UND KIRCHE

7.1. Überblick über die kirchlichen Verhältnisse[401]

Eine Besonderheit in Leoben ist, daß bei der Verlegung der Stadt in die Murschlinge die Kirche St. Jakob im ehemaligen Markt (Alt-)Leoben als Pfarrkirche außerhalb der Mauern blieb. Durch das im Südosten gelegene Jakobstor, in das die Brucker oder Wiener Straße bzw. Triester Straße mündete, gelangte man zur Pfarrkirche.[402] Die Kirche St. Jakob wird 1188 erstmals erwähnt, als sie zusammen mit der Kirche von St. Peter/Freienstein dem Stift Admont geschenkt wurde.[403] St. Jakob dürfte seit seiner Gründung landesfürstliche Eigenkirche gewesen sein. Die Inkorporation von St. Jakob in das Stift Admont erfolgte erst 1399 durch Papst Bonifaz IX.[404] Pfarrkirche und Friedhof blieben bis 1811 außerhalb der Stadtmauern, wenngleich es im 16. Jahrhundert Vorschläge seitens der Leobener gab, das Pfarrecht an das Dominikanerkloster zu übertragen. Das Projekt wurde nicht verwirklicht.[405]

Die Bürger bemühten sich, wahrscheinlich unter Mithilfe der Familie der Timmersdorfer, auch in der Stadt einen Kirchenraum zu erhalten.[406] 1330 erteilte der Erzbischof von Salzburg dem Abt von Admont als Patronatsherrn der Pfarre die Erlaubnis „intra muros oppidi", eine neue Kirche bauen zu lassen, „in qua parrochialis ecclesie sacerdos populo posset in divinis officiis et sacramentis ecclesiasticis deservire".[407] Diese Bestimmung wurde vom Leobener Rat vor allem in der Reformationszeit immer wieder mißachtet. Man verweigerte dem Pfarrer von St. Jakob 1576 sogar die Schlüssel zur Johanneskirche.[408] Die neue Kapelle lag an der nördlichen Stadtmauer vor dem Haus der Timmersdorfer, die oft als Stifter erscheinen.[409] 1488 stifteten der Leobener Bürger Valentin Murer und seine Ehefrau Dorothea eine

---

401 Ich beschränke mich auf die Beziehungen zwischen Bürgerschaft und Kirche. Siehe Kap. 1.

402 Vgl. LOEHR, Leoben 38.

403 StUB I, Nr. 691 und 692. Vgl. PIRCHEGGER, Erläuterungen II. Abt. (Kirchenkarte); AMON/LIEBMANN, Kirchengeschichte 75 f.

404 Original mit anhängender Bleibulle im Stiftsarchiv Admont; Cop.Pap. mit 1398 Nov. 13, Rom in StLA-U 3998[c] falsch datiert.

405 StLA, St.A. Leoben, Sch. 174, H. 974.

406 Vgl. LOEHR, Leoben 106.

407 RQ 24.

408 Vgl. MEIXNER-SCHÖLLER 133.

409 Vgl. MEIXNER-SCHÖLLER 5–11.

ewige tägliche Messe; die Dotationsgüter wurden dem Richter und Rat übergeben.[410] Ferner gab es ein Gablkhover-, Reitsperger- und Eisenpergerbenefizium.[411]

In die Betrachtung mit einbezogen wurde auch die Marienkirche in der Vorstadt Waasen, die Graf Konrad von Peilstein 1185 dem Kloster Admont übergab.[412] 1210 kam sie an das Stift Göß. Die Minzenberger hatten dort im 14. Jahrhundert eine Kapelle gestiftet.[413] Bekannt ist die Kirche wegen der von den Timmersdorfern und Paul Kren am Beginn des 15. Jahrhunderts gestifteten Glasfenster.[414]

Ein weiteres Gotteshaus innerhalb der Stadtmauern ist jenes der Dominikaner.[415] Der erste urkundliche Hinweis auf Dominikaner in Leoben stammt aus dem Jahre 1280, in dem Richter, Rat und Bürgerschaft von Leoben zum Bau des Dominikanerklosters in ihrer Stadt eine Hofstätte widmeten.[416] Im selben Jahr werden Konvent und der Prior Gottfried in den Akten des Freiburger Provinzialkapitels genannt, als die Grenzen des Terminbezirkes zwischen Wiener Neustadt und Leoben festgelegt wurden.[417] Der Bau der Klosterkirche, die dem hl. Florian geweiht wurde, wurde mit gesammelten Almosen finanziert und in die Stadtbefestigung integriert.[418] Über die inneren Verhältnisse, die Größe des Konvents und das Klosterleben schweigen die Quellen. Lediglich Stiftsbriefe nennen Namen von Prioren.[419] Die Sorgfalt bei der Aufbewahrung der Urkunden scheint im 15. Jahrhundert nicht groß gewesen zu sein. 1498 beauftragte König Maximi-

410 RQ 212.

411 Vgl. MEIXNER-SCHÖLLER 22 ff.

412 StUB I, Nr. 640.

413 StLA-U 2273b.

414 Vgl. WOISETSCHLÄGER 11 ff.

415 Wann die ersten Dominikaner nach Leoben kamen, ist nicht gesichert. Nach einer bei MUCHAR zitierten, heute nicht mehr vorhandenen Quelle wären 1263 Ulrich und Rapoto die ersten Dominikaner zu Leoben gewesen.

416 LOEHR, Leoben 103, vermutet, daß die nur in einer späteren Kopie erhaltene Urkunde durch einen Einschub verunechtet wurde, der den Dominikanern eine Vergrößerung des Baugrundes bei Bedarf zustand. „Si non suffecerit ad claustri aedificium integri, ut nobis dicti fratres ostenderunt, quoad eisdem area sufficiat addere volumus gratulantes.“ Als weiteres Indiz führt LOEHR an, daß die Urkunde nicht in das 1498 angelegte Urkundenbuch (Libell) aufgenommen wurde.

417 StLA-U 1178; zum Terminbereich vgl. ZOTTER 131 f.

418 Zur Baugeschichte vgl. LOEHR, Leoben 57 ff., und ZOTTER 127 ff.

419 Vgl. ZOTTER 132 ff. und 137–146, Zusammenstellung der Regesten der im Steiermärkischen Landesarchiv verwahrten, das Dominikanerkloster betreffenden Urkunden.

lian I. den Propst von Rottenmann, sich an seiner Stelle in Leoben vom Zustand der Dokumente zu überzeugen. Prior und Konvent hatten ihn gebeten, da sie „durch unfleis irer vorvodern vast verdorben sein“, diese zu erneuern.[420] Die Erneuerung erfolgte bald darauf durch Zusammenstellung in einem genau bezeichneten Libell. Es umfaßt Urkunden von 1313 bis 1498.[421] Von den seit der Mitte des 14. Jahrhunderts einsetzenden Stiftungen von Ministerialen und Bürgern abgesehen[422], war der Kontakt zwischen Stadt und Kloster auch in Leoben nie besonders intensiv.[423] Nur die Eisenzieher hatten im Kloster ihre Zeche eingerichtet.[424] Der Richter sollte 1547 während der Abwesenheit des Priors als Vogt auf die Ordnung im Kloster achten.[425]

Eine 1558 verfaßte Supplikation mit der Bitte, die Pfarrkirche in die Stadt zu verlegen, zeichnet kein allzu positives Bild von den Zuständen im Dominikanerkloster.[426] Die Gegenreformation führte eine neue Blütezeit der Dominikaner in Leoben herbei.[427]

7.2. Das Leobener Bürgerspital

Die Geschichte des Leobener Bürgerspitals wurde bereits bearbeitet.[428] In der Folge soll nur auf die Rechtsverhältnisse – soweit sie auch die Stadt betreffen – eingegangen werden.

---

420 RQ 233.

421 RQ 235; „. . . die bemelten haubtbrieff haben in ain libell gebracht und gemacht: der in zal sind zwen und zwaintzigk, in den sich der erst im anfangk der ersten zeil also anheben ist – Ich Pernger der Dumersdorffer und all mein erben veriehen mit dem – und der letzt also enndet an der letzten zeil – Jacobstag des heiligen zwelfpotenn- in funffzehen pletern von pergamen begriffen . . .“ Es befindet sich heute im StLA, St.A. Leoben, Sch. 174, Heft 971.

422 Die erste Stiftung eines in Leoben Ansässigen ist jene Perngers des Timmersdorfers von 1363 (RQ 45).

423 Vgl. EBNER, Städtewesen 322.

424 RQ 192.

425 RQ 298.

426 StLA, St.A. Leoben, Sch. 174, H. 974: „So ist alhie in der stat noch ain munichkhlosster predigerorden, gleichwol mit ain geringschäzigen einkhomen bey dreyssig phund gelt jarlicher gült ungefärlichen sambt etlichen wenigen grünten, in welchen aber nicht mer dan ain ainiger allter erlebter ordensbrueder wonendt, hat ain weite grosse khirchen unnd hofmarkh mit zimblichen erbauten zimern, welches doch mitler zeit sonnst des gebew unnd khlainen vermugen halben gar einfallen mecht . . .“

427 Vgl. LOEHR, Leoben 69.

428 Vgl. CERWINKA, Bürgerspital; ABENDSTEIN.

Das der hl. Elisabeth[429] geweihte Leobener Bürgerspital stand bis zu seinem Abbruch im Jahre 1958 am Brückenkopf in der Waasenvorstadt. Der genaue Zeitpunkt der Gründung ist nicht bekannt; die Stiftungsurkunde blieb nicht erhalten. Vollender der Stiftung war 1371 Dietrich der Pierer. Er bezeichnet sich als „phleger oder verbeser" des Spitals.[430] Da das Spitalsgut unter kirchlichem Schutz stand und auch die Pfarreinkünfte schmälerte, mußte der Pfarrer von St. Jakob der Gründung zustimmen. Bei der Einigung mit dem Pfarrer von St. Jakob hinsichtlich der Weihe und einer ewigen Meßstiftung erhielt der Pfarrer Güter als Entschädigung. Der Pfarrer verpflichtete sich, daß er und seine Nachfolger „mit demselben spital furbaz ewichlich nichtz ze schaffen haben sullen, weder mit opher noch mit selgeret, noch mit alle dew, daz dazu geschaffen, geben oder gesampt wirt . . .". Erst danach setzte sich Dietrich der Pierer mit dem zuständigen Pfarrer zu Maria Waasen auseinander. Dieser Vergleich ist in zwei gleichzeitigen Ausfertigungen erhalten.[431] In Ausfertigung I erfolgte die Einigung zwischen dem Pfarrer von Maria Waasen und den Bürgern von Leoben „umb daß spitall zu Levben gelegen in meiner pfarr, daß Unser Frauen bey der pruggen, das Hainrich der Pierer mit selliger gedechtnus, dem Gott genadt, Dietrichs deß Pierer shweher, in rechten fursaz mit guetem gewußen dahin gebauth hat". Dietrich Pierer und seine Ehefrau stifteten dem Spital eine ewige Messe mit 12 Pfund Gülte, wovon sie vorerst aber nur rund 5 Pfund übergaben. Der Pfarrer erklärte sich bereit, bis zur völligen Erfüllung der Stiftung wöchentlich drei Messen im Spital zu lesen.

Er verzichtete auf alle Ansprüche an dem Vermögen der Spitalsinsassen und erhielt von Dietrich Pierer und dessen Ehefrau für die seelsorgliche Betreuung eine Sondergabe. Die Einhaltung des Vereinbarten sollten der Erzpriester in der Obersteiermark, der Erzbischof von Salzburg und „die freindt oder daßselbe geschlacht oder burger zu Levben" die Güter übernehmen und bis zur Erfüllung der Vereinbarung einziehen.[432]

429 StLA-U 3127[a]; In StLA-U 3310[c] „hospitale sancti spiritus et sancte Elisabeth in Leubna"; StLA-U 3331 „in hospitali sancti spiritus prope pontem". Dem Hl. Geist war die Kapelle des Siechenhauses geweiht, das dem Spital räumlich, rechtlich und verwaltungsmäßig angeschlossen war. Vgl. CERWINKA, Bürgerspital, Anm. 55, 82.

430 RQ 50; Die Bestätigung durch den Erzbischof von Salzburg erfolgte 1379 (RQ 60).

431 Vgl. CERWINKA, Bürgerspital 64 f.

432 RQ 52 a.

In Ausfertigung II beurkundete Pfarrer Lorenz den Vergleich mit dem ehrbaren Mann Dietrich Pierer, Bürger zu Leoben, und seiner Ehefrau sowie mit den Bürgern zu Leoben „umb daß spitall zu Levben gelegen in meiner pfarr daß Unser Frauen bey der pruggen, da Hainrich der Pierer selliger gedechtnus, dem Gott genadt, in rechten fursaz mit gueten gewüssen daselbs hin geanfangt hat". Die ewige Messe war mit 12 Pfund Gülte dotiert. Der Pfarrer zu Maria Waasen verzichtete auf das Gut der Spitalsinsassen mit Ausnahme dessen, was ihm willentlich gegeben würde, und erhielt für die seelsorgliche Betreuung gesondert ein Pfund Gülte sowie weitere Einkünfte. Die Sicherung der Einhaltung der Stiftung sollten der Erzpriester in der Obersteiermark, der Erzbischof von Salzburg oder Dietrich Pierer, seine Ehefrau und Familie übernehmen. Erst nach dem Tod Dietrich Pierers, seiner Gattin und dem Aussterben der Familie sollten die Bürger, „die zu den zeiten gesessen seint in der statt Levben", die Güter übernehmen mit voller Gewalt „in allen den rechten undt mainungen". Dietrich Pierer, seine Ehefrau, seine Erben und die Bürger von Leoben durften einen Laien als Spitalmeister einsetzen.[433]

Da Ausfertigung II ausführlichere Bestimmungen enthält, ist sie wohl als die endgültige anzusehen. In ihr wird das Rechtsinstitut der Stiftervogtei besonders deutlich. Der Stifter behält sich Rechte an der Verwaltung des Spitals vor. Erst bei erbenlosem Tod gehen diese an die Bürger von Leoben über.[434]

Wie aus einer weiteren Stiftungsurkunde Dietrich Pierers von 1398 hervorgeht, bestand in Leoben auch eine Spitalsbruderschaft. Die Einsetzung eines Spitalmeisters nach dem Tod Dietrichs und seiner Söhne Albrecht Rietenburger und Lukas Pierer sollte „nach der prueder und auch der purger rat ze Lewben" vollzogen werden.[435] Heinrich Pierer und der „erbern sammung seiner pruderschaft" wurde 1348 eine Mühle versetzt. Vermutlich handelt es sich bei dieser Bruderschaft schon um die spätere Spitalsbruderschaft.[436] 1410 war Lukas Pierer Spitalsverweser; die Spitalsbruderschaft wurde als „allte herrenpruederschaft" bezeichnet.[437]

---

433 RQ 52 b.

434 Vgl. CERWINKA, Bürgerspital 65.

435 RQ 79.

436 RQ 34. Diese Mühle war bis 1570 Spitalsbesitz. Vgl. CERWINKA, Bürgerspital 65. Die genannte Bruderschaft ist ganz sicher nicht mit der Bürgerbruderschaft identisch. Vgl. CERWINKA, Bürgerspital 66.

437 RQ 87. Die Nennungen von 1348, 1398 und 1410 fehlen bei JONTES L., Bruderschaf-

Weitere Stiftungen an die Bruderschaft erfolgten bis 1445.[438] In diesem Jahr wird die Bruderschaft des Spitals zu Leoben letztmals erwähnt. Caspar Pierer, 1436 als Spitalsverweser genannt, und seine Ehefrau bekannten 1445, daß sie dem Spital und den Mitgliedern der Bruderschaft über 172 Pfund Pfennige schuldeten. Die Bruderschaft scheint sich mit dem Niedergang der Familie Pierer aufgelöst zu haben.[439]

Die Spitalmeister werden in der Folge von Richter und Rat eingesetzt und in ihrer Tätigkeit überwacht. 1468 sind Hans Reicher und Wolfgang Streun, Ratsbürger zu Leoben, Verweser und Spitalmeister. Sie erhielten von einer Stifterin zu Handen des Spitals Güter in eigene Gewere und das Recht, sie zu nutzen. Die Spitalmeister und ihre Nachkommen mußten jedoch die Zinse an genannte Personen für einen Jahrtag, für Kerzen und für einen Gottesdienst auf dem Maria-Magdalena-Altar der Bürgerbruderschaft reichen. Mit Zustimmung des Richters und des Rates durften sie die Güter auch gegen andere, „nützlichere" eintauschen. Zusammen mit „Bürgermeister", Richter und Rat sollten die Spitalmeister „volbringer, volfuerer, hanndthaber und beschutzer" der Stiftung sein.[440] 1478 setzte Kaiser Friedrich III. im Streit zwischen Lienhart Lembsitzer einerseits und Richter, Rat und Spitalmeister von Leoben andererseits wegen einer Mühle Schiedsleute ein.[441]

In der ersten erhaltenen Aufstellung der Stadtämter erscheint Zacharias Gablkhover 1525 als Spitalmeister.[442] Die im Ratsprotokoll von 1548 erwähnte Spitalsordnung ist nicht erhalten.

---

ten 160. Die 1402 bei JONTES L. erwähnte Bruderschaft ohne Namen – der Name ist auf der schadhaften Urkunde nicht lesbar – könnte aufgrund der Nennung eines Rietenburgers (zweifellos Sohn Dietrich Pierers) mit der Spitalsbruderschaft in Verbindung gebracht werden. Der Name Spitalsbruderschaft erscheint 1420 und 1445 (RQQ 109, 144).

438 RQ 81, StLA-U 4611[a], StLA-U 4628[a], RQ 109, StLA-U 5515.

439 RQ 144. Siehe Kap. 4.3.

440 RQ 169.

441 RQ 188.

442 RQ 259.

7.3. Bruderschaften

Von den Handwerkerbruderschaften und der Spitalsbruderschaft war bereits die Rede.[443]

In Zusammenhang mit einer ewigen Meßstiftung auf dem Maria-Magdalena-Altar in der St.-Jakobs-Kirche wird 1393 erstmals eine Bürgerbruderschaft genannt.[444] Bemerkenswert ist, daß auch der ritterbürtige Pernger der Timmersdorfer Mitglied dieser Bruderschaft war. Zechmeister war Dietmar Maingaissler, Kaplan der Mitbruder Wulfing von Passail. Nach dessen Tod sollte ein anderer Kaplan, der vom Pfarrer von St. Jakob bezahlt, verköstigt und in seinem Lebenswandel überwacht werden mußte, die Messe lesen. Dazu widmeten sie dem Pfarrer von St. Jakob acht Pfund Gülte mit voller Gewalt, „ausgenomen, daz wir diselben gueter nyndert versetzen, verchumbern noch auswechseln schullen, an der pruederschaft gunst und gutleichen willen". Würde die Stiftung nicht getreu ausgeführt, müßte der Pfarrer der Bruderschaft Wachs leisten. Der Pfarrer verpflichtete sich weiters, an jedem „hochzeitlichen" Tag nach der Predigt für die Lebenden und Verstorbenen der Bruderschaft zu beten. Alle Quatember sollen die Namen der Verstorbenen öffentlich verlautbart werden.

Mathe Hainfelder, Kaplan der Bürgerbruderschaft und Vikar der St.-Jakobs-Kirche, fertigte 1417 sein Testament.[445]

Eine Bruderschaftsordnung ist nicht überliefert. Die Bruderschaft stand aber zweifellos allen Bürgern ohne Bindung an ein Handwerk offen.

Im 16. Jahrhundert gab es in Leoben eine Maria-Magdalena-Bruderschaft[446] und eine Sebastiansbruderschaft.[447]

Eine der wenigen überlieferten Bruderschaftsordnungen ist jene der Bettlerbruderschaft, die Richter und Rat der Stadt Leoben 1516 bestätigten.[448] Sie wurde zu Ehren des Apostels Jakob, als Patron der Pfarrkirche, und der hll. Anna und Barbara errichtet. Durch sie sollte Kontrolle über die „armen heut hie bey der stat, so des amlusen notturff-

---

443 Siehe Kap. 4.5. sowie 7.2.

444 RQ 71.

445 RQ 102.

446 Vgl. JONTES L., Bruderschaften 166; RP 1544 fol. 10 wird dem Pfarrer zu St. Jakob der zu dieser Bruderschaft gehörige Weingarten überlassen.

447 Die von JONTES L. in ihrem Bestand bezweifelte Bruderschaft ist in einem Testament des Leobener Bürgers und Schusters Kunz Rechwein von 1516 erwähnt (RQ 248).

448 RQ 247.

tig" ausgeübt werden. In die Bruderschaft konnten Arme und Reiche zu unterschiedlichen Konditionen und Leistungen eintreten. Alle Quatember sollten je nach Einkommen der Bruderschaft Gottesdienste gehalten werden. Auf Bitte der armen Leute wurde ein Bettlerrichter eingesetzt, der auf die „stertzer und umblauffer" Obacht geben sollte. Fremde Bettler durften nur unter Vorweisung eines Beichtzettels und gegen Abgabe eines „dreyer" an die Bruderschaft betteln. Weiters sollte betrunkenen Bettlern das Betteln verboten sein. Auch Nichtmitglieder mußten dem Bettlerrichter eine Abgabe leisten. Vom Einkommen der Bruderschaft sollte dem Bettlerrichter für seine Mühe der vierte Pfennig des Gesamteinkommens der Bruderschaft zustehen.[449] Diese Bruderschaft wurde nach der Rekatholisierung nicht mehr erneuert.[450]

7.4. Beziehungen der Stadt Leoben und ihrer Bürger zum Klerus in und außerhalb der Stadt

Der Markt (Alt-)Leoben und die spätere neue Stadt waren Verlagsorte für Eisen, das von den Landesfürsten unter anderen den Kartausen Seitz, Geirach und Gaming gestiftet wurde.[451]

Früh erhielt das Kloster Admont für ein vom Bürger Herbrand erworbenes Haus in der Stadt Befreiung von allen Abgaben und Steuern.[452] Die Lage dieses Hauses kann aus späteren Erwähnungen in der Nähe der Saurauer Wehrecke im Südosten der Stadt erschlossen werden.[453]

1383 verlieh der Abt von Admont dem Leobener Bürger Heinrich Scheider und seiner Ehefrau zu ihrer beider Leibgeding einen Zehenthof bei Leoben mit allen Nutzen und Rechten. Wollte die Witwe beim früheren Tod ihres Mannes den Hof nicht mehr innehaben, sollte sie den Hof aufsagen und mit Getreidediensten entschädigt werden.[454]

---

449 Die bei WICHNER-SCHMELZER, Leoben 48, ohne Quellenangabe angeführte Bemerkung, daß die Mitglieder der Bettlerbruderschaft in schwarzer Kleidung und mit einer Kapuze Almosen für das Seelenheil der armen Sünder sammelten, ist quellenmäßig nicht belegt.

450 JONTES G., Bettlerbruderschaft 33 f.

451 Vgl. Kap. 2.1. und RQ 1, StLA-U 1754, StLA-U 1994[f].

452 RQ 5.

453 RQQ 89, 158.

454 RQ 65.

Der Landeshauptmann von Steier entschied 1391 einen Zehentstreit zwischen Anna Kren, Ehefrau des Leobener Bürgers Paul Kren, und dem Kloster Admont dahingehend, daß der Abt von Admont ihr als Entschädigung lebenslang Naturalien aus dem Kasten zu Mautern geben sollte.[455] 1411 erhielt Jakob Schneider von Nennersdorf als Leibgeding das stiftisch-admontische Haus zu Leoben und den Zehenthof bei Leoben mit der Auflage, den baulichen Zustand der Gebäude zu verbessern.[456] 1455 gewährte der Abt von Admont für das obgenannte Haus Zinsfreiheit für zehn Jahre.[457]

Die Lage des 1316 erwähnten Reiner Hauses zu Leoben, das dem Kloster von Albrecht dem Landschreiber übergeben wurde, ist nicht bekannt.[458] 1321 verkaufte eine bäuerliche Hintersassin des Klosters Rein ihren Hof Holenstein dem Kloster und erhielt dafür das Haus zu Leoben.[459] Danach fehlen weitere urkundliche Nennungen.

Der 1297/98 befreite Grund des Pfarrers von Proleb, den dieser von Kunigunde, der Witwe des Leopold Peckh, gekauft hatte, muß zwischen dem Timmersdorferhaus und der nach 1330 erbauten Johanneskapelle gelegen gewesen sein.[460] Das darauf erbaute Haus erscheint urkundlich zu Ende des 15. Jahrhunderts als „Maisegg". 1488 stiftete der Leobener Bürger Valentin Murer eine ewige Messe „in sannd Johannskirchen auf dem altar in der abseitten gegen dem Mewsegkh uber".[461] Das Haus wird 1546 als öde und zerfallen bezeichnet und ist dem Neubau der Stadtburg zum Opfer gefallen.[462]

Damit erschöpfen sich die aus den Quellen zu entnehmenden Fakten über die Freihäuser zu Leoben. Das 1393 von Herzog Albrecht III. ausgestellte Privileg könnte ein Hinweis darauf sein, daß auch zu Leoben in den Freihäusern Handel und Gewerbe zum Schaden der Stadt getrieben wurde.[463]

---

455 RQ 70.

456 RQ 89. Die Witwe Jakob Schneiders mußte beide Güter, die sie als Leibgeding innehatte, 1423 wegen Schulden aufsagen. Vgl. WICHNER III, 150.

457 RQ 158.

458 RQ 19.

459 RQ 21. In dieser Urkunde wird als weiterer Vorbesitzer des Hauses ein „Chompter" ohne nähere Angaben angeführt. Die bei MUCHAR VI, 222, zitierte Urkunde, wonach 1321 das Kloster Rein vom Rottenmanner Bürger Pilgram ein Haus zu Leoben um 8 Mark Silber gekauft hätte, konnte nicht gefunden werden.

460 RQQ 6, 7.

461 RQ 212.

462 Vgl. LOEHR, Leoben 53.

463 RQ 72.

Leobener Bürger standen im 14. Jahrhundert mit dem Stift Seckau in Verbindung.[464] Mannigfache Beziehungen lassen sich zwischen dem Stift Göß und der Stadt Leoben nachweisen. Äbtissin Gerdraut verlieh einem Brucker Bürger 1360 Güter, die er von seinem Schwiegervater, dem Leobener Bürger Ulrich Daum, geerbt hatte.[465]

Vom Zuzug zur Stadt war schon die Rede.[466] Die Äbtissin von Göß stimmte 1371 der Errichtung eines Spitals in der Vorstadt Waasen zu.[467] Seit Beginn des 15. Jahrhunderts wurden Leobener Bürgern Hammerstätten im Gößgraben bei Göß verliehen.[468] 1423 griff Herzog Ernst in einen nicht näher bekannten Streit zwischen der Äbtissin von Göß und der Stadt Leoben ein, indem er einen Rechtstag festsetzte.[469] Die Grenzen des Bürgerwaldes zwischen der Stadt Leoben und dem Kloster Göß wurden 1436 aufgrund von Zeugenaussagen festgelegt.[470] Die Äbtissin gab 1441 dem Leobener Bürger Hans Schenk einen bisher lehenpflichtigen Krautgarten zu eigen, damit er ihn der Kirche St. Jakob stiften konnte.[471] Ulrich Popperhandel einigte sich 1447 mit der Äbtissin von Göß wegen Steuern von der Zweckmühle[472], die er 1444 gekauft hatte und die Gösser Lehen war.[473] Der Leobener Bürger Hans Reicher tauschte 1464 mit der Äbtissin von Göß einen freieigenen Acker im Leitendorfer Feld.[474] Auseinandersetzungen zwischen den Bürgern von Bruck a. d. Mur und Leoben sowie dem Kloster Göß gab es 1478 wegen des „Diebsweges".[475] 1513 entschieden die kaiserlichen Räte und verordneten Kommissäre der „umbreiteten zu Össterreich under und ob der Enns, auch in Steyr" im Streit zwischen der Äbtissin von Göß und der Stadt Leoben wegen der Holzentnahme und Viehweide am Puechberg (= Galgenberg) sowie wegen des Galgens und eines Steinbruches.[476]

464 RQQ 8, 11, 23, 27, 31.
465 RQ 42.
466 Siehe Kap. 4.1.
467 RQQ 52 a, 52 b.
468 Z. B. RQQ 96, 115.
469 RQ 116.
470 RQ 127.
471 RQ 137.
472 RQ 147.
473 RQ 143; vgl. MALLINGER.
474 RQ 165.
475 RQ 193.
476 RQ 244.

7.5. Wiedertäufer in Leoben

Wie H. Ebner festgestellt hat, bildete der Montanbereich einen guten Nährboden für sektiererische Bewegungen.[477]

Die ersten Anhänger dieser Sekte sind in Leoben 1528 nachweisbar.[478] Nur wenige sind namentlich faßbar.[479] In einer Reihe von Erlässen des steirischen Landeshauptmannes wurden Bürgermeister (!), Richter und Rat 1528 und 1529 beauftragt, gegen die Wiedertäufer vorzugehen.[480] Man sollte sie gefangennehmen, ihr Hab und Gut beschlagnahmen sowie gütliche und notfalls auch peinliche Verhöre vornehmen. Die meisten Sektierer entzogen sich jedoch samt ihren Frauen durch Flucht der Verfolgung.[481]

Die in der Stadt verbliebenen Familienmitglieder sollten aber rekatholisiert werden.[482] 1530 verkündete der Rat von Leoben ein Mandat König Ferdinands I., in dem schärfstens untersagt wird, Wiedertäufer aufzunehmen und mit ihnen zu verkehren. Wem solches bekannt wäre und dies dem Gericht nicht meldete, würde an Leib und Gut gestraft werden.[483] 1545 enden die Nachrichten über Wiedertäufer zu Leoben. Dem Sohn eines ehemaligen Wiedertäufers wurde in diesem Jahr erlaubt, das Ledererhandwerk zu erlernen.[484]

7.6. Ein Rechtsstreit zur Zeit der Reformation[485]

Die Verbreitung der lutherischen Lehre in Leoben setzte um die Mitte des 16. Jahrhunderts ein. Die Bürger der Stadt Leoben waren nicht mehr gewillt, Mißstände in der Kirche unwidersprochen hinzunehmen. Sie nahmen den Tod des Pfarrers Sigmund Greif 1553 und die Ablehnung eines von ihnen vorgeschlagenen Nachfolgekandidaten

477 Vgl. EBNER, Bergbaustädte 70 f.

478 Vgl. MEIXNER-SCHÖLLER 40 ff. Ein von WICHNER/SCHMELZER, Leoben, mit 1513 datierter Regierungserlaß gegen die Wiedertäufer ist wohl jener des Jahres 1530 (RQ 275).

479 RQQ 265, 269, 271, 272, 273, 297.

480 In RQQ 265, 266, 267, 268 werden stets Bürgermeister, Richter und Rat als Adressaten genannt, obwohl erst 1541 offiziell die Bürgermeisterwahl gewährt wurde.

481 RQQ 269, 271, 272.

482 RQ 273.

483 RQ 275.

484 RQ 297.

485 Zur Reformation in Leoben vgl. MEIXNER-SCHÖLLER.

durch den Abt von Admont zum Anlaß, die Hinterlassenschaft des Verstorbenen in Besitz zu nehmen. Das konnte der Abt von Admont als Patronatsherr der Pfarre St. Jakob nicht hinnehmen, zumal es sich um einen Eingriff in das Spolienrecht und die Vogtei handelte. Er appellierte an König Ferdinand. Dieser befahl dem steirischen Vizedom einzugreifen.[486] Da die Leobener keine Urkunde vorweisen konnten, in der ihnen die Vogteirechte vom Kaiser überlassen worden waren – wie sie behaupteten –, wurden sie verurteilt, die entstandenen Prozeßkosten zu übernehmen. Die Leobener beriefen und erreichten derart eine jahrelange Verzögerung. Nach zwei Bestätigungen des Urteils von 1553[487] kam es 1567 zum Vergleich.[488] Die Stadt Leoben mußte Schadenersatz leisten und sich verpflichten, sich weiterer Eingriffe in die Vogteirechte des Stiftes Admont zu enthalten.

Der Protestantismus hatte sich in der Zwischenzeit immer mehr ausgebreitet. 1564 befahl Erzherzog Karl II. erstmals die Ausweisung eines Prädikanten.[489] Unter Androhung des Verlustes der Stadtfreiheiten wurde dem Richter und Rat 1575 dasselbe geboten.[490] 1578 mußte der Stadtschreiber Hans Reitsperger laut landesfürstlichem Befehl die Stadt verlassen.[491] Nach dem Tod Erzherzogs Karls 1590 wurde die Verfolgung der Protestanten stärker. 1598 erhielt Leoben als erste Stadt der Steiermark eine Reformationsordnung.[492]

486 RQ 301.
487 RQQ 306, 310.
488 RQ 311; in der Narratio werden die bisherigen Ereignisse geschildert.
489 RQ 307.
490 RQ 314.
491 Vgl. MEIXNER-SCHÖLLER 155.
492 RQ 327.

8. JUDEN

8.1. Vorbemerkungen

Ungeachtet der seit längerem geführten Diskussion bezüglich der Zeit der Entstehung und des wirtschaftlichen Charakters der mit „Jud-" zusammengesetzten Ortsnamen, ist bisher der Nachweis einer Judensiedlung in der nordöstlich von Leoben gelegenen Siedlung „Judendorf" nicht erbracht worden.[493] Auch die Hinweise, die J. v. Zahn bietet, sind nicht zielführend.[494] Die Klärung dieser Frage ist deshalb nötig, zumal bislang für Leoben vielfach eine Judengemeinde angenommen wird, die durch die Umsiedlung von Juden aus Judendorf entstanden sein soll.[495]

Nur wenige Urkunden nehmen auf Leobener Juden Bezug. Konkret gibt es für den untersuchten Zeitraum nur einen einzigen und eher dürftigen Nachweis eines Juden in Leoben.[496] Der 1310, 1311, 1313, 1321 und 1328 in den Zeugenreihen genannte „Nikla Judenhaupt" war 1321 offensichtlich Stadtrichter.[497] Ansonsten scheint es sich bei „Judenhaupt" um den Familiennamen eines Christen zu handeln.[498]

8.2. Das Judengericht[499]

Im Gegensatz zu Bruck a. d. Mur, Graz, Judenburg, Marburg, Pettau, Radkersburg und Voitsberg wird zu Leoben kein Judenrichter namentlich erwähnt. Vom vereinzelten Vorkommen eines Judenrichters in einer Urkunde Herzog Wilhelms von 1396[500] auf das Vorhandensein

493 Vgl. allg. KLEIN; ROTH, Judenniederlassungen; WADL; WENNINGER; sowie POPELKA, Judendorf 58.

494 ZAHN, ONB 285.

495 Vgl. HAID 51 f; zuletzt JONTES G., Leoben 138.

496 RQ 53.

497 RQQ 12, 13, 15, 21, 23.

498 Vgl. ROSENBERG 121, mit weiteren steirischen Beispielen.

499 Für die Steiermark noch nicht überholt: ROSENBERG 14 ff.; er unterscheidet: Judenmeister für Streitfälle der Juden untereinander bzw. Judenrichter für jene zwischen Christen und Juden. Die Quellenlage zur Untersuchung des Judengerichts in der Steiermark ist wesentlich besser als etwa jene für Niederösterreich. Vgl. LOHRMANN, Judenrecht 204.

500 RQ 75.

einer ausgebildeten Judengerichtsbarkeit in Leoben schließen zu wollen, ist gewagt. Diese Urkunde wurde von Herzog Wilhelm mit gleichem Text für acht weitere steirische Städte und Märkte ausgestellt, so für Bruck a. d. Mur, Graz, Judenburg, Kindberg, Knittelfeld, Mürzzuschlag, Rottenmann und Voitsberg.[501] Zumindest für Kindberg, Knittelfeld, Mürzzuschlag und Rottenmann lassen sich gleichfalls keine Judengerichte nachweisen.[502] Zwei wichtige Fragen des Zusammenlebens zwischen Juden und Christen in den Städten und Märkten wurden von Herzog Wilhelm geregelt: Er bestimmte, daß Stadtrichter und Judenrichter jüdische Schuldurkunden siegeln müßten.

Damit sollte die Übersicht über die Geldgeschäfte zwischen Juden und Christen gewahrt werden und der Judenrichter nicht mehr allein siegeln. Zum zweiten waren Juden von den Stadtsteuern befreit. Sie machten dieses Vorrecht auch für die von ihnen erworbenen, bisher steuerpflichtig gewesenen Objekte, die sie als Gläubiger von Christen übernommen hatten, geltend. Herzog Wilhelm gestand den Städten und Märkten ferner zu, daß die Juden den durch Verpfändung erworbenen Besitz im Burgfried innerhalb eines Jahres verkaufen sollten, ansonsten unterlägen sie der üblichen Steuerpflicht.[503]

In ähnlicher Weise erhielten Richter und Rat der Stadt Leoben 1444 von Herzog Albrecht VI. die Erlaubnis, die auf die Stadt gelegte Steuer auch auf die Judenhäuser im Burgfried umzulegen.[504] Aufgrund des Fehlens ansässiger Juden in Leoben müssen darunter pfandweise erworbene Häuser auswärtiger Juden verstanden werden.[505]

Schuldbriefe von Leobener Bürgern an Juden sind rar. So verschuldete sich Hans Pierer 1449 mit 70 Pfund Wiener Pfennigen an den Juden Hanndlein, Sohn des Manno von Radkersburg, und schlitterte derart in eine finanzielle Krise.[506] 1452 war seine Schuld bereits auf 100 Pfund angewachsen.[507] Die Witwe des Juden Hanndlein erhob 1455 aufgrund älterer Pfandrechte Anspruch auf den Piererischen Be-

501 StLA-U 3871 bis 3871^{i}.
502 Vgl. ROSENBERG 15 und 122 ff.
503 RQ 75.
504 RQ 142.
505 Vgl. ROSENBERG 80 sowie Kap. 3.5.
506 RQ 151; dazu vgl. CERWINKA, Bürgerspital 73 f.
507 StLA-U 6371.

sitz.[508] 1485 erscheint der Leobener Bürger Wolfgang Understetter als Schuldner eines Juden.[509]

Die Frage, warum Juden in Leoben eher unbedeutend waren, ist nicht eindeutig zu beantworten. Gewiß wird die Lage zur Judensiedlung im nahen Judenburg beachtet werden müssen, wo schon vor 1305 ein Judenrichter nachweisbar ist.[510] Auch eine verstärkte Judenmission der in Leoben ansässigen Dominikaner kann angenommen werden.[511] Weiters gilt es zu überlegen, ob nicht in der Berg(bau)stadt Leoben, anders als bei einer Handels- bzw. Fernhandelsstadt, die jüdische Pfandleihe weniger gefragt war.

508 StLA-U 6516 und 6530[a].

509 RQ 207.

510 Vgl. ROSENBERG 15 und 122 f.

511 Vgl. Gilbert DAHAN, La polèmique chrétienne côntre le judaisme au Moyen Age. Paris 1991.

9. LEOBEN ALS BEURKUNDUNGSORT

Bei der Betrachtung der Ausstellungsorte der Privilegien für Leoben fällt auf, daß keines von ihnen in Leoben ausgestellt wurde. Der Landesfürst als Stadtherr urkundete vornehmlich in Wien, Wiener Neustadt, Graz und Bruck a. d. Mur.[512] Daraus ist ersichtlich, daß Leoben abseits der habsburgischen Hauptreiseroute von Graz über Bruck a. d. Mur nach Wiener Neustadt und Wien lag. Durch Leoben reiste man im 15. Jahrhundert, um nach Judenburg und Murau oder nach Kärnten zu gelangen.[513] Auf seiner Fahrt zur Hochzeit mit Maria von Burgund nach Gent kam König Maximilian 1477, von Wiener Neustadt kommend, durch Leoben, um dann durch das Liesing- und Paltental weiter ins Ennstal zu reisen.[514] Da auch kein Privileg in Leoben bestätigt wurde, waren die Leobener gezwungen, Abordnungen zum jeweiligen Aufenthaltsort des Landesfürsten zu senden, um diese Bestätigungen zu erlangen. Das Privileg der freien Bürgermeisterwahl wurde am 21. Februar 1541 vor dem Richter, dem Rat und der Gemeinde verlesen „. . . so aines ersamen rats unnd gemaine stat gesannten neben andern gemainer stat sachen die eysenhanndlung belangend an dem kunigclichen hof [in Wiener Neustadt] erworben unnd ausbracht haben . . .“[515]

In den Urkunden bis 1600 wird der Ausstellungsort Leoben nicht immer genannt. Mit dem Stadtsiegel beglaubigte Urkunden nennen häufig Leoben als Ausstellungsort.[516] Dies ist verständlich, da das Stadtsiegel in der Stadt aufbewahrt wurde. 1324 wird über eine Gösser Angelegenheit „ze Levbn in der stat“ geurkundet.[517] Quittungen über den Empfang von Steuern scheinen vor Ort gefertigt worden zu sein. Der Landschreiber quittierte 1430 den Empfang der „gewöhnlichen Stadtsteuer“ auf der Massenburg bei Leoben.[518]

512 Vgl. Kap. II.1.

513 König Friedrich IV. hielt sich etwa 1443 auf dem Weg von Graz nach St. Veit in Kärnten am 17. Dezember in Leoben auf und urkundete daselbst für das Kloster Göß. 1449 reiste er nach einem Aufenthalt in Leoben nach Judenburg und Murau weiter, wo er eine zweite Eisenordnung erließ (RQ 152); vgl. J. CHMEL, Regesta 158 und 264.

514 Vgl. MONUMENTA HABSBURGICA, Bd. 1, 159 f.

515 RP 1541 fol. 6.

516 RQQ 5, 6, 7, 17, 23, 31, 134.

517 RQ 22.

518 RQQ 63 und 120.

Alle Urkunden, die zwischen 1427 und 1445 dem Stadtschreiber Hans Oberegker zugewiesen werden konnten, wurden in Leoben ausgestellt.[519] Eine Untertanin des Pfarrers von Maria Waasen verfügte 1465 zu Leoben über das Erbe ihrer Kinder aus erster Ehe.[520] 1468 kündet eine Stiftungsurkunde von der Tätigkeit eines Notars zu Leoben.[521] Kaiserliche Räte und verordnete Kommissäre erteilten im Streit zwischen den Bürgern von Leoben und der Äbtissin von Göß vor Ort einen Schiedsspruch.[522] Notariatsurkunden zeigen eine präzise Datierung und genaue Angabe des Ausstellungsortes.[523]

Fraglich ist, wo in Leoben Urkunden ausgestellt wurden. In Ermangelung näherer Hinweise aus den Quellen ist man auf Vermutungen angewiesen. Das für Leoben so bedeutsame Landestaiding von 1261 wird wie vermutlich auch der Leobener Gerichtstag von 1269 vor der St.-Jakobs-Kirche in AltLeoben stattgefunden haben.[524]

Für die Zeit nach der Stadtverlegung wird man eine Verbindung mit dem Richter und dessen Privathaus in Betracht ziehen müssen, zumal er in den Urkunden auch als Mitaussteller und Zeuge erscheint.[525] Ein Rathaus wird erstmals 1485 erwähnt.[526] Daß dieses schon länger bestand und gleichfalls als Beurkundungsstätte diente, ist anzunehmen.[527]

519 Vgl. Kap. 10

520 RQ 167.

521 RQ 169.

522 RQ 243.

523 RQ 245.

524 StUB IV, Nr. 43 und Nr. 332: „sedens pro tribunali in Liuben ante ecclesiam parochialem".

525 RQQ 5, 6, 7, 17, 31.

526 RQ 207.

527 Vgl. LOEHR, Leoben 41.

10. ZUR FRAGE EINER STÄDTISCHEN KANZLEI

10.1. Nachweisbare Stadtschreiber in Leoben

Erste Hinweise auf einen noch im Markt (Alt-)Leoben und vermutlich auch in der neuangelegten Stadt zwischen 1255 und 1264 tätigen Schreiber – Ditricus scolasticus bzw. Dietrich schulmeister – wurden von G. Pferschy zusammengestellt.[528] Einen ähnlichen Stil verwendete ein weiterer Schreiber, der ab 1267 als Ditricus notarius in den Zeugenreihen erscheint. Bei den Betreffen der ausgestellten Urkunden handelt es sich vor allem um Besitzangelegenheiten des Stiftes Göß. Die beiden Schreiber waren Gelegenheitsschreiber.[529]

Die erste originale Rechtsquelle ist jene von 1298.[530] Der Vergleich mit anderen etwa gleichzeitig ausgestellten Gösser Urkunden brachte zutage, daß mit einer Urkunde vom 21. August 1298 große Übereinstimmungen bestehen.[531] Leider fehlt der Hinweis auf den Schreiber.

Für den Beginn des 14. Jahrhunderts ist anzumerken: Die Urkunden für Hedwig und Diemut Kreuzer von 1310 und 1311 und vermutlich auch für Hermann Krottendorfer von 1313 weisen große Übereinstimmungen im Duktus, bei der Form der Initialen, bei Kürzungen und beim Diktat auf.[532] In der Urkunde von 1310 erscheint als letzter Zeuge „Ot schvlmaister". Vielleicht ist er der Schreiber der erwähnten Urkunden. Für Südwestdeutschland wurde die Verbindung von Schreiber- und Schulmeisteramt in den Kleinstädten bis zum Ende des Mittelalters nachgewiesen, da die anfallenden Schreibarbeiten keine volle Auslastung für den Stadtschreiber bedeuteten.[533] Ansonsten ist für das 14. Jahrhundert die Quellenbasis zu gering; es fehlen weitere Nennungen von schreibkundigen Personen, die auf eine Kanzlei hinweisen könnten. Auch Schreibervermerke lassen sich kaum über einen größeren Zeitraum verfolgen.[534]

Für die Jahre von 1405 bis 1418 sind zwölf Originalurkunden erhalten geblieben, die neben dem charakteristischen Schreiberzeichen in

---

528 Vgl. PFERSCHY, Schulmeister 24.

529 Vgl. PFERSCHY, Schulmeister 28.

530 RQ 7.

531 StLA-U 1558.

532 RQQ 12, 13 und 15.

533 Vgl. BURGER 26.

534 In den Jahren 1361 bis 1378 läßt sich bei 7 Urkunden ein charakteristisches Schreiberzeichen feststellen.

Form eines verschlungenen Herzens auch Ähnlichkeiten in Duktus und Diktat aufweisen. Die Form der Initiale differiert. Das Suffix „-lich“ wird durchgehend als „-leich“ wiedergegeben; die Schreibung von „Lewben“ oder „Steyr“ stimmt überein.[535]

Der erste namentlich genannte Stadtschreiber Leobens ist der 1442 in einen Streit mit Inhabern einer Werkstätte verwickelte Bürger und Stadtschreiber Hans Oberegker.[536] Der Streit wegen zweier Wasserablässe wurde von Schiedsleuten entschieden.

Das in dieser Urkunde angegebene Schreiberzeichen erscheint 1427 bis 1445 in ein-[537], zwei-[538] oder dreifacher[539] Form. In einigen der Urkunden tritt das Zeichen auch als Zierelement rechts oben an der Initiale auf.[540] Passagen des Textes und die Datierung stimmen bei fast allen Urkunden überein; Ausstellungsort ist stets Leoben.

Von der Mitte des 15. Jahrhunderts bis 1525, dem Zeitpunkt, von dem an Gerichtsprotokolle erhalten sind, fehlen Namen von Stadtschreibern.[541] Abgesehen von zeitlichen Lücken aufgrund fehlender Ratsprotokolle sind die Leobener Stadtschreiber von 1541 bis 1600 bekannt.[542]

10.2. Bestellung und Pflichten des Stadtschreibers

Über Voraussetzungen für die Besetzung des Stadtschreiberamtes und die Modalitäten bei der Einsetzung des Stadtschreibers schweigen die Quellen. Auch der Wortlaut des Stadtschreibereides ist nicht überliefert. 1531 legte der seit 1525 tätige Stadtschreiber Martin Widner den

535 RQ 82, StLA-U 4310, RQQ 86, 87, 90, 93, 96, 97, StLA-U 4600, RQQ 99, 102, StLA-U 4694.

536 RQ 139.

537 RQ 118.

538 StLA-U 5182[a], RQQ 128, 131, 133, 139, 143.

539 StLA-U 5254, 5256[a], RQ 121, StLA-U 5515, RQQ 140, 141.

540 StLA-U 5254, 5515, RQ 133, StLA-U 5736, RQ 143.

541 StLA, St.A. Leoben, Sch. 5; Fragment eines Gerichtsprotokolls von 1503 bringt keine Angaben zu einem Stadtschreiber; 1525–1533: Martin Widner; 1534–1537: Lienhard Beringer; 1538–1539: Martin Widner; 1540–1541: Franz Fries.

542 StLA, St.A. Leoben, Sch. 35–40 (Ratsprotokolle); 1541–1544: Franz Fries; 1545–1546: Hans Renner; 1547: Franz Fries; 1548–1552: Hans Krainer; 1553: Andre Fungk; 1557, 1559–1560, 1563–1564, 1568–1569: Georg Jandl; 1573–1574, 1577–1578: Hans Reitsperger; 1579, 1581–1584, 1586, 1588–1591, 1595: Hans Reull.

Bürgereid ab.[543] Der 1540 genannte Franz Fries war Notar und geschworener Stadtschreiber.[544] 1544 wurde Hans Renner als Stadtschreiber vereidigt.[545] Zu den Pflichten der Stadtschreiber zählten neben Treue gegenüber Richter und Rat, Verläßlichkeit und Wahrung des Dienstgeheimnisses auch Dienstreisen, über deren Spesenabrechnung verschiedentlich in den Ratsprotokollen berichtet wird.[546]

10.3. Aufgaben und Einkommen des Stadtschreibers

Dem Stadtschreiber oblag neben seiner Tätigkeit als Schreiber bei Gericht vor allem die Führung der Ratsprotokolle, sonstiger städtischer Bücher und die Abfassung von Schriftstücken für den städtischen Rat.[547]

Die Anlage des städtischen Grundbuches erfolgte 1561 durch den Stadtschreiber Georg Jandl.[548] Auch zur Archivierung wurde der Stadtschreiber herangezogen. 1551 erhielt er zusätzlich zu seinem Lohn 26 Pfund Pfennige, um die Registratur zu ordnen.[549] 1559 wurde im Rat abermals „wegen aufrichtung ainer registratur in gemainer stat handlung unnd schreiberei“ in Anwesenheit des Stadtschreibers beraten. Dieser bemerkte, daß er durch das Fehlen einer Stadtschreiberwohnung im Rathaus an einer effizienten Arbeit gehindert würde. Daraufhin wurde beschlossen, „in dem unndern stokh ain wonung zu pauen unnd zuerichten ze lassen“.[550]

Neben seiner Besoldung hatte der Stadtschreiber auch wesentliche Einnahmen aus seiner Tätigkeit als Schreiber für Privatpersonen in verschiedenen Rechtsgeschäften. Die jeweiligen Stadtschreiber wehrten sich daher gegen sogenannte „Winkelschreiber“, die ihnen das

543 GP 1531.

544 RQ 290;

545 StLA, St.A. Leoben, Sch. 5, fol. 298'.

546 StLA, St.A. Leoben, Sch. 35–40.

547 StLA, St.A. Leoben, Sch. 35: „gemainer statt Leoben ratts unnd grichtsprottocoll den ersten tag januarii anno 41 durch Franncz Friesen geschwornen stattschreiber daselbst angefangen“. In RQQ 245 und 252 Erwähnung eines „statpuech“ ohne genauere Definierung. Vgl. auch RQ 293.

548 StLA, St.A. Leoben, Sch. 32: „. . . weliches puech in Mathesen Schmeltzers burgermaisterambt durch Georgen Jhänndl derzeit statschreiber zu Leobm im 1561. jar aufgericht und angefangen worden . . .“

549 RP 1551, fol. 83.

550 RP 1559, fol. 31' ff.

zusätzliche Einkommen entzogen. So beschwerte sich Georg Jandl 1557 beim Rat über solche „teutsche schreiber“. Zudem sollte ein Taxenverzeichnis erstellt werden. Der Rat erklärte sich außerstande, die „Winkelschreiberei“ abzustellen, versprach aber, „was durch gericht ausgeet und gefertiget werden [soll], soll alles in des statschreibers canzley wie von alter gehalten, geschriben und sonst durch gericht nichts gefertigt werden . . .“. Der Rat war bemüht, dem Stadtschreiber das Einkommen zu wahren und erklärte sich bereit, „in nagster besamblung ainer ersamen gemain auch also furzehalten und sy mit irer schreiberey zum statschreiber [zu] weisen“.[551] Im selben Jahr forderte Georg Jandl neben seiner Entlohnung für die Schreibtätigkeit auch Wohnung und Brennholz, wie es Stadtschreiber in anderen Städten erhielten.[552] Über andere Aufgaben des Stadtschreibers, so über die Sorge für den Bürobedarf oder über die Bewahrung des Stadtsiegels, ist nichts bekannt.

10.4. Bedeutung des Stadtschreibers für das Rechtsleben in der Stadt

Aufgrund seiner meist länger dauernden Tätigkeit und der daraus resultierenden Erfahrung sind Bedeutung und Einfluß des Stadtschreibers auf das städtische Rechtsleben nicht zu unterschätzen. Amtszeiten von über zehn Jahren sind keine Seltenheit.[553] Ein ehemaliger Stadtschreiber konnte zum Stadtrichter gewählt werden.[554] Durch seine Anwesenheit bei Gerichts- und Ratssitzungen war er über alle Vorkommnisse gut unterrichtet. Hans Reitsperger spielte zur Zeit der Reformation als Stadtschreiber in der Auseinandersetzung der Stadt Leoben mit Erzherzog Karl II. eine wichtige Rolle.[555]

Der Stadtschreiber Franz Fries war nachweislich gleichzeitig Notar.[556]

551 RP 1557, fol. 37 f., und ZAHN, Miscellen 278.
552 RP 1577, fol. 66’.
553 Vgl. Anm. 542.
554 Einmalig bis 1600 lt. RP 1573: Georg Jandl.
555 Vgl. MEIXNER-SCHÖLLER 155. Er mußte über landesfürstlichen Befehl die Stadt verlassen.
556 RQ 290.

10.5. Zusammenfassung

Seit wann in Leoben ein Stadtschreiber tätig war, läßt sich aufgrund der erhaltenen Urkunden nicht mit Sicherheit feststellen. Die Quellenbasis für Aussagen über eine funktionierende städtische Kanzlei ist zu gering. 1442 wird der erste Stadtschreiber namentlich genannt. Seit dem 16. Jahrhundert besserte sich die Quellenlage. Dennoch zeigen die reichlicher erhaltenen Urkunden, daß auch danach die „Kanzlei" nur ansatzweise vorhanden war. Sie wurde nur durch den Stadtschreiber repräsentiert. Unklar sind die Voraussetzungen für die Aufnahme als Stadtschreiber. Gewiß mußte der Stadtschreiber einigermaßen rechtskundig sein. Akademische Bildung läßt sich bei keinem Stadtschreiber feststellen. Wie der Stadtrichter wird auch der Stadtschreiber die Kenntnis in der alltäglichen Praxis erworben haben. Das Stadtschreiberamt stand mit jenem des Schulmeisters in Zusammenhang. Der Stadtschreiber konnte gleichzeitig auch Notar sein.

Stadtrichter, seit 1541 auch der Bürgermeister und der Stadtschreiber zählten zu den wichtigsten städtischen Amtspersonen.

II. SPEZIELLE AUSWERTUNG DER RECHTSQUELLEN

1. PRIVILEGIEN UND STADTHERRLICHE MANDATE DER STADT LEOBEN

Die chronologisch gesehene erste Zusammenstellung von Privilegien der Stadt Leoben bietet das Landschaftliche Privilegienbuch, vermutlich vom Jahre 1574.[557] Die 19 Privilegienabschriften sind ungeordnet; falsche Datierungen stellen die Verläßlichkeit der Abschriften in Frage.[558] Zudem wird man das politische Umfeld zur Zeit der Entstehung dieser Handschrift beachten müssen.[559]

Im Steiermärkischen Landesarchiv (Bestand Stadtarchiv Leoben) wird ein Privilegienkopialbuch verwahrt, das 1644 angelegt wurde, ohne daß Näheres über die Beweggründe, die zu dessen Anlage führten, bekannt ist.[560] Es beinhaltet bis zum Jahr 1600 32 Stücke; nicht nur Privilegien im engeren Sinn, sondern auch stadtherrliche Mandate. Die Chronologie wird im wesentlichen eingehalten, doch auch hier erscheinen falsche Datierungen.[561]

Um zu veranschaulichen, welche Stücke im 17. Jahrhundert zu den Privilegien gezählt und in die Aufstellung aufgenommen wurden, sollen diese in der Folge mit der Nummer des Rechtsquellenteiles, der Datierung und dem Aussteller geboten werden:

1.	RQ 9: 1305 Mai 5, Bruck a. d. Mur	Rudolf III.
2.	RQ 28: 1343 Sept. 16, Wien	Albrecht II.
3.	RQ 43: 1362 April 5, Wien	Rudolf IV.
4.	RQ 48: 1369 Mai 7, Wien	Albrecht III., Leopold III.
5.	RQ 55: 1373 Juli 31, Wien	Albrecht III.
6.	RQ 72: 1393 Okt. 23, Wien	Albrecht III.
7.	RQ 75: 1396 März 17, Wien	Wilhelm
8.	RQ 78: 1396 Nov. 21, Kindberg	Wilhelm

557 Vgl. CERWINKA, Privileg 501 ff., hält 1574 als Abfassungszeit für wahrscheinlich.

558 Aufgenommen wurden auf fol. 341–361' (von mir chronologisch geordnet): RQ 37 (falsch datiert mit 1315; beinhaltet RQQ 16 u. 18), RQQ 28, 33, 43, 48, 72, 76, 77, 112, 157, 181, 238, 253, 254, 255, 291, 300 (falsch datiert mit 1452); die Lederer betr.fol. 101'–102: RQQ 39 und 54.

559 Vgl. CERWINKA, Privileg 498–501.

560 StLA, St.A.Leoben, Sch. 3, H. 15a.

561 RQ 9: Nov. statt Mai, deutscher Text – Orig. lat.; RQ 228: 1494 statt 1493.

9. RQ 77:	1396 Nov. 20, Bruck a. d. Mur	Wilhelm
10. RQ 76:	1396 März 18, Wien	Wilhelm
11. RQ 98:	1415 Mai 25, Wr. Neustadt	Ernst
12. RQ 106:	1418 Aug. 24, Wr. Neustadt	Ernst
13. RQ 112:	1421 Dez. 12, Graz	Ernst
14. RQ 113:	1422 Jän. 1, Bruck a. d. Mur	Ernst
15. RQ 132:	1439 Jän. 29, Wr. Neustadt	Friedrich V.
16. RQ 149:	1448 Nov. 6, Wr. Neustadt	Friedrich IV.
17. RQ 157:	1453 Juli 7, Graz	Friedrich III.
18. RQ 156:	1453 Juli 5, Graz	Friedrich III.
19. RQ 163:	1461 Okt. 5, Graz	Friedrich III.
20. RQ 181:	1476 April 6, Wr. Neustadt	Friedrich III.
21. RQ 221:	1492 Juli 9, Linz	Friedrich III.
22. RQ 228:	1493 Dez. 26, Wien	Maximilian I.
23. RQ 238:	1501 Febr. 10, Linz	Maximilian I.
24. RQ 251:	1517 Sept. 12, Wien	Maximilian I.
25. RQ 253:	1521 Okt. 10, Graz	Ferdinand I.
26. RQ 254:	1521 Nov. 26, Graz	Ferdinand I.
27. RQ 255:	1522 Sept. 20, Wr. Neustadt	Ferdinand I.
28. RQ 285:	1538 Mai 1, Prag	Ferdinand I.
29. RQ 291:	1541 Jän. 24, Wr. Neustadt	Ferdinand I.
30. RQ 299:	1547 Juli 4, Wien	Ferdinand I.
31. RQ 300:	1552 April 20, Wien	Ferdinand I.
32. RQ 312:	1570 Febr. 22, Graz	Karl II.

J. Wartinger hat im vorigen Jahrhundert in einer mit Graz, 7. September 1840 datierten Zusammenstellung ebenfalls die Privilegien der Stadt Leoben gesammelt.[562] Er verzeichnet bis 1600 13 zusätzliche Urkunden:

Nr. (lt. Wartinger):

5. RQ 32:	1346 Dez. 19, Wien	Albrecht II.
17. RQ 107:	1418 Okt. 31, Graz	Ernst
20. RQ 126:	1436 März 23, Wr. Neustadt	Friedrich III.
22. RQ 142:	1444 Jän. 27, Judenburg	Albrecht VI.
24. RQ 152:	1449 Aug. 10, Murau	Friedrich III.
28. RQ 180:	1474 Juli 20, Augsburg	Friedrich III.
30. RQ 197:	1481 Juli 7, Wien	Friedrich III.
31. RQ 211:	1487 Mai 9, Nürnberg	Friedrich III.
32. StLA:	1489 Jän. 29, Innsbruck	Friedrich III.

562 StLA, St.A. Leoben, Sch. 3, H. 15b.

33. RQ 219: 1490 Okt. 29, Linz	Friedrich III.
34. RQ 220: 1490 Dez. 3, –	Friedrich III.
36. RQ 225: 1493 Mai 3, Graz	Friedrich III.
39. StLA: 1501 Febr. 10, Linz	Maximilian I.

In seinen Vorbemerkungen schreibt J. Wartinger, daß er die Urkunden 1840 in Leoben größtenteils im Original eingesehen hätte. Er vermerkt Schreiberzeichen, Kanzleivermerke und Unterschriften, die jedoch auch von vidimierten Abschriften stammen könnten. Wichtig wird diese Überlegung, wenn man sich vor Augen hält, daß heute, mit Ausnahme des Privilegs von 1305 (dessen Original Wartinger nicht kannte) und den Privilegien Herzog Wilhelms von 1396, für das gesamte 14. Jahrhundert nur mehr von Wartinger gefertigte Abschriften zur Verfügung stehen. Über das Schicksal und den Verbleib dieser Originalurkunden sowie der Urkunde von 1541, in der den Leobenern das Recht der freien Bürgermeisterwahl zugestanden wird, konnte nichts Näheres in Erfahrung gebracht werden.[563] J. Wartinger vermerkt auch nicht den Privilegienkoffer der Stadt Leoben aus der Zeit um 1500, der heute im Landesmuseum Joanneum, Abteilung für Kunstgewerbe, aufbewahrt wird.[564]

Auf den Schmalseiten des abgewalmten Deckels befinden sich die Wappen der Steiermark und der Stadt Leoben. Die übrige Dekoration besteht aus Blattornamenten und phantasievollen Tier- und Ritterdarstellungen. Das Innere des mit drei Schlössern verschließbaren Koffers ist mit mehreren, mit weißem Leder ausgekleideten Fächern versehen, die leer sind. Vergleichbar wäre dieser Urkundenkoffer mit jenem für den Passauer Stadtbrief.[565]

Von den heute im Steiermärkischen Landesarchiv aufbewahrten Urkunden sind folgende als Ergänzung der Auflistung J. Wartingers zu nennen:

RQ 33: 1347 Sept. 15, Bruck a. d. Mur	Albrecht II.
RQ 39: 1357 Juni 3, Wien	Albrecht II.
RQ 54: 1373 April 30, Wien	Albrecht III.

563 Sämtliche Urkunden befinden sich heute in der Allgemeinen Urkundenreihe des Steiermärkischen Landesarchivs, Hamerlinggasse 3a; Recherchen im HHStA und HKA in Wien sowie im Stadtmuseum der Stadt Leoben blieben in dieser Hinsicht erfolglos.

564 Vgl. Katalog „Kästchen und Kassetten", Landesmuseum Joanneum, Graz 1976, Nr. 45: Urkundenkoffer: Leoben; um 1500. Holz, mit geschnittenem, gepunztem und gefärbtem Leder überzogen; jüngere Eisenbeschläge. 83 mal 40 cm; Höhe: 44 cm. Ehemals Stadt Leoben, Rathaus; von BALTL, Rechtsarchäologie nicht aufgenommen.

565 Vgl. Anm. 564.

Im HKA Wien liegt ein in Abschrift erhaltenes und bisher unbekanntes Privileg Herzog Albrechts III:
RQ 56: 1373 Aug. 1, Wien
Nicht vollständig erfaßt wurden im Rechtsquellenteil jene Privilegien, die für alle landesfürstlichen Städte und Märkte erlassen wurden.[566] Als indirekte Privilegierung Leobens anzusehen ist eine von Herzog Rudolf IV. ausgestellte Bestätigung für die Bürger von Mürzzuschlag, daß zwischen Leoben und dem Semmering nur in Mürzzuschlag Eisen verarbeitet werden darf.[567]

Bei den verbliebenen Mandaten bis Kaiser Friedrich III. handelt es sich um Quittungen[568], Mahnungen[569], Landtagsladungen[570], Verpfändungen und Darlehen[571], Ladungen vor Gericht und Entscheidung von Streitfällen[572], Verordnungen bezüglich des Weinhandels und der Maut[573] und eine Aufforderung zum Frieden.[574]

566 RQQ 91, 104.
567 RQ 41.
568 RQQ 61, 63, 120, 150.
569 RQ 122.
570 RQQ 92, 123.
571 RQQ 69, 135, 136, 138, 145, 146.
572 RQQ 101, 108, 116, 124.
573 RQQ 26, 38, 62, 84, 114.
574 RQ 110.

2. HANDWERKS- UND BRUDERSCHAFTSORDNUNGEN

2.1. Handwerksordnungen

Schon J. v. Zahn bemerkte für die Steiermark, „daß man die ältesten Materialien zur Geschichte der Zünfte mit in den Stadt- und Marktprivilegien zu suchen habe".[575] Vor der schriftlichen Abfassung wird man die Existenz von Gewohnheitsrecht annehmen dürfen, das mündlich tradiert wurde. Die Aufzeichnung erfolgte zeitlich für die einzelnen Gewerbe verschieden. Den Anfang bildeten meist jene Gewerbe, die mit der Produktion von Lebensmitteln zu tun hatten und einer strengeren polizeilichen Kontrolle unterlagen. In Leoben waren dies die Bäkker und Müller.[576]

Im untersuchten Zeitraum spielen Rechtsquellen zur Zunftgeschichte eine eher untergeordnete Rolle. Vollständige Statuten sind selten.[577] Die Mehrheit der ausgewählten Beispiele bezieht sich auf einzelne Handwerksartikel in Privilegien und in den Ratsprotokollen.[578] Dazu kommen Nennungen von Handwerkerbruderschaften, von denen für Leoben jene der Schmiede und Hammermeister im Jahr 1413 urkundlich überliefert ist.[579]

2.2. Bruderschaftsordnungen

Die Quellenbasis für die Bearbeitung der Bruderschaften in Leoben[580] ist bis 1600 dürftig. Nachrichten über Bruderschaften finden sich großteils als Einzelnennungen in Verkaufs- und Stiftungsurkunden.[581] Die wenigen erhaltenen Bruderschaftsordnungen können nur durch Vergleich mit anderen steirischen Ordnungen Aussagewert gewinnen.

575 Vgl. ZAHN, Zünfte 85.
576 Vgl. ZAHN, Zünfte 86, und POPELKA, Handwerk 109 f.; RQ 196.
577 RQQ 192, 241, 316.
578 RQQ 33, 39, 54, 196, 216, 279, 297, 305, 315, 325, 327.
579 RQ 97.
580 Vgl. OER; L. JONTES, Bruderschaften 156–169.
581 RQQ 34, 71, 87, 97, 102, 109, 144, 169, 196, 240, 246, 252, 327.

Zur Zeit der Reformation büßten die Bruderschaften an Beliebtheit ein. Ihre Wiederbelebung war Mitanliegen der Reformationsordnungen seit Ende des 16. Jahrhunderts, so in Leoben 1598 und 1600.[582]

582 RQQ 327, 333; vgl. (TOMEK)/AMON Bd. 3.

3. JÜDISCHE SCHULDURKUNDEN

Jüdische Schuldurkunden sind aus Gründen, die an anderer Stelle ausführlicher behandelt wurden, nur in geringer Zahl vorhanden.[583] Ein deutliches Erkennungsmerkmal sind die hebräischen Vermerke. Die genannten Juden lassen sich genealogisch meist eindeutig festlegen, da ihre familiären Beziehungen und ihr Wohnort in den Urkunden erwähnt werden.[584] Mit der Vertreibung der Juden aus der Steiermark 1496/97 endete dieser Quellentyp für den untersuchten Zeitraum abrupt.[585]

583 Vgl. Kap. 8. In der neuesten Publikation zum Thema „Juden“ KEIL/LOHRMANN, Studien, befaßte sich K. LOHRMANN mit der vermögensrechtlichen Stellung der Juden im Mittelalter.

584 Vgl. LOHRMANN, Judenurkunde 100 ff.

585 Vgl. WIESFLECKER-FRIEDHUBER, Austreibung 47 ff.; DIES., Beiträge 169 ff.

4. RECHTSQUELLEN PRIVATRECHTLICHEN INHALTS

Der Bestand an Rechtsquellen privatrechtlichen Inhalts ist bis zum Jahr 1600 klein. Das Fehlen eines Stadtrechtsprivilegs und beinahe aller Stadtbücher beschränken die Erkenntnismöglichkeit auf Urkunden und die ab 1525 bzw. 1541 einsetzenden Gerichts- und Ratsprotokolle. Doch auch davor hat es Aufzeichnungen gegeben. So erscheint 1515 im Zusammenhang mit einer Vormundschaftsabrechnung der Hinweis auf ein „statpuech".[586]

Da es im Rahmen der vorliegenden Studie nicht möglich war, Gerichts- und Ratsprotokolle systematisch auszuwerten, beruhen die folgenden Ausführungen auf Urkunden und für das 16. Jahrhundert auch auf ausgewählten Gerichts- und Ratsprotokollen.

Den modernen Privatrechtsbegriff gab es im Mittelalter nicht.[587] Die Übergänge zwischen Privatrecht, Strafrecht und öffentlichem Recht waren fließend. Neben dem vom Stadtherrn seiner Stadt erteilten Recht gab es innerhalb der Stadt Gewohnheitsrecht, das zunächst bzw. überwiegend mündlich tradiert wurde. In Leoben läßt sich dies an Urkunden seit den 30er Jahren des 15. Jahrhunderts nachweisen.[588] Davon zu unterscheiden sind Eingriffe des Stadtherrn in das Gefüge des Privatrechtes.[589] Auch dafür gibt es für Leoben Beispiele.[590]

Aus Gründen der Übersichtlichkeit soll in der folgenden Übersicht die heutige Strukturierung des Privatrechts zugrunde gelegt werden.[591] Die Auswertung der Rechtsquellen privatrechtlichen Inhalts und der Vergleich mit anderen Städten soll im Rahmen dieser Arbeit nicht erfolgen.

Die Stadt brauchte im Mittelalter wie heute Organe, die für sie handelten. Diese Aufgabe, die heute im *Personenrecht* geregelt ist, übernahmen im Mittelalter der Richter, der Rat und die gemeine Bürgerschaft.[592] Durch sie war die Stadt rechts- und handlungsfähig. Sie

---

586 RQ 246.
587 Vgl. KOCHER, Privatrechtsentwicklung 31 ff.
588 Erstmals in RQ 131.
589 Vgl. für Wien BRAUNEDER, Geltung 195 ff.
590 RQQ 43 und 75.
591 Vgl. KOCHER, Privatrechtsentwicklung 71 ff.
592 Vgl. bis 1500 RQQ 3, 5, 6, 7, 17, 118, 121, 192, 196, 232.

konnte Besitz erwerben[593] und Bürgschaft übernehmen[594], aber auch als Rechtsobjekt verpfändet werden.[595] Ähnlich waren Bruderschaften, Zünfte und das Bürgerspital organisiert.[596] Ein Sonderfall ist die bereits mehrmals erwähnte, 1415 erstmals genannte Kommunität für den Ein- und Verkauf des Vordernberger Eisens durch die Leobener Bürger. Hier handelte es sich um eine gewinnorientierte Gesellschaft, deren Tätigkeit allerdings nur von kurzer Dauer war.

Durch die Geldwirtschaft bedingt, kam es im Mittelalter im städtischen Bereich zu einer starken Weiterentwicklung des *Schuldrechtes* und zu einer Zunahme der Schuldverträge.[598] Anstelle des alten Formalismus trat bei Kaufverträgen die Einschaltung des Stadtrichters.[599] 1520 wurde ein Verkauf mit dem Stadtsiegel beglaubigt und der Rechtsakt zur besseren Sicherheit „von wort zu wortten in gemainer stat Lewbm statbuech eingeschriben".[600]

Adelheid die Drischelpekin aus der Vorstadt Maria Waasen bekannte 1405, daß sie Ulrich dem Plutscher drei Pfund Wiener Pfennige schuldete. Schon ihr verstorbener Mann hatte Ulrich Plutscher als Sicherstellung ein Haus übergeben, in dem sie jetzt wohnt und auf Lebenszeit bewohnen darf.[601] Peter Preuer und seine Ehefrau, Untertanen der Zisterze Neuberg an der Mürz, waren 1409 unter anderem beim Leobener Bürger Märchlein verschuldet.[602] In der Form des symbolträchtigen Leitkaufes (in den Quellen „Leihkauf"), benannt nach einem Trunk, den Käufer, Verkäufer und Zeugen gemeinsam einnahmen, verkaufte der Leobener Bürger Lukas Pierer einen ummauerten Garten mit Keller und Kasten in der Stadt dem steirischen Landschreiber.[603] 1412 stellte Paul Kren seinem Vetter einen Schuldbrief über 41 Pfund Pfennige aus und versprach termingerechte Rück-

593 Über den städtischen Besitz informiert das städtische Grundbuch von 1561, Kop. Stadtmuseum Leoben, Original im StLA, St.A. Leoben, Sch. 32.

594 RQ 83.

595 RQ 145.

596 Siehe Kap. 4.5.; 7.3. bzw. II.2.

597 Siehe Kap. 4.5.

598 Vgl. KOCHER, Privatrechtsentwicklung 87. Ein von LUSCHIN, Reibericht 12 noch 1874 eingesehenes Schuldbuch ist verloren.

599 Die RQQ 25, 27, 36, 40, 47, 59, 94, 97, 141, 143, 168, 177, 178, 213 und 234 sind nur eine Auswahl.

600 RQ 252.

601 RQ 82.

602 RQ 85.

603 RQ 88; ein weiterer Leikauf ist RQ 140.

zahlung.[604] Caspar Pierer und seine Ehefrau Anna bekannten 1445, der Spitalsbruderschaft mehr als 172 Pfund Pfennige zu schulden. Dies war der Beginn des finanziellen Untergangs der Familie Pierer.[605] Hans Pierer verschuldete sich 1449 bei einem Juden.[606] Kaiser Friedrich III. beauftragte 1478 seine Amtleute und Untertanen, daß sie die Schuldner zweier Leobener Bürger auffordern sollten, die Forderungen zu begleichen oder sich rechtlich zu verantworten.[607] Kurze Zeit später erhielten Richter und Rat der Stadt Leoben den Auftrag, zu veranlassen, daß der Leobener Bürger Andreas Unverwegen seinen Vetter zu Vordernberg wegen rascher Bezahlung der ihm geliehenen Summe nicht dränge, nicht anderen zediere und auch eine Teilzahlung annehme, „damit der deshalben nicht verderbt noch in verderben bracht werde".[608] 1483 zitierte Kaiser Friedrich III. zwei Leobener Bürger wegen einer Geldschuld vor das landesfürstliche Gericht nach Graz. Ulrich von Graben, Hauptmann zu Marburg, sowie Bürgermeister, Richter und Rat zu Graz entschieden aufgrund kaiserlichen Befehls.[609] Nach viermaliger gerichtlicher Aufforderung erklärte der Stadtrichter 1494 alle nicht angemeldeten Schuldbriefe und Forderungen an Valentin Murer für erloschen.[610] Die seit 1525 erhaltenen Gerichts- und Ratsprotokolle enthalten zahlreiche Schuldvergleiche.[611]

Ein Sicherungsmittel für Schuldverträge war die Bürgschaft.[612] Im Falle der Urfehdebürgschaft wurde nicht eine bereits bestehende, sondern eine bedingte Schuld verbürgt, von der man nicht wußte, ob und in welcher Höhe sie entstehen würde.[613] Nach mittelalterlicher Auffassung machte das Versprechen des Bürgen, die Schuld zu übernehmen, ihn auch zum Schuldner dieser Schuld. In der Praxis verdeutlicht dies die Formulierung „purg und selbschol [= Selbstschuldner]". Dem Bürgen wurde im konkreten Fall versichert, bei Nichtleistung des Schuldners in den Besitz des gekauften Hauses zu gelangen.[614]

604 RQ 93.
605 RQ 144; siehe Kap. 4.3.
606 Siehe Kap. II.3.
607 RQ 187.
608 RQ 191.
609 RQ 200.
610 RQQ 223, 226, 227, 229.
611 Als Beispiel RQ 260.
612 Vgl. OGRIS W., Sicherheiten 180 f.
613 RQ 68.
614 RQ 99. Zur Frage des Verhältnisses zwischen Hauptschuldner und Bürgen und Reihenfolge der Haftung vgl. OGRIS W., Sicherheiten 182.

Aus dem Bereich des heutigen *Sachenrechtes* sollen einige mit dem Grundbesitz zusammenhängende Rechtsinstitute besonders hervorgehoben werden.[615] Fließend ist in den Quellen der Begriff „leibgeding". Meistens handelte es sich um die Überlassung grundherrlicher Rechte von geistlichen Institutionen auf Lebenszeit.[616] 1409 beurkundete Heinrich Stotz, daß ihm Ulrich Plutscher ein Haus zu rechtem Burgrecht vermietet habe, das Lehen des Pfarrers zu Maria Waasen war. Er sollte die darauf liegenden Zinse und Tagwerke dem Pfarrer und Ulrich Plutscher einen Geldzins leisten. Bei Nichtleistung hatte Ulrich Plutscher das Recht, „uns umb seinen obgenanten zins ze noten und ze phentten". Das Haus mußte instand gehalten werden, „daz ez nicht zymmervellig werd", und sollte auf jeden Fall an ihn zurückfallen. Was sie inzwischen „darauf mit zimmer oder arbait gelegt hieten, das sol er uns nach der chantnuzz erber lewt widercheren angever". Weiters hatte die Drischelpekin darin Wohnungsrecht auf Lebenszeit.[617] Belastungen von Grundbesitz zur kurzfristigen Beschaffung von Kapital traten im städtischen Bereich vermehrt auf. Paul Kren verpfändete 1411 zwei Leobener Bürgern seinen Hammer zu St. Michael ob Leoben.[618] Das Verlangen nach besserer Übersicht über die Belastungen des Grundbesitzes führte zur Anlage städtischer Grundbücher, so in Leoben 1561, mit einem Hinweis auf ein „alltes urbar".[619]

Ein Streit um zwei Wasserablässe entspann sich 1442 zwischen den Inhabern eines „werichgarns", Hans Präntel, Caspar Eisenzieher, und ihren „mittaylen" (= Miteigentümern) und dem Besitzer einer anrainenden, dem Dominikanerkloster dienstbaren Wiese. Bezüglich der Ablässe wurde von Schiedsleuten entschieden, daß der Prior des Dominikanerklosters „ain wasserstuben setzen und die wisen statlichen vor denselben ablassen bewarn" sollte.[620]

Die Bauweise auf engem Raum brachte eine strenge, mitunter mit Besitzrechtsbeschränkungen verbundene Regelung der Beziehungen zwischen Nachbarn, wofür das Dachtraufrecht ein Beispiel ist.[621]

Im städtischen Bereich erfolgte im *Erbrecht* der Übergang von der Vererbung in der Hausgemeinschaft zur gewillkürten Erbfolge, zu der

615 Siehe Kap. 4.3.
616 Vgl. allgemein OGRIS W., Leibrentenvertrag; RQQ 8, 23, 65, 67, 70, 81, 82, 117.
617 RQ 86. Zur Drischelpekin vgl. RQ 82.
618 RQ 90.
619 StLA, St.A. Leoben, Sch. 32, Kop. Stadtmuseum Leoben.
620 RQ 139.
621 RQ 162.

die Zustimmung der Erben notwendig war.[622] Herzog Wilhelm bestimmte 1396, daß nur mehr beim Fehlen von Erben oder Gläubigern Güter an ihn heimfallen sollten.[623] Das erste für Leoben erhaltene Testament ist ein Klerikertestament. Mathe Haynfelder, Kaplan der Bürgerbruderschaft, bekundete 1417 in zahlreichen Einzelbestimmungen seinen Letzten Willen.[624] Zahlreicher sind Testamente aus dem 16. Jahrhundert.[625] Erbvergleiche und Erbverzichte enthielten verschiedenste Einigungen.[626]

Aus dem Bereich des *Familienrechtes* sind in Leoben seit der Mitte des 15. Jahrhunderts Urkunden erhalten, die über eheliches Güterrecht Auskunft geben.[627] Es wurde – wie für die Quellen zum Vormundschaftsrecht – eine Auswahl getroffen.[628] Die Ehegerichtsbarkeit lag in kirchlichen Händen. So wurde 1439 vor dem Pfarrer Heinrich Lang von St. Jakob, der gleichzeitig Erzpriester in Obersteiermark war, in Leoben eine Auseinandersetzung um ein angebliches Eheversprechen zwischen Untertanen des Klosters Neuberg a. d. Mürz vor Zeugen verhandelt.[629]

622 Vgl. KOCHER, Privatrechtsentwicklung 141 f.; für Wien vgl. LENTZE, Testamentsrecht und BRAUNEDER/JARITZ.

623 RQ 75.

624 RQ 102.

625 Z. B. RQQ 245, 248.

626 RQQ 67, 128, 129, 164, 166, 194.

627 RQQ 131, 155, 198.

628 RQQ 132, 245, 283.

629 Hinweis auf das geistliche Gericht in RQ 183, sowie zum Eheprozeß UB Graz, Hs 962, 208–218.

5. DIE RECHTE DER STADT LEOBEN IM VERGLEICH

Das „gebündelte" Stadtrecht Leobens läßt sich nicht eindeutig einer Stadtrechtsfamilie zuordnen. Ein einheitliches Stadtrecht für die Steiermark in ihren heutigen Grenzen gab es nicht. Jede Stadt hatte ihre besonderen Privilegien und Gewohnheiten. Trotzdem lassen sich Übertragungen von einer Stadt zur anderen feststellen. Für die Obersteiermark war das Judenburger Recht von 1277 Vorbild, das, auf Wiener Recht fußend, an Knittelfeld, Murau und teilweise an Rottenmann weitergegeben wurde. Auch in Bruck a. d. Mur waren Einflüsse des Wiener Rechtes wirksam.[630] Für das zwischen Judenburg und Bruck a. d. Mur gelegene landesfürstliche Leoben müssen ähnliche Einflüsse angenommen werden.

Vergleiche der Rechtspraxis in Leoben mit Bestimmungen des Wiener Neustädter Stadtrechtes aus dem 13. Jahrhundert, das mit dem Wiener Recht in einer Entwicklungslinie steht, zeigen im Bereich des Privatrechtes manche Übereinstimmungen.[631] Beziehungen zwischen (Alt-)Leoben und Wiener Neustadt lassen sich bereits 1244 nachweisen; in einem dortigen Mautprivilegium werden unter anderem Kaufleute aus Leoben genannt.[632] Vor 1280 bestanden bereits Handelsbeziehungen zwischen Judenburger und Leobener Eisenhändlern.[633] Die im Judenburger Recht von 1277 verankerte Niederlage für Trofaiacher Eisen wurde 1314 auf Leoben übertragen, das damit Judenburg als Zentrum des Eisenhandels überflügelte.[634]

1320 erhielt Bruck a. d. Mur von Herzog Friedrich dem Schönen einen Jahrmarkt zu Martini (11. November) zuerkannt „mit allen rechten und mit aller gewonhait, als unser burger ze Gretz und ze Leoben an ir kirchtag ir jarmarcht alle jar haben". In Leoben scheint man also bezüglich des Jahrmarktes der Grazer Gewohnheit gefolgt zu sein.[635]

Städtisches Gewohnheitsrecht zeigte sich in den Sicherungsformeln bürgerlicher Urkunden. 1437 wurde ein Heiratsbrief „nach lanndes recht in Steir und der stat zu Leuben" gesichert.[636] In Verkaufsurkunden lautete die Formel „als purkchrechts recht ist in dem lannd ze Steir

---

630 Vgl. FISCHER, Siedlungsverlegung 62 f.; EBNER, Städtewesen 335;

631 Vgl. WINTER, Stadtrecht Cap. 80 bezüglich des Testierrechtes.

632 Vgl. MAYER, Bd. 1, 114.

633 StLA-U 1182.

634 RQ 18; vgl. ANDRITSCH 62 f.

635 RQ 20.

636 RQ 130.

und der stat zu Lewben".[637] 1450 stiftete Dorothea Strasser einen Jahrtag im Dominikanerkloster zu Leoben „nach siten und gewonhait der stat hie ze Lewben".[638] Kaiser Friedrich III. befahl 1456 Richter und Rat von Leoben, ein Haus zu übergeben „als solcher behabnuss unserr stat ze Leuben und lanndsrecht ist".[639] Eine Vormundschaftsabrechnung erfolgte 1535, „wie solher verziecht lanndes Steyr der stat Leoben recht gebrauch unnd gewonhait ist".[640]

Von einer 1523 in der Obersteiermark durchgeführten Reform der Städte und Märkte, der das Nürnberger Recht zugrunde gelegt wurde, war auch Leoben betroffen.[641] Während für Rottenmann, Schladming und Bad Aussee[642] vollständige Stadt- bzw. Marktordnungen bekannt sind, die auf die jeweiligen Verhältnisse abgestimmt waren, sind für Leoben nur zwei Artikel erhalten geblieben, die die Bestrafung von Übeltätern und die Vermeidung von Bränden beinhalten.[643] Mit nötiger Vorsicht darf Einfluß Nürnberger Rechtes angenommen werden. Der Einfluß auch aus diesem Rechtsbereich wird um so deutlicher, wenn man die Bedeutung und den Einfluß bayrischer und alemannischer Rechtsquellen – vor allem des Schwabenspiegels – für die Steiermark beachtet.[644]

Zusammenfassend kann festgestellt werden, daß nach der reichen Privilegierung während des 14. Jahrhunderts im 15. Jahrhundert die Bestätigung der Privilegien formelhaft erstarrte. Im 16. Jahrhundert ging auch in Leoben die Tendenz dahin, städtische Sonderrechte zurückzudrängen.

---

637 RQ 133; ähnlich RQQ 143, 168, 178, 213, 234.
638 RQ 153.
639 RQ 160.
640 RQ 283.
641 Vgl. POPELKA, Handwerk 104 f; LENTZE, Struktur 40.
642 Gedruckt bei MELL/MÜLLER, Taidinge 2 ff.
643 RQ 256.
644 Vgl. KOCHER, Privatrechtsentwicklung 42 f.

Teil II

III. DIE RECHTSQUELLEN DER STADT LEOBEN

Bemerkungen zur Edition

Als Grundlage wurden – soweit vorhanden – Originalurkunden herangezogen.[645] Diese befinden sich heute großteils in der Allgemeinen Urkundenreihe im Steiermärkischen Landesarchiv, Abteilung Hamerlinggasse, bzw. in der Innerösterreichischen Urkundenreihe und dem Bestand Hofschatzgewölbebücher, Abteilung Bürgergasse 2a. Andere Originalurkunden werden im Stiftsarchiv Admont verwahrt. Einzelne Originale liegen im Stiftsarchiv Rein sowie im Haus-, Hof- und Staatsarchiv bzw. im Hofkammerarchiv in Wien.[646] Der Erhaltungszustand der Urkunden ist gut. Die Urkundensprache ist überwiegend Deutsch.[647] Urkunden bzw. Regesten wurden auch Urkunden- und Regesteneditionen entnommen.[648] Die Gerichts- und Ratsprotokolle des 16. Jahrhunderts werden in exemplarischer Auswahl geboten. Diese Protokolle sowie weiteres Aktenmaterial sind im Bestand „Stadtarchiv Leoben" des Steiermärkischen Landesarchivs enthalten. Es ist anzunehmen, daß Urkunden- und Aktenmaterial abhanden gekommen ist.

Nicht alle Stücke werden im Volltext wiedergegeben.[649] Auf Angaben zur Überlieferung wurde bei Vorlage eines Originals verzichtet. Die Wiedergabe erfolgte – wie in den zuletzt erschienenen Bänden der Fontes Iuris – buchstabengetreu, wobei mit Ausnahme der Eigennamen u nur vokalisch und v nur konsonantisch verwendet wurden; Konsonantenhäufungen wurden beibehalten. Um keinen imaginären Einschnitt vornehmen zu müssen, wurde auf eine normalisierte Groß- und Kleinschreibung nach 1500 verzichtet, die Interpunktion sowie die Trennung und Verbindung von Wörtern jedoch dem heutigen Sprachgebrauch angepaßt. Kürzungen wurden aufgelöst. Runde Klammern kennzeichnen unsichere Lesarten, eckige Klammern Ergänzungen seitens der Herausgeberin.

---

645 Von den 334 aufgenommenen Rechtsquellen sind 202 Originale.

646 Die Erlaubnis, das in der Sammlung Hausmann der Historischen Landeskommission für Steiermark gesammelte Urkundenmaterial zu benutzen, trug wesentlich zu einer Arbeitserleichterung bei.

647 Latein in RQQ 1, 2, 3, 4, 5, 7, 9, 17, 18, 24, 60.

648 So etwa aus CHMEL, Regesta; LOSERTH, Acten und Reformationsordnungen; MELL/PIRCHEGGER; MONUMENTA HABSBURGICA; NOTIZENBLATT; POPELKA, Schriftdenkmäler; REGESTA HABSBURGICA; Steirische Regesten; SEUFFERT/KOGLER; StUB; WICHNER; ZAHN, Miscellen, Privilegien und Styriaca.

649 93 Volltexturkunden stehen 241 Regesten bzw. ausführlichen Regesten gegenüber.

1 1262 August –, Marburg

Bischof Bruno von Olmütz, Landeshauptmann von Steiermark, befiehlt denen von Leoben („Leobiensibus"), der Kartause Geirach die ihm von Herzog Leopold VI. zugewiesenen vier großen und zehn kleinen Maß Eisen jährlich mautfrei zukommen zu lassen.

Original verloren; *Cop. Pap.* StLA-U 800; ed. StUB IV, Nr. 76.

2 1273 Dezember 21, Spital am Semmering

Hermann, Rektor des Spitals am Semmering, und dessen Prokurator, der königliche Notar Wernhard, beurkunden, daß sie dem Judenburger Bürger Liebhard eine Schwaige am Erlsberg im Ennstal um 10 Mark verkauft und damit bei den Brüdern von Massenberg einen Zehent ausgelöst haben.

Zeugen: „dominus Gebwolfus de Chinnenberch, Haertlinus, marschalcus de Levben, Wernhardus tunc iudex in Levben, Vlricus de Aych, Reinhardus officialis ipsius hospitalis, Wolfkerus officialis de sancto Stephano, Chvnradus officialis de Frezentz, Perhtoldus Strabo officialis de Gaiztaren, Wernherus servitor ipsius domus, Offo gener eiusdem et alii quam plures."

Original, Pgt., zwei Hängesiegel abgerissen, Stiftsarchiv Admont; ed. StUB IV, Nr. 496; Xeroxkopie Historische Landeskommission – Sammlung Hausmann (HLK-SH).

3 1280 Jänner 30, – –

Richter Bernhard, der Rat und die Bürgerschaft der Stadt Leoben widmen zum Bau des Dominikanerklosters eine Hofstätte daselbst.

Original verloren; *Cop. Pap.* mit deutscher Übersetzung StLA-U 1159 und StLA, St. A. Leoben, Sch. 174, H. 972.

Nos Bernhardus iudex et consules totaque universitas civium Leobensium omnibus paginam praesentem inspecturis notum fieri cupimus, quod nos ad omnipotentis Dei gloriam, ut vere dignum et justum est omni studio extollendam reverendis fratribus et vere viris apostolicis fratribus ordinis praedicatorum a nobis humiliter et devote saepe invitatis in exordio fundationis nostrae, quam nunc habitamus civitatis, sub faelicis recordationis illustri regi Boiemiae aream in claustrum construendum assignavimus. Quod quamvis hactenus aliquibus casibus fuit praepeditum, ipsam tamen aream ab omni impeditione liberam praefati fratres possederunt. Nunc vero antedicti fratres nostris devotis precibus et invitatione atque serventibus desideriis tanquam vere filii Dei et divinae laudis atque humanae salutis amatores satisfacere cupientes nobiscum se recipere finaliter decreverunt. Propter quod nos in spiritu vehementi gaudio exultantes, ipsis praenominatam aream ad ipsorum postulationem iterum, ut primarie laetanter offerentes. Si non suffecerit ad claustri aedificium integri, ut nobis dicti fratres ostenderunt, quoad eisdem area sufficiat addere volumus gratulantes. In cuius rei testimonium praesentem cedulam nostri sigilli munimine ipsis assignavimus roboratam. Anno domini 1280, kalendis februarii.

4 1282 Jänner 16, St. Michael i. Obersteiermark

Richter Gerold von Liesing dotiert die von ihm gegründete Kirche St. Nikolaus zu Traboch mit Zinsgütern auf dem Prandel und Eselsberg bei Mautern.

Zeugen: „dominus Hainricus, venerabilis abbas ecclesie Admontensis, Otto et Wulfingus fratres de Ernvels, Hermannus plebanus in sancto Mychahele, Hertwicus miles de Leuben, Gotfridus de Durnstorf, Hoholdus de Durnstorf, Wernhardus judex de Leuben, Rapote de Weytz, Chalhohus notarius et alii quam plures.“

Original, Pgt., Hängesiegel, Stiftsarchiv Admont; ed. *WICHNER II,* Nr. 260.

5 1284 Mai 31, Leoben

Richter, 12 Geschworene und Bürgergemeinde von Leoben befreien das Haus des Klosters Admont daselbst für ewig von allen Abgaben.

Original verloren; *zwei Cop. Pap.* (1589 bzw. 1667) im Stiftsarchiv Admont; ed. WICHNER II, Nr. 277, und SCHWIND/DOPSCH Nr. 70; *HLK-SH.*

Exemptio domus nostre apud Luiben. Nos Bernhardus judex et duodecim jurati ac universitas civium in Luiben presenti scripto profitemur ad universorum presentium et futurorum notitiam defendentes, quod ob dilectionem et favorem venerabilis domini Heinrici abbatis Admontensi [!], qui speciali familiaritatis gratia nobis hactenus est astrictus dominum Herbrandi concivis nostri in civitate Luiben sitam, quam dictus dominus abbas nomine monasterii sui justo emptionis tytulo comparavit ab omni exactione et requisitione steure vel servitiorum aut quorumcumque onerum, que vel in utilitatem vel necessitatem civium aut civitatis per quacunque re aut opere sive causa vel ad expeditiones, honorationes aut expensas quoslibet faciendas per nos aut principis terre procuratores vel officiales imponi et recipi a nostra communitate contigerit, eximimus et liberam ac exemptam perpetuo esse volumus generaliter et in totum, ita quod nec directe nec indirecte quidquam quacunque de causa per quemcunque ab eadem domo recipietur aut etiam exigetur dictusque dominus abbas et sui successores ac monasterium Admontense in nullo propter hoc nostrae civitati aut nobis erunt aliqualiter obligati, nisi in orationum suffragio et gratuita promotione, benevolentia et favore.

Testes huius rei sunt: dominus Hiwicus miles de Luiben, Geroldus de Lisnich, Bernhardus judex, Gotschalkus Kreizer, Hainricus Sunko, Hainricus Wegschaider, Conradus Prancker, Hainricus Kurzhaimer, Marquardus Fruestuechil, Leopoldus panifex, Hainricus Vogil et alii quam plures. In huius rei etiam testimonium presens scriptum sigillo nostrae communitatis fecimus consignari. Actum in Luiben anno domini millesimo ducentesimo octagesimo quarto pridie kalendas iunii, inditione [!] duodecima.

6 1297 März 8, Leoben

Richter Friedrich Haller, zwölf genannte Geschworene und die Bürgergemeinde zu Leoben übertragen den Grund und die Hofmark, die Pfarrer Yring von Proleb von Kunigunde, Witwe nach Leopold Peck, und ihren Kindern Ulrich und Wigand gekauft hat und die von diesen dem „angesetzten" Richter Heinrich übergeben worden waren, mit Gerichtshanden in die Gewalt des Pfarrers und befreien sie von allen Abgaben.

Original verloren; *Cop. Pap.* StLA, Sp. A. Göß, Sch. 17b, H. 61 sowie StLA-U 1524[a].

Wier Fridrich Haller richter, Wigandt, Hainrich Stössel, Hainrich Mundtuoll, Cainrad Vogl, Sybolt Khirschner, Otto Heyschnabl, Wolfgrimus, Michaell, Diepoldt Mießuogl, Rudolff Mouter, Rapoto Ledrer, Hainrich Mullner und die ganz gemain burgerschafft zu Leobn thuen khundt allen gegenwiertigen unnd zukhunfftigen, nachdem wier erkhenen unnd warlich erfarren dem erwierdigen herren Yringum pfarrer zu sand Veit zu Preleb, das er khan unnd mag unser stadt, auch unser in sonderheit handlung treulich fuerdern, das wier umb im gern verdienen wellen unnd in dester fester unnß zu verbindten, deshalb den grundt unnd hoffmarch, dy er mit unsern rat unnd aigner anmuettung redlichen khaufft hat von der ersamen frauen Chunegundt, gelaßne wittib weillundt Leopoldt Peckhen, unnd iren zwayen khindern Vlrich unnd Wigandt umb siben gewegner marckh silber, weliches gelt sie gar entricht. Darumben dan bemelte frau samb iren khindern dy gedacht hoffmarckh mit allen zugehorungen aufgeben haben in dy handt des Hainrich angeseczten richter all gerechtigkheit, so sy darauf gehabt, den vorbenandten herren Yringo mit gerichte handen ubergeben unnd ime alls sein aigen khauffguett einzuantwurten. Unnd haben allsdan angelobt bey verpindung aller irer andern guettern, solchen khauff menigkhlich zu schermen vor allem ansprach unnd ansuechen wie recht ist. So haben wier nach zeitigen rat und gemainer bewilligung dem bemelten herren Yringum unnd vorbedachten grundt oder hauß von allen mitleidigen diensten alls steuer, zinssung unnd andern anforderungen, auch von wachten, bauen an den mauern unnd anderstwo willkhurlichen ledig zellen unnd ganzlichen gefreyt haben unnd hiemit in crafft diz briefs ganzlich freyen, versprechen auch vestikchlich an allen argfundt, das wier khainerley mitleidig dienst obenerzelt von dem bemelten herren Yringo oder von seinen gast, allslang derselb den gedachten grundt oder behaussung inenhat, vordern wellen unnd solichen zu vordern khainen in khainerley weiß zu gestatten.

Des zu urkhundt unnd umb merer versicherung wegen haben wier disen brieff mit unsern sigill becrefftiget. Diser sachen zeugen sein dise beschaidne maner: herr Erberhart pfarrer bey sant Jacob, herr Wildungus pfarher bey Unser Frauen an der Leuben, herr Herman gesellpriester zu Prelob, Cainrad Mellner, Diettmayr von Weissenkhirchen, Leutgerus, Werherus Silberkhnell unnd vill ander glaubirge. Geben unnd beschechen zu Leoben nach Crist unsers herren gepurd thaussent zwayhunder unnd im sibenunndneunzigistm jar am VIII idus martii.

7 1298 September 18, Leoben

Der Richter Wigand und die 12 Geschworenen befreien die Hofstätte, die Pfarrer Yring von Proleb von Kunigunde Peck gekauft hatte, zusammen mit anderen genannten Gütern von allen Diensten.

Original, Pgt., anhangendes Stadtsiegel, Siegellegende: +SIGILLVM CIVITATIS DE LIV[BE]N, StLA-U 1562.

Nos Wigandus judex, Fridericus dictus Haller, Hainr(icus) Stezel, Hainr(icus) Mvntvol, Chvnr(adus) Vogel, Syboto pellifex, Otto Hevsnabel, Wolfgrimus, Michahel, Dyepoldus Myesvogel, Gvndacher carnifex, Rapoto cerdo, Hainr(icus) Mvlner totaque universitas civium in Levben notum facimus presentibus et futuris, quod cognoscentes honorabilem virum dominum Yringum plebanum sancti Viti in Prilepp scientem et valentem, sicut ab experto didicimus civitatis nostra et singulorum nostrorum negocia fideliter promovere. Cupientesque proinde grata sibi vicissitudine respondere ac ipsum ad hoc nobis forcius obligare, aream, quam nobis consulentibus et inducentibus ipsum rationabiliter emit ab honesta femina domina Chvnegundi, relicta Levpoldi pistoris, et filiis suis Vlrico et Wigando, pro septem marcis argenti ponderati, de qua pecunia sunt expediti. Quamque aream eadem domina et sui filii predicti cum omnibus suis attinentiis ad manum Hainrici subjudicis resignantes omne jus, quod ipsius in eadem competebat in personam dicti domini Yringi per manum prefati subjudicis transtulerunt et eandem sibi auctorizare et sub obligatione aliorum bonorum suorum a quolibet ipsum super dicta area impetente defendere promiserunt. Nos vero, habita deliberatione sollempni de civi consilio et consensu dictum dominum Yringum nomine, sue ecclesie in Prilepp et successores suos in eadem prefatam aream cum domo sive domibus, quam et quas in ea construet et construxit, una cum area, quam idem a cerdone quodam dicto Charpf emit et honeste femine Reihtze donaverat, quamque eadem sibi per manum judicis Wigandi, una cum cellario, quod tenuit, resignavit ab omni onera, servitorum, videlicet steurarum, exactionum et contributionem quorumlibet nec non vigiliarum, edificiorum in muris et alibi faciendis spontanea voluntate absolvimus et in totum exemimus ac exemptos et exemptas omnino reddimus per presentes promittentes firmiter absque omni malo ingenio in dolo, quod nulla predictorum servitorum a prefato domino Yringo aut eius successoribus, qui pro tempore plebani fuerint in Prilepp canonice constituti aut eorum inquilinis exigemus aut requiremus nec permittemus ab aliquo exigi ullo modo. In cuius rei testimonium et certitudinem pleniorem presentes litteras nostri sigilli munimine fecimus roborari.

Testes huius rei sunt discreti viri dominus Eberhardus plebanus sancti Jacobi, dominus Wildvngus plebanus sancti Marie apud Levben, dominus Hermannus sacerdos socius in Prilepp, dominus Ditmarus de Stretwich, dominus Hainr(icus) Cholbo, dominus Hertwicus et frater suus dominus Ditricus de Levben, Chvnr(adus) Melner, Dietmarus de Wizzenchirchen, Ditmarus officialis in Gosse, Levtgerus de Mintzenperch, Wernherus Silberchnoll et quam plures alii fide digni. Datum et actum in Levben anno domini millesimo ducentesimo nonagesimo octavo in crastino beati Lamberti martiris.

Dorsualvermerk (17. Jh.): Haus zu Leobm in Meißegg.

8 1304 Jänner 20, – –

Diepold der Miesvogel bekennt, daß Propst Ulrich von Seckau ihm und seinem Sohn Georg aus erster Ehe das versessene Leibgeding in der „obern Donewicze“ neuerlich verliehen hat.

Original, Pgt. beschädigt mit Fehlstellen, anhangendes Stadtsiegel verloren, StLA-U 1656.

[Ich D]ypolt der Miezvogel tun chunt mit disem prief allen leuten, di in horent lesen, daz ich [. . .] meinem vreunten gnam [!] zu probst Vlrichen von Sekkowe und zu seiner sammnug und [. . .] pat seu, daz si mir geben ein ander hantvest uber meinn leibgeding datz der obern Donewicze, wand mir deu verprunnen waz, di mir probst Weriant, sein vorvar, daruber het gegeben. Des warn si mir la[n]g wider, wand ich in den zins, den ich in davon geben schult, lang het versezzen. Doch gewerten si mich und mein vrewnt ze lesten meiner pet mit sogetaner auzgenomner red, daz ich und mein sun Georig, den ich han pei vraun Diemvten, meiner ersten hausvrawen, schullen daz vorgenant gut innehaben zu unser paider tagen und schullen davon geben an sand Dyonisentag [zwe]lf phennig Grezer munzze und vercich wir daz, daz wir an demselben tag den [zins nicht] geben, so schullen dem gotshausse diselben paid hub von uns paiden ledig sein und schol sich der probst sazehant darzuzichen mit unser paider gutem willen. Geschichet aver, daz wir paid sterben, so schol aver dazselbe gut dem gotshausse ledig sein, also daz dhainer unser erben darauf dhainerslacht recht nicht ziechen schol. Daz deu red zwischen uns also stet beleib, daruber gib ich dem gotshausse disen [prief ver]sigelten mit der stat insigel datz Leuben, wand ich selb aygens insigels nicht [han]. Ditze dinch ist geschechen da von Chirst purte warn vergangen driuzec[h]enhundert jar darnach in dem vierdem jar an sand Sebastianstag.

Dorsualvermerk: Diepolt Miesvog[l hat kheine khawffrecht] auff 2 hueben an der D[a]nibiz ob Lewben.

9 1305 Mai 5, Bruck a. d. Mur

Herzog Rudolf III. gewährt den Bürgern der Stadt Leoben das Recht, daß sich innerhalb einer Meile um die Stadt, mit Ausnahme von Trofaiach und Göß, keine Handwerker niederlassen dürfen; er gewährt ihnen Mautfreiheit und schränkt das Stapelrecht von Bruck a. d. Mur auf die Dauer eines Tages ein.

Original, Pgt., Hängesiegel an Seidenfäden abgerissen, StLA-U 1674[a]; inseriert in Bestätigungsurkunde von 1313 Februar 19, Bruck a. d. Mur (RQ 16) und 1355 September 15, Graz (RQ 37) sowie 1369 Mai 7, Wien (RQ 48); ebenso StLA Landschaftliches Privilegienbuch II, fol. 341; ed. POPELKA, Schriftdenkmäler Nr. 6.

Nos Rudolfus Dei gratia dux Austrie et Styrie, dominus Carniole, Marchie ac Portusnaonis ad universorum volumus notitiam pervenire qui presentibus fuerint requisiti, quod nos defectus et miserias, quas fideles nostri cives in Leuben per ignis voraginem seu alias temporis malitiam pluries sunt perpessi, cupientes alicuius remedio solaminis temperare, eisdem civibus indulgemus presentibus de gratia speciali, ut infra unum miliare a civitate Leubnensi caupones, carnifices, pistores seu cuiuslibet operis artifices non debeant aliquatenus residere, excepto monasterio Gosse, ubi solummodo unum cauponem, unum carnificem et unum pistorem, in Treveyah vero duos caupones, duos carnifices et duos pistores concedimus permanere, nullum tamen in Treueyach forum publicum volumus exerceri. Preterea statuimus indulgendo, ut dicti cives Leubnenses suos sales et mercimonia per terras et aquas libere deducant, postquam autem sales et mercimonia sua versus Prukkam tempore fori seu aliis diebus deduxerint versus Prukkam, et ibidem in foro venditioni[1] exposuerint, ex tunc die proxima subsequenti cum suis salibus et mercibus secundum consuetudinem aliorum sine impedimento quolibet abinde transire valeant et abire.

In quorum testimonium sigillum nostrum presentibus est appensum. Datum in Brukka anno domini millesimo tricentesimo quinto III. nonas maii.

1 gebessert

10 (1305) Juni 19, Kloster Heiligenkreuz

Herzog Rudolf III. befiehlt seinen Richtern in Marburg, Voitsberg, Bruck a. d. Mur, Leoben, Rottenmann und Judenburg, vom Kloster Rein für Lebensmittel und anderweitigen Unterhalt keine Maut und von seinen Häusern keine Steuer einzuheben.

Original verloren; *Cop. Pap.* StLA-U 1677[c].

11 1308 Oktober 7, Knittelfeld

Bernolt und seine Hausfrau Kunegunde verkaufen dem Stift Seckau eine halbe Mark Gülte gelegen „in der Gleyn“ um drei Mark Silber.

Zeugen: „her Bernhart der pfarraer ze Chnytelveld, her Ortolf pfarraer datz sande Margereten und her Stephan sein geselle, herr Dietmar, ritter und Ott sein pruder ouz der Gevl und Hainreich ouz dem Staencheller, Chunrat der Chren, Chvnra Frowein und Chunrat, purger und moute von Leuben, und ander erbar leut . . .“

Original verloren; *Cop. Pap.* StLA-U 1720; vgl. Steirische Regesten Nr. 34.

12 1310 November 24, – –

Hedwig, Tochter Gottschalks des Kreuzer von Leoben, verzichtet zugunsten ihres Bruders Gottschalk auf alle Ansprüche am väterlichen und mütterlichen Erbe.

Original, Pgt., anhangendes Stadtsiegel verloren, StLA-U 1742; vgl. Steirische Regesten Nr. 224.

Ich Haedweich Gotschalchs tachter des Chrevzer von Levben vergich an disem brief und tun chunt allen den, die in sehent, lesent oder horent lesen, daz ich und allev meinev chinde Gotschalch, Nicla, Clar und Diemuet mit veraintem rat, undewungleichen, willichleichen und gern auf haben geben Gotschalchen meim prueder und seiner hausvraun und allen sein gerben allez daz guet, daz unser vater oder muter und alle unser vodern lazen habent, ez sei an aygen, lehen, purchrecht, varentem guet, hausgerecht oder swie ez gehaizen sei, gesuecht und ungesuecht. Darumb uber die morgengab, die mir mein vater gab, der warn zehen march silbers, habent seu uns ledich lazen aecht march silbers und sechs schilling phenning, der wir in schuldich waren warten und ain garten, den wir auch heten verchummert, habent sev uns auch geben, uber daz allez habent seu uns nu her zu geben fumf march silbers gewegens und hab wir uns des gepunten, daz wir hinfur nimmermer dehain ansprach oder vingerzaige oder chriech schullen haben nach dem vorgenantem erb oder gut, daz unser vodern habent lazen. Wer aver, daz wir uns an dem gelubde indert vergazen, swaz schaden seu des naem, den schulle wir in ablegen. Daz dem also sei, darumb geb wir in disen brief versigelt mit dem insigel der stat ze Levben zu aim urchunde der warhait.

Des sint gezeuch: Dietmar Weizenchircher, Chvnr(ad) des Pranker enichell von Levben, Ulr(ich) hern Walchvns sun von Dvmerstorff, Chvnrat richter ze Levben, vor dem dise sach geent sint, Seybot Chvrsner, Nicla Jvdenhavpt, Ot Hevsnabel, Ot schvlmaister und ander pider leut. Der brif ist geben nach Christes gepurt uber dreuzehenhundert jar und danach im zehenten jar an sand Katrein abent der hailigen jvnchvraun.

Dorsualvermerk (17. Jh.): Vbergabbrief ainen burger den andern zu Leobm betreffent umb etliche gründt und zehen mark sielber.

13 1311 Mai 25, – –

Diemut, Tochter Gottschalks des Kreuzer von Leoben, verzichtet für sich und ihre Kinder Johann, Kunigunde und Katharina zugunsten ihres Bruders Gottschalk, dessen Frau und Erben auf das gesamte elterliche Erbe an „aygen, lehen, purchrecht, varentem guet, hausgerecht, oder swie ez gehaizen sei“. Dafür erhält sie aus dem Erbe von ihrem Bruder „zwoe hueb datz Edling und ain hueb datz Hafnaern im dorff ob Treveyach mit den fumzich phenning gelts, den iezund Vlreich der Mvlner in der Levben innehat und datz Treveyach ain gartten, den iezund der Oberzehner innehat und dient der zehen phenning und in der stat ze Levben ain flaischpanch und auzzerhalb derselben stat von aim ledergadem den zins und von dem Eberharts gartten ahthalben phenning und zwen gartten, den ain hat Dietreich der Flozer inne gehabt, den andern der Maingozin . . .“ Es siegelt die Stadt Leoben.

Zeugen: „Dietmar von Weizenchirchen, Chvnrat richter ze Levben, vor dem und mit des hant dise sache[1] geent sint, Albreht Graetzer, Seybot Chvrsner, Nicla Jvdenhavbt, Ot Hevsnabel, Gotschel Gvglaer und ander pider leut.“

Original, Pgt., anhangendes Stadtsiegel, Siegellegende: +SIGILLVM CIVITA[TIS] IN LEVBEN, StLA-U 1750; vgl. Steirische Regesten Nr. 283.

1 gebessert

14 1312 Juli 24, Graz

Die Brüder Wigand und Heinrich von Massenberg beurkunden, daß sie „daz ober hous ze Levben, daz unser vordern inne gehabt habent, mit virzch marchen phenning ouf der mout ze Liuben“ Herzog Friedrich von Österreich frei aufgegeben haben und verzichten auf alle Ansprüche. Dafür verleiht ihnen der Herzog auf drei Jahre die Burghut auf Maidburg, sw. Pettau.

Siegler: die Aussteller.

Original, Pgt., zwei Hängesiegel abgeschnitten, HHStA Wien; Cop. Pap. StLA-U 1767[c]; vgl. Steirische Regesten Nr. 416; HLK-SH.

15 1313 Jänner 5, – –

Hermann von Krottendorf stiftet der Jakobskirche in (Alt-)Leoben einen Garten, den Gotschel von Leoben innehatte, zu einem Seelgerät.

Original, Pgt., zwei Hängesiegel, Stiftsarchiv Admont; ed. WICHNER III, Nr. 360; Cop. Pap. StLA-U 1772[d]; vgl. Steirische Regesten Nr. 479; *HLK-SH.*

Ich Herman von Chrotendorff vergich offenleich an disem brief, daz ich ain garten, den Gotschel von Levben alle weil von mir hat gehabt und hat mir alle jar dervon geben vierzich phenning, denselben garten han ich geben auf sand Jacobschirchen ze Levben durch meiner vordern sel willen, der man da furpaz stat schol gedenchen. Und han ich in hern Orten dem pharraer derselben chirchen aufgeben mit des richter hant von Levben und han gelubt, im und den, di nah im chompt, denselben garten zu verantwurten und zu scherm vor allem chriech und ansprach. Taet ich des nicht, swaz im an dem garten abgiench, daz scholl ich im derlegen mit meim aigenleichen gut. Daruber zu aim urchunde gib ich im disen brief mit meim und meins vreunts hern Dietreichs von Levben insigeln gesigelt. Des sind gezeuch her Wildvnch, techentpharraer ze Göss, Ot Chrotendorffer, Hertneid von Levben, Vlrich Puhlaer, Chvnrat rihter ze Levben, Nicla Judenhavbt, Gotschel am marcht und ander pider leut. Der brief ist geben nah Christes gepurt uber drevzehenhundert jar und danah im dreizehenten jar ze perchtnahten.

16 1313 Februar 19, Bruck a. d. Mur

Herzog Friedrich (I.), der Schöne, erneuert die Urkunde Herzog Rudolfs III. für die Stadt Leoben von 1305, Mai 5 (RQ 9).

Original, Pgt., Hängesiegel verloren, StLA-U 1775[b]; auch in Bestätigungsurkunde von 1355 September 18, Graz (RQ 37), und 1369 Mai 7, Wien (RQ 48); vgl. Steirische Regesten Nr. 497.

17 1313 April 14, Leoben

Richter Ulrich, genannte „consiliarii seu jurati" und die Gemeinde von Leoben bestimmen Konrad und Otto zu ihren Bevollmächtigten (für die Leistung des Homagiums gegenüber Herzog Friedrich und dessen zu erwartende Erben aus der mit Elisabeth von Aragon vereinbarten Ehe). Es siegelt die Stadt.

Nach Heinrich, Ritter von *ZEISSBERG,* Elisabeth von Aragonien, Gemahlin Friedrichs des Schönen von Österreich (1314–1330). (= SbbAkadWien 137, 1898) Nr. 50; vgl. Steirische Regesten Nr. 510.

Item Vlricus judex et Chunradus, Nicolaus, Otto, Gotzlunis dictus Syboto[1], Vlricus, Gunthorus, Merberdus, Volfingus et Henricus consiliarii seu jurati universitatis in Liuben et tota universitas ipsius civitatis constituerunt ad premissa procuratores suos syndicos seu actores scilicet Chunradem et Ottonem. Actum in predicta civitate anno domini MCCCXIII, XVIII kalendas maii.

1 möglicherweise falsche Lesart

18 (1314) März 12, Graz*

Herzog Friedrich (I.), der Schöne, bestimmt, daß die Bewohner von Trofaiach und Vordernberg ihr Eisen in der Stadt Leoben niederlegen müssen.

Original verloren; *Cop. Pap.* aus der Bestätigungsurkunde von 1355 September 15, Graz (RQ 37), StLA-U 1790^{e}; vgl. Steirische Regesten Nr. 620.

Fridricus Dei gratia dux Austrie et Styrie universis in foro Traueyach necnon chamiâriis in Monte Anteriori citra Traueyach in minera ferri residentibus gratiam suam et omne bonum. Vobis universis et singulis iniungimus firmiter et precise, quatenus ferrum sive mineram ferri ultra montem Prepuhel vel Rotenmann traducere et[1] in aliis locis quibuscunque vendere nisi[2] in oppido nostro Leuben nullatenus debeatis inhibentes nichil ominus vobis in villa Traueyach residentibus nostre gratie sub obtentu ne aliquod forum septimanale habeatis vel a quocunque[3] exerceri in antea permittatis alioquin fideli nostro Vlrico de Walse capitaneo Styrie dedimus in mandatis, ut vos ad observationem huiusmodo vice nostra compellere non obmittat. Datum in Gretz IIII idus martii.

1 übergeschrieben „vel" bzw. „et" („&")
2 Kürzung übergeschrieben
3 in StLA-U 1790^{e} „quoque" bzw. „-cun-" übergeschrieben, eingefügt und gestrichen
* Die Jahreszahl ergibt sich aus einem in der Bestätigungsurkunde 1355 September 15, Graz (RQ 37) und 1369 Mai 7, Wien (RQ 48) eingeschobenen Insert von 1313 Februar 19, Bruck a. d. Mur (RQ 16) als Terminus post quem und dem Datum der Königswahl Friedrichs 1314 November 25 als Terminus ante quem. 1313 März 12 ist aufgrund des Itinerars nicht wahrscheinlich.

19 1316 Mai 12, Judenburg

König Friedrich III. befreit das Haus des Klosters Rein in Leoben von allen Steuern.

Original, Pgt., Hängesiegel verloren, Stiftsarchiv Rein; Cop. Pap. StLA-U 1815[a]; vgl. Steirische Regesten Nr. 804; *HLK-SH.*

Wir Fridereich von Gots gnaden romischer chunig allezeit ein merer des reiches tuen chunt alle den, die disen brief lesent oder horent lesen, daz wir den erbern leuten dem abpt und dem convent ze Rvna di gnad getan haben, daz si furbaz iemmerme, dieweil si ir haus ze Levben innehabent, daz in Albrecht unser lantschreiber geben hat, dehain steur geben sullen und geben, ez sei von zierken oder von andern sachen, daz di purger anget, des sullen si von irem vorgenanten haus nicht geben. Und gepieten auch unserm richtter und den purgern ernstleich, daz si seu bei dem reht beleiben lazzen, di wir in verschriben haben. Und daruber geben wir in disen brief ze einem urchund versigelt mit unserm insigel. Der ist geben zu Judenburch do von Christes geburd waren dreuzehenhundert iar und darnach in dem sehtzehenten iar an sand Pangretzentag in dem andern jar unsers reiches.

20 1320 August 10, Judenburg

König Friedrich III. gewährt der Stadt Bruck a. d. Mur einen Jahrmarkt zu Martini mit den Rechten, wie sie Graz und Leoben innehaben („mit aller freiheit, mit allen rechten und mit aller gewonheit, als unser burger ze Gretz und ze Leoben an ir kirchtag ir jarmarcht alle jar haben").

Original verloren; StLA *Landschaftliches Privilegienbuch II,* fol. 196; Cop. Pap. StLA-U 1875[f].

21 1321 Februar 8, – –

Elisabeth Holensteinerin verkauft mit Willen ihrer Kinder, ihres Bruders Heinrich von Liesing und ihres Schwagers Andre, stift-admontischer Propst von Mautern, und aller ihrer anderen Geschwister und Erben dem Abt von Rein ihren dem Kloster Rein gehörigen Hof am Holenstein bei Leoben um 26 Mark Grazer Silbers und erhält dafür „ein haus ze Levben für sibentzehen march silbers, daz vormals des Chompter waz und darnach herr Albrecht der landschreiber demselben chloster gegeben het" . . .

Zeugen: „her Dyetreich von Levben, Herweich sein vetter, Ott der Chrotendorffer, Nycla der amman von Göss, Nycla der Judenhaupt richter von Levben, Chunrad und Vlreich di alten richter und ander piderb leut genueg und wan ich nit aigens insigel han, so bestig [!] ich disev sach als vorgeschriben ist mit disen insigl des erbern manns herrn Dietreiches von Levben, meines pruder Hainrichs von der Lyesnik und meines geswein Andres des probstes von Mautarn . . .“

Original verloren; *Cop. Pap.* StLA-U 1883[a].

22 1324 Dezember 7, Leoben

Dietrich der Spies von Göß verkauft mit Willen seiner Ehefrau Gertraud zwei Güter und eine Hofstatt auf dem Gumpoldsberg ob Judendorf bei Leoben seinem Bruder Hertneid, Pfarrer von Proleb, und dessen Gotteshaus um 16 Mark gewogenen Silbers mit Zustimmung der Äbtissin von Göß.

Siegler: „mit hern Hainreichs von Messenberch, meins besweyen, und hern Hertneides von Levben, meines ohaimes, und mein selber hangenden insiglen versigelten . . .“

Die Urkunde wurde ausgestellt „ze Levbn in der stat“.

Original, Pgt., drei Hängesiegel, StLA-U 1927.

23 1328 Dezember 16, Leoben

Percht, Witwe Ulrichs von Leoben, stiftet mit Willen ihres Sohnes Jäklein mit zwei Huben am Traidersberg bei Leoben einen Jahrtag zur Oblai des Stiftes Seckau für sich und ihre verstorbenen Ehegatten Walchun und Ulrich, „da Rudel aufgesezzen ist, dient alle jar zwaintzich vierling habern Leubnaer maz zu sande Nyclastag . . .“. Die Huben wurden ihr von Konrad dem Kyburger, dessen Sohn Peter und dessen Ehefrau Katharina für 16 Mark gewogenen Silbers versetzt. Lösen die vorgenannten ihr Pfand ein, sollen der Propst und die Chorherren von Seckau für diese Summe anderes Gut zur Sicherstellung des Jahrtages kaufen. Dieselben Güter wurden ihr zu Leibgedinge überlassen. Percht bittet die Stadt Leoben um Beglaubigung „versigelt hie ze Leuben mit der statt insigel, wand ich selber nicht aygen insigel gehabt han“.

Zeugen: „her Hainreich der Guster, her Vlreich mein sun, chorhern ze Seckavwe, Hainreich der rychter, Nycla der Judenhaubt, Wulfinch der Haerb, Ottel von Edling, Hainczel, der Mayngoz sun, Hainreich der Pyrraer, Andre der Probst, Chvnrat der Svntaer, Gotschel der Salczaer, Rapot der Ponstadel und ander erbaer leut".

Original, Pgt., anhangendes Stadtsiegel, Siegellegende: +SIGILLVM CIVITATIS IN LEVBEN, StLA-U 1977.

24 1330 Jänner 15, Salzburg

Erzbischof Friedrich III. von Salzburg gibt dem Abt Eckhart von Admont das Recht, innerhalb der Stadtmauern von Leoben eine neue Kirche (die St.-Johannes-Kapelle) zu bauen.

Original, Pgt., Hängesiegel zerbrochen, StLA-U 1990[b]; vgl. Regg-EbSa III, Nr. 722.

Nos Fridericus Dei gratia sancte Salzburgensis ecclesie archiepiscopus, apostolice sedis legatus, confitemur et constare volumus universis presentes litteras inspecturis, quod cum intra muros oppidi in Levben nostre diocese extra domum fratrum predicatorum ibidem morantium non esset aliquam ecclesia vel capella in qua parrochialis ecclesie sacerdos populo posset in divinis officiis et sacramentis ecclesiasticis deservire. Nos cultui divino necnon comoditatibus et utilitatibus populi eiusdem salubriter providere volentes ad petitionem et instantiam dilecti in Christo Ekhardi abbatis monasterii Admontense patroni parrochialis ecclesie loci predicti fundandi et edificandi novam ecclesiam intra muros oppidi supradicti plenam licenciam et liberam concedimus facultatem.

In cuius re testimonium presentes mandavimus fieri litteras sigilli nostri appensione munitas. Datum Salzburge XVIII kalendas februarii anno domini millesimo trecentesimo tricesimo.

25 1331 April 22, – –

Jakob Fruestuchel, Bürger zu Leoben, und seine Ehefrau Katharina verkaufen Pfarrer Ulrich von Maria Waasen drei Burgrechtsäcker um zwei Mark Silbers.

Original, Pgt., Hängesiegel (linksgewendeter Strauß mit einem

Hufeisen im Schnabel, Siegellegende: +S HAINRICI IVDIC[IS IN L]EVBEN), StLA-U 2007.

Ich Jacob Frustuchel purger datz Leuben vergich an disem brief und tun chunt allen den, die in ansehent oder horent lesen, daz ich mit gunst und mit gutem willen meiner hausvrawen vraun Kathrein und mit rat andrer meiner vreunt, durch mein notichait und recht, durch ehaft not die drei aecher, die ich emaln ze purchrecht het geworfen von Unsrer Vrawenchirchen an der Leuben, die han ich wider verchauft hern Vlreichen dem pharrer der vorgenanten chirchen datz Unser Vrawen umb zwo march silbers und pin ich der schon gewert und schullen die vorgenanten aecher dem vorgenanten gotshaus staet peleiben, ledichleichen, an allez purchrecht und an allen chriech. Ich gelob auch mitsampt meiner vorgenanten hausvrawen dem vorgenanten hern Vlreichen und seinem vorgenantem gotshaus ze scherm und zu verantwurten die vorgenanten aecher vor allem chrieg und vor aller ansprach nach lantsrecht. Taet wir des nicht, swaz schaden der vorgenant her Vlreich oder sein nachchom oder daz vorgenant gotshaus des naemen, den schull wir in ablegen. Daz daz staet und unzeprochen peleib, wand ich nicht aygenz insigel han, han ich gepeten den erbern man Hainreichen, unsern richter von Leuben, daz er sein insigel hat gehang an disen brief ze ainen offen urchunde.

Des sind auch gezeug: her Hertneid purchgraf datz Leuben, Ott Chrotendorffer, Nicla schaffer datz Gosse, Hainreich Gurtzhaimer, Nicla Judenhaubpt, Ott von Edling, Wulfinch der Haerb, Rapot der Ponstadel und ander pider leut. Der brief ist geben nach Christes gepurt uber dreuzehenhundert jar und darnach in dem ainnunddreizkistem jar vor sand Georentach des moentags.

1. Dorsualvermerk (Ende 14. Jh.): umb drey ecker purkrecht.
2. Dorsualvermerk (16. Jh.): 3 acker purchrecht bey dem rechen.

26 (vor 1335 Oktober . . .), Steyr

Herzog Otto der Fröhliche befiehlt den Richtern, Räten und Mautnern von Bruck a. d. Mur, Leoben und Rottenmann, den Wein des Erzbischofs von Salzburg mautfrei passieren zu lassen.

Original, Pgt., ohne Siegel, HHStA Wien; HLK-SH.

Wir Ott von Gotes gnaden hertzog ze Osterreich und ze Steyr embieten unsern getrewn den richtern, den rätten und den mautern gemainichleichen ze Prukke, ze Levben und ze Rotenmann unser gnad und allez gut. Wir gebieten eu ernstlich und wellen, daz ir den erwirdigen, unsern liben vreunt, hern Fridreich ertzbischolf von Saltzburg an seinen weinen von der mautt wegen dhain irrung furbaz tut und di furen lazzet, als ez von alter herchomen ist. Der brief ist geben ze Steyr an phintztag nach sand Michelstag.

27 1342 Oktober 21, – –

Jacob Truller, Bürger zu Leoben, und seine Ehefrau Kunigunde verkaufen dem Stift Seckau zwei freieigene Huben auf dem Traidersberg um 24 Gulden und eine Hube „an dem Stein gelegen" um 40 Gulden („swen daz ist daz ichs erledig auz chrieg von Dietmaren dem Weizzenchircher").

Siegler: 1. Aussteller
2. Heinrich der Stupper, Stadtrichter zu Leoben

Original, Pgt., zwei Hängesiegel, StLA-U 2211.

28 1343 September 16, Wien

Herzog Albrecht II. entscheidet einen Mautstreit zwischen den Bürgern von Bruck a. d. Mur und jenen von Leoben zugunsten letzterer.

Original verloren; StLA *Landschaftliches Privilegienbuch II,* fol. 343'. Cop. Pap. StLA-U 2230[a] sowie StLA, St. A. Leoben, Sch. 3, H. 15a und b.

Wir Albrecht von Gottes gnaden herzog ze Österreich, ze Steyr unnd ze Kerndten tun khunt mit disem brief, das wir verhort haben den chrieg, der zwischen unnsern burgern von Leubn unnd von Prukk von der maut wegen gewesen ist. Nu haben die purger von Leuben das fürpracht mit ainer guetten gewissen unnd war gemacht mit erbern leutten, das sy ze Prukk weder mautten noch zollen schullen, weder burger noch innleutt, weder auf land noch auf wasser. Davon wöllen wir, das in das also fürbaß stött unnd unzerbrochen beleib unnd das in di purger von Prukk chain irrung fürbaß tun, weder von mautt noch von zolles wegen. Mit urkhund dits briefs, geben ze Wienn an eritag nach des heilligen chreuztag ze herbst, nach Christs geburd dreyzehenhundert jar, darnach in dem drewundvierzigisten jar.

29 1344 April 24, – –

Paul von Mezach und andere genannte Schiedsleute entscheiden den Streit zwischen Gotschel (Kreuzer) aus der Utsch, seiner Ehefrau Adelheid und ihrem Bruder Hertel an einem Teil sowie Frau Hedweig und ihrer Tochter Klara an dem anderen um väterliches Erbe in der „obern Donibicz".

Original, Pgt., vier Hängesiegel, StLA-U 2243[b].

Ich Paul von Mezach und her Vlreich der Weizzenchiricher und sein prueder Dietmar und Hainreich der Stupper, purger ze Leuben, bier vergechen offenleich an disem prief allen den, di in sechent oder horent lesen, daz Gotzel auz der Vtz und sein hausvrau Alhait und ier prueder Hertel an ainem tail und vrau Hedbeig und ier tachter Chlar[1] an dem andern tail alles des chriegz und aller der ansprach, den vrau Hedbeig und ier tachter Chlar habent gehabt hintz Gotzlein um ieren eribtail, daz si sich dez pedenthalben mit gueten billen under unz habent vergang. Also mit auzgenomer red, sbaz bier daruber sprechen, damit bier so verrichtechten [!], daz bolden seu pedenthalben gern stet haben an allez gever und an alle biderred. Nu hab bier vraun Hedbeigen und ierer tachter Chlaren und ieren erben, ob siz gebun, gesprochen ain hueb, di datz der obern Donibicz gelegen ist und da[2] Ruedel zu den zeiten aufgesezzen, baz mit alle deu und dazuegehort ze holcz, ze veld, gepaun und ungepaun, besuecht und unbesuecht und deu ze lechen ist von meiner vraun der abtezzin von Goss, also mit auzgenomer red, daz Gotzel di vargenanten hueb sol aufgeben meiner vraun der abtezzin und sol sei vrau Hedbeig und ir tachter ze lechen enphachen. Wier haben in auch gesprochen ze vraun Diemueten, ierer sbester, und ze vraun Chunigunten iererer tachter vier phunt Bienner phening. Also daz si furbaz weder mit Gotzlein noch mit vraun Diemueten noch mit ier paider erben dehainen chrieg haben sullen nach dehainen erib wand alz vil, ob Gotzel an erben verschied, dez Got enbell, so sullen seu an allem dem erib geleichen tail haben, der von ierem enen und von ierem vater herchomen ist, ez sei an aigen oder an lechen oder purchrecht. Wer aver, daz di vargenant hueb bider an Gotzlein erben oder an di nachsten erben nach im und daz diseu gelub und der spruch stet und unzeprochen peleib, daruber geb bier di vargenanten schidleut vraun Hedbeigen und iererer tachter[3] Chlaren disen prief versidelten mit unser iedbederz anhangundem insidel unz an schaden never [!] zu einem urchund der barhait. Datum anno domini M° CCC° quadragesimo quarto in die Georii post festum passca.

---

1 „l" übergeschrieben
2 übergeschrieben
3 übergeschrieben

Dorsualvermerk (17. Jh.): Stüfftbrieff von Paul von Mezach und seiner freundt umb ein hueben an der Tonabiz anno 1344.

30 1346 März 19, – –

Gerdraut die Spiesin und ihr Sohn Dietrich versetzen dem Leobener Bürger Heinrich Hackenteufel und seiner Ehefrau einen Zehent zu Pirchern bei Kraubath, der stubenbergisches Lehen ist, für 50 Pfund Wiener Pfennig. „Auch haben wir in den selben zehent gemacht mit herren hant und schullen wir in den auch schermen und vreyn vor chrieg und vor aller ansprach als lechen recht hat in dem lant ze Steyer".

Siegler: 1. Dietrich Spies
2. Hertneid vom Minzenberg
(Siegellegende: +S HERTNIDI DE LEVBEN)
3. Friedrich von Plank

1. Dorsualvermerk (14. Jh.): Daz ist der brief umb den zehenten, den mein herr gelost hat von Hainrich dem Hachenteufel, der ze Pircheren gelegen ist bei Chraebaeten.

2. Dorsualvermerk (15. Jh.): und laut auf Hainrichs Machenteufl burger zu Leuben.

Original, Pgt., drei Hängesiegel, StLA-U 2277[a].

31 1346 Juli 12, Leoben

Heinrich der Pierer, Bürger zu Leoben, übergibt dem Kapitel von Seckau zur Ausstattung seines daselbst eingekleideten Sohnes Paul einen Hof zu Kraubath, der Eigen ist, unter genannten Bedingungen und wird in die Bruderschaft des Klosters aufgenommen.

Siegler: 1. Aussteller (Siegellegende: +S. HANR[ICI] IVDICIS IN LEVBEN)

2. Stadtsiegel (Siegellegende: +[SI]GILL[UM] CIVITATIS I[N] LEVBEN)

Original, Pgt., zwei Hängesiegel, StLA-U 2285[c].

32 1346 Dezember 19, Wien

Herzog Albrecht II. befiehlt dem Landrichter zu St. Peter ob Leoben, alle im dortigen Landgericht gefangenen Verbrecher in Leoben vor der Gemeinde zu verhören.

Original verloren; *Cop. Pap.* StLA-U 2297[a] und StLA, St. A. Leoben, Sch. 3, H. 15b.

Wir Albrecht von Gotes gnaden hertzog ze Österreich, ze Steyr und ze Kärnden enbieten unserm getrewn dem lantrichter datz sand Peter unser gnad und allez gut. Wir gebieten dir ernstlich, swer auf dem hals [!] gevangen werd in dem lantgericht, daz da gehört gen sand Peter, daz du den antwurtest in unser stat ze Leuben und da vor unsern purgern daz recht uber in verhörest. Geben ze Wienn an eritag vor sand Thomas tag des zwelfpoten XLVI. Grudlius.

33 1347 September 15, Bruck a. d. Mur

Herzog Albrecht II. gestattet den Bürgern von Leoben zwei Bierbrauer, die von der Stadt überwacht werden sollen; dasselbe verfügt er auch betreffend der Weinschankbefugnisse und weist die Strafgelder beider Gewerbe der städtischen Kammer zu.

Original verloren; StLA *Landschaftliches Privilegienbuch II,* fol. 344, und StLA-U 2332[d]; ed. POPELKA, Schriftdenkmäler Nr. 16.

Wir Albrecht von Gottes gnaden herzog ze Österreich, ze Steyr unnd ze Khärndten tun khundt mit disem brief, das wir unnsern getreuen lieben N. den burgern gemaynlich ze Lewbn die gnad getan haben unnd tun auch mit disem brief, das seu zwen pyerpreuer daselbs ze Lewben haben sullen. Unnd sullen auch denselben zwayn pyerprewern aufsezen bey dem wandel, wievill sew habern verprewen sullen zu dem mänod. Swer auch ainen wein schenchen will, der soll darzu nemmen den richter unnd die zwelf des rattes ze Lewben, die sollen im dann die masse auch aufsezen pei dem wandel, das der, des der wein ist, unverdorben darvon bleibe, das doch rechter chouf geschech, unnd soll das die gemain stet haben. Unnd swer das wandel an dem pierprewen oder an dem weinschenchen verwürchet, wöllen wir, das das der richter unnd der rat innemen unnd es an die statt legen ze pösserung. Mit urckundt dits briefs geben ze Prukh an die Muere an samcztag nach des heilligen creuztag ze herbest, anno domini millesimo CCCXL septimo.

34 1348 März 25, – –

Wilbirg, Witwe Wilhelms von Oberdorf, versetzt dem Bürger Heinrich Pierer zu Leoben und „der erbern sammung seiner pruderschaft, di nu lebent oder noch chunftig sind" eine Mühle zu Oberdorf mit Zubehör um 20 Pfund Wiener Pfennige.

Original, Pgt., Siegel fehlen, StLA-U 2350.

35 1348 Juli 4, – –

Heinrich und Wigand die Massenberger versetzen dem Leobener Bürger Heinrich Hackenteufel und seiner Ehefrau genannte stift-gössische Lehen an der Leuben (= Vordernbergerbach), unter anderem einen kleinen Acker „ze Leuben under dem galgen an der leiten" um 24 Mark gewogenen Silbers. Heinrich Hackenteufel soll die genannten Güter „in nutz und in gwer, stifter und storer herr und gewer" sein.
Siegler: die Aussteller

Original, Pgt., Siegel fehlen, StLA-U 2358.

36 1353 Jänner 18, – –

Niklas Chalhaupt und seine Ehefrau sowie Adelheid Grenlin, Bürgerin zu Leoben, verkaufen dem Bürger Lucas daselbst zwei Wiesen zu Trofaiach um 54 Pfund Pfennige. Die Güter, die rechtes Burgrecht sind „von Ruedlein an dem Rosenperg", wurden ihnen von ihrem Großvater vererbt.

Siegler: 1. Hertneid von Minzenberg
2. Heinrich der Stupper, Bürger zu Leoben

Original, Pgt., Hängesiegel (Nr. 2 fehlt), StLA-U 2462[b].

37 1355 September 15, Graz

Herzog Albrecht II. bestätigt und inseriert den Bürgern von Leoben die Privilegien von 1305 Mai 5, Bruck a. d. Mur (RQ 9), 1313 Februar 19, Bruck a. d. Mur (RQ 16) und (1314) März 12, Graz (RQ 18).

Original verloren; *Cop. Pap.* StLA-U 2546; StLA, St. A. Leoben, Sch. 3, H. 15b.

38 1355 Dezember 17, Wien

Herzog Albrecht II. befiehlt dem Grafen Hans von Pfannberg, daß er die Bürger von Leoben, die Bedrückungen seitens der „leute zw Trofeiach", vor allem der dortigen Schenken ausgesetzt sind, zu schützen.

Original verloren; *Cop. Pap.* StLA-U 2555[e].

39 1357 Juni 3, Wien

Herzog Albrecht II. verordnet, daß nur zu Judenburg, Knittelfeld, Leoben, Bruck a. d. Mur, Kindberg und Mürzzuschlag und „nindert auf khainem gey" Leder verarbeitet und damit Handel getrieben werden dürfe.

Original verloren; StLA *Landschaftliches Privilegienbuch II*, fol. 101', und StLA-U 2606[b]; ed. POPELKA, Schriftdenkmäler Nr. 22.

N. unnd N. der ledrer zu Judenburg, Khnitlfeldt, Leobm, Prugkh an der Muer, Khinberg und Miertzueschlag freyhaitten.

Ich Albrecht von Gottes genaden herzog zu Österreich, zw Steyr und zw Khärndten thuen khundt, das wir den beschaiden leutten, den lederrern gemainlich zw Judenburg, zw Khnitlfeldt, zu Leobm, zw Prugkh bey der Muer, zw Khimberg und zw Mierzueschlag die gnad gethan haben und thuen auch mit disen brief, das wir wöllen unnd gebietten auch ernstlich, das man nindert auf khainem gey khainerlay leder würch, noch khauffe oder verkhauffe, dann allain in unsern vorgenanten stetten und beinmärckhten sollen die lederer würchen unnd khauffen und verkhauffen, die das recht habent. Da man es daruber anderßwo begriffe, das man es faill hiet, da soll man dasselb leder nemen unnd soll es halbs geben zu pesserung an unser stat oder marckht, da es genomen wierdt, und halbs soll es werden unnserm richter daselbst. Es soll auch die vorgenandt gnad weren alle die zeit unnd wir[1] die nicht widerschaffen noch widerrueffen. Mit urkhundt dits briefs geben zw Wienn am sambstag vor den heylligen Gottesleychnamstag nach Christy gebuert dreyzehenhundert jar darnach in den sybenundfunftzigisten jar.

---

1 eingefügt

40 1358 September 14, – –

Die Bürger Dominik und Heinrich Glesein von Leoben, Söhne Ottos von Edling, verkaufen dem Bürger Ulrich Daum Gülten in und um die Stadt um 100 Gulden. Zur Sicherstellung wird der Stadtrichter herangezogen. „Taet wir dez nicht, welhn schaden seu dez namen den ir ains pei sein trewn mocht gesagn, den schulln wir in ablegn an allen chrig und schol seu dez der hauptman in Steyer oder der richter ze Lewbn, wann seu den prief zaignt, gantzleich wern und richten von aller unser hab auf wen si weiset mit unserm gutleichen willn an chlag und an nottayding.“

Siegler: 1. Wulfing der Haerb
2. Ott der Golaer

Original, Pgt., zwei Hängesiegel, StLA-U 2665[a].

41 1360 Februar 8, Graz

Herzog Rudolf IV. bestätigt den Bürgern von Mürzzuschlag ihr altes Recht, wonach zwischen Leoben und dem Semmering nur zu Mürzzuschlag Eisen verarbeitet werden dürfe.

Original, Pgt., Hängesiegel, StLA-U 2729[a].

42 1360 Juni 24, Tragöß

Äbtissin Gerdraut von Göß verleiht dem Brucker Bürger Kunz dem Schwaben 1½ Huben im Dorf Mochel, den Zehent auf zwei Huben daselbst und andere genannte Güter. Dieselben Güter und Zehente hatte er von seinem verstorbenen „sweher“, dem Leobener Bürger Ulrich Daum, geerbt.

Original, Pgt., Hängesiegel abgeschnitten, StLA-U 2749.

Wir Gedraut von Gotes gnaden aptessinn ze Gozz veriehen offenleich mit disem prief, allen den di in sehent, horent oder lesent, daz wir Chunczen dem Swaben, purger ze Prukk, seiner hausvrawen, seinn und irn chinden, die seu mit einander gewinnen, sunn und töchtern, und allen irn erben, gelihen haben anderhalb hueb gelegen in dem dorf ze Mochel und daselbs auf zwaien hueben zehent, ainn akcher in dem Wincchel bei der stat ze Lewben, auf dem obern hof ze Meln wonzehent, daselben auf den andern zwaien höfen gemainnzehent, daz allez emals gewesen ist seines sweher saeliges Vlreichs des Davm, purger ze Lewben und ez seu von im anerstorben ist. Mit urchund ditz priefs, den wir in daruber geben versigilten mit unserm anhangundem insigel. Geben ze Tragöss an sand Johanstag ze sunewenten nach Cristes gepurt dreitzehenhundert jar und darnach in dem sechtzgistem jare.

43 1362 April 5, Wien

„Erzherzog“ Rudolf IV. gestattet den Bürgern von Leoben das Pfandrecht in Schuldklagen ihrer Bürger.

Original verloren; *Cop. Pap.* StLA-U 2814.

Wir Rudolff der vierd von Gotes gnaden ertzhertzog ze Österreich, ze Steyr und ze Kernden, herre ze Chrayn, auf der Windischen Marich und ze Portnaw, graf ze Habspurch, ze Phirt und ze Kyburch, marchgraf ze Purgow und lantgraf in Elsazzen tun chunt offenlich mit disem brief für uns, die hochgeboren fürsten Friderich, Albrecht und Leupolten, hertzogen und herren mitsampt unser der egenanten lande und herschaft unser liebe pruder, der aller wir als der eltist vollen gewalt haben und für unser erben, daz wir unsern getrewen, den purgern von Leuben durch irr notdurft willen und ze pezzerung ier stat die gnad getan haben und tun ouch wizzentlich mit disem brief, was rechter wandlung umb dhainerlay geltschuld geschiecht in der vorgenannten stat ze Leuben, daz si wol darumb in derselben stat mugen gephenten und aufhaben und sol sew nieman daran irren. Davon gebieten wir und wellen ernstlich, daz all unser hauptleut, lantherren, ritter und chnecht, alle purgrafen, amptleut und ander unser undertan die egenannten unser purger von Leuben bei der vorgenanten unsrer gnad ewichleich beleiben lazzen. Mit urchund ditz briefs versigelten mit unserm insigel. Geben ze Wienn an eritag nach dem suntag Judica in der vasten. Nach Christs gepurd dreutzehenhundert iar darnach in dem zwayundsechtzigistem iar, unsers alters in dem drewundzwaintzigistem und unsers gwalts in dem vierden jar.

+ Wir der vorgenant herzog Ruodolf sterken disen prief mit dirr underschrift unser selbs hant +

44 1363 Mai 23, Wien

„Erzherzog" Rudolf IV. verspricht der Äbtissin Gerdraut von Göß und dem Stift, dessen Vogt er ist, keinen ihrer entlaufenen Untertanen in seine Herrschaft aufzunehmen.

Original, Pgt., Hängesiegel und eigenhändige Unterschrift, StLA-U 2870.

Wir Rudolff der vierd von Gotes gnaden ertzhertzog ze Östereich, ze Steyr und ze Kernden, herr ze Krain, auf der Marich und ze Porttnaw, graf ze Habspurg, ze Tyrol, ze Phirt und ze Kyburg, marichgraf ze Purgow und lantgraf in Elsazz veriehen und tun chunt offenlich mit disem brief für uns, unser brueder und erben allen den, die denselben brief sehent, lesent oder horent lesen, daz für uns bracht die erbere und geistleich abtessinn Gedraut von Gozz und chlagt, daz ir und irem gotzhaus ungutleich daran geschech, daz ir leut und holden ab irem gut furen und sich hinder uns zugen und wan dasselb kloster in unsrer vogtey und in unserm scherm ist, bat die vorgenant abtessinn, daz wir ez genedichlich daruber geruechten versorgen. Das haben wir getan und haben der obgenanten abtessinn und irem gotshaus bestetigt und bestetten ouch wizzentlich mit disem brief alle recht, die si umb ir holden habent herbracht, also daz fürbas chainer irr holden an iren willen und urlaub hinder uns varen sol weder in stett noch in merkt, ez sey in Steyr, in Kernden oder anderswo in unsern landen. Davon emphelhen wir ernstlich allen unsern houptleuten und amptleuten, gegenwurtigen und chunftigen, daz si das egenant gotzhaus ze Gozz bei den rechten und gnaden halten und schirmen ewichlich. Und ob fürbas dhain hold ab irem gut vare und sich hinder uns ziehe, daz si den unvertzogenlich der abtessinn, wer die dann ist, und irem gotzhaus hinwider antwurtten mit aller der hab, die er von dem gotzhaus gefurt hat, alspald in dieselb abtessinn oder der convent vordernt und für iren holden bestettent an alles geverd. Und des ze urchund geben wir disen brief besigelt mit unserm insigel. Der geben ist ze Wienn an eritag in den phingstveyrtagen, nach Kristes gepurd dreutzehenhundert jar darnach in dem drewundsechzigisten jare unsers alters in dem vierundzwainzigisten und unsers gewaltes in dem fumften jare. Pranker.

+ Wir der vorgenant herzog Ruodolf sterken disen prief mit dirr underschrift unser selbs hant +

45 1363 September 1, – –

Pernger der Timmersdorfer und seine Frau Osanna stiften in der Kapelle (sog. Timmersdorfer-Kapelle) des Dominikanerklosters zu Leoben mit einem Pfund Gülte auf einer Hube zu Edling, die Pernger von der Daumin zu Leoben gekauft hat, einen Jahrtag, und er verspricht der Hube „rechter vogt und scherm" zu sein.

Original, Pgt., zwei zerstörte Hängesiegel, StLA-U 2882.

46 1365 Jänner 6, – –

Kunigunde die Daumin, Bürgerin zu Leoben, widmet aus „meinnß aigenleichen guets meins vatterleichen erbs, das mich von meinem vetter von Ottn von Edling saligem ankhomen ist" dem Dominikanerkloster daselbst „den gartten der gelegen ist ze Leobm in den purckhfrid vor der statt Mültal halb" gegen jährlichen Zins von drei Pfund Wachs.

Original verloren; *Cop. Pap.* StLA, St. A. Leoben, Sch. 174, H. 972 und StLA-U 2921.

47 1365 November 25, – –

Georg Moder, Bürger zu Leoben, verkauft Kunigunde der Krottendorferin eine Wiese, „di genant ist di Holenstainerin", um 10½ Pfund Pfennige, von der man dem Pfarrer zu Maria Waasen jährlich am Dionysentag 40 Pfennige zu einem ewigen Licht reichen soll. Der

Verkauf wird geschützt „aygen nach aigensrecht, lehen nach lehensrecht, purchrecht nach purchrechtsrecht, als daz lant ze Steyer mit recht und gewonhait herpracht hat".

Siegler: 1. Hertneid von Minzenberg
2. Ortlein der Haerb, Stadtrichter zu Leoben

Original, Pgt., zwei Hängesiegel abgeschnitten, HHStA Wien; *HLK-SH.*

48 1369 Mai 7, Wien

Die Herzöge Albrecht III. und Leopold III. bestätigen den Bürgern von Leoben die Privilegien Herzog Rudolfs III. von 1305 Mai 5, Bruck a. d. Mur (RQ 9), Herzog Friedrichs I. von 1313 Februar 19, Bruck a. d. Mur (RQ 16) und von Herzog Albrecht II. von 1355 September 15, Graz (RQ 37).

Original verloren; *Cop. Pap.* StLA-U 3050.

49 1369 September 29, – –

Leonhard Dornler von Leitendorf stiftet mit einer Wiese an der Leuben (= Vordernbergerbach) „enhalb dez Halsleins und der heiligen varichen und ist genant der Griez", die freies Eigen ist, einen Jahrtag in der Kirche St. Jakob zu (Alt-)Leoben.

Urbarregister der Pfarre Leoben von 1520, Stiftsarchiv Admont; ed. *WICHNER III,* Nr. 446.

50 1371 Mai 25–31, – –

Dietrich Pierer, Bürger zu Leoben, und seine Ehefrau einigen sich mit Pfarrer Friedrich von St. Jakob zu (Alt-)Leoben wegen des Spitals zu Leoben, das „enhalb der prukken in Unser Frawn pharr" gelegen ist, hinsichtlich der Weihe und einer ewigen Meßstiftung. Er entschädigt den Pfarrer mit genannten Gütern, die teils Eigen, teils Burgrecht sind.

Original, Pgt., zwei Hängesiegel, StLA-U 3107.

Ich Dietrich der Pierer, purger datz Leuben, mein hausfraw und alle unser erben veriehen offenlich mit dem brief und tun chunt allen den die in sehent oder horent lesen, daz wir uns freuntlich vertaidingt und verricht haben mit dem erbern mann herrn Fridreich zu den zeiten pharrer datz sand Jacob ze Leuben umb daz spital, daz ze Leuben gelegen ist enhalb der prukken in Unser Frawn pharr, daz er uns daz erlaubt hat ze weihen und auch darinne ze stiften und ze haben angevar alain ain ewige messe, die man alle tag darinne haben schol des morgens mitsampt dem tag. Ez schol auch dhain begrebnusse in dem vorgeschriben spital nicht sein noch werden. Nu haben wir sand Jacobspharr daselb schaden bedacht, der derselben chirchen hinfür von desselben spitals wegen geschehen möcht und haben dem vorgenannten hern Fridreichen und seiner chirchen ze widerlegumb geben die gueter, die hernach geschriben sind, ewichleich ze besitzen: des ersten ain wisen, die aigen ist und die wir chauft haben von Jacoben dem Ledrer im Rayn und von Jacoben seinem sun und von Hansen dem Vahenvaym umb newnthalbz und zcwaintzikch phund Wienner phenning und ist gelegen enhalb des Hälsleins und stozzet mit ainem ort an des Dumersdorfer wisen und mit dem andern orth an des Raindler wisen und ainen grozzen chrautgarten, den wir chauft haben umb sechtzehen phund Wienner phenning und stozzet mit ainem orth gegen des Weizzenchircher paungarten und mit dem andern orth an die alten gazzen und ainen chlainen chrautgarten, den wir von dem Portl umb fumf phunt Wienner phenning chauft haben und stozzet an den vorgenanten grozzen chrautgarten und ainen garten, den wir chauft haben von dem Hinundher umb ainlef pfund Wienner phenning und stozzet an des Vnsin garten, die alle purchrecht sind also mit auzgenomen worten, daz der vorgenante her Fridreich, noch alle sein nachchomen mit demselben spital furbaz ewichlich nichtz ze schaffen haben schullen, weder mit opher noch mit selgeret noch mit alle dew, daz darzu geschaffen, geben oder gesampt wirt als verre, daz er oder sein nachchomen mir oder wer des spitals nach mir phleger oder verbeser wirt, dhain irrumb noch zuspruch darumb tun sullen in dhainem weg, dann daz sew dem spital an gevar freuntlich geholffen sein sullen, wo sew mugen. Wir geluben auch die vorgenanten gueter dem egenanten hern Fridreich und seinen nachchomen ze schermen vor aller ansprach, aigen nach aigensrecht und purchrecht nach purchrechtsrecht. Taten wir des nicht, welhen schaden des der vorgenante her Fridreich oder sein nachchomen namen, wie der genant war, den sullen wir in gar und gantz widercheren an alle widerred. Und sullen sew daz haben auf alle dew, daz wir haben, wo wir daz haben. Und daz die taiding und gelub von uns und von unsern nachchomen also stät und unzebrochen beleiben, daruber zu ainer sicherhait geben wir dem egenanten hern Fridreich, pharrer datz sand Jacob ze Leuben, und seinen nachchomen den offen brief versigelten mit meinem des egenanten Dietrichs des Pirer anhangundem insigel und mit des erbern manns Merteins des Torsauler, zu den zeiten richter datz Leuben anhangundem insigel, den ich des gepeten han, daz er sein insigel zu dem meinen an den brief gehangen hat zu einer stetichait und gezeugnusse der vorgeschriben sach und im an schaden.

Der brief ist geben, do man zalt von Christz gepurd dreutzehenhundert jar und darnach in dem ainemundsibentzigistem jar in der heiligen phingstwochen.

51 1371 Juli 4, – –

Pfarrer Friedrich zu St. Jakob beurkundet, daß Katharina, Witwe Ottkers des Mellichsechters, Bürgerin zu Leoben, mit „ir wisen under dem Halslein ze nachst herren Perengers des Dumerstorfer und des Raimler wisen gelegen, die ir freys aygen ist" einen Jahrtag gestiftet hat. Bei Nichterfüllung haben „die purger des ratz datz Levben" die Vollmacht, die Wiese in ihren Besitz zu nehmen.

Urbarregister der Pfarre Leoben von 1520, Stiftsarchiv Admont; ed. *WICHNER III,* Nr. 451.

52a 1371 November 27, – –

Pfarrer Lorenz zu Maria Waasen beurkundet mit Willen der Äbtissin zu Göß und ihres Konventes den Vergleich mit den Bürgern von Leoben wegen des Spitals „gelegen in meiner pfarr datz Unser Frauen bey der pruggen", das Heinrich Pierer, Dietrich Pierers „sweher" für sein Seelenheil bauen hat lassen. Dietrich Pierer und seine Ehefrau Anna stiften nun in das Spital eine ewige Messe mit 12 Pfund Gülte Wiener Pfennige auf genannten Gütern und Zehenten. Vorerst übergeben sie 5 lb 3 ß 22 d, wovon der Pfarrer zu St. Jakob wöchentlich drei Messen lesen wird. Pfarrer Lorenz verzichtet auf alle Ansprüche auf das Erbgut oder fahrende Gut, das Spitalsinsassen einbringen oder gestiftet wird, wofür ihm Dietrich Pierer und seine Ehefrau für die Seelsorge gesondert ein Pfund Gülte widmen. Bei Nichterfüllung sollen der Erzpriester der Obersteiermark oder in weiterer Folge der

Erzbischof von Salzburg die Einhaltung überwachen und „ob deß aller nit geschäch, so sollen sich die freindt oder daßselbe geschlacht oder burger zu Leoben der vorgenanten gietter ganz und gar unterwindten an all unser widerrödt, alslang daß daß volfierth unndt vollbracht wierdt, daß vor geschriben stechet".

Siegler: 1. Äbtissin von Göß
2. Konvent von Göß

Original verloren; *Cop. Pap.* StLA-U 3123.

52b 1371 November 27, – –

Pfarrer Lorenz zu Maria Waasen beurkundet mit Willen der Äbtissin zu Göß und ihres Konventes den Vergleich mit dem ehrbaren Mann Dietrich Pierer, seiner Ehefrau Anna und den Bürgern zu Leoben wegen des Spitals, dessen Bau Heinrich Pierer begonnen hatte. Dietrich Pierer und seine Ehefrau stiften ins Spital eine ewige Messe mit 12 Pfund Gülte Wiener Pfennige auf genannten Gütern, teils Eigen, teils Lehen. Der Verzicht erfolgt wie unter RQ 52a. Zusätzlich übergeben sie zu den 13 bisher gestifteten Pfund Gülte zwei Pfund Gülte aus rechtem Eigen. Die Sicherstellung sollen der Erzpriester in Obersteiermark und der Erzbischof von Salzburg übernehmen. Ansonsten haben Dietrich der Pierer und seine Ehefrau oder andere ihres Geschlechtes das Recht, die Güter bis zur Erfüllung in Besitz zu nehmen. Bei Fehlen der Erben treten die Bürger „die zu den zeiten gesessen seint in der statt Leoben" an ihre Stelle. „Auch mag der obgenante Dierich der Pierer unndt sein hausfrau Ann oder ihr geschleht oder die burger zu Leoben einen spitallesmaister, der ein ley sey, in daß obgeschriben spitall sezen, damit daß spitall behalten sey unnd fürgezogen werdt an all unser widerrödt".

Siegler: 1. Äbtissin von Göß
2. Konvent von Göß

Original verloren; *Cop. Pap.* StLA-U 3123[a].

53 1372 April 2,– –

Gerloch der Metschacher und seine Ehefrau bezeugen, daß sie von Hans von Stubenberg zwei Urkunden erhalten haben, die Friedrich der Jude zu Leoben von Dietlein dem Spies gegen ein Darlehen empfangen hat. Gerloch verspricht, die Urkunden über Aufforderung dem Hans von Stubenberg auszufolgen.

Original, Pgt., Hängesiegel (Nr. 1 verloren), StLA-U 3133.

Ich Gerloch der Metschacher und mein hausfraw und all unser erben vergechen an disem offen brief und tuen chunt allen den, di in sechent, hornt oder lesent umb di zwen brief, di mir der edel herr her Hans von Stubenberch geben hat und die Fridlein dem Juden ze Lewben von Dietlein dem Spies gestanden sind. Darumb hab wir im und seinen erben versprochen, daz wir in di brief antwurten schullen, wann seu der bedurffen ob sew chain stoz angieng umb di guter, di ir phant sind von Dietlein dem Spies. Tet wir dez nicht, welchen schaden dez der genant herr her Hans von Stubenberch oder sein erben dez nemen mit potschafft, mit zerung oder mit nachraisen oder wie der schad genant wer, den ir ains pey seinen trewen mag gesagen an aid und an allen anderen bewerung, den schullen wir in gantz und gar ablegen und schullen seu dez haben auf uns und auf alle deu und wir haben. Und schol seu dazselben schadens von uns gantz und gar richten und wern der landesherr in Steyer oder der hauptman von aller unser hab auf weu zaigent oder weisent an alle chlag und taiding. Daruber geb wir in disen brief zu einer urchund der warhait versigelt mit meinem aygen anhangundn insigl und auch darzu mit hern Vlreich von Herweigstain anhangunden insigl, den wir fleizleich darumb gepeten haben, daz er sein insigl daran gehangen hat, im und sein erben an schaden. Der brief ist geben Christes gepurd dreutzechenhundert jar darnach in den zwaiundsubentzchisten jar dez freitags nach Ostern.

54 1373 April 30, Wien

Herzog Albrecht III. erteilt den Ledererinnungen von Judenburg, Knittelfeld, Leoben, Bruck a. d. Mur, Kindberg und Mürzzuschlag das Privilegium, daß der Lederhandel nur an genannten Orten gestattet sein soll.

Original verloren; StLA *Landschaftliches Privilegienbuch II,* fol. 102; StLA-U 3163[b] (gleichlautend RQ 39); ed. POPELKA, Schriftdenkmäler Nr. 27.

55 1373 Juli 31, Wien

Herzog Albrecht III. verleiht den Bürgern von Leoben zum Wiederaufbau ihrer eingefallenen Ringmauer neue Maut- und Besteuerungsrechte.

Original verloren; *Cop. Pap.* StLA-U 3173 und StLA I.Ö. Urkunde 18 f. sowie StLA, St. A., Leoben Sch. 3, H. 15a–c (siehe Bestätigung RQ 78).

56 1373 August 1, Wien

Herzog Albrecht III. verfügt aufgrund der von den Leobener Bürgern vorgebrachten Klage, daß sie in Zukunft von den Landrichtern und anderen Personen in Steiermark nicht in ihrem Gras- und Heurecht bedrückt werden sollen.

Original verloren; *Cop. Pap.* (16. Jh.) I.Ö. Herrschaftsakten, fol. 10, HKA Wien.

Wir Albrecht von Gottes gnaden herzog ze Österreich, ze Steyer, ze Khärndten unnd ze Krain, graf ze zu [!] Tyrol etc. thuen khunt, das fur uns khomen unnser getrewen N. die burger gemainlich unnser statt von Leoben unnd chlagten unns die grozzen gebresten, die sy liten von den landtrichtern unnd etlichen andern in Steyr damit, das sy in jerklich ir gras unnd ir hew auf iren wisen unnd auf andern iren gutt aberzten, das sy nicht recht hietten unnd batten uns fleissigclich, das wir in das wenden unnd understen geruechten. Nu haben wir betrachtet, daz das den egenanten unsern purgern und leuten gar verderbenlich ware, solten sy das jerlichen laiden und des gewarten unnd haben in die gnad gethan unnd thuen auch, daz sy des fürbaz von menlichen sullen überhaben sein unnd wöllen bej unsern hulden, daz khain landtrichter in Steyr oder yeman ander, wer der sey, in fürbaz auf ir wisen oder auf andere ire guetter ire roß oder ander viech, wie das genandt ist, treibe unnd in ir grab [!] oder hew abeze in khain weis. Davon gebietten wir unnserm getrewen lieben Vlrichen von Liechtenstain oder wer in chunfftigen zeiten unnser haubtman in Steyr ist oder wirt unnd wellen ernstlich, das er sy von unnsern wegen bey derselben unnser gnad vestigclich halte unnd schirme unnd wer sy darwider fürbaz an den egenanten iren wisen besweren unnd in die abezen wolte, daz er den oder die von unnsern wegen phende und auch gar swerlich darumbe pezzer. Mit urkhundt diz brieffs geben zu Wienn an montag vor sandt Oswaltstag nach Christes geburd dreyzehenhundert jaren, darnach in dem dreuunndsibenzigisten jare.

57 1375 März 22, Wr. Neustadt

Herzog Albrecht III. bewilligt Ott dem Wolfsauer die Sicherstellung des Heiratsgutes seiner Ehefrau Trauten von Osterwitz durch die Bürgersteuer zu Leoben, die ihm vom Herzog versetzt worden ist.
Original, Pgt., Siegel fehlt, StLA-U 3217.

Wir Albrecht von Gotes gnaden hertzog ze Österreich, ze Steyr, ze Kernden und ze Krain, graf ze Tyrol etc. tun kunt offenlich mit disem briefe als Ott der Wolfsawer selig die erbern Trauten von Osterwicz weilent sein hausfrawn geweiset hat auf die gewonlichen purgerstewr datz Leuben, die sein satz von uns, was als die briefe wol weisent, die er ir daruber geben hat. Daz wir dartzu unsern willen und gunst gegeben haben und geben auch wizzentlich doch mit der beschaiden, daz ez uns unserm lieben bruder hertzog Leupolten und unsern erben an der losung und des egenanten Wolfsawer erben an iren rechten unschedlich sei an geverd. Mit urchund ditz briefs geben ze der Newnstat an phintztag vor dem suntag als man singet Oculi in der vasten. Nach Kristes gepurd dreutzehenhundert jar darnach in dem fumfundsibentzigisten jare.

58 1377 Juni 6, – –

Ulrich Dornler von Leitendorf vermacht seinen Kindern aus erster Ehe, Hänslein, Heinzlein und Dorothea, einen stift-gössischen Lehenacker und einen „gelegen under Unnser Frawnchirchen an der Leuben und ist ze lechen von dem edelin herrn Rudolf Otten von Liechtenstain“, sowie das Kaufrecht an einer halben Hube zu Leitendorf. Bei erbenlosem Tod der Kinder sollen die Güter wieder an ihn zurückfallen. Sollte ihn „ehaft not“ zum Verkauf zwingen, so soll das nicht ohne „detz Stainbeuter und ander der chinder nasten frewnt rat“ geschehen.
Sieglerin: Äbtissin von Göß
Original, Pgt., Hängesiegel, StLA-U 3280.

59 1378 Juni 2, – –

Elisabeth, Witwe Simon Ponstadels, Bürgerin zu Leoben, verkauft den Leobener Bürgern Hans Chren und seinem Schwager Georg Unsin Äcker und Wiesen im „Weierveld bei der Lewben" (= Vordernbergerbach) und eine Mark Gülte alter Grazer Pfennige um 88 Pfund Wiener Pfennige. Die Äcker auf dem Weierfeld sind teils losensteinische, teils stift-gössische Lehen. Einige Äcker sind als Burgrecht von dem Miesvogel von Graz und von Jörg dem Merkchenchaezz an Elisabeth gekommen. Sie verspricht den Verkauf zu schirmen „mit unsrer genedigen vrawn hant der abtessinn ze Gozz gemacht und daz purkrecht mit gerichtes hant ze Lewben". Sie gelobt auch, binnen Jahresfrist für die losensteinischen Lehen die Erlaubnis zum Verkauf einzuholen.

Siegler: 1. Nicla Torsäuler, Schaffer zu Göß
2. Jacob Hubherr, Stadtrichter zu Leoben

Original, Pgt., zwei Hängesiegel, StLA-U 3310[b].

60 1379 Februar 16, Salzburg

Erzbischof Pilgrim von Salzburg bestätigt die Vollendung einer Spitalsstiftung durch den „discretus vir" Dietrich Pierer, „opidanus Leubenensis nostre dyocesis", die Heinrich Pierer begonnen hatte, sowie die damit verbundenen Pflichten des Pfarrers zu Maria Waasen.

Original, Pgt., Hängesiegel, StLA-U 3335.

61 1379 November 11, – –

Perchtolt, Truchseß von Emmerberg, quittiert dem Richter und Rat von Leoben den Empfang von 60 Pfund Wiener Pfennigen an gewöhnlicher Steuer.

Original, Pap., rückwärts aufgedrückte Petschaft, StLA-U 3358[b].

Ich Perchtolt druchsechz von Emerberch vergich mit dem priff, daz mich di erben leut, der richter ze Lewben mitsamt der gemain daselbz an der gebonleichen stewer gericht habent sechtzig phunt Winer phenning, der ich sew ledig sag. Mit urchund dez priffs. Geben in dem newnundsibntzigisten jar an sand Mertentag.

62 1379 Dezember 19, Graz

Herzog Leopold III. befiehlt den Bürgern von Leoben, keinen „Lagelwein“ durchführen zu lassen.
Original verloren; *Cop. Pap.* StLA-U 3359.

63 1381 Jänner 8, Leoben

Pernger Timmersdorfer, Peter Ramung und Dietrich Pierer quittieren der Äbtissin Gerdraut von Göß den Empfang von 400 Pfund Wiener Pfennigen herzoglicher Steuer.
Original, Pap., drei aufgedrückte Petschafte, StLA-U 3386[a].

64 1382 April 12, – –

Endel, Tochter des verstorbenen Lucas Hackenteufel, und ihr Vetter und Vormund Georg Unsin, Bürger zu Leoben, stiften bei den Dominikanern in Leoben einen Jahrtag mit genannten Eigengütern und sichern die Stiftung wie „aygensrecht und gewanhait ist in dem landt zu Steyr“. Für Endel und Georg Unsin, die zu der Zeit kein eigenes Siegel haben, siegeln Dietrich Stengel, Stadtrichter zu Leoben, und Hans Zobel Chren, Bürger daselbst.
Original verloren; *Cop. Pap.* StLA-U 3425.

65 1383 März 3, – –

Abt Albrecht von Admont verleiht dem Heinrich Scheider, Bürger zu Leoben, und seiner Frau Diemut den Zehenthof „under dem Rain“ auf beider Lebenszeit gegen genannte Getreidedienste und den Gewohnheitszehent zum stiftischen Kasten in Mautern.
Original, Pgt., Siegel fehlen, Stiftsarchiv Admont; ed. *WICHNER III,* Nr. 479a; Cop. Pap. StLA-U 3448[a]. HLK-SH.

Wir Albrecht von Gots gnaden abt ze Admund, Otto der prior und die gemain des convents daselbs veriehen offenlich mit dem prief und tun chund allen den, den er fürchümpt, daz wir dem erbern mann Hainrichen dem Scheider, purger datz Leuben, und Dyemuten seiner hausfrawn unsern zehendhof pey Lewbn gelegn undr dem Rain mit alle dew und darzugehört, zehend, wisen, äkcher wie ez genant ist, verlihen und gelozzen haben ir paidr lebtag, also mit der beschaidenhait, daz seu uns järlich davon dienn schullen in unsern chasten gen Mawtarn viertzehen mutt charn und viertzehen mutt habern und nicht mer. Und schullen den wantzehend, der durch recht und von altr auf dem hof leit, davon auzrichten an unsern und unsers gotzhaus schaden. Sew schullen auch den hof innhaben, nützlich und päwlich mit zimer und mit allen sachen und unverchummert, wisen und äkcher und zehend und allez daz, daz darzugehört. Auch ist ze merchen, ab der vorgenant Hainrich der Scheider abgieng mit dem tod und die vorgenant sein wirtinn fraw Dyemut den vorgenanten hof nicht päwlich inngehaben möcht oder wolt, so wär uns der egenant hof ledig und möchten wir den bestiften mit andern lawten und schullen wir ir dafür järlich geben ir lebtag vier mutt charn und vier mutt habern. Und wann ir paider niemer ist, so ist uns und unserm gotzhaus der vorgenant hof mit alle dew und darzugehört gantz und gar ledig und los, also daz chainer irr frewnt nach niemand anders van iren wegen darnach ze sprechen hat, wenig noch vil, mit recht noch an recht. Und dez ze urchund geben wir in den offenn prif versiglt mit unserm und unsers convents anhangundn insigeln. Der geben ist nach Christs gepurd uber drewtzehenhundert jar und darnach in dem drewundachtzigistem jar an sand Chunigundntag.

66 1383 April 22, Schloß Tirol

Herzog Leopold III. schuldet genannten Personen, unter ihnen die Leobener Bürger „Nikla der Stengel dreizzig phunt, Hans der Senft dreizzig phunt, Symon der Lynnter zwaintzig phunt, der Cherner zwaintzig phunt, Jacob der Hubherr zehen phunt, Bernhart der Sneyder zehen phunt, Vll der Raindler von Lewben zehen phunt" und versetzt ihnen Einkünfte aus der Maut zu Leoben gegen Wiederlösung. Dietrich Pierer, derzeit Mautner zu Leoben, und seinen Nachfolgern wird die vertragsmäßig festgelegte Auszahlung befohlen.

Original, Pgt., Hängesiegel, StLA-U 3452.

67 1383 Juli 4, – –

Hans Senft vergleicht sich mit Nicla Drylinger über seine Forderungen an dem elterlichen Erbe.

Original, Pgt., zwei Hängesiegel, StLA-U 3459.

Ich Hanns der Senft vergich offenleich mit dem brief und tun kunt allen di in ansechent, hornt oder lesent, daz ich mich liebleich und vreuntleich verricht han umb all di vordrung und anspruch so ich hintz Niclan dem Dreyling und seinen enynkchlein gehabt han umb all di hab und gueter, di herchom ist von irn vater, mueter und een seliger, also daz mir Hansen dem Senften und allen meinen erben allew varunden hab, si lig an eysen, an beraitschaft, an geltschuld oder an andern dingen, wie se di genant ist, vorauzpleiben und gevallen sol, daz wir furbaz allen unsern frum damit schaffen mugen ze geben, ze machen und ze schaffen, wem wir wellen und wie uns daz allerpezzt fuegt, an aller menichleich hindernuz und irrung. Auch sol daz haws, gelegen an dem markcht ze Leuben tzwischen dez Fumfphunt und dez Strawbinger haws und der hoff, gelegen an der Leuben, der da stet hundert und tzwaintzig phunt phenning von der abtessinn ze Gozz und di tzwen ekcher, ainer gelegen bey Lewtendorff, der ander im Werichfeld bey der Chrotendorfferinn hoff gleich halbs sol angevallen mich vorgenanten Hansen den Senften ze leibgedinge und daz ich daz mein lebtag in sol haben und auch nutzen und nyessen unverchumert untz an meinen tod. Nach meinen tod sol ez hinwidergevallen an den vorgenanten Niclas des Dreyling enynkchlein Jacoben, Christan und Vlreichen an aller menichleich hindernuzz und irrung. Dartzu sol ich egenanter Hanns der Senft den andern halben tail dez haws, dez hofs und der ekcher der den kindern vorauzgevallen ist von der vorgenant kinder wegen auch inhaben, nutzen und nyessen und sol in davon al jar jerleich dien und raichen vier phunt gueter Wienner phenning zu sand Jorgentag als lang untz daz sew zu irn tagen chommt und denselben halben tail an mich vordern, so sol ich davon abweren und in den ledichleich gevallen lazzen an als vertziechen. Daz sew fürbaz irn frum damit geschafen mugen, wie in allerpezzt fuegt. Wer aber, daz ich vorgenanter Hanns der Senft den egenanten Niclan den Dreyling und seinen enynkchlein Jacoben, Christan und Vlreichen dhain irrung oder invel daran tun wolt, swelchen schaden sew dez nemen, wie der schad genant wer, den ir ains bey seinen trewn möcht gesagen an ayd und an all ander bewerung, denselben schaden lob ich in gar und gentzleich abzelegen bey meinen trewn an aydes stat und sol sew dez richten und wern der dizeit uber uns und unser hab ze pieten hat. Wer der aber sawmig daran, so sol ez tuen der landsherr in Steyer oder wer an seiner stat ist an chlag, an tayding und an als fürpot. Und dez ze urkunt und bezewgnuzz der obgeschriben sach gib ich in den brief besigelt mit der erbern lewt Vlreichs dez Schawrekker, dizeit statrichter zu Leuben und Niclas dez Zudinger, purger daselbs mit ir payd anhangunden insigel, di ich vleizz darumb gepeten het, in, irn hawsfrawn und allen irn erben an schaden. Geben nach Christi gepurd drewtzehenhundert jar darnach in dem dreyundachtzigistem jar an sand Vlreichstag.

68 1385 Jänner 21, – –

Hänsel Vnkel von Trofaiach schwört der Stadt Leoben und Peter Goldschmied Urfehde und stellt genannte Bürgen, unter ihnen seine Muhme Pendyt Vnklin.

Original verloren; *Cop. Pap.* StLA-U 3512.

Ich Hennsel der Vnkel von Trafeiach vergich offenlich mit dem brief und tuen kund allen den, di in sehent oder hörent lesen, umb di intzicht, di ich gehabt han von der heyrat wegen gen Petreins des Goltsmid stewftachter, darumb ich zu Lewben gevangen pin gelegen und auch umb di droered, di ich dem obgenant Petrein dem Goltsmid von der heirat wegen getan hab. Darumb hab ich die erbern lewt Jeklein den Öeler und Hennslein den Smid und mein liebe muemen Pendyten di Vnklinn zu willigen purgeln für mich gesatzt, daz ich umb dieselb intzicht und vanchnuss der stat zu Lewben, dem richter mitsampt der gemain daselbs und auch besunderlich den obgenannt Petern dem Goltsmid dhain veintschaft noch droered nymmermer getuen sol, noch wil, weniger noch wil, an all austzug. Wer awer, daz ich daz myndert überfur mit worten oder mit werchen daz wissenleich wer, so wer ich obgenannt Hennsel der Vnkel überfarn an als recht und an alle gnad, wo oder in welhein gericht man mich mit dem brief begrif. Und des zu urkund der sach gib ich in den offen brieff besiegelt mit den erbern lewt Hainreichs des Chorntewer, dizeit statrichter zu Lewben, und Nicol des Steingel, purger daselbs, mit ir paiden anhangunden insigeln und di sew durch meiner vleizzigen pet will an den prief gehangen habent, in, irn häussern[1] [!] und allen irn erben an schaden.

Geben nach Christi gepurd drewtzehenhundert jar danach in dem fünfundachtzigisten jar an sand Agnesentag.

1 verschrieben für hausfrauen

69 1385 November 15, Graz

Herzog Leopold III. befiehlt dem Richter und den Bürgern von Leoben, das zur Hochzeit des Herzog Wilhelm verlangte Geld sofort zu schicken.

Original verloren; *Cop. Pap.* StLA-U 3540.

Leupolt von Gots gnaden hertzog zu Österreich etc. Lieben getrewn. Als wir ew vormalen verschriben und gepeten haben umb etwievil gelts zu unsers lieben suns hertzog Wilhalms hochzeit, also emphelhen wir ew gar ernstleich, daz ir dasselb gelt dem Pyerer bei nacht und bei tag schikhet, wann die Polaner swerlich darauf hie ligent und zerent und des mitnichte lazzet oder wir haben geschaffen, daz ew der egenant Pyerer darzu nöte. Geben zu Gretz an mitwochen nach Martini. Anno etc. LXXXV.

Adresse: Unsern lieben getrewn, dem richter und den purgern zu Lewben.

70 1391 Juni 24, – –

Anna Kren, Ehefrau des Leobener Bürgers Paul Kren, beurkundet aufgrund eines amtlichen Vergleiches, daß ihr das Kloster Admont als Ersatz für einen Zehent in der Lainsach einen Naturalbezug aus dem Kasten zu Mautern zugestanden habe.

Original, Pgt., zwei Hängesiegel, Stiftsarchiv Admont; ed. WICHNER III, Nr. 498. *HLK-SH.*

Ich Anna, Lucas des Hakchentewfel selig tachter, dizeit Pawln des Chren purger ze Lewben wiertinn und all mein erben veriehen mit dem prief und tuen chund allen den, den er furchumpt, umb di chrieg, stozz und ansprach, so wir gehabt haben mit dem erwirdigen herren abt Wilhalm ze Admund und zu seinem gotshaws von des zehents wegen genant in der Lonsach, hat der edel unser genediger herr her

Hertnyd von Liechtenstain, diezeit hawbtman in Steyer, zwischen unser getaydingt als verr, daz der vorgenant erwirdig herr abt Wilhalm fur sich und sein nachkomen gelubt und versprochen hat von sundern genaden, mier vorgenanter vrawn Ann auf meinn aynigen leib mein lebtaeg alle iar ierleich aus seinem chasten ze Mawtern raichen und geben ayndlef metzen chorn und aindlef metzen habern in der beschaiden, wan ich vorgenante vraw Ann mit dem tod abgee und meins leben nyemer ist, so ist der vorgenante abt Wilhalm, sein gotshaws und all sein nachkomen der raichung und des getraids aus irn chasten von den obgenanten zehents wegen von dem tag und ich abgangen pin dann hinfur ewichleich gantz und gar ledig und loes und sol mein eegenanter wiert Paul der Chren noch all unser erben noch ander nyemand von unsern wegen hintz dem vorgenanten abt Wilhalm zu seinem gotshaws noch zu allen seinn nachkomen von des vorgenanten zehent wegen und raichung des getraids aus dem chasten als vor geschriben stet, dhain ansprach, recht noch vordrung nymmermer haben, mit recht noch an recht, in dhainer weys nichts ausgetzogen. So vergich ich Paul Chren und all mein erben stet ze haben und dawider nicht reden noch tuen, waz vor in dem brief geschriben stet. Und daruber ze urchund geben wir den brief besigelt mit der erbern Meynharts des Prawnsperger, dizeit schaffer ze Gozz, und Nyclas des Vnsin, zu den zeiten statrichter ze Lewben, paiden anhangunden insigeln, die wir vorgenante Ann und Paul vleizzlich gepeten haben, daz sew ire insigel an den brief gehangen habent in, irn hausfrauen und allen irn erben an schaden. Darunder wir uns vorgenante und all unser erben verpinden unverschaidenlich stet ze haben alles, daz vor in dem brief verschriben stet, der geben ist nach Christi gepurd drewtzehenhundert jar darnach in dem ainundnewntzigistem jar an sand Johannstag ze sunybend.

71 1393 Februar 6, – –

Ulrich Hutter, Pfarrer zu St. Jakob in (Alt-)Leoben, beurkundet die Stiftung einer täglichen ewigen Messe durch die Bürgerbruderschaft zu Leoben.

Original, Pgt., Hängesiegel, StLA-U 3766.

Ich Vlreich der Hutter pharrer zu sand Jacob ze Lewben vergich mit dem offen brief und tuen kund fur mich und fur all mein nachkomen allen den, di den prief sehent oder hornt lesen, das ich mit wolbedachten muet nach rat, gunst und willen meines genedigen und auch des erwirdigen herren abt Hertnids ze Admund zu der zeit, do ich des vollen gewalt het und mit recht wol getun mocht, mich recht und redleich vertaydingt und verricht han und auch gentzlich uberainchomen pin mit den erbern herren und vrawn, meinn lieben pruedern und swestern, hern Perngern dem Dumerstorffer, Dyetreichen und Lucasen den Pyerern, Niclasen den Vnsin, dizeit statrichter ze Lewben, Hannsen den Senften, Hainreichen den Korntewer, Dyetmarn den Maingaissler, zechmaister der pruederschaft zu sand Jacob, Thomann den Ledrer, zechmaister sand Jacobs chirchen, Jacoben den Arbaisstaler und Chuenraten den Sunter, purgern ze Lewben und auch mit allen andern pruedern und swestern in der purgerpruederschaft ze Lewben gegenwürtigen und chunftigen umb ain ewige gesprochne mess, die ich und all mein nachkomen an yrrung ewichleich und alle tag tegleich an underlazz schullen sprechen lazzen datz sand Jacob under dem fronampt auf sand Marie Magdalenalter, Got, unser Vrawn, sand Jacob, sand Marie Magdalen und allen heiligen ze lob und ze eren durich hail und troest, irr und aller irr vordern und nachkomen und aller gelawbigen sel willen. Und wer ye zechmaister ist datz sand Jacob, der sol di mess mit liechten und andrer notdurft teglich besargen und ausrichten als pilleich ist. Auch sol ich obgenanter Vlreich Hutter pharrer und mein nachkomen nach hern Wulfings von Poseil unsers mitprueder tod mit der obgeschriben pruederschaft uberainchomen umb einn andern erbern chapelan, der in zu derselben ewigen mess aufzenemen und auch uns ze haben sei. Denselben chapelan schullen wir mit chost und weyn teglich ausrichten und besargen als ander unser herren und priester getrewlich an geverd. So sol in di pruederschaft alle jar jerlich mit gelt seins diensts ausrichten und ob der chapelan, der di obgenant mess spricht als unordenlich mit seinem leben waer, daz er den maisten tail der pruederschaft nicht geviel, so schull wir in nach der prueder rat vercheren, also daz di mess ordenleich und lobleich aller tag tegleich volpracht und ausgericht werd an der prueder mue und scheden. Und umb daz alles haben sew mir obgenanten Vlrichen dem Hutter und allen meinn nachkomen pharrern zu sand Jacob zu der vorgenanten sand Jacobschirchen geben, gestifft, gewidempt und gemacht acht phunt gelts auf den guetern, ti hie hernach in dem brief geschriben stent: von erst der weingart ze Grecz gelegen an dem Raenerperg zwischen Rainprechts des Grabner und des Cholbel weingarten mit alle dew und darzugehort fur vier phunt gelts, darnach ain hueb datz sand Stephan gelegen, di von Gorgen dem Moderl herchomen ist, da dizeit aufgesezzen ist der Sayger und davon man alle iar ierleich dient ain phunt guter Wienner phenning, zu Ostern ain lamp und zwaintzig ayger, ze Vaschang zwai huener und ain wisen gelegen an der Lewben zwischen Niclas des Zudinger und des Sunter wisen, davon man ierleich dient ain phunt phenning und zwen chrawtgerten, di herchomen sind von Otten dem Melichsechter selig, der ain stozzt an hern Perngers garten, der ander stozzt an di stygel pei sand Jacob und darzu di leyten ze Obgretz gelegen, von derselben leyten und von den zwain chrawtgerten man alle iar ierleich dient ain halbphunt und zehen Wyenner phenning und ain garten, den man von Hennslein, der Dewminn sun, chauft hat gelegen zwischen Lucas Pyerer und Jacobs am Rain garten, davon man ierleich dient sybentzigk Wienner phenning, ain aigen ze Judendorff gelegen an den mayerhof, das sew von Ulreichen den Wunnsam daselbs chauft habent und davon man alle iar ierleich dient drei schilling phenning zu sand Dyonisentag und ain lamp ze weynachten, darnach ain akcher gelegen pei sand Jacob zwischen unsern aekchern, den sew von Hainreichen dem Chorntewer chauft habent umb achtzehen phunt phenning fur ain phunt gelts, das pringt alles acht phunt und achtzig phenning gelts. Diselben vorgeschriben gueter alle habent sew mir und allen meinn nachkomen als vor geschriben stet gentzleich ingeantwurt aus irr nutz und gewer in unser nutz und gewer ewichleich ze besitzen und habent in dhainerlay rechten daran behalten, also daz wir die furbazz nutzen, niezzen und innhaben schullen als andrer unsrer chirchengueter und haben auch vollen gewalt, di zu stifften und ze enstifften an all ir hindernuss und yrrung ausgenomen, daz wir diselben gueter nyndert versetzen, verchumbern noch auswechseln schullen an der pruederschaft gunst und gutleichen willen und auch mit so ausgenomen worten, ob daz geschech, daz ich offtgenanter Vlreich Hutter pharrer oder mein nachkomen an der vorgeschriben stift der ewigen taegleichen mess nyndert sawmig und nachlezzig waern und di mess alle tag tegleich nicht liezzen sprechen als oben geschriben stet ausgenomen eehaft noet an geverd oder daz wir den chapelan dhainn unpilleichen uberlast erzaigten oder daz wir in mit dem tisch mit ezzen und trinkchen nicht ordenlich ausrichteten als ander unser herren und priester, daz schull wir alles an aufschub getrewleich erstatten und widertuen. Vertzug wir daz yndert so sei wir am andern tag, wan wir di mess nicht lazzen ervollen oder dem chapelan nicht widertuen an geverd zu irn chertzen in ir pruderschaft ain phunt wachs vervallen ze raichen. Dervolt wir es nicht des nachsten tags darnach, so sei wir zwai phunt wachs vervallen, sawmpt wir es aber an dem dritten tag, so schull wir furbazz in dhain chirchen nicht chumen, diweil wir daz wachs nicht raichen und di sawmung nicht gentzleich widertuen und ervollen. Und wer auch ertzbriester ist auf der obern Steyermarich, der sol uns darzue noeten, wan wir wellig werden, daz wir daz wachs raichen und vollichleich widertuen alles daz wir versawmpt haben und auch hinderstellig haben lazzen werden, als offt es im furpracht wiert. Waer aber der ertzbriester sawmig daran, so sol es tuen der erwirdig ertzbischof ze Saltzburg oder sein gewalt oder wer mit geistleichen rechten uber uns und unser hab ze pieten hat. Auch verpint ich mich obgenanter Vlreich Hutter pharrer und all mein nachkomen, daz wir zu yedem hochtzeitleichen tag, es sei am suntag oder an andern taegen so man predigt an dem predigstuel offenleich schullen pitten umb di lebentigen in der pruderschaft, daz in Got gelukk und hail mer am leib und an sel, umb die daraus verschaiden sind, daz in Got di ewig rue geb mit allen gelawbigen seln. Es sol auch der gedechtnuss, di aus der pruederschaft verschaiden sind, mit besundern namen in der pruderschaft selmess nach dem ewangeli all quotember offenleich gemeldet werden, allen irn vordern und allen gelawbigen selen ze hilff und ze troest zu dem ewigen leben. Und das daz alles also stet ewichleich und untzebrochen beleib, daruber gib ich obgenanter Vlreich Hutter pharrer zu sand Jacob ze Lewben fur mich und für all mein nachkomen in den offen brief besigelt mit meinem aigen anhangunden insigel und zu pezzrer getzewgnuss der vorgeschriben sach und auch zu rechter sicherhait und bestetigung der gantzen warhait so hab ich vleizzleich gepeten den erbern herren hern Kasparn, dizeit ertzbriester auf der obern Steyermarich und pharrer zu sand Laurentzen ze Fleecz, daz der sein insigel zu dem meinen an den prief gehangen hat im an schaden. Der prief ist geben nach Christi gepurd drewtzechenhundert jar darnach in dem drewundnewntzigistem jar an sand Dorothetag.

72 1393 Oktober 23, Wien

Herzog Albrecht III. gewährt den Bürgern von Leoben die Steuereinhebung von aller im städtischen Burgfried gelegenen Habe. Ferner sollen geistliche und weltliche Personen nur mit Wissen der Stadt mit Leobenern „kaufmanschaft“ und „gewerb treyben“ und „arbaitten“.

Original verloren; *zwei Cop. Pap.* StLA-U 3789[f], davon eine aus dem 17. Jahrhundert, sowie StLA, St. A. Leoben, Sch. 3, H. 15a und b; gleichlautende Mandate für Knittelfeld, Kindberg, Voitsberg, Mürzzuschlag im Original, für Judenburg, Rottenmann, Graz und Bruck a. d. Mur in gleichlautender Abschrift; ed. POPELKA, Schriftdenkmäler Nr. 33.

Wir Albrecht von Gots genaden hertzog ze Österreich, ze Steyr, ze Kernden und ze Krain, grave ze Tyrol etc. bechennen, daz wir unsern getrewn N. dem richter und N. den burgern ze Lewben die gnad getan haben und tun auch wissentlich mit disem brief, was erbs und gütter in irm purkfrid ligend, daz man davon mit in leyden und steurn sol, was ze recht davon gepurt. Und daz auch daselbs ze Lewben nyemand, er sey gaistleich oder weltlich, mit in kainerlay kaufmanschaft noch gewerb treyben noch arbaitten sol in dhainem weg, an irn willen und gunst an geverde. Mit urchund ditz briefs. Geben ze Wienn an phintztag nach der aynleftausent megdentag anno domini millesimo trecentesimo nonagesimo tercio.

73 1394 Mai 25, – –

Ulrich Hutter, Pfarrer zu St. Jakob in (Alt-)Leoben bezeugt, daß Pernger der Timmersdorfer seiner Kirche zur Stiftung eines Jahrtages genannte Güter gewidmet hat. – Es siegeln der Aussteller, Kaspar von Göß, Pfarrer zu St. Lorenzen ob Neunkirchen und Erzpriester und „dartzu han ich auch vleizzlich gepeten die erbern purger ze Lewben daz sew der stat insigel daselbs ze Lewben auch an den prief gehangen habent zu ainer offen urchund und zewgnizz der vorgeschriben sach, der stat an schaden".

Original, Pgt., drei Hängesiegel (Stadtsiegel fehlt), StLA-U 3812[a].

74 ca. 1395 – –

Pernger Timmersdorfer übergibt den Zwölf des Rates und der Bürgergemeinde der Stadt Leoben die Urkunden über zwei von ihm in der St.-Johannes-Kapelle zu Leoben gestiftete Messen und einen Jahrtag und bittet deren Ausführung zu überwachen.

Original, Pgt., ohne Siegel, StLA-U 3864[a]; die Circadatierung ergab sich aufgrund der erwähnten Stiftbriefe (StLA-U 3296[a] von 1377 November 8 und StLA-U 3812 von 1394 Mai 23).

Lieben nachpawern, ir zwelif dez rats und auch die gemain der stat ze Lewben! Ich anttwurt ew die zwen stiftprief uber di zwo mess und uber den jartag in ewr lad und in ewr gwalt, die ich Pernger Dumerstorffer in sand Johannschappell gelegen ze Lewben vor meim haws gestift han, die anttwurt ich ew auf ewr trew und pitt ew durch Got und durch unser Vrawen ere, daz ir zusecht, daz ir die messen und den jartag nicht lat abgen und daz daz redleich awsgericht werd als mein stiftbrief lawtent, wann ich ew dez sunderleich vor aller menichleich wol traw. Und wil auch daz gern umb ew dienn, diweil ich leb und wil Got in ener welt darumb fur ew pitten, daz ir die obgenant stift nicht lat abgen. Daz enphilh ich ew auf ewr trew und gwissen und tuet dartzu als piderlewt wol angehort, dez traw ich ew woll.

75 1396 März 17, Wien

Herzog Wilhelm verfügt auf eine Klage der Bürger von Leoben folgendes:

1. Über Erbgüter und Streitigkeiten im Burgfried soll der Stadtrichter befinden; ist dieser säumig, liegt die Entscheidung beim Landschreiber in Steyr. Der Herzog behält jedoch sich und seinen Brüdern das letzte Entscheidungsrecht vor.

2. Jeder, der in der Stadt und im Burgfried ein Burgrecht über Jahr und Tag „an nutz und gewer“ besitzt, soll bei diesem Recht bleiben. Stirbt ein Bürger in der Stadt oder im Burgfried und sind Erben und Gläubiger vorhanden, fallen dessen Häuser, Güter und Erbe nicht an den Herzog, sondern an die nächsten Erben und Gläubiger. Fehlen Erben oder Gläubiger, fällt das Gut an den Herzog.

3. Schuldbriefe, die von Bürgern den Juden gegeben werden, müssen vom Stadtrichter und Judenrichter gemeinsam besiegelt werden. Dem Stadtrichter steht im Burgfried die Gerichtsbarkeit zu.

4. Juden müssen über Darlehen an sie gefallenes Gut in der Stadt und im Burgfried binnen Jahresfrist verkaufen, ansonsten sind sie wie die Bürger steuerpflichtig.

Original, Pgt., Hängesiegel, StLA-U 3871.

Wir Wilhelm von Gotes gnaden hertzog ze Österreich, ze Steyr, ze Kernden und ze Krain, grave ze Tyrol etc. bekennen, daz für uns komen sind unser getrewn unser burger ze Lewbm und habent uns erzelt, wie in an iren rechten, freyhaiten, gnaden und briefen, die sy von unsern vordern seligen loblicher gedechtnuzze und uns habent herpracht, grozz invelle und beswerung geschehen, die in unleydlich und verderlich wern. Wan wir aber stetiklich begerend sein aller unser undertanen aufnemen, darumbe so haben wir dieselben unser burger ze Lewbm von sundern gnaden mit solichen stuken begnadet und begnaden sy auch wissentleich mit dem brieve als hernach geschriben steet. Des ersten maynen und wellen wir, wer hintz in hat zu sprechen, ez sey umb erbguter oder solich henndel, die in irem purkfrid ligent oder geschehnt, daz darumb hintz in nyemand ze richten noch von in das recht ze tun habe, denn ir statrichter. Wer aber der daran sawmig, so sol es tun unser lantschreiber in Steyr, als es von alter herkomen ist, doch awzgenomen was sachen wir, unser bruder und erben wellen für uns ziehen und auch uns unvergriffenlich an unsern gewelten. Auch tun wir in die gnad, wer in derselben unser stat und in irm purkfrid ains purkrechts jar und tag unversprochen an nutz und gewer sitzet, daz er auch an all zuspruche und irrung fürbazzer dabey beleyben sol, als das von alter ist herkomen. Wenn auch in derselben unserr stat und in irem purkfrid ain burger stirbet und erben oder gelter hinder im lazzet, desselben burgers hewser, guter noch erb sullen noch wellen wir, unser bruder, noch unser erben selber nicht behaltten, noch von der hand nyemand leihen, sunder die nechsten erben oder die gelter sullen dabey beleyben, als von alter ist herkomen, es wer denn, daz kein erb oder gelter da wer. Wir maynen auch, was unser burger in derselben unsrer stat unsern juden geltbrief gebent, umb wew das ist, daz darumb ain statrichter und ain judenrichter miteinander sullen sigeln und ir tweder allain nicht und daz auch ir statrichter daselbs darumb was in dem purkfrid ligt richten sol nach dem rechten. Wir tun in auch die gnad, was unser juden hewser, erbs und guter fur ir geltschuld in ir gewalt bringend und die in derselben unsrer stat und in irm purkfrid gelegen sind, daz sy die ynner jarsfriste hingeben und verkauffen sullen. Teten sy des nicht, so sullen dieselben juden mit unsern egenanten burgern davon leyden und stewrn. Davon emphelhen wir unserm lieben getrewn unserm hauptmann in Steyr, wer der ye denn ist, oder seinem phleger und auch allen herren, rittern und knechten, phlegern, purggrafen, richtern und andern unsern amptleuten, undertanen und getrewn, gegenwurtigen und kunftigen, den diser brief getzaigt wirt und wellen ernstlich, daz sy die egenanten unser burger von Lewbm bey denselben unsern gnaden gentzlich lazzen beleyben und in dawider kayn irrung tun noch ander yemand gestatten ze tun in dhainen weg, sunder sy dabey vestiklich haltten und schirmen von unsern wegen. Mit urkund ditz briefs, geben ze Wienn an freytag vor dem suntag als man singet Judica in der vasten nach Kristi gepurdt drewtzehenhundert jar darnach in dem sechsundneuntzigistem jare.

dominus dux per se in consilio

76 1396 März 18, Wien

Herzog Wilhelm befiehlt dem Landschreiber in Steyr, Ulrich von Reichenegg, sowie dem Richter, dem Rat und den Bürgern von Leoben, zwischen Leoben, Knittelfeld, Rottenmann und Vordernberg nur in den Städten – nicht „auf dem gew“ – auf Widerruf den Weinausschank zu gestatten.

Original, Pgt., außen aufgedrückte Petschaft, StLA-U 3872.

Wir Wilhelm von Gots gnaden hertzog ze Österreich, ze Steyr, ze Kernden und ze Krain, grave ze Tirol etc. embietten unsern getrewn lieben Vlreichen von Reyhenegg unserm lantschreiber in Steyr und dem richter, dem rat und den burgern ze Lewben unser gnad und allez gut. Wir emphelhen ew ernstlich und wellen, daz ir von unsern wegen vesteklich weret und understeet, daz nyemand, wie er genant sey, keinen wein zwischen Lewben, Knüttelveld, Rotenmann und des Vordernpergs auf dem gew verkauffe nur allain in unsern steen [!], doch untz an unser widerruffen: Das ist gentzlich unser maynung. Geben ze Wienn am samtztag vor dem suntag Judica in der vasten anno etc. nonagesimosexto.

Dominus dux per dominum [. . .]

77 1396 November 20, Bruck a. d. Mur

Herzog Wilhelm bestätigt den Bürgern von Leoben die von seinen Vorgängern verliehenen Privilegien und Handfesten und befiehlt dem Hauptmann in Steyer, Hans von Stadeck, die Leobener in ihren Rechten zu schützen.

Original, Pgt., Hängesiegel, StLA-U 3893.

78 1396 November 21, Kindberg

Herzog Wilhelm bestätigt der Stadt Leoben auf Widerruf die von Herzog Albrecht III. bewilligte Einhebung von Zöllen zum Wiederaufbau der eingefallenen Stadtmauer.

Original, Pgt., Hängesiegel in Metallkapsel, StLA-U 3894.

Wir Wilhalm von gotes gnaden hertzog ze Österreich, ze Steyr, ze Kernden und ze Krain, graf ze Tyrol etc. bechennen als weilent der hochgeboren furst unser lieber herr und vetter hertzog Albrecht, dem Got gnad, unser getrewn unser burger von Leuben von des widerpawns wegen irr rinkchmawr mit disen nachgeschriben stukchen an seinem brief hat begnadet: des ersten, swas fromdrer und aussrer leutt in die egenannte unser stat gen Leuben oder wider darauz eysen furen, daz der yegleicher von yeder messe ainen phenning und von ainem hundert schroteysens auch ainen phenning gebe ze zol zu dem paw irr rinkchmawr. Item wer ain vas weins in die egenannte unser stat furet und dahingeit oder es nyderlegt, daz der geb sechs phenning. Item swer der sey, der zuflucht zu der egenannten unsrer stat oder behaltnuzz seins guts darinn hab, daz der ain billeichs geb und leyd nach seinen statten. Und wer in die egenannte unser stat oder wider darauz saltz furet oder welherlay das sey, das er auf ainem ross treibt, daz der von ye ainem ross ainen helbling geb. Also haben wir von sundern gnaden durch derselben unsrer burger fleizziger pet und auch derselben unsrer stat notdarfft willen unsern gunst und willen auch dartzu gegeben und in erlaubt, die egenannten aufsetz ze nemen nach sag des egenannten unsers vettern seligen brief, den wir wissentleich bestetten, doch untz an unser, unsrer brueder und erben widerruffen. Davon gebieten wir unsern getrewn dem richter und dem rat der egenannten unsrer stat ze Leuben und wellen ernstleich, daz sy ainen fromen und erbern man under in erchiesen und nemen, der den egenannten zol, als er an stukchen benennt ist, ynnem und vessen und daz sy auch das gelt, das davon gevellt, mit ainer guten kuntschaft und gewissen an die obgenannte rinkchmawr und an turn legen und verpawen als des notdarfftig sey. Und swenne wir die egenannte unser gnad mit unserm brief widerruffen, so maynen und wellen wir, daz der egenannte zol und aufsatz gentzleich wider ab sey und nicht mer gevordert noch genomen werd. Mit urchund ditz briefs geben ze Kynnberg, an eritag vor sand Kathreintag nach Cristi gepurd drewtzehenhundert jar darnach in dem sechsundnewncigistem jare.

dominus dux presentibus consiliariis

79 1398 Juni 15, – –

Dietrich Pierer stiftet für das Spital zu Leoben etliche genannte Gründe und Güter und regelt seine Nachfolge: „Diweil ich obgenanter Dyetreich der Pyerer und mein sun Albrecht Ryetenburger und Lucas der Pyerer leben und an dem spital recht und guet tuen wellen und tuen, als wir das enther getan haben, so schull wir das spital mit aller zugehorung innhaben alslang wir daz tuen wellen. Wurd aber darinn icht verhandelt, damit das spital und di gueter, di darzu vermacht sind, nicht auf nemund wern an geverd oder daz wir mit dem tod abgiengen, so sol man einn spitalmaister setzen nach der prueder und auch der purger rat ze Lewben, der dem spital fueglich sei und es getrewlich fürziech."

Siegler: 1. Aussteller
2. Pernger Timmersdorfer
3. Lukas Pierer, Bürger zu Leoben

Original, Pgt., drei Hängesiegel, StLA I.Ö.U. 25.

80 1399 Mai 1, – –

Ulrich Hutter, Pfarrer zu St. Jakob in (Alt-)Leoben, bittet den Ritter Pernger Timmersdorfer, ihn bei der Einbringung der auf Fundationsgüter gelegten halben Steuern zu unterstützen.

Original verloren; Cop. Stiftsarchiv Admont; ed. *WICHNER III,* Nr. 509.

Ich Vlreich der Hutter pharrer zu Lewben datz sand Jacob bechenn mit dem offen brieue, daz ich den erbern vesten ritter meinen besunder lieben herren und frewnde, hern Perngeren den Dumerstorffer fleizzlich gepeten han und pitt in auch wissentlich mit dem brief, daz er mir willich, frewntlich und furderlich sey aufzuslahen, abzunemen und inzebringen halbe stewr, die mein gnediger here hertzog Wilhalm von Osterreich etc. das gegenwurtig jar auf mein gotshaws geslagen hat von den lewten und holden, die da sitzend auf den gutern, die der obgenant vest ritter zu meiner kirichen vermacht hat, damit er zwo mess gestifft hat datz sand Johanns, die man daselbs singt und list, als es in den stifftbriefen begriffen ist. Das wil ich hinfur umb in und umb die lewt, die mir darzu ir hilf und stewr tunt williklich verdienn. Und des zu urchund gib ich im disen brief besigelten mit meinem obgenanten Vlreichs des Hutter aigen aufgedrukchten insigel. Der brief ist geben nach Christi gepurd drewzehenhundert jar und in dem newnundnewntzigistem jare an sand Philipp und sand Jacobstag.

81 1399 Mai 26, – –

Diemut, Witwe Heinrich Scheiders, vermacht dem Spital zu Leoben eine freieigene Wiese „dy gelegen ist an der nideren Danabicz" zu ihrem Seelenheil mit Vorbehalt des lebenslänglichen Genusses und der Aufnahme ins Spital.

Siegler: 1. Heinrich Kornteuer, Stadtrichter zu Leoben
2. Lukas Pierer, Bürger zu Leoben
3. Jakob Unsin, Bürger zu Leoben

Original, Pgt., Siegel fehlen, StLA-U 3981.

82 1405 September 16, – –

Die Witwe Adelheid Drischelpekin in der Pfarre Maria am Waasen bekennt, daß sie und ihr verstorbener Mann, Friedrich, Ulrich Plutscher drei Pfund Wiener Pfennige schulden. Schon ihr verstorbener Gemahl übergab ihm zur Sicherstellung das Haus, in dem sie jetzt wohnt und das sie auf Lebenszeit bewohnen darf.

Original, Pgt., Hängesiegel, StLA-U 4238.

Ich Alhait di Drischelpekinn, gesessen in Unser Frawnpharr bey Lewben vergich offenleich mit dem brief fur mich und all mein erben und tun chunt allen den der brief furchumbt, die in ansehent, horent oder lesent, daz ich recht und redleich gelten schol dem erberen herren herrn Vlreichen, des Plutscher sun ze Lewben, drew phunt gueter Wienner phenning, di er meinem wirt Fridreichen dem Drischelpeken seligen und mir berait gelihen hat und darumb im mein benanter wirt selig daz hawz, da ich yetzund ynngesessen bin, mit aller zuegehorung geschaft hat, awsgenomen dez herrndinst und vadrung und dez mir der benant herr Vlreich der Plutscher mein lebteg von meiner vleizzigen pet wegen gegunt hat, also in der beschaiden, daz ich daz untz an meinen tad trewleich und unverchummert sol ynnhaben an gever und davon man jerleichen dint achtundvirtzig phenning und drew tagwerch in den obgenanten pharrhof datz Unser Frawn. Und nach meinem tad so schol sich der obgenant herr Vlreich des obgenanten hawses zu seinen handen underwinden oder wem er daz an seiner stat geit oder schafet van mir und allen meinen erben und frewnten ungengt und ungeirret an alz gever. Und dez ze urchunt und warhait der obgeschriben sach gib ich im obgenante Alhait den offen brief versigelten mit dez erberen geistleichen meins lieben herren herrn Albrechtz dez Roter, die zeit pharrer datz Unser Frawn bey Lewben anhangundem insigel, der daz durch meiner vleizzigen pet willen an den brief gehangen hat, im und allen seinen erben an schaden und darunder ich mich obgenante Alhait verpint mit meinen trewn an aydes stat fur mich und all mein erben allez daz stet ze haben und ze volfuren daz an dem brief geschriben stet, der geben ist nach Christi gepurd virtzehenhundert jar und darnach in dem fumftem jar am nachsten mitichen var sand Lamprechtztag.

83 1407 Juni 2, Wien

Die Herzöge Leopold IV. und Ernst schließen ein Bündnis, in dem die Stadt Leoben eine Bürgschaft für Herzog Ernst übernimmt.

Original, Pap., außen aufgedrücktes Siegel, StLA-U 4309.

84 1408 Juni 1, – –

Richter Niklas Pawr zu Frohnleiten besiegelt mit anderen Genannten den Schiedsspruch, den Graf Hugo von Montfort, Heinrich Rintscheit und Mert Unkel, Verweser zu Graz, zwischen den Bürgern von Leoben und den Frohnleitenern getroffen haben.

Original, Pap., drei rückwärts aufgedrückte Petschafte, StLA-U 4348.

Hye sind vermerkcht die tayding zwischen den Lewbenern und den Freyleittern, so mein herr graf Hawg, Hainreich Rintschaid und Mertt Vnkkel, diezeit verweser zu Grecz, mit ir payder willen und wissen zwischen in beredet haben, dapey ez hinfur beleiben sol: Item die Freyleitter schullen ir wein auf daz gew nicht vail furn noch darauf verchawffen noch auf daz gew nicht antwurtten angever. So mugen die Freyleitter ir wein ze Freyleitten, ze Prugk, ze Lewben und in anderer unserer gnedigen herren der hertzogen zu Österreich etc. steten und markchten verchawffen ydem man der zu in chumpt, ez sey aus steten oder aus dem gew und schullen sew die Lewbner daran nichts engen noch irren und die wein furn lassen angever. Und dez zu urkund hab ich Niclas Pawr diezeit richter zu Freyleitten, ich Hanns Schrimph und ich Hanns Pewrel unsre petschaid gedrukcht auf die zedel, die geschriben ist am nechsten freytag vor dem heiligen phingsttag anno etx. CCCC octavo.

Dorsualvermerk (17. Jh.): Vergleich zwischen dennen von Leoben unnd denen von Fraileitn, daz die von Fraileitn ihre wein jederman in stetten und andern orten verkhauffen mögen, aber in dem gey sollen sie lesen [1] nit zum verkhauffen fieren.

85 1409 Februar 15, – –

Peter Preuer und seine Frau schulden Peter von Schwarzensee in Wiener Neustadt und Märchlein, Bürger zu Leoben, und anderen Leuten 167 Pfund Wienner Pfennige. Sein Herr, der Abt des Klosters Neuberg an der Mürz, verfügt über die Modalitäten der Sicherstellung.

Siegler: 1. Friedrich der Steinbeis, Burggraf zu Hohenwang
2. Hans Gladner, Landrichter im Mürztal
3. Martin Helbling, Stadtrichter zu Mürzzuschlag
4. Hans Churitzer, Stadtrichter zu Kindberg

Original, Pgt., drei Hängesiegel (Nr. 1 fehlt), StLA-U 4369[a].

86 1409 April 22, – –

Heinrich Stotz und seine Ehefrau Anna reversieren gegen Ulrich Plutscher, Gesellpriester zu Maria Waasen bei Leoben, hinsichtlich eines in Bestand gegebenen Hauses „an der Lewben“ (= Vordernbergerbach) bzw. Burgrecht, Lehen von der Kirche Maria am Waasen.

Original, Pgt., Hängesiegel, StLA-U 4374.

Ich Hainreich der Stocz und ich Annen sein hawsfraw und unser payder leybpleich erben, wie die genant sind, vergehen mit dem offen brief allen den, di in sehent oder horent lesen, das wir van dem erbern herren herrn Vlreichen dem Plutscher, diezeit gesell zu Unser Frawn bey Lewben genant auf dem Wasen, sein haws und purkchrecht gelegen an der Lewben und ist etwenn Fridreichs des Drischelpekchen gewesen pestanden haben recht und redleich mit allen den eren, rechten, nutzen und wierden, alz daz van allter herchonen ist nichtz awstzogen angever zu rechtem purkchrecht und ist lehen van ainem yesleichen pharrer zu Unser Frawn auf dem Wasen also beschaidenleich, daz wir alle jar jerleich dem benanten pharrer davan dyenen und raichen schullen stet auf sand Jacobstag achtunndvirtzig phenning und seinew tagwerch und dem benanten herrn Vlreichen jerleich auf sand Dyonisentag ain halb phunt und tzwelif phenning unvertzogenleich. Ob wir des nicht teten, so hat der benant herr Vlreich oder wen er dartzu nympt oder schaft gantzen gewalt uns umb seinen obgenanten zins ze noten und ze phentten und daz ist unser guter will. Wir schullen auch das benant purkchrecht nutzleich und pewleich ynnhaben angever, damit daz ez nicht zymmervellig werd. Auch ist ze merkchen, ob das peschech, daz wir daz obgenant haws und purkchrecht van naturft wegen nicht lenger mochten oder wolten ynnhaben, so schullen wir das dem benanten herren Vlreichen hinwiderlassen also in der beschaiden, was wir darauf mit zimmer oder arbait gelegt hieten, das sol er uns nach der chantnuzz erber lewt widercheren angever. Auch schol uns der benant herr Vlreich das benant haws und purkchrecht scherm und frein und unser furstant sein an aller stat wo uns des nat und durft beschicht also purkchrechtzrecht und gewanhait ist in dem lant ze Steyr angever. Auch ist ze merkchen, daz wir di Drischelpekchinn ir lebteg unverchert ynn sullen haben uns an alle peswarung. Und des ze urchund und warhait der obgeschriben sach geben wir in den offen prief besigelten mit des erberen herrn Albrechtz des Roter die zeit pharrer zu Unser Frawn auf dem Wasen unsers gruntheren aygen anhangunden insigel, der daz durch unser vleissigen pet willen an den brief gehangen hat, ym, seinem gotzhaws und seinen nachkomen an schaden und darunder ich mich obgenanter Hainreich, mein hawsfraw und unser leypleich erben mit unsern trewn verpinden, allez daz stet ze haben und ze volfuren das an dem brief geschriben stet, der geben ist nach Christi gepurdt virtzehenhundert jar und darnach in dem newnten jar am nachsten mantag var sand Görgentag.

1. Dorsualvermerk (gleichzeitig): littera vendicionis pro una domo, quod vendidit dominus Vdalricus Plutscher.

2. Dorsualvermerk (2. H. 15. Jh.): littera de domo Caspar Holtzaphel pro 6 ß d, das obgenant haus leit daz [. . .] in der gassen.

87 1410 April 4, – –

Wilhelm der Kral und seine Ehefrau verkaufen „den erbern Lucasen den Pyerer dietzeit des spitals verweser ze Lewben und den erbern herren und pruedern, herren Albrechten, pharrer zu Unser Frawn daselbs, herrn Lienharten, pharrer zu Goss, Chunraten dem Svnter, Merchlein und allen andern herren und pruedern, di in der allten herrenpruederschaft ze Lewben yetzund sind oder noch furbazz darin koment“ ihr Eigengut „ob dem Minzenberg am Eck“.

Siegler: 1. Aussteller
2. „unser lieber swager Seifrid der Schrat“

Original, Pgt., zwei Hängesiegel, StLA I.Ö.U. 34.

88 1410 Dezember 13, Leoben

Der Leobener Bürger Lucas Pierer verkauft vor dem Stadtgericht Leoben dem steirischen Landschreiber Lienhart Stubäer einen ummauerten Garten mit Keller und Kasten in der Stadt um 70 Pfund Wienner Pfennige und einen Gulden zu Leikauf.

Original, Pgt., zwei Hängesiegel abgerissen, StLA-U 4435[a].

Ich Lucas der Pyerer purger ze Lewben vergich offenleich mit dem brieff fur mich und all mein erben und tun kund allen den, die in sehent hornt oder lesent, das wir mit wolbedachten muet mit gunst und mit willen aller unserr nachsten frewnd zu der zeit, do wir sein vollen gewalt hetten und mit recht wol getun mochten recht und redleich und unversprochenleich verchaufft und aufgeben haben mit gerichtshannt ze Lewben den garten mitsambt dem cheller und chasten oben darauf gelegen ze Lewben in der stat zwischen Lienharts des Stubyar, diezeitt lanntschreiber in Steyr, und des Hendel hewsern und geraicht hin hinnder untz an die rinkchmawr, an yeder seytten mit halber winkchelstat und mit aller zuegehorung, als das mit gemewr ingevangen und mit bymerkchen aufgetzaigt ist, dem vorgenanten Lienharten dem Stubyar und allen seinen erben umb sibentzig phunt gueter Wienner phenning und umb ain guldein ze leichauff, der wir gantz und gar von ym gericht und gewert sein zu rechter zeit an all scheden. Und haben sy auch desselben garten, cheller und chasten und aller ander zuegehorung gewaltig gemacht und ingeantwurt aus unser nutz und gewer in ir nutz und gewer furbaz ze nutzen und innzehaben mit vollem gewalt, als ander ir aygenleich gut und auch ze versetzen und verchauffen, geben, machen und schaffen, wem sy wellen, wie in das allerpest fuegt an unserr und aller unserr frewnd hindernuzz und irrung und auch also ausgenomenleich, das wir dhain vordrung noch ansprach darzu nimermer haben sullen noch mugen in dhainem weg, wenig noch vil, weder mit worten noch mit werhen. Wir loben in auch den vorgenanten garten mitsambt dem cheller und chasten und mit aller zuegehorung ze frein, ze scherm und ze vertreten mit dem recht vor aller chlag und ansprach als purchrechtsrecht ist in dem land ze Steyr. Tet wir des nicht, welhen schaden sy des furbazz nemen, wie der schad genant ist, den ir ains bey sein trewn mocht gesagen an ayd und an all anderr wewerung, den loben wir in abtzelegen gentzleich und gar mit unsern trewn an aydes stat und sullen sy das haben auf uns und auf aller unserr hab, die wir yetzund haben oder noch furbazz gewinnen, es sey erib oder varundgut nichts ausgenomen und sol sy der lanndesherr in Steyr oder sein hawbtmann oder wer an seiner stat gewaltig ist erchens und schadens davon richten und wern auf we sy zaigent oder weysent das ist unserr guetter will. Das in das stet und untzebrochen also von uns beleib, daruber geb wir in den offen brieff versigelten mit des erbern Chunrats des Suntter dietzeit stattrichter ze Lewben mit des hand der chauff geschehen ist und mit Niklas des Zudinger purger daselbs baiden anhangunden insigel, die wir vleizzichleich darumb gepeten haben, das sy ir insigel an den brieff gehangen haben zu ainer offen urchund der warhaitt, in, irn hawsfrawn und allen irn erben an schaden. Darunder ich mich obgenanter Lucas und mein erben verpinden alles das stet ze haben, das in dem brieff vor geschriben stet wann ich dietzeit aigen insigel nicht gehabt hab. Geben ze Lewben an sand Lucein tag nach Christ gepurd tausent viehundert und in dem zehenten jar.

89 1411 Mai 1, – –

Jakob Schneider von Nennersdorf erhält vom Abt von Admont zu Leibgedinge das stiftische Haus zu Leoben neben des Saurer Haus und einen Zehenthof „am Rain" gegen eine jährliche Abgabe von 5 Pfund Wienner Pfennigen mit der Bedingung, Haus und Hof in drei Jahren aufzuzimmern.

Siegler: 1. Hermann Stenpfel, Stadtrichter zu Leoben
2. Jakob Arbaistaler, Bürger zu Leoben

Original verbrannt; nach *WICHNER III,* 129.

90 1411 Juni 29, – –

Paul Kren, zur Zeit in Leoben ansässig, überläßt seinen Hammer zu St. Michael „bey der Lyesing mit allem werchtzewg" den Leobener Bürgern Friedrich Czeller und Andre Holzapfel gegen einen ungenannten Zins auf drei Jahre in Bestand.

Original, Pap., aufgedrücktes Siegel, StLA-U 4458[a].

91 1411 Dezember 8, Graz

Herzog Ernst verfügt, daß sich die Bürger der steirischen Städte und Märkte in genannten Fällen nicht mehr vor der Landschranne in Graz, sondern vor ihrem eigenen Stadtrichter verantworten sollen.

Original verloren; *Cop. Pap.* StLA-U 4472[a].

92 1412 März 27, – –

Herzog Ernst lädt die Stadt Leoben ein, am 16. April 1412 zu einem Landtag nach Graz zu kommen.

Original verloren; Cop. Pap. im StLA laut *SEUFFERT-KOGLER I,* 52 nicht auffindbar.

93 1412 Mai 9, – –

Paul Kren, derzeit Wechsler zu Gastein, stellt seinem Vetter Georg Kren zu Göß einen Schuldbrief über 41 Pfund Pfennige aus und verspricht die Rückzahlung bis zum nächsten Michaelstag (29. 9.).

Siegler: 1. Aussteller
2. Friedrich Halperger, Stadtrichter zu Leoben

Original, Pgt., zwei Hängesiegel, StLA-U 4494[a].

94 1412 Juni 13, – –

Der Leobener Bürger Jakob Arbaistaler verkauft Pfarrer Albrecht von Maria Waasen bei Leoben eine Gülte von $^1/_2$ Pfund Pfennigen um eine Summe Geldes zu einem Seelgerät und belastet damit seine Mühle

„gelegen zuniedrist an der Leoben, genant in dem Gern, die unser lehn und burkrecht ist“.

Siegler: 1. Aussteller

2. Friedrich Halperger, Stadtrichter zu Leoben

Original verloren; *Cop. Pap.* StLA-U 4500.

95 1412 August 24, – –

Paul Kren, Bürger zu Leoben und Wechsler zu Gastein, verkauft seinem Schwager Marchart Leubner den halben freieigenen Lindhof und andere genannte Güter um eine Summe Geldes.

Siegler: 1. Aussteller

2. Lienhart Stubäer, steirischer Landschreiber

3. Konrad Sunter, Bürger zu Leoben

Original, Pgt. z. T. beschädigt, zwei Hängesiegel, StLA-U 4506.

96 1412 Oktober 10, – –

Christian Parnslegel, Bürger zu Leoben, und Hennsel zu Stain, seßhaft zu Göß, reversieren gegen das Kloster Göß wegen einer ihnen zu rechtem Burgrecht verliehenen Hammerstätte im Gößgraben.

Original, Pgt., zwei Hängesiegel abgerissen, StLA-U 4509.

Ich Kristan der Parnslegel purger tze Lewben und ich Hennsel tze Stain gesezzen tze Goss, unser hawsfrawn und all unser erben vergehen offenleich und tun kund mit dem brief, das uns die erwirdige unser gnedige fraw fraw Aleys abttussinn tze Goss zu rechtem purkrecht geben und verlazzen hat ain hamerstat, gelegen in der Goss auf der wisen, di emalen Petern des Leber van Slednicz und seiner mittaylen gewesen ist, darauf wier wol getzymmern und geslahen mugen, was zu einem hamer gehort. Und wier sullen ir und irem gotshaws alle jar jerleich davan dienen zu rechtem dinst ain phunt phenning zu sand Gorgentag und ain phunt phenning tzu sand Mertentag an vertziehen. Auch loben wir, das wir und unser anbelt mit der vischwayd und mit den welden und holtzern nichtz ze schaffen sullen haben an unserr gnedigen frawn der abttussinn und irs gescheftes willen und gunst. Auch sullen wir das wasser tzu dem hamer fueren und laiten der vischwayd an schaden. Und was vergessen van uns und unsern hamerlewten darinn beschech, das hat unser gnedige fraw di abttussinn und ir gescheft vollen gewalt tze richten und tze verhoren und auch uns und unser anbelt darumb tze straffen und tze pezzern als pilleich und mugleich ist an alles geverd. Und des tze urkund der obgeschriben sach geben wir den offen brief besigelt mit der erbern Ffridreichs [!] des Halperger ditzeit statrichter tze Lewben und Chunrats des Suntter purger daselbs aygen anhangunden insigelen, di sew durch unser vleizzigen pet willen an den brief gehangen habent, yn, iren hawsfrawn und allen iren erben an schaden, darunder wir uns mit unsern trewn an aydes stat verpinden alles das stet tze haben und tze volfuren, das an dem brief geschriben stet, der geben ist nach Christi gepurdt virtzehenhundert jar und darnach in dem tzwelften jar am nachsten mantag nach sand Dyonisentag.

97 1413 Juli 4, – –

Der Leobener Bürger Jakob Arbaistaler und seine Hausfrau verkaufen der „smid und hamermaister pruederschaft datz Unser Frawn an der Lewben“ ein Pfund Gülte auf einer Schmiede und Wiese zwischen zwei Armen der Leuben (= Vordernbergerbach) um 22 Pfund Wienner Pfennige „als purkchrechts und chawfsrecht und gewanhait ist in dem land ze Steyr“.

Siegler: 1. Aussteller

2. Friedrich Halperger, Stadtrichter zu Leoben

Original, Pgt., zwei Hängesiegel, StLA-U 4528[a]; ed. POPELKA, Schriftdenkmäler Nr. 49.

98 1415 Mai 25, Wr. Neustadt

„Erzherzog“ Ernst genehmigt, daß die Bürger der Stadt Leoben die Eisenfabrikation im Vordern- und im Inneren Berg als Kommunität betreiben dürfen.

Original verloren; *Cop. Pap.* StLA-U 4593; ed. POPELKA, Schriftdenkmäler Nr. 51.

Wir Ernst von Gottes gnaden erzherzog zu Össterreich, zu Steyer, zu Kärndten und zu Crain, graf zu Tyrol etc. bekhennen als unnser gethreuen N. der richter, rath unnd die burger gemainkhlich unnser statt zu Leobm durch nuz, frumb und aufnemben ihrer unnd derselben unnser statt ainer solchen ainung uberain worden seind, das sy das eysen auß beeden pergen auf ainem gemainen pfening unnd nutz arbaiten, kauffen unnd verkhauffen sollen unnd wellen. Also haben wir durch aufnembung willen derselben unnser statt darzue unnsern willen und gunst gegeben unnd bestätten solch ainigung wüssentlich mit dem brief doch unnß an unnserm mautten, zollen unnd rechten unvergriffenlich unnd unzt an unnser widerrueffen unnd auch also, das unnser burger in unnsern Innernperg unnd Eysenärtz ihr arbaith mit demselben eysen gehn Össterreich treiben unnd ueben als von alter herkhommen ist ohne geverde. Mit urkhundt dits briefs, geben zu Neustatt an St. Urbanstag anno etc. 1415.

99 1415 September 29, – –

Kunz Hammerschmied von St. Michael und seine Ehefrau versprechen Jörg Kren von Göß, der für sie anläßlich eines Hauskaufes „purg und selbschol" geworden ist, die Schuld zum vereinbarten Termin zu begleichen. Bei Nichtbezahlung fällt das erworbene Haus an den Bürgen.
Original, Pgt., zwei Hängesiegel, StLA-U 4605.

Ich Chuncz Hamersmid van sand Michel, mein hawsfraw und all unser erben vergehen offenleich mit dem brief und tun chund allen den er furchumpt, di yn sehent oder horent lesen, umb das haws gelegen in der stat ze Lewben zwischen dez Swentenwein und des Spiczheberel hewser, daz weilent des Hakchentewfel gewesen ist mit aller seiner zuegehorung, das wir chawft haben van Fridreichen dem Rasenberger umb vierzehen phunt phenning, di wir yn richten schullen auf sand Kathreintag schiristchunftig, dafur Jörg Chren van Goss purg und selbschol warden ist, loben wir dem benanten Jorgen Chren und seinen erben auf den benannten tag ledig und las ze machen und di benanten virzehen phunt phenning awszerichten an verziehen. Teten wir des nicht, waz sew dez schaden namen hinz christen hinz juden oder wie der schad genant wer, denselben schaden mitsampt dem hawptgut schullen sew haben auf dem benanten haws ze Lewben und auf seiner zuegehorung, darauf der benant Jorg Chren purg warden ist. Und gieng ym daran icht ab, daz schullen sew haben auf allem andern unserm guet, es sey erb oder varuntgut und schol sew davan richten der statrichter ze Lewben. War der sawmig daran, so schol es tun der lanndesherr oder wer uber uns und unser guet ze pieten hat an furpot, an chlag und an alles rechten und tayding. Und des ze urchund und warhait der obgeschriben sach geben wir yn den offen prief besigelt mit der erbern Hertneytz des Strazzer, dizeit statrichter ze Lewben, und Chunrats des Svnter purger daselbs payder anhangunden insigelen, di sew durch unserr vleizzigen pet willen an den prief gehangen habent, in und yren erben an schaden. Darunder ich mich obgenannter Chunz Hamersmid, mein hawsfraw und all unser erben mit unsern trewn an aydes stat verpinden stet ze haben und ze volfuren, daz an dem prief geschriben stet, der geben ist nach Christi gepurdt virzehenhundert jar und darnach in dem fumfzehenten jar an sand Michelstag.

100 1415 November 4, – –

Dietrich Zikch, Landrichter zu Hohenberg (Oberfranken), spricht Heinrich Hammerschmied am Seebach und seine Ehefrau von der Beschuldigung des „prants wegen, den sy zw schedigung auf sy geschikcht solten haben" frei und verpflichtet die Bürger von Leoben, Bruck a. d. Mur, Mürzzuschlag, Kindberg, Eisenerz und Vordernberg, von jedem behausten Seßhaften einen genannten Betrag zu bezahlen.

Original, Pgt., Siegel fehlt, StLA-U 4609[c].

Ich Dyetreich der Zikch bekenn mit dem brief als sich maister Hainreich der hamersmid von Sepach und fraw Hailbeig sein hawsfraw an hewtigen tag vor offem gericht, da ich sas an dem rechten, anstat des edeln meins genedigen herren hern Hannsen von Hochenberkch, entredt habent der intzicht, darin sy gelegt heten gemainkchleich die burger ze Lewben, von Prukk an der Muer, Murczuslag, Kimberig und aus paiden perigen des Vodern und Innern Eysenerczt so sy hintz in heten von prants wegen, den sy zw schedigung auf sy geschikcht solten haben, des paiden tailen ain gemezzner rechttag gegeben was und sich des rechtens vervangen heten auf hewtigen tag und doch die obgenanten burger dem rechten nicht nachkomen sind umb die intzicht hintz den vorgenanten maister Hainreichen und seiner hawsfrawn. Und vragt von gerichts wegen des rechten, was sy darumb der vorgenanten herschafft und gericht ze Hochenberig vervallen wern. Da ward erkannt von dem erbern geding von man ze man, herrn, rittern, knechten, burgern aws steten und merkchten und ander frum lanntsezzhafft lewt, die des tags pey mir an dem rechten sind gesezzen: Seind die vorgenanten purger soleiche intzicht offenleich auf die obgenanten maister Hainreichen und sein hawsfrawn gelegt habent und sich darumb ains rechtens hintz in vervangen hieten und dem doch nicht nach sein komen, so sein sy dem gericht und herschafft ze Hochenberig vervallen von yedem behawsten sezzhaffen in den egenannten steten, merkchten und gepirigen der Eysenerczt sechs schilling und zwen Wienner pfenning. Mit urkund des briefs besigelt mit meinen anhangunden insigel. Der brief ist geben nach Kristi gepurd virtzehenhundert jar darnach in dem funftzehenten jar am nagsten montag nach allerheiligentag.

101 1417 April 22, Wr. Neustadt

„Erzherzog" Ernst schlichtet den Streit zwischen den Vordernbergern und Eisenerzern einerseits und den Bürgern von Leoben andererseits wegen der Ausfuhr von Eisen und Eisenprodukten sowie der Zufuhr von Lebensmitteln zugunsten der ersteren, so daß die Leute vom Erzberg in Zukunft ihr Eisen und ihre Eisenprodukte nach Leoben führen und verkaufen dürfen, und zwar an Leobener Bürger und Gäste. Jene, die Lebensmittel und Getreide zum Erzberg führen, dürfen auch Eisen, Salz, geschlagenes Eisen und Eisenschrot unbehelligt wegführen.

Nach Schiedlberger's Aufzeichnungen zur Geschichte von Eisenerz, BeitrrKdeSteiermGeschQuellen 17 (1880) 28 f.; *HLK-SH.*

Wür Ernst von Gottes gnaden ertzhertzog zu Össterreich, zu Steyr, zu Kärnten und zu Crain, graff zu Tyrol etc. bekennen, alß etwaß zwang gewesen seynn zwischen unsern getreuen N. unsern leuthen im Eysenärzt deß Innern und Aussern Berg ains thailß und N. den purgern zu Leoben deß andern von wegen der fürrath ihres eysens, wenn die ehegemelten unser leuth deß Eysenärzt mainten, daß sy dieselben unser burger verrer tringen und ihren frommen mit verkauffen desselben eysens nicht schaffen lassen wolten, alß daß von alter wär herkommen. Auch wurd ihn gewöhrt zuezufiehren getraid und speiß uber den Röz, Teuchenegg und den Hessenberg und alß ihn ihre säumer von den stötten Judenburg und Knitlfeld getraid zuefiehrten, daran beschech ihn auch irrung. Und umb dieselben ihr zwang wür ihn zu baid seitt täg für unß haben beschaiden und sy nach röd und widerröd und auch unser räth in solcher mass darumb entschiden, dass wür mainen, daß die eegenenten unser leuth auß dem Eysenärzt hinfür ihr eysen geen Leoben fiehren sollen und mögen, daß daselbst verkauffen denselben unsern burgern und gössten und ihren frommen damit treiben in der wochen, wan ihn daß fieglich ist, alß daß von alter ist herkommen. Und wer ihn speiß und getraidt uber den Reez oder Teichenegg und Hessenberg zuefiehret, die mögen daentgegen von dan auch eysen und salz, geschlagnes eysen und geschrotnes ungeirrt und mögen in ihr semer getraidt von Judenburg und Knitlfeld auch gefiehrn, alß daß von alter auch herkommen ist, doch alles untz an unß und sollen die mautt darvon geben an den gewöhnlichen stötten alß herkommen und billich ist. Davon gebieten wür unsern lieben getreuen N. unsern gegenwerttigen und konfftigen haubtleuthen und landschreibern in Steyr und darzue unsern eegenanten purgern zu Leoben und sonderlich dem landtrichter zu s. Peter und anderen unsern landtrichtern und underthanen, den diser brieff gezaigt wierdet, daß sie die eegenenten unser leuth auß dem Eysenärzt bey solchen rechten und gewonheiten, alß sie die von alter herbracht haben, halten und schermen und dabey bleiben lassen und daran nicht irren noch beschweren in kain weiß, doch unz an unß und deß nicht lassen, wenn wür daß ernstlich mainen. Mit urkund deß brieffs geben zu der Neustatt am pfingstag vor s. Geörgentag anno domini millesimo quadrangentesimo decimo septimo.

102 1417 Juni 3, – –

Mathe Haynfelder, Kaplan der Bürgerbruderschaft zu Leoben und Vikar der St.-Jakobs-Kirche daselbst, fertigt sein Testament.

Original, Pap., drei außen aufgedrückte Petschafte, Stiftsarchiv Admont.

Ich Mathe Haynfelder, ditzeit chaplan der erbärn purgerpruederschaft tze Lewben, chaplan und vicari sand Jacobspharrchirchen daselbs tun kund offenlich mit dem gegenwurtigen prief alle, di in sehent, lesent oder horent lesen, di yetzund lebent oder noch chunftig sind, daz ich mit wolbedachtem mut tzu der tzeit, do ich es wol getun mocht, geordent und geschaft han, orden und schaff auch yetzend gegenwurtiklich, all mein hab als hernach geschriben stet: von erst schaff ich tzwenundvirtzig gulden umb ein messpuch, daz gefallen sol tzu dem altar der purgerpruederschaft tze Lewben; tzu dem anderen mal schaff ich ain silbrein choph, den herr Jacob mein schaffer ditzeit tze Judenburg ynnhat und sechtzehen phunt phenning, darumb mir di purger tze Lewben ainen ewigen jartag stiften schullen, des ich iren trewen also wol getraw. Darnach schaff ich meinen pesten newen prawnn rokch mit fuchsleinen undertzog, den auch mein benanter schaffer tze Judenburg ynnhat der pruderschaft tzu sand Merten datz Judenburg. Item herrn Kasparn, gesellen daselbs, schaff ich meinen newen plaben seydel raysmantel. Item herrn Vlreich Hurnein von Potendarff, ditzeit des Dumerstarffer chaplan, schaff ich meinen swartzen rokch mit einem aycharneinen undertzog. Item herr Vlreichen dem Pistriczer, meinem gesellen tze Lewben, schaff ich meinen newn plaben seydel mit einem lembrein undertzog. Item herrn Jacoben Marschalich van Awssee meinn newn leibpeltz. Item herrn Hannsen dem Meichsner meinen plaben harrasseim rokch. Item der Nesen ettwenn meiner dieren schaff ich meinen pesten plaben mantel. Item der Elsen yetzund mein diern schaff ich mein schawben und den graben mantel für iren lan. Item Hennslein meinem pueben schaff ich den plaben rokch mit der plaben leynbat undertzogen und di alt prawn hawben und meine puecher. Item in daz spital tze Lewben schaff ich ain pet, tzway leylachen und ain dekchlachen und was tzu einem pet gehört. Item herrn Jacoben aus dem Eysenarczt meinem vorbenanten schaffer schaff ich meinen plaben seidel mit einen fuchseinn undertzog und di swartz hawben. Auch gib ich ym auf di vicarey zu sand Jacob an meiner stat trewleich ynntzehaben und aw mit allem vich, rossen, chuen und swein und alle ander hab, di ich in dem haus hinder mein laz, ez sey pet und petgewant und hawsgerecht wie daz genant ist, nichtz awstzogen und getrayd, davan er den gotzdienst erberleich sol ausrichten und ym selb und den herren davan lanen und was uber das alles uberpeleibt, das sol gefallen der obgenanten purgerpruederschaft tzu sand Jacob, damit der jartag und ander gotzdienst lobleich meiner sel ze hail und allen gelawbigen selen ze hilf volfürt und ausgericht werd. Des geschäfts sind getzewgen di erbaren herrn und priester herr Kaspar Roll, ditzeit gessell tze Judenburg, herr Vlreich Hurnein van Potendarff und ist hern Jorgen des Dümerstarffer chaplan, herr Vlreich Pistriczer, ditzeit gesell tze Lewben, und herr Jacob Marschalich van Awssee mein chaplan, Und daz das gescheffft also bei seiner kraft beleib, hab ich gepeten di erbärn weisen Jacoben den Glacz, ditzeit statrichter tze Lewben, Marcharten den Lewbner und Kasparen den Pierär, purger daselbs, daz sew daz geschäfft durch pessaren zewgnuss willen versigelen mit yren aufgedrukchten petschaden und daz also volfuren als ich in des allen und allen purgarn wol getraw, yn und allen iren erben an schaden. Daz ist geschehen und verschriben nach Christi gepurdt virtzehenhundert jar und darnach in dem sibentzehenten jar an sand Erasmtag.

Dorsualvermerk: ain gescheftbrief von hern Matthe der purgerbruderschaft.

103 1418 Juli 4, Wr. Neustadt

Jörg Timmersdorfer verkauft „Erzherzog“ Ernst „sein aygen haws mit stadel und gerten zu Lewben in der stat gelegen und auch mein ekcher und wisen daselbs im Winkchel gelegen mit allen zugehorungen nichts awsgenomen, das alles freyes aygen ist“, für eine Summe Geldes, „wan ich das obgenant haws, akcher und wisen von meiner eehafften not wegen nicht hab mugen ersparen und auch mit demselben gelt meinen merkchlichen schaden underkomen hab“.

Siegler: 1. Aussteller
2. Hans der Maissel zu Radawen
3. Hans Hagenauer

Original, Pgt., drei Hängesiegel, HHStA Wien.

104 1418 Juli 12, Wr. Neustadt

„Erzherzog“ Ernst verordnet auf Verlangen der Bürger der steirischen Städte und Märkte bezüglich der Kompetenz des Stadt- bzw. Marktrichters gegenüber der Landschranne, des Fürkaufes, des Weinschenkens und Tuchschneidens und der Gasthäuser innerhalb einer Meile um Städte und Märkte. Er schützt sie besonders vor der Konkurrenz der süddeutschen (= schwäbischen) Handelsleute.

Original, Pgt., Siegel fehlt, StLA-U 4698.

105 1418 Juli 15, Wr. Neustadt

„Erzherzog“ Ernst gibt Jörg Timmersdorfer und seiner Ehefrau Anna für treue Dienste sein genanntes Haus zu Leoben zu rechtem Leibgedinge. Das Haus soll nach beider Tod wieder an ihn zurückfallen.

Original verloren; *gleichzeitige Cop. Pap.* HHStA Wien.

106 1418 August 24, Wr. Neustadt

„Erzherzog" Ernst bestätigt den Bürgern von Leoben die von seinen Vorgängern verliehenen Rechte und Freiheiten und empfiehlt dem Hauptmann in Steier, Jakob von Stubenberg, die Leobener in ihren Rechten zu schützen.

Original, Pgt., Hängesiegel, StLA-U 4705.

107 1418 Oktober 31, Graz

„Erzherzog" Ernst entscheidet in dem Streit zwischen den Bürgern von Leoben und den Leuten von Trofaiach wegen des strittigen Sonntagsmarktes zu Trofaiach, aufgrund alter Privilegien, zugunsten Leobens.

Original verloren; *Cop. Pap.* StLA-U 4709.

Wir Ernst von Gotes gnaden ertzhertzog zu Österreich, zu Steyr, zu Kärnden und zu Krain, grave zu Tyrol etc. bekennen, als wir unser getrewn lieben den richter und rat und unser burger von Lewben auf gestrigen tag her für uns geladen haben, sich zu verantwurtten gen unsern getrewn den lewten von Traueyach von solher irrung und hyndernus wegen, so sy in teten an irn suntagmerkchten daselbs. Also haben wir beder genanten tail brief und widerred darumb gehört und ist nach solher verhörung und briefen von unsern räten geraten, erkannt und verlassen, daz die vorgenant unser stat Lewben von desselben suntagmarkts wegen zu Traueyach bey irn briefen, so sy dan von unsern vorvordern seligen und uns darumb habent, beleiben sullen, an alle irrung und hyndernuss ungeverlich. Mit urkund des briefs geben zu Gretz an mentag vor allerheiligentag anno etc. decimo octavo.

108 1418 Dezember 5, Graz

„Erzherzog" Ernst gebietet zwei oder drei bevollmächtigte Vertreter der Stadt Leoben zu ihm zu schicken, um sie in Anwesenheit der Brucker wegen der von diesen vorgebrachten Klage betreffend die Störung ihres Handels einschließlich des Gäuhandels zu verhören.

Original verloren; *Cop. Pap.* StLA-U 4714.

Wir Ernst von Gots gnaden ertzhertzog ze Österreich, ze Steir, ze Kärnden und ze Krain, graf ze Tirol etc. empieten unsern getrewn lieben dem richtter, rat und burgern unser statt ze Lewben unser gnad und alles gut. Uns habend fürbracht unser getrewn lieben unser burger gemainiklich zu Prukg auf der Mur, wie ir in mennig irrung und beswerung machet und tutt an iren wegen, die ir sy nicht vertreyben noch in dem geu verkauffen wellet lassen nach dem, als dem das von alter gewonhait herkom sey. Empfelhen wir ew und wellen ernstlich, daz ir auf den suntag nachstkunftig zwen oder drey aws ew mit gwelten her für uns senndet mitsambt ewrn briefen und kuntschafften. So wellen wir ew und die benanten von Prukg darüber aigenlich gen einander verhörn und yedem tail lassen widervarn was recht ist. Geben tze Gretz an montag vor sand Niclastag anno domini etc. decimo octavo.

109 1420 Februar 28, – –

Marchart Leubner, Bürger zu Leoben, stiftet zu seinem Seelenheil das Gut „Obervalich", das ihm sein Lehensherr Ott von Liechtenstein geeignet hatte, zum Spital und der Bruderschaft zu Leoben mit der Bedingung, daß er darüber gegen jährlichen Dienst von 18 Pfennigen am Martinstag frei verfügen könne.

Siegler: 1. Aussteller
2. Lienhart Stubäer, steirischer Landschreiber

Original, Pgt., zwei Hängesiegel fehlen, StLA I.Ö.U. 45.

110 1420 Oktober 25, Graz

„Erzherzog" Ernst fordert die Stadt Leoben brieflich auf, mittels Zettel, die in den landesfürstlichen Gerichten öffentlich verkündet werden sollen, den Unfrieden zu beenden.

Original verloren, *Cop. Pap.* StLA-U 4807[a].

Ernst von gots genaden ertzhertzog ze Österreich etc. Lieben getrewn. Wir sennden ew hieinne verslossen ain zedel, die ir wol vernemen werdet. Empfelhen wir ew ernstlich und wellen, daz ir dieselben zedel in unsern gerichten und gebieten unvertzogenlich lasset offenlich berüffen und auch selben datzu tut, damit solher unfrid in unsern lannden understannden und gewert werde, als ir ew selb und lannden und lewten des schuldig und gepunden seyt und des nicht lasset. Das ist ernstlich unser maynung. Geben zu Grecz an freitag vor sand Symon und sand Judastag anno domini etc. vicesimo.

dominus dux in consilio

Adresse: Unsern getrewen lieben dem richter und dem rat ze Lewben.

111 ca. 1420 – –

Äbtissin Aloisia von Göß überläßt Herzog Ernst von Österreich ihre Anteile an der Stadt Leoben sowie an den Festen Pfannberg, Kaisersberg und Luginsland als Lehen.

Original-Konzept, Pap., StLA-U 4816[b].

Wir Aleys von Gots gnaden aptissinne zu Gözz bekennen, daz wir dem hochgebornen fürsten unserm gnedigen herren hertzog Ernsten, hertzogen zu Österreich etc., verlihen haben die stat zu Leuben, die vesten Pfannberg, Kaisersperg etc. und die vesten Luginsland mit (irn zu gehorungen und den drittail)[1], die von uns und unserm egenanten gotzhause zu lehen rürent und die des egenanten unsers herren vetterleichs erb sind und leihen im auch die mit allen rechten, wirden und eren, die dartzu gehörend wissentleich mit disem brieve, was wir im daran ze recht verleihen sullen oder mugen. Also daz er und sein erben die mit allen zugehörungen von uns und unserm egenanten gotzhause in lehensweise innhaben und niessen sullen als lehens und landesrecht ist. Und des zu urkunde haben wir unser insigel gehangt an disen brief.

1 Auslassung

112 1421 Dezember 12, Graz

„Erzherzog“ Ernst beauftragt seinen Landschreiber in Steiermark, Leonhard Stubiar, daß er den Kauf und Handel mit Eisen vom Erzberg nach Leoben zum Nutzen der Stadt Leoben, ihrer Bürger und Leute ordne.

Original verloren; *Cop. Pap.* StLA-U 4854.

Wir Ernst von Gottes genaden erzherzog zu Össterreich, zu Steyer, zu Khärndten unnd zu Crain, grave zu Tyrol etc. empieten unnserm gethreuen lieben Leonhardten Stubiar unnserm lanndtschreiber inn Steyer unnser gnad unnd alles guett. Alß der kauf der mäß, so auß dem Eysenärzt herauß inn unnser statt gehn Leobm gefüehrt unnd verkhaufft werden, derselben unnser statt Leobm zu ainem gemainem nuz ist erdacht unnd gefüeget worden. Also empfelchen wir dir ernnstlich unnd wellen, ob derselb khauff nicht inn solcher mäß getriben würdet, das du den sechest unnd gedenckhst ain solche ordnung zu machen, damit die ehegenanndt arbait der gemäß inn unser statt zu Leobm unnsern burgern und leuthen daselbst zu ainem gemainen nuz khommen unnd der die armen alß die reichen jeder nach seinen stätten genuessen mugen unnd ainen als geleich sey als dem anndern nach seinem vermugen unnd des nicht lasset. Das ist unnser ernnstliche Mainung. Geben zu Graz am freytag vor st. Luciatag 1421.

113 1422 Jänner 1, Bruck a. d. Mur

„Erzherzog“ Ernst bestätigt den Bürgern von Leoben neuerlich die von ihnen errichtete „commun“ zum Nutzen jedes einzelnen Teilhabers, „damit yederman sein gelt darin legen muge nach seinen stätten unnd auch davon aufheben den gewün, der davon gefölt, alß das vor auch ist gewesen“.

Original verloren; *Cop. Pap.* StLA-U 4861[a].

114 1422 November 20, Wr. Neustadt

„Erzherzog“ Ernst bestimmt für die Bürger von Leoben und Judenburg bis auf Widerruf, daß nur Erz aus Eisenerz und Vordernberg verarbeitet werden darf und an der Maut zu Leoben abgabepflichtig ist.

Original, Pgt., Hängesiegel abgerissen, StLA-U 4901.

115 1422 Dezember 5, – –

Der Leobener Bürger Jakob Schmelzer gelobt der Äbtissin Gerdraut von Göß, von einer ihm zu rechtem Burgrecht verliehenen Hammerstätte in der Göß (= Gößgraben) jährlich ein Pfund Pfennige zu bezahlen und unterwirft sich ihrer Gerichtsbarkeit („daz hat unser genedig fraw oder ir geschöfft vollen gewalt ze richten und verhoren und auch uns und unser anbalt daruber ze straffen und ze pezzern aller pilleich und mugleich ist an als geverde").

Siegler: 1. Hans Schalautzer, Stadtrichter zu Leoben
2. Caspar Pierer

Original, Pgt., zwei Hängesiegel, StLA-U 4901[b].

116 1423 September 2, Leoben

„Erzherzog" Ernst lädt im Streit der Stadt Leoben mit dem Kloster Göß die Vertreter der Stadt für den 29. September nach Wiener Neustadt „umb ettwas rechten und freyhait, darinne sich die obgenant abbtessin von ew dunkhet beswert sein".

Original verloren; *Cop. Pap.* StLA-U 4930.

117 1426 Oktober 25, – –

Ott Kelner, Bürger zu Leoben, und seine Ehefrau Kunigunde stiften zur Johanneskapelle im Kreuzgang des Dominikanerklosters zu Leoben ein ewiges Licht mit drei Pfund Gülte auf einer Wiese bei Knittelfeld mit dem Vorbehalt, daß die Wiese ihrer beider Leibgeding sei „und nach unser bayder abgang, so sol es innhaben unser nachst erben nach rat der stat zu Leuben, ye das vernufftiger von ainen auf das ander. Und nach der aller abgang so sol es innenhaben ain yeder prior des klosters zu Leuben predigerorden . . .". Die Aussteller bitten Richter und Rat zu Leoben, die Urkunde in „der burger lad" zu legen und zu schirmen.

Siegler: 1. Vinzenz Seuser, Stadtrichter zu Leoben
2. Simon Gruenermel, Bürger zu Leoben

Original verloren; *Cop. Pap.* StLA-U 5085.

118 1427 September 11, Leoben

Richter und Rat zu Leoben bitten Bürgermeister, Richter und Rat zu Ödenburg, den Ödenburger Mitbürger und ehemaligen Leobener Mitbürger Hans Hufnagel nach Leoben „in unser stat schrann" zu schikken, da er seine Ehefrau in der Nacht ertränkt haben soll.

Adresse: Den erbern weisen dem burgermaister, richter und ratte der stat zu Ödenburg unsern gueten gunern.

Xeroxkopie StLA-U 5122[b], Original im St. A. Ödenburg.

119 1428 September 18, Leoben

Jörg Paradeiß verpflichtet sich für sich und sein „mamb", die edle Clara Pomindt, Witwe Antoni Gopplachers, Herzog Friedrich zu Österreich für die Verpfändung der Feste „Mümblan", die ihm von Clara samt allen anderen von ihrem ersten verstorbenen Mann Nise dem Winzaberg ererbten Gütern verpfändet worden waren und an sie von der Herrschaft Österreich um 746 Mark Venediger Schilling verpfändet waren, um 450 Mark Venediger Schilling auf alle weiteren Forderungen darauf zu verzichten.

Siegler: 1. Niklas Stegwerger
2. Melchior Ydungsperger
3. Gregor Numerdum, Stadtrichter zu Leoben

Original verloren; StLA *HSG 605*.

120 1430 Februar 7, Massenberg

Der steirische Landschreiber Conrad Wueri bestätigt, daß er von Richter und Rat zu Leoben die gewöhnliche Stadtsteuer („gewöndliche stewr") von 30 Pfund Pfennigen für das Jahr 1429 empfangen hat, die Peter Gradner zu Leibgeding hatte und die nach dessen Tod dem Landesfürsten ledig wurden.

Original, Pap., rückwärts aufgedrückte Petschaft, StLA-U 5232.

121 1435 Juli 22, – –

Richter, Rat und Bürgergemeinde der Stadt Leoben huldigen Herzog Friedrich (V.) dem Jüngeren, seinem Bruder Herzog Albrecht (VI.) und ihrem Onkel Herzog Friedrich (IV.).

Original, Pgt., anhangendes Stadtsiegel, HHStA Wien.

122 1435 Oktober 1, Graz

Leopold Aschbach, Landschreiber in Steier, mahnt den Richter und Rat der Stadt Leoben, die fällige Steuer zu bezahlen.

Original, Pap., aufgedrückte Petschaft, StLA-U 5476.

Erber und weis mein dienst wisset bevor. Ich emphelh ew erenstlich, daz ir die stewer, so ir meinem genedigen herren dem hertzogen etc. jerleich geben schullt, unvertziehen anslacht und die inbringet und was von dem gericht bey ew geburet und mir die auf sand Kathreintag nachstkunftig her antwurtet, wann ich der zu des obberuerten meins genedigen herrn merkchleich notdurft bedorff und davon so lasset des nicht. Geben zu Gretz an sambstag nach sand Michelstag anno domini etc. tricesimo quinto.

Leopolt Aschpach
lanndschreiber in Steir

Adresse: Den erbern und weisen, dem richter und rat der stat zu Lewben meinen guten gunnern.

123 1435 November 17, Graz

Leopold Aschbach, Landschreiber in Steier, benachrichtigt Richter und Rat von Leoben, daß Herzog Friedrich den auf den vierten Dezember nach Graz ausgeschriebenen Landtag auf drei Wochen nach Weihnachten verlegt habe.

Adresse: An den richter und rat von Leoben.

Original, Pap., StLA-U 5479, ed. SEUFFERT-KOGLER I, 75.

124 1435 Dezember 21, Wr. Neustadt

Herzog Friedrich der Jüngere entscheidet den Streit zwischen Margarete, Witwe Wulfings des Ungnad, und der Bürgerschaft von Leoben wegen eines von ihrem verstorbenen Bruder Jörg Timmersdorfer gestifteten Seelgerätes.

Original, Pgt., Hängesiegel, StLA-U 5482.

Wir Fridreich der junger von Gots gnaden hertzog ze Österreich, ze Steyr, ze Kernden und ze Krain, grave ze Tyrol etc. bekennen, als weilnt Jorg Dumerstorfer in sannd Johannscappeln zu Leubn ain stifft hat getan, dieselb cappeln mit wachs ze beleuchten, auch daselbs ain ewigs liecht und wochenlich ain vigili und seelambt ze singen, dartzu er geordnet und geschafft hat all die ekcher, so von weilnt seinem vater Peringern Dumerstorffer herkomen sind und auch die er selber gekaufft hat under der stat Lewben zu Edespach gelegen mitsambt den wismadten daselbs umb gelegen in grunten und an leytten darauf si der ain hof und sitz gepawt ist. Er hat auch dartzu geschafft das mautthaws und die padstuben an der murprukgen ze Lewben und die vier guter gelegen hinder der mawr daselbs als das der stifftbrief, der darumb ist, aigenlich aufweiset. Und wan aber die erber Margreth weilnt Wulfings des Vngnaden wittib des egenanten Dumerstorffer swester an ainem und unser getrewn lieben N. die burger gmainklich der egenanten unsrer stat Leuben des andern darumb miteinander nicht aynig sein, wan die yetzgenant Margreth Vngnadin nach des egenanten irs bruders des Dumerstorffer tod und abgang sich des obgenanten hoffs zu Edespach und der ekcher und des wismad daselbs underwunden hett, also haben wir si bederseitt mit irm wissen und willen darumb gutlich entrichtet und entschayden als hernach geschriben stet: Des ersten, daz die guter und stukch, als die oben benant sind, bei der obbenanten stifft beleiben sullen in der mass, als die der egemelt Jorg Dumerstorffer dartzu geschafft und gestifft hat und als hernach geschriben stet ungeverlich. Wer aber, daz die obgenant Margreth Vngnadin oder ir erben den vorgenanten hof im Edespach mitsambt den ekchern und wismat so darzugehorn selber behalten und haben wolten, so sullen si dafur zu der benanten stifft vermachen und verschreiben jerlicher gult achzehen phunt pfenning gelts, zinns, nutz oder gult in ainem gleichen anslag nach lanndesgwonhait und sullen das tun zwischen hinnen und den schiristkunfftigen Ostern an lenger verziehen angeverde. Tetten si aber das in derselben zeit nicht, so sol derselb hof und die ekcher und wismad in dem Edespach gelegen mitsambt dem mautthaws, der padstuben und den vier gutern hinder der mawr als vorberurt sind, hinfur ewiklich bei der obgenanten stifft beleiben an derselben Vngnadin und irer erben und meniklichs von irn wegen irrung und hindernuss angeverde. Dann von solher zinns wegen, so von ettlichen jarn und zeit noch auf dem egenanten hof ligent und dhain tail nicht ingenomen hat, dieselben vergangen zinns, was der untz auf heutigen tag auf dem hof oder wo die ligent, die sullent unser egenant burger zu Leuben innemen und sol in der pawr, der auf demselbem hof sitzet, und auch ander, die solh zinns innhieten damit

gehorsam sein. Dieselben unser burger sullen dann mit wissen der benanten Vngnadin und irer erben darumb guter zinns, nutz oder gult zu der offgenanten stifft kaufen, als verr die gelangen. Auch sullen dieselben unser burger ze Leuben und ir nachkomen die obgeschriben guter und gult, so zu der benanten stifft gegeben sind oder hinfur gegeben wurden von wem das wer, innhaben, versorgen und schermen nach irm besten vermugen und die stifft davon ausrichten als verr die gult und nutz raichen getrewlich und ungeverlich als si dann darumb von Got dem allmechtigen und dem lieben herren sannd Johanns lon und hail irer seel mainent zu erwerben und ir selbs gewissen schuldig sind an geverde. Mit urkund des briefs geben zu der Newenstat an sannd Thomanstag des heiligen zwelfboten nach Kristi geburde im vierzehenhundert und funfunddreissigisten jare.
prescripta recognovimus dominus dux in consilio audientiae

125 nach 1435 Dezember 21, – –

Margreth, Schwester des verstorbenen Jörg Timmersdorfer und Witwe Wulfings des Ungnad, vergleicht sich unter genannten Bedingungen wegen des Urteils von Herzog Friedrich (V.) mit den Bürgern von Leoben hinsichtlich einer strittigen Stiftung ihres Bruders.

Original verloren; *gleichzeitige undatierte Cop. Pap.* StLA-U 5706.

Ich Margret hern Perngern des Dumerstorffer saligen tochter und hern Wulfings Vngnaden saligen witib bekenn fur mich und all mein erben offenleich mit dem brief allen den er furchumpt sehen, hornt oder lesen, als der durchlewchtig hochgeporn furst hertzog Fridreich der junger hertzog ze Österreich etc. mein gnadiger herr ain ausspruch getan hat zwischen meiner, obgenanten Margret ains tails und der purger der stat ze Lewben des andern tails von der stifft wegen so mein bruder her Jörg der Dumerstorffer salig getan hat in sand Johannscappellen in der stat daselbs ze Lewben nach inhaltung des ausspruchbrief, den der obgenant mein gnadiger herr hertzog Fridreich etc. uns ze beden tail darumb geben hat, also das ich zw der obgenanten cappellen sand Johanns vermachen und verschreiben schol jarleicher gult achzehen phunt phenning gelts, zins und gult. Das hab ich also getan und tu das auch wissentleich mit krafft des briefs auff die hernach verschriben zehent, stuck, grunt, wismat und gutter als sie hiemit na(ch) verschriben stend: Item von erst ain zehend gelegen umb die stat ze Lewben, der mein vaterleich erb ist und der ze lehen ist von meinem gnadigen herren dem ertzbischof von Salczburg fur sechs phunt phenning gelts. Item und ain zehent gelegen im See fur ain phunt phenning gelts. Item ain garten gelegen vor dem purgtor zw Lewben, als man gen sand Jacob get fur siben schilling phenning. Item zwo pewnten und ain wissen gelegen daselbs bey sand Jacob, die der Saher innenhat fur aindlff schilling phenning. Item ain wisen gelegen an der Lewben, die der Ludweiger innenhat fur drew phunt phenning und sechs schilling phenning. Item ain gut zw Krawat, da der Muchel aufsitzt, dient zw sand Merteinstag siben schilling phenning. Item ain huben pey dem pach zw Micheldorff, da Hanns aufsitzt, dient ain phunt phenning und dient vormals auch sachzig phenning und ain virtail habern gen sand Johanns. Item ain huben im Seltenpach, da Cuncz aufsitzt, dient zw sand Jorgentag drey schilling phenning und zwentzig ayer und zw sand Merteinstag drey schilling phenning und sechzehen phenning fur huner. Item ain gut zw Petschach nyderthalb Fewriach pey der Mur, da Erhart aufsitzt, dient vierzehen metzzen habern und zwey huner zw Weyhennachten, das hab ich im gelassen auf vierzehen schilling phenning und auf zwey huner und wenn das gut gepessert wirt, so mag man den alten zins davon nemen. Item ain flaischpanck in der stat zw Lewben, dient ain halb phunt phenning. Die obgeschriben zehent, stuck, grunt, wismat und guter mit allen irn zwgehorungen hab ich ingeantwurt den obgenanten purgern ze Lewben nach inhaltung des ausspruchbrief, so wir ze beber tail von dem obgenanten unserm gnadigen herren hertzog Fridreich dem junger hertzog ze Österreich etc. darumb haben. Ich lob in auch mitsampt mein erben die obgenanten zehent, stuck, grunt, wismat und guter scherm, aygen als aygenrecht, lehen als lehensrecht und gewonhait ist in dem land ze Steyr. Mit urchund des briefs etc.

126 1436 März 23, Wr. Neustadt

Herzog Friedrich (V.), der Jüngere, ordnet über Beschwerde der Bürger von Leoben, daß die Vordernberger „im Eysenerczt in kurtz new und ungewondlich hämer (i. e. Welschhämmer)" errichtet und das derart geschlagene Eisen ausgeführt hätten, in sechs Wochen eine Tagsatzung zur Vernehmung beider Teile an.

Original verloren; *Cop. Pap.* StLA-U 5493.

127 1436 Juni 12, – –

Abschrift des Zeugenprotokolls über die Grenzen zwischen dem Kloster Göß und den Bürgern von Leoben am Hocheck bzw. im Brandgraben und am Khienberg.

Original verloren; *Cop. Pap.* (16. Jh.) StLA-U 5501[b].

Es ist ze merkhen, wie die hernachgeschriben all mit nam bey irn trewn an ains gesworn aydes stat gesagt haben, wie sich die pigmerkh und geschaid zwischen meiner frawen der abbtissin zw Göss und der purger zw Lewbn an dem Hochekk von der weld wegen daselbs auff baiden taillen haldtent und entschaiden. Ist beschechen an erchtag nach gotzleichnambstag anno domini etc. tricesimo sexto.

Item von erst Jörg Genßpuchler, hern Vlrichs von Stubenberg hold, hat bechantt, das das geschaid der weld so dann ist zwischen meiner frawn der abbtissin zw Goss und der purger zw Lewben sich behebt von dem Prentgraben und gee auff nach dem Mitterpichl fur die marchpawm biss auff das Hochkhögel khegen der stat; und was also der weld ist, die gegen der stat ligent, die gehorn den purgern zw Lewbn zw, ausgenomen die herren die auch darin habent. Aber der ander taill, was des ist, nach ausweisung der pigmerkh als oben beruert ist, der gehort der abbtissin zw Goss und irm gothaws daselbs zw und ist ir ledigkhlich zwgesagt worden, als das mit recht und von allter herkhomen ist, gedechtnuss des benanten Jorgn Genspuchler umb die obgenant bechantnuss der ist bey virunndsechtzigkh jaren.

Item Jorg Wolframer zw Schaltdorff, des von sand Lamprecht hold, der bekhenndt in geleicher weis als der vorbenant Jorg am Genspuchl, gedachtnuss auff 60 jar.

Item Khuntz Hel, des pfarer zw Prukh an der Murr hold, bekhent als die oberen, gedachtnuss bey an zwayfunfftzig jaren.

Item Hanns Schlacher genant Kholer, des hertzogen hold, bekhent als die oberen, gedachnuss auff subentzig jar.

Item Wulfing Rosspewnter, der Vngnadin hold, hat die pigmerkh bekhant als die vorderen, gedechtnus achtzig jar.

Item Mittermair von Fewrgach, der Vngnadin hold, sagt als die oberen, gedechtnuss dreisigkh jar.

Item Hanns Obermair, der Vngnadin hold, bekhent als die oberen, gedechtnuss zwayunddreisigkh jar.

Item Hans Zwtubler, der Vngnadin hold, sagt als die oberen, gedechtnuss 20 jar.

Item Vlreich Huebman, der Vngnadin hold, sagt als die oberen, gedechtnuss 30 jar.

Item Hanns des Leissermair zw Fewrgach sagt als die oberen, gedechtnuss 50 jar.

Item Rueprecht Hofmair, hern Fridreichs von Stubenberg hold, bekhent als die obgeschriben, gedechtnus auff zwayunddreissig jar.

Item Thoman Huebman, des pfarer zw sand Dionisen hold, sagt als die vorderen, gedechtnus auff 50 jar.

Item Dietreich Herb im Slag, des pfarer hold auff sand Veitsperg bei Lewben, sagt als die oberen, gedachtnuss dreisig jar.

Item Chuntz ob der Lassach, des Hebenstreit hold, sagt als die oberen, gedechtnuss auff funftzig jar.

Item Veit Huebman, des pfarer hold auff sand Veitsperg, bekhent als die oberen, gedechtnus auff 20 jar.

Item Symon Vischer im Waldenpach, des von Admundt hold, sagt als die vordren, gedechtnus auff 32 jar.

Item Lucas an der Hochwisen, Friedreich des Gloyacher hold sagt als die vorderen, gedechtnus auff 37 jar.

Item Jawsner, des Stadler hold, sagt als die oberen, gedechtnuss auff virtzigkh jar.

Item Wolslacher zw Fewrgach, des Leysser hold, sagt als die oberen, auff 30 jar.

Es ist auch ze merkhen, das all obgeschriben sachen nach innhaltung der zedl in austrag und zw endt khomen seind durch den edln vesten Perchtolden Krotendorffer, diezeit phleger auff Gesting nach solher briffleicher emphelnuss, so im der hochgeborn furst hertzog Friderich zw Osterreich etc. der junger darumb gethan hat. Und bey solher austrag und endt sind gewesen die edln vesten Ander Krabesdorffer, diezeit verweser zw Gretz, Jorg Gloyacher, die zeit phleger zw[1] Pettaw, Hans Prankher, diezeit phleger zwm Khaissersperg und Hans Tzmöllner, diezeit phleger und lantrichter zw sand Peter ob Lewbn, die der obgenant Krotendorffer von wegen des benanten hertzogen Friderichs zw Osterreich etc. auff die grundt und pigmerkh ervordert und sew von baider taill wegen darzw genutht und nach irm und andern frumer lewt rate solh zwittracht und irrung der pigmerkh als oben berurt ist zw austrag und endt bracht hat nach solhen sagen, so die obgenanth gemain lewt all bey iren trewn an ains gesworn aydes stat darumb gesagt habent. Ist beschehen an erchtag nach Gotzleichnambstag anno domini etc. tricesimo sexto. (Ist nu 75 jar vergangen)[2].

1 vor „zw“ gestrichenes „auff“
2 Zusatz

Dorsualvermerk: Item ain beschaid und entlich austrag der pigmarch und wald im Prantgraben und Khienberg zwischen einer frawen von Goss und der purger zw Lewben vor 75 jaren beschehen. Abgeschrifft actum Lamperti anno etc. 11 [= 1511].

128 1436 August 13, Leoben

Mathe Teschner, Bürger zu Leoben, und seine Ehefrau Elisabeth, Witwe Andre Holzapfels, vergleichen sich mit der beiden letzteren Sohn Caspar um dessen väterliches Erbe, fahrendes Gut und Geldschuld.

Original, Pgt., Hängesiegel, StLA-U 5508[b].

Ich Mathe Teschner purger ze Lewben und ich Elsbeth sein eleichew hausfraw, weylend Andren dez Holtzaphel selig wittib, wir vergehen und tun kund offenlichen mit dem brief allen den er furkumbt umb die zuspruch und vordrung so Caspar Holtzaphel dez benanten Andren sun und unser sun zu uns gehabt hat umb allez das erb und varund gut, so der benant Andre Holtzaphel sein vater seliger hinder im lassen hat und auch daz gelihen gelt, so er uns getan hat, darumb uns aber erber lewtt nach unsrem und seinem vleissigem gebett frewntlich miteinander berichtet und unsrem wissen geainet haben in der beschaiden, das wir all geltschuld selbs sullen betzalen. Und das wir im fur all sein zuspruch und vordrung gegeben haben und geben im und seinen erben auch wissentlichen mit dem brief: von erst ain haus bey der prugken mitsambt dem garten und hofmarich darauf es stet und yetzen Niclas Phanner innehat und dient jarlich ain pfunt Wienner phenning zu sand Jorgentag und die mulstat gelegen im Gern mitsambt dem garten hinden daran und ruret an dez benanten Niclas hofmarich und garten, den hamer dabey mitsambt seinen werichtzeug und zugehorung und auch die smitstat oben daran mitsambt der wisen daran gelegen zwyschen payden wassern genant die Lewben und ain wisen gelegen enhalben der aussern Lewben und stosset an dez Sawrer weyr und obenhalben an die strassen und nyderhalben an die Mur und ist allez purkchrecht von ainem yedem pharrer zu Unser Frawn am Wasen, den man jarlichen davon dient zu sand Jacobstag im snitt drew phunt phenning und in das mitsambt dem kauffbrief ingeantwurt mit dez ersamen herren Michels Koler dietzeitt pharrer zw Unser Frawn am Wasen hant aus unser gewalt, nutz und gewer in sein und seiner erben gewalt, nutz und gewer mitsambt dem harnasch, der zu dez gemelten seines vater leib gehort hat und dartzw alle varunde hab, so wir yetzen haben den dritten tail in der beschaiden, das er fur hewtigen tag geben des briefs mit dem benanten erb und varundem gut allen seinen frumen wol gesuehen mag mit geben, schaffen, machen wie im das fueglich ist an irrung unser und aller unser erben und unvergriffenlich ainem yedem pharrer zu Unser Frawn am Wasen hie ze Lewben an seinem zinsse und gerechtikait und ausgenommen, ob er das verkauffen wold, so sol er uns das annoten. Wolten wir das aber von im oder seinen eleichen erben nicht kauffen, so mag er das geben, wem er wil an unser widersprechen angeverd und auch ob er unserainem icht schueff, dez sein wir nicht vertzigen. Und ob wir uns an den oberurten stukchen inndert vergassen oder vergessen wolten, so sol uns oder unser erben darzwhalten und noten ain yeder richter oder herr der uber uns und unser gut ze gebieten hat. Wer der sewmig daran, so sol ez tun der lanndesfurst in Steir oder wer an seiner stat gewalt hat. Swer, das er von dem benanten erb und varundem gut widerrecht nicht gedrungen werd und weren darzw vervallen ainem lanndesfursten in Steir virtzigk gulden und der stat zu Lewben zehen gulden. Und dez zu urkund so geben wir in den brief besigelten mit dez obengenanten ersamen herren Michels dez Choler pharrer zu Unser Frawn am Wasen anhangundem insigel, der das durch unser vorgenanten Mathen und Elsbethen peder wirtleut vleissigem bet willen an den brief gehangen hat, im und allen seinen nachkomen an schaden. Darunder wir uns fur uns und all unser erben verpinden, allez daz war und stat ze haben und volfuren, so an dem brief geschriben ist. Geben zu Lewben nach Kristi gepurd virzehenhundert und in dem sechsunddreyssigistem jare am mantag vor Unser Frawntag ir schydung.

129 1436 August 14, Leoben

Caspar Holtzapfel, Sohn des verstorbenen Leobener Bürgers Andre Holtzapfel und der Elisabeth, nun Gattin des Leobener Bürgers Mathe Teschner, beurkundet, daß er sich mit seinem Stiefvater und seiner Mutter bezüglich seines Erbes verglichen hat.

Original verloren; *Cop. Pap.* (16./17. Jh.) StLA-U 5509.

130 1437 März 12, – –

Valentin Gernreich, Bürger zu Leoben, verfügt zugunsten seiner Gemahlin Anna, Tochter Konrad Watsakchs, über Heiratsgut und Morgengabe in der Höhe von 150 Pfund Wienner Pfennigen unter genannten Bedingungen.

Original, Pgt., zwei Hängesiegel, StLA-U 5529.

Ich Valtein Gernreich burger zu Lewben vergich fur mich und all mein erben und tun kunt offenleich mit dem brief allen den er furchumbt, daz ich mit wolbedachtem mut und zu dertzeit, da ich es mit recht wol getun mocht recht und redleich, willikleich und gern geben und gemacht hab, gib und mach auch wissentleich mit kraft des briefs meinr eeleichen lieben hausfrawn Annen, Conrats des Watsakch tochter, hundert phunt guter Wienner pfenning zu rechtem heiratgut und widerlegung der fümfzig phunt Wienner pfenning, so si mir in beraitem gelt zubracht hat und die mir der durhleuchtig hochgeporn fürste hertzog Fridreich der Junger hertzog ze Österreich etc. mein gnediger lieber herre gegeben hat. Und aus den hundert phunten Wienner pfenning irer widerlegung hab ich ir zu rechter morgengab geben und gemacht fumfzig pfunt guter Wienner pfenning, die si wol mag schaffen, geben oder machen, wem si wil und damit handeln und farn als mit anderm irem aigenleichen gut wie sey des verlust, an mein und meinr erben und aller menikleichs irrung, engnus und widersprechen und als morgengabrecht ist in dem lannd ze Steir. Und umb die obgenanten hundert pfunt Wienner pfenning irer widerlegung und morgengab und auch umb die fumfzig pfunt Wienner phenning, so si mir zubracht hat, hab ich sey geweist und weise sey auch wissentleich mit krafft des brieves auf mein haws und hof mit aller seiner zugehörung gelegen zu Lewben in der stat zwischen Mathen des Teschner und Erharts des Phaffler hewser. Gieng ir aber daran icht ab, das sol si haben auf allem anderm meinem erbgut nichts darinne ausgezogen noch hindangesatzt in der beschaiden, ob ich vorgenanter Valtein Gernreich mit dem tod ee verschied wan die benant mein eleiche hawsfraw Anna, da Got lang vor sei und leiberben miteinander heten oder nicht, so sol si das benant haws und hof mit aller seinr zugehorung und dartzu all ander mein erbgut nichts ausgezogen innhaben unverkumert als lang untz daz sei mein nachst erben ermant und ausrichtent der vorgeschriben anderthalbhundert phunt Wienner pfenning irer haimstewr, widerlegung und morgengab. Und wann si der ausgericht ist, so sol all mein erbgut nichts ausgenomen meinen nachsten erben gantzleich und an all auszug von ir ledig sein und sol dann die obgemelt mein liebe hawsfraw Anna aus den benanten hundert phunten Wienner pfenning irer widerlegung der fumfzig pfunt pfenning ir lebtäg unverkumert innehaben, nutzen und niessen und die nach meiner nachsten erben und freunde ratt an erb in dem lannd zu Steir anlegen und si mit briefen versorigen, daz die mein nachst erben nach irem abgang wissen zu vinden und zu nennen in den rechten als oben geschriben stet. Auch sol der egenanten Annen all mein varunde hab geleich halbe volgen und beleiben und der ander halbtail meinen kinden, die ich yetz hab oder noch gewinne. Gieng ich aber an leiberben ab, so sol ir das varund gut so ich hinder mein las gantz beleiben. Ich setz sei auch des benanten haws und hof mit aller seiner zugehörung nutz und gewer mit dem brief als solhs furphants und gemächtsrecht ist in dem lannd ze Steir. Ich gelob und versprich ir auch fur mich und all mein erben, das obgeschriben haws und hof mit aller seiner zugehörung getrewlich und ungeverdleich zu scherm und mit dem rechten zuvertretten gen menikleich vor aller ansprach und vordrung, wo ir des nodturft beschicht als man dan von recht solh gemächt scherm sol nach lanndes recht in Steir und der stat zu Leuben. Tett ich oder mein erben des nicht, was schadens si des nem, wie der genant oder gehaissen wurde, den si bei iren trewn möcht gesagen an ayd und an all ander bewärung unberechtent, denselben schaden gelob ich ir mitsambt meinen erben abzulegen und widerzukern und sol si das haben auf dem benanten haws und hof und auf aller ander meinr hab, die ich unverschaidenlich hab nichts ausgezogen. Davon sol ir genug tun der statrichter zu Lewben. War der sewmig daran, so sol es tun der lanndesfürst in Steir oder wer an seiner stat gewalt hat, wo si darauf weiset oder zaiget soverr untz si erchens und schadens gantz ausgericht und bezalt ist.

Und des zu ainer warn urchunt gib ich der egenanten meiner lieben hawsfrawn Annen den brief, der besigelt ist mit der erbern weisen Hannsen des Schalauczer diezeit statrichter zu Lewben und Gregorgen des Numerdumb purger daselbs baider aigen anhangunden insigeln, die si durch meiner fleissigen pet willen an den brief gehangen habent in, iren hawsfrawn und all iren erben an schaden. Darunder ich obgemelter Valtein Gernreich mich verpinde mit mein trewn an aides stat fur mich und all mein erben alles das war und stet ze haben, das an dem brief geschriben stet, der geben ist an sand Gregorientag des heiligen pabsts und lerer nach Cristi gepurd vierzehenhundert jar darnach in dem sibenunddreissigisten jare.

131 1439 Jänner 26, – –

Anna, Tocher des verstorbenen Paul Fuchs zu Trofaiach und Gattin Hans Schneiders daselbst, vergleicht sich mit Erhart, Amtmann am Gries, wegen dessen Gerhabschaft über ihren Vetter Wolfgang Seusser zu Leoben.

Original, Pgt., zwei Hängesiegel fehlen, StLA-U 5625[c].

Ich Anna, weillent Pauln dez Fukchs ze Trafeyach seligen tachter und yetzen Hannsen dez Sneyder daselbs zu Trafeyach eleichen hausfraw bekenn und tun kund offenlichen mit dem brief allen den er furkumbt umb alle die anvordrung, stoss und zuspruch, so ich gehabt hab untzen auf disen heutigen tag zw Erharten ambtman am Griess als zw ainem gerhaben meines vettern Wolfgangen, weillent Vicenczen dez Sewsser purger ze Lewben seligen sun von wegen der gerhabschafft, so mich der benant Vicencz Sewsser dez obgenanten Wolfgangen vater innegehabt hat. Darumb uns aber erber leutt mit unser payder tayl willen und wissen frewntlichen miteinander geainet und gericht habend in solher weiss, das sew mir und meinen erben abgetreten und lauter ubergegeben habend aller der gerechtikait so der obgenant mein lieber veter Wolfgang gehabt hat an der huben genant die Pirntzaglin gelegen hie ze Trafeyach und die funff pfunt Wienner phenning, so in Hainreich Rieder ze Trafeyach schuldig ist beliben an ainem haus und von Erharten Weber daselbs funff gulden an ainem acher. Darumb sew mir und denselben Rieder und Weber kaufbrief vertigen sullen zwyschen heut geben dez briefs und vasnacht nachstkunfftig und ob ich icht brief oder register innehiet, das in zugeburdet, das sol ich in an vertziehen raihen. Hieten sew aber icht inne brief oder register, das uns zugehoret, das sullen sew uns auch an vertziehen raihen. Auch ist beredet und getaydingt, ob der vorgemelt Wolfgang Sewsser mein veter mit dem tod abgieng und nicht leybserben hinder im liess, so sullen mir sein nachst erben oder frewnt nach seinem abgen geben an widersprechen virundzwaintzigk pfunt Wienner phenning. Lies er aber leibserben hinder im, bey denselben seinen leibserben sullen dieselben virundzwaintzigk phunt Wienner phenning beleiben. Also hab ich mich fur mich und all mein erben mit willen und gunst dez egenanten meines lieben eleichen mannes gen dem egenanten Erharten ambtman am Griess als einem gerhaben Wolfgangs dez Seusser und demselben Wolfgangen und allen seinen erben gentzlichen vertzigen und verzeihen uns dez auch wissentlichen mit dem brief, das wir noch all unser erben noch nyemand ander von unsern wegen kainerlay zuspruch, ansprach noch vordrung mit recht noch anrecht, geistlichen noch weltlichen nicht mer zu in haben sullen, noch wellen in kainerlay weiss angeverd ausgenomen was uns mit toden von in anersturb, dez verzeich wir uns nicht. Wer aber, das wir uns daran inndert vergassen oder vergessen wolden, so haben wir all unsre rechten gen in verlorn und sol uns darzwhalten und noten unser herrschafft, die uber uns und unser guet ze gebieten hat, damit wir allez das halten, so an dem brief geschriben ist. Wer die sewmig daran, so sol ez tun der lanndesfurst in Steir oder wer an seiner stat gewalt hat sover, das sew aller scheden so ir ains bey seinen trewn ungesworn und an alles berechten, gesprechen mag, ausgericht und betzalt sind. So vergich ich egenanter Hanns Sneyder, das die egenant richtigung und verzeihung mit meinem guetlichen willen und wissen beschehen ist und hab mitsambt meiner eleichen hausfrawn Annen mit vleiss gepeten die erbern weisen Hannsen Schalauczer purger und dietzeitt dez rates ze Lewben und Hannsen den Drekchsel ze Trafeyach, das die ire insigel zu urkund durich unser vleissigen gepet willen an den brief gehangen habend, in peden und allen iren erben an schaden. Darunder wir uns fur uns und all unser erben verpinden, allez das war und stat ze haben so an dem brief geschriben ist, geben nach Kristi gepurd in dem virzehenhundertistem und newnunddreyssigistem jare an mantag nach sand Paulsbekerungtag.

132 1439 Jänner 29, Wr. Neustadt

Herzog Friedrich (V.) bewilligt der Stadt Leoben die Bildung einer Eisenhandelskommunität für die Dauer von 15 Jahren und beschränkt die Einlage auf 100 Pfund.

Original, Pgt., Hängesiegel, StLA-U 5627.

Wir Fridreich der Junger von Gots gnaden hertzog ze Ostereich, ze Steir, ze Kernden und ze Krain, grave ze Tirol etc. bekennen, daz wir durch aufnemens willen unsrer stat ze Lewben und sunderleich umb ainen gemainen nutz aller unsrer burger daselbs denselben unsern burgern vergunnet und erlaubt haben wissentlich mit dem brief, daz sy ain comnawn mit dem kauff des geslagen eysens und der mess daselbs halten sullen und mugen in solher mass, daz das geslagen eysen oder mess aws beden pergen unssers Eysenerczts in dieselben unser stat Lewben komen und gefurt sol werdn als von alter herkomen und

beschehen ist und dann darumb der kauff von denselben unsern burgern umb ainen gemainen phenning beschehen sol, doch daz die rodmeister und arbaytter, so solh geslagens eysen und mess verkauffen, mit der betzalung des gelts nicht gesawmbt werden. Und in dasselb comnawn sol und mag ain yeder gesessner burger daselbs ze Lewben sein gelt legen als vil er dann wil nach seinen staten, doch uber hundert phund phenning nicht und auch davon aufheben den gewin der davon gevellt nach geleicher antzal ungeverlich. Und dasselb comnawn und der kauff desselben geslagen eysens und der mess aws den obgenanten pergen sol beleiben und gehalten werden funftzehen jar die nachsten nacheinander von datumb des briefs ze raiten an geverd. Davon gebieten wir vesticlich dem richter, rat und den burgern gemainklich daselbs ze Lewben gegenwurttigen und kunfftigen und wellen ernstlich, daz sy solh obgeschriben ordnung, comnawn und den kauff des geslagen eysens und der mess also die vorbenanten jar halten und dawider nicht tun in dhain weys. Welher aber dawider tet das wissenlich wurd, den wolten wir swerlich darumb schaffn zestraffn. Mit urkund des briefs geben zu der Newnstat an phintztag vor unser lieben Frawntag der lyechtmess nach Kristi geburde viertzehenhundert und im newnunddreissigisten jare.
prescripta recognoscimus dominus dux per se ipsum

133 1439 Juni 16, Leoben

Erhard Trabocher und seine Ehefrau Anna verkaufen Caspar Eisenzieher und seiner Ehefrau Margarete ihre „wisen mitsambt dem werichgadem, das darauf stet, gelegen an der Lewben“ zu einem ewigen Burgrecht um eine ungenannte Summe Geldes. Sie behalten sich das Vorverkaufsrecht vor. Wollen sie es innerhalb eines Monats nicht kaufen, dürfen sie es frei veräußern als „purkchrechtsrecht ist in dem lannd ze Steir und der stat zu Lewben“.

Siegler: Michael Koler, Pfarrer zu Maria Waasen

Original, Pgt., Hängesiegel, StLA-U 5644.

134 1440 März 9, Leoben

Der Ausseer Hallinger Wilhelm Schawerekger beurkundet, daß die Anhängung des Stadtsiegels an den Stiftsbrief des von ihn im dortigen

Dominikanerkloster gestifteten Seelgerätes dieser selbst zu keinem Schaden gereichen solle.

Original, Pap., zwei aufgedrückte Petschafte, StLA-U 5674.

Ich Wilhalm Schawerekger diezeit Hallinger zw Aussee vergich fur mich, Barbaran mein hawsfrawen und all unser erben von der stift wegen ainer ebigen tagleichen fruemess so wir getan haben in das chloster zw Lewben predigerordens auf sand Kathreinalter nach lautt unser stiftbrieff, darinn ich benanter Wilhalm Schawerekger fur mich, mein hawsfrawn und all unser erben die erbern weisen, den richtar, den ratt, die gemainn der statt zw Lewben mit vleiss gepeten haben, das sew der statt insigel fur uns an unsern stiftbrief gehangen habent, doch in allen der gemelten statt und allen ieren erben und nachchomen an schaden und wellen wider solich ir besidlung nicht handeln noch tuen in chainerlay weis wider unser verschreyben. Zw urkund hab ich obgenanter Wilhalm Schawerekger fur mich und mein erben mein petschaft auf den brief gedrukcht, so hab ich ebenante Barbara sein eleiche hawsfraw mit vleiss gepeten den erbern Marchsen Pyerer purger ze Lewben meinen sunderen frewnde, das der sein petschaft zwsambt des egenanten meines lieben eleichen manes petschaft auf den brieff gedrukcht hat im und seinen erben an schaden. Geben zw Lewben nach Cristi gepurd viertzehenhundert und darnach in dem virtzikgistem jare des mittichen vor sand Gregorgentag.

Dorsualvermerk (17. Jh.): Wilhelmb Schawreks gestiffte ewige fruemess in dem closter St. Floriani zu Leoben betreffend.

135 1440 August 26, Hainburg

König Friedrich IV. benachrichtigt die Bürger von Leoben, daß er ihre Stadt und andere Güter in besonderer Übereinkunft seinem Bruder Albrecht abgetreten habe, und fordert sie zum Gehorsam auf.

Original verloren; *Cop. Pap.* StLA-U 5694.

136 1440 September 5, Wr. Neustadt

Herzog Albrecht VI. fordert die von König Friedrich an ihn abgetretene Stadt Leoben auf, ihm in der Person seines Rates Konrad Pessnitzer zu gehorchen.

Original verloren; *Cop. Pap.* StLA-U 5696.

137 1441 Jänner 11, Göß

Äbtissin Anna von Göß gibt dem Leobener Bürger Hans Schenk jenen Krautgarten zu Eigen, den er bisher als Gösser Lehen besaß, damit er ihn der St.-Jakobs-Kirche stiften kann.

Original verloren; *Cop. Pap.* (16. Jh.) StLA-U 5709.

Freybrief von der abbtissin von Goss ubern krautgarten obgemelt etc. Wir Anna von Gotes gnaden abbtissin zu Goss bekennen, das fur unns kam der erber Hanns Schenckh burger zu Lewben unnd bat unns diemuettigclich, das wir im den krautgarten gelegen bey unnser lieben Frawenkirchen am Wasen bey Lewbm und bey dem creitz ob der wegschaiden, der von unns und unnserm gotzhauss zu lehen ist, geruechten ze aignen, wen er den dem ersamen herren maister Hainrichen Lanng, lerer geistlicher rechten, yetzund ertzpriester in der obern Steyrmarich unnd pharrer zu sandt Jacob pey Lewbem und allen seinen nachkomen pharrer daselbs zu sandt Jacob geben, gestifft und gemacht hiete. Das haben wir getan und haben im den obgeschriben krautgarten geaigent und aigenen im den auch wissentlich mit crafft des briefs was wir im zu recht daran aigen sollen oder mogen. Mit urkund des briefs versigelt mit unnserm anhangunden insigl. Geben zu Goss nach Cristi gepurde in dem viertzehenhundertstem und ainsundvyertzigistem jare an mittichen nach sant Erhartstag.

138 1441 September 1, Trautmannsdorf a. d. Leitha

Herzog Albrecht VI. benachrichtigt die Bürger von Leoben, daß er seinen Diener Stephan von Kappel zum Scharffeneck mit 27 Reitern und 12 Fußschützen als Hauptmann „zu der were und unserr stat huet" nach Leoben sendet, und fordert die Bürger auf, diese wehrhafte Mannschaft gegen Bezahlung zu verköstigen.

Adresse: Den erbern weisen, unsern getrewn lieben dem richter und rat unserer stat zu Lewben.

Original verloren; *Cop. Pap.* StLA-U 5695.

139 1442 Juni 6, Leoben

Michael Koller, Pfarrer zu Waasen, Hans Präntel und Caspar Eisenzieher beurkunden, daß sieben genannte Schiedsleute den mit Hans

Oberegker, Bürger und Stadtschreiber zu Leoben, wegen Wasserschäden bestehenden Streit in angegebener Weise schlichteten.

Original, Pgt., zwei Hängesiegel, StLA-U 5799.

Ich Michel Koler dietzeitt pharrer zu Unser Frawnkirchen am Wasen, ic[h Han]ns Prantel und ich Caspar Eysenzieher, wir vergehen unverschaidenlichen fur uns und all unser nachkomen, erben und mittaylen dafur wir uns angenomen haben und tun kund offenlichen mit dem brief, allen den er furkumbt umb alle die ansprach und zuspruch so Hanns Oberegker purger und dietzeitt statschreiber zw Lewben zw uns gehabt hat von wegen aines halben wasserfluss und der schaden so er mainet, die im in seiner wisen beschachen von unseren zwain ablassen, darumb wir aber unsers tails hindergengig worden sein hinder die ersamen herrn Hainreichen Lanng, lerer der geistlichen rechten, dietzeitt ertzbriester auf der obern Steirmarich und pharrer zu sand Andres pharrkirchen ze Goss, herrn Jorgen Herberstarffer, dietzeitt pharrer auf sand Veitsperig und hinder die erbern weisen Hannsen Scherer, ditzeitt richter ze Lewben, Casparn Pierer, Hannsen Schalauczer, Casparn Zwikchel, Niclasen Loffelpekchen dez rates und ander erber lewt, was die darumb zwischen unser sprachen, dabey solten wir an bederseitt beleiben bey der pen, so si uns darumb aufsetzen werden, als wir in das mit unsern trewn verlubet und versprochen haben. Die haben darumb zwischen unser ausgesprochen als hernach geschriben ist: von erst haben sew uns an pederseit fur uns selbs und all unser frewnt, helffer und gunner zu gueten frewnten gesprochen. Auch hab sew gesprochen, das ich obgenant Caspar Eysenzieher von meinen werichgarn, das ich von den egenanten herrn Micheln Koler, Hannsen Prantel und seinen mittaylen hab, jarlichen ainem yedem pryor predigerorden zu Lewben in das kloster zw dem tag und nachtliecht, daz weillent Hainreich Hakchenteuffel gestifft hat, zw pessrung desselben liecht und jartag sol dien sechtzigk Wienner phenning zw sand Jorgentag an alles verziehen, die sullen dem vorbenanten Hannsen Prantel und seinen mittailen an dem zinnss, so ich in von dem werichgarn jarlichen dien, abgen, daz in der hinfur nicht dien. Auch ist gesprochen, das der egenant Hanns Oberegker und all sein erben und nachkomen uns in unsrem gefluder noch halben wasserfluss kainerlay irrung noch ingriff nicht mer tun sullen noch mugen und fur die zwen ablass, so von unsern gefluder rinnen, sol der pryor ain wasserstuben setzen und die wisen statlichen vor denselben ablassen bewarn. Auch haben sew gesprochen, welher tayl des seins tails ausgieng und nicht stat hielt, der hat gen dem andern tail all sein gerechtikaitt verlorn und der ander tail behabt. Und das in, iren erben und nachkomen das von uns, unsern nachkomen und erben war gehalten werd und unzebrochen beleib, so geben wir in den brief besigelten mit mein vorbenants Michels dez Koler aigen anhangundem insigel. So haben wir vorbenant Hanns Prantel und ich Caspar Eysenzieher mit vleiss gepeten den vorbenanten ersamen herren herrn Hainreichen Lanng, daz der sein insigel durich unser vleissigen bet willen an den brief gehangen hat, im und allen seinen nachkomen an schaden. Under die insigel wir uns fur uns und all unser erben, mittailen und nachkomen verpinden, allez daz war und stat ze haben, so an dem brief geschriben ist, der geben ist zu Lewben nach Kristi gepurd virtzehenhundert jar und darnach in dem zwayundvirtzigistem jare an mitichen nach Gotsleichnamstag.

140 1443 Jänner 29, Leoben

Paul Vorster, Bürger zu Leoben, verkauft dem Leobener Bürger Ulrich Popperhändel zwei Äcker, die Montforter Lehen sind, und einen Burgrechtsacker um 60 Pfund Pfennig und zwei Pfund zu Leikauf und gelobt ihm „daz lehen inner jarsfrist richtig ze machen mit der vorbenanten lehenhern hant von den sew ze lehen sein und daz purkchrecht mit der erben willen und wissen“.

Siegler: 1. Hans Scherer, Stadtrichter zu Leoben
2. Caspar Zwickel, Ratsbürger zu Leoben

Original, Pgt., zwei Hängesiegel abgeschnitten, StLA-U 5827.

141 1443 Februar 13, Leoben

Max Pierer, Bürger zu Leoben, sowie „ich Kristan Kleyber, purger daselbs, ich Hanns Koch, purger ze Fronleyten, ich Hanns, Jörgen des Paternostrer, purger ze Gracz, ayden, ich Herman, dietzeitt nachrichter ze Lewben anstat Niclas dez Kramppel von Gomlicz, ich Lienhart Weber in der Gamss, ich Dietreich Schein, purger in dem Eysenerczt und ich Thoman Riemer, mitwoner ze Lewben“ verkaufen dem Leobener Bürger Ulrich Popperhändel mit Gerichtshand ihr Haus und Hof daselbst in der Stadt um 60 Pfund Pfennige, „das uns die erbern und weisen Hanns Scherer, dietzeitt richter ze Lewben und ettlich dez rates fur sybentzigk pfunt phenning, so uns Lucas Ebner saliger schuldig beliben ist, ingeanttwurt haben darinn wir erkchensgelts zehen pfunt phenning nachgegeben und verloren haben" und unterwerfen dieses Kauf- und Burgrecht dem Schutz „nach lanndesrecht in Steir und der stat zu Lewben".

Siegler: 1. Hans Scherer, Stadtrichter zu Leoben
2. Hans Schalautzer, Ratsbürger zu Leoben

Original, Pgt., zwei Hängesiegel abgerissen, StLA-U 5829[a].

142 1444 Jänner 27, Judenburg

Herzog Albrecht VI. befiehlt den Bürgern von Leoben, die auf sie gelegte Steuer auch auf die im Burgfried gelegenen Judenhäuser umzulegen.

Original verloren; *Cop. Pap.* StLA-U 5899.

Wir Albrecht von Gots gnaden hertzog ze Österreich, ze Steir, ze Kärnden und ze Krain, grave ze Tirol etc. embieten den erbern weisen unsern getrewn lieben dem richter und rate unser stat zu Leuben unser gnad und alles gut. Als von des anslags der stewer wegen, so wir an ew und die gemaine getan haben und die yedem nach seinem gestatten zwischen ew und der gemaine von ew angeslagen und gelegt ist. Und wan wir aber vernemen, daz ettlich juden hewsser zwischen ew daselbs in unserm purkgfrid haben und mainten villeyht solhs anslags anssensten und mit ew dhain mitleiden ze haben, daz uns frvmd und unpillich bedunkchet. Also emphelhen wir ew mit ernst und wellen, daz ir denselben juden die also zwischen ew hewsser haben yedem noch seinem gestatten als ir zwischen ew selber getan habt ein anslag tut, damit si mit ew auch mitleiden haben als das pillich ist. Mainten si aber, icht inred und auftrag darin ze haben, daz ir dann dieselben für uns schiebt und komen haisset und dhain anders darin hanndelt, daran tut ir unser maynung. Geben ze Judenburg an montag nach sand Paulstag anno etc. LXLIIII.

143 1444 Mai 7, Leoben

Lienhart Dobersberger verkauft dem Leobener Bürger Ulrich Popperhendel die Zweckmühle mit Säge, Lehen vom Kloster Göß, die Jakob

Müllner von ihm zu Burgrecht hat, und andere genannte Güter „daz lehen mit der lehenfrawn hant und daz purkchrecht mit der erben willen und wissen inner jarsfrist". Er unterwirft die Güter dem Schutz durch das Landrecht in Steier und dem Recht der Stadt Leoben.

Siegler: 1. Hans Reicher, Stadtrichter zu Leoben
2. Hans Scherer, Ratsbürger zu Leoben

Original, Pgt., zwei Hängesiegel fehlen, StLA-U 5919.

144 1445 Jänner 18, Leoben

Caspar Pierer, Bürger zu Leoben, und Anna seine Ehefrau bekennen, daß sie dem Spital zu Leoben, Michael Koller, Pfarrer zu Maria am Waasen, Seifried Gruber zu Göß, Hans Schalauzer und Niklas Löffelpekh, beide Bürger zu Leoben, und allen anderen Mitgliedern der Bruderschaft des Spitals zu Leoben 172 lb 30 d und 18 ß jährliche Gült, die sie Hans Zmoller verkauft haben, schuldig geworden sind.

Siegler: 1. Aussteller
2. Hans Reicher, Stadtrichter zu Leoben

Original, Pgt., zwei Hängesiegel, StLA I.Ö.U. 71.

145 1445 Juli 26, Waldshut

Herzog Albrecht VI. verpfändet seinem Bruder König Friedrich IV. für geliehene 600 ungarische Goldgulden und 1000 Mark Silber die Städte Judenburg und Leoben in Steiermark, das Marchfutter zu Mautern und genannte Ämter im Bezirk Leoben.

Original, Pgt., Hängesiegel fehlt, HHStA Wien.

146 1445 Oktober 8, Wien

König Friedrich IV. fordert die ihm von seinem Bruder Albrecht verschriebene Stadt Leoben auf, ihm in der Person des steirischen Landschreibers Sigmund Rogendorfer „aid und huldung" zu leisten.

Original verloren; *Cop. Pap.* StLA-U 5990[a].

147 1447 Juli 24, – –

Ulrich der Popperhändel, Stadtrichter zu Leoben, vergleicht sich mit der Äbtissin von Göß wegen Steuern von der Zweckmühle.
Original, Pgt., zwei Hängesiegel, StLA-U 6083.

Ich Vlreych der Poperhänndel dietzeyt statrichter ze Lewben vergich fur mich und all mein erben und tun kund offenleych mit dem brief allen den er furkumbt von wegen der mül so ich hab in dem purkchfrid pey der stat zu Lewben und dy gelegen ist an der Lewben und genant dy Zwekchmül und dy unser purkchrecht ist von der erwirdigen unser gnedigen frawn der abtessin und irem gotzhaws ze Goss darumb ich stossig mit irn gnaden gewesen pin von stewr wegen so ir gnad darauf geslagen hatt. Nun habent erber lewtt dazwischen geredt und getaidingt also das ich obgenanter Vlreich Poperhänndel und mein erben oder wer dy mul mit ir zugehorung furpas innehat der benanten unsrer gnedigen frawn und irem gotzhaws jerleych davon raichen und diennen schullen zweliff schilling phenning auf sannd Jacobstag und zu sannd Niclasstag ain swein oder dafur ain phunntt phenning als dann von alter herkomen ist. Dann von der stewr wegen ist nämleich beredt, wann das ist, das von unserm heyligen vater dem pabst oder von unsrer gnedigisten herschaft von Osterreich als ainem lanndesfursten oder dem von Salczburg ain stewr auf sy und ir gotzhaws ze Goss gelegt oder angeslagen wurd, zu denselben stewern schullen wir und unser erben oder wer dy mul furpas innehat ir und irem gotzhaws und nachkomen auch ze hielff und ze stewr geben drey schilling phenning lanntwerung und auch zu andern stewren nichts mer schullig noch phlichtig sein ze geben. Und ob das wer, das wir iren gnaden in den obgenanten iren zinsen zu den obgenanten tagen vorzugen oder uns der benanten stewr der dreyer schilling phenning furpas mer satzten und dy nicht ausrichten wolten, so mag sy oder ir geschefft uns auf der benanten mul mit ir zugehörung wol darumb phenntten oder sich der underbinden als lanng untzt sy des benanten irs zins und stewr von uns gantz gericht und betzalt wirdet. Wir schullen auch furpas damit hanndlen als purkchrechtsrecht ist in dem lanndt ze Steyr. Und des zu urkundt geben wir ir und iren nachkomen den brief besigilten mit meins obgenanten Vlreych des Poperhänndel aigen anhangunden insigel und durich pesser sicherhaitt und merern getzewgnus willen hab ich mit vleys gepeten den erbern und weisen Caspar den Pyerer auch purger und des rats zu Lewben, daß er sein insigel zu dem meinen auch an den brief gehangen hat doch im und seinen erben an schaden. Under dy benanten insigel ich mich obgenanter Vlreych Poperhänndel und all mein erben verpint alles das war und stät zu halten und gäntzlich ze volfuren, das an dem brief geschriben ist, der geben ist nach Christi gepurde viertzehenhundert jar und in dem sibenundviertzigkisten jare an montag vor sannd Jacobstag des heyling zweliffpotenn.

148 1448 Oktober 9, Leoben

Thomas Matheser, derzeit Bürger und landesfürstlicher Verweser zu Leoben, verleiht der Elisabeth Chünaserin für ihre sieben genannten Kinder aus erster Ehe mit Wolfgang Prandoler einen halben Acker im Liesingerfeld, der „chuchenaygen" ist und für den sie keinen Kaufbrief besitzt.

Original, Pgt., Hängesiegel zerbrochen, StLA-U 6145.

149 1448 November 6, Wr. Neustadt

Eisenordnung König Friedrichs IV.: alles in Vordernberg erzeugte Rauh- und geschlagenes Eisen soll nach Leoben geführt werden.

Original verloren; *Cop. Pap.* StLA, St. A. Leoben, Sch. 158, H. 630; StLA-U 6152.

150 1449 Februar 4, – –

Sigmund Rogendorfer, Landschreiber in Steiermark, bekundet, daß er von Richter, Rat und Gemain der Stadt Leoben 60 Pfund Pfennige „gewöndleich schatzstewr" für das Jahr 1448 empfangen hat.

Original, Pap., rückwärts aufgedrückte Petschaft, StLA-U 6165.

151 1449 März 6, – –

Der Leobener Bürger Hans Pierer und seine Gattin stellen dem Juden Hanndlein, Mannos Sohn von Radkersburg einen Schuldbrief über 70 Pfund Pfennige unter genannten Bedingungen aus.

Original, Pgt., zwei Hängesiegel, Vermerk in hebräischer Schrift, StLA-U 6168.

Ich Hanns Pyerer burger ze Leubem, mein hausfraw und all unser erben bekennen mit dem offenn brief, das wir geltten sullen Hanndlein dem juden, Manno sunn ze Ragkerspurg, seiner hausfraw und allen iren erben subentzigk pfunt guetter Wienner phenning, der wir sew weren sullen auf sannd Oswaldtstag nagstkuftig. Wertten wir seu nicht auf den tag, so get hinfur all wochen ye auf ain pfunt drei Wiener helbling ze gesuech und wan die juden yrs gelts nicht lennger peitten wellen so sullen wir seu weren, erken und gesuech. Tun wir des nicht, was schaden seu des furbas nemmen, den loben wir in mitsambt dem haubtguet und gesuech abzelegen und sullen sew das haben auf allem unserm erib und varundguet, nichts ausgenomen. Davon sew entrichten sol der lanndesfurst in Steir oder sein anwald wo seu darauf weisent, an klag, an taiding. Des zu urkund geben wir inn den brief besiglten mit mein selbs obgenanten Hannsen des Pierer aigen anhangunden petschadt und zu zeugnuss hab ich obgenanter Hanns Pierer mit vleiss gepetten den erbern Micheln den Mugkel, diezeit judenrichter ze Ragkerspurg, daz er auch sein aigen innsigl an den brief gehangen hat, doch im und allen sein erben an schaden. Geben nach Kristy gepurd in dem viertzehenhundert und newnundviertzigisten jaren an phintztag nach Invocavit in der vasten.

152 1449 August 10, Murau

Erneuerung der Eisenordnung von König Friedrich IV. (vgl. RQ 149).
Original verloren; *Cop. Pap.* StLA-U 6198. Vgl. CHMEL, Regesta Nr. 2584.

153 1450 April 24, Leoben

Dorothea, Witwe Hertneid Strassers, stiftet mit ihrer Morgengabe, einer freieigenen Wiese „in der Recz“, einen Jahrtag im Dominikanerkloster zu Leoben „nach siten und gewonhait der stat hie ze Lewben“. Bei Nichteinhaltung sollen Richter und Rat den Zins und die Wiese innehaben. Margret, ihre Tochter und Frau des Michael Hammerschmied, gibt ihre Einwilligung zur Stiftung ihrer Mutter.

Siegler: 1. Hans Schalautzer, Ratsbürger zu Leoben
2. Niklas Löffelbeck, Ratsbürger zu Leoben
3. Michael Hammerschmied, Bürger zu Leoben
Original, Pgt., drei Hängesiegel, StLA-U 6230.

154 1452 Dezember 30, – –

Die Brüder Hans und Kolman Pierer zu Leoben verkaufen den „hoff gelegen an der nyderen Danibicz ob Lewben genant der Sungkhof" mit allem Zubehör, der ihr freies Eigen ist, an Hans von Stubenberg um 433 Gulden. „Wir behalten uns auch fur hewtigen tag geben des briefs kaynerlay rechten daran nyndert weder mit recht noch an recht in kaynerlay weis ungeverleich ... ausgenomen das ort der wisen davon man den Krottendorffern ainen sparber dint".
Siegler: 1. Hans Pierer
2. Hans Puecher, Pfleger zu Oberkapfenberg, anstatt Kolman Pierers
3. Hans Drechsler, Pfleger zu Niederkapfenberg
Die letzteren sind Schwager der Brüder Pierer.
Original, Pgt., drei Hängesiegel, StLA-U 6387.

155 1453 Jänner 16, – –

Magdalena Tanner vermacht ihrem Ehemann Peter Tanner, Bürger zu Leoben, ihre gesamte Habe, ausgenommen 50 Pfund Heiratsgut für ihre Tochter Magdalena. Die Gegenverschreibung ihres Ehemannes (StLA-U 6389[c]) soll nach ihrem Tod „ganz tod und ab" sein.
Siegler: 1. Niklas Stemphl, Stadtrichter zu Judenburg
2. Mathias Harrer, Ratsbürger zu Judenburg
Original, Pgt., zwei Hängesiegel abgerissen, StLA-U 6389[b].

156 1453 Juli 5, Graz

Kaiser Friedrich III. bestätigt die Rechte und Privilegien der Stadt Leoben, die die Stadt von seinen Vorgängern erhalten hat.
Original, Pgt., Hängesiegel, StLA-U 6426.

157 1453 Juli 7, Graz

Kaiser Friedrich III. befiehlt, alle Verletzungen der Weinkaufsordnung auf dem Gäu zwischen Leoben, Knittelfeld, Rottenmann und Vordernberg zur Anzeige und Bestrafung zu bringen.
Original, Pgt., außen aufgedrückte Petschaft, StLA-U 6427.

158 1455 April 24, Admont

Abt Andreas von Admont beurkundet, daß Hans Zwickel das Kaufrecht am admontischen Haus „gelegen in der statt zu Leubenn zwischen des Sawrer und Gorigen des Steirer hause" an den Leobener Bürger Hans Lang verkauft hat, und bestätigt dem letzteren Zinsfreiheit für 10 Jahre. Nach Ablauf der Frist ist dem admontischen Propst zu Mautern am Michaelstag ein halbes Pfund Pfennige Zins zu leisten.
Original, Pgt., Hängesiegel abgeschnitten, StLA-U 6526[a].

159 1456 April 27, Graz

Kaiser Friedrich III. verkündet den Bürgern von Leoben die Einführung des Ungeldes, „das ist ye den zehenden phenning" von Wein.
Original, Pap., StLA-U 6577.

160 1456 Juni 16, Wr. Neustadt

Kaiser Friedrich III. befiehlt Richter und Rat von Leoben, dem Caspar Spilfelden, der auf das Haus von Augustin Spener „am platz zunagst des Reicher haws und gegen des Popperhendel haws uber gelegen" zu Leoben gerichtlich geweist ist, dieses mit aller anderen Habe zu übergeben „als solcher behabnuss unserr stat ze Leuben und lanndsrecht ist".
Original verloren; *Cop. Pap.* StLA-U 6587.

161 1457 Februar 3, Graz

Kaiser Friedrich III. verbietet den Bürgern von Leoben eine höhere als die urkundlich verbriefte Wegmaut zu fordern, damit er wegen Umgehung der Maut zu Leoben in seinen Kammereinkünften nicht geschmälert werde.

Original verloren; *Cop. Pap.* StLA-U 6613.

162 1458 November 14, Leoben

Erasmus Reichenhaller, Bürger von Leoben, und seine Ehefrau Barbara reversieren gegen Simon von Brunn, Prior des Dominikanerklosters zu Leoben, wegen einer ihm verliehenen „Winkelstatt".

Original, Pgt., Hängesiegel, StLA-U 6705.

Ich Asam Reichenhaller purger zu Lewben und ich Barbara sein eleiche hausfraw wir vergehen fur uns und all unser erben und tun kund offenlichen mit dem brief allen den er furkumbt, das uns dy erbern geistlichen herren brueder Symon von Brunn dietzeit prior des klosters predigerorden hye zu Lewben nach rat des richter, diezeit Hannsen dez Reichern, auch des rates und ettlicher der gemayn der sat [!] hie zw Lewben in zynsweise gelassen haben ir winkchelstat von ierem egk der mawer ain klaffter weit, dye am mitterman weder ze lang noch ze kurtz geklafftern mag, gar durich leng aus dyeselb weit untz an dy rinkchmawer mitsambt den obspawmen so darauf sten in solher beschayden, daz wir und unser erben in und iren nachkomen jarlichen davon dienen sullen und wellen zw sand Gorgentag ainundzwainzigk phenning an verziehen. Beschich aber, daz wir dieselb winkchelstat unsers tayls verzewnten oder inplankchten und in dye mitsambt den pawmen so darinne sten frey liessen, so sein wir in furbasser kainen zinss nicht mer davon phlichtig da zu geben. Fuegte sich aber, daz wir an dieselb ir winkchelstat pawn wolden, so mugen wir unsern dachtrauf von unsern dachern auch darin kern, doch daz dye eberurt klafterweyt vor beste und nicht daruber auf sew pawn. Und dez ze urchundt geben wir in den brief versigelten mit dez erbern weysen Hannsen dez Reichern dietzeit satrichter [!] hie zw Lewben anhangunden insigel den wir vorbenante bede wirtleut Asem und Barbara mit vleys darumb gepeten haben, im und all sein erben an schaden. Darunder wir uns fur uns selbs und all unser erben verpinden, alles daz war und stot ze haben, so an dem brief geschriben ist. Geben zw Lewben nach Cristi gepurd virzehenhundert und in dem achtundfunfftzigisten jare am erichtag nach sand Mertentag.

1. Dorsualvermerk: Littera Asem Reichenhaller ex parte domus prope conventum quae censualis est in 21 den;
2. Dorsualvermerk (von späterer Hand): de angulo versus murum civitatis, qui est conventus ad arboribus et fructibus etc.;
3. Dorsualvermerk (16. Jh.): Dom. Archiv extra littera XLV der Hueter innenhat.

163 1461 Oktober 5, Graz

Kaiser Friedrich III. gestattet den Bürgern von Leoben zur Herstellung ihrer baufälligen Stadtmauern auf Widerruf erhöhte Maut.
Original, Pgt., Hängesiegel abgerissen, StLA-U 6883.

164 1462 Februar 26, Leoben

Balthasar Griesser, Bürger zu Leoben, einigt sich mit seinem Bruder Caspar, Amtmann am Gries im Gaiserwald (= Gegend um Gaishorn/Paltental), auf Rat ihrer Verwandten und anderer Personen über die Ausfolgung des väterlichen und mütterlichen Erbteiles gegen eine ungenannte Summe Geldes. Er verzichtet seinerseits auf alle weiteren Ansprüche, „ausgenomen ob uns mit toden von in rechtleichen icht anersturb des vertzeich wir uns nicht“.
Siegler: 1. Ulrich Popperhändel, Richter
2. Michel Swanselperger „dietzeit purgermaister hietze Lewben“
Original, Pgt., zwei Hängesiegel abgerissen, StLA-U 6899[a].

165 1464 März 12, – –

Der Leobener Bürger Hans Reicher tauscht mit der Äbtissin von Göß einen freieigenen Acker im Leitendorfer Feld gegen einen Acker, der freies Eigen des Klosters Göß ist, ausgenommen den Zehent „als slichs awswegchsel freys aigens scherms recht und gewonhait ist im lannd ze Steyr“.
Siegler: 1. Aussteller
2. Friedrich Kayner, sein „aydem“
Original, Pgt., zwei Hängesiegel, StLA-U 7012.

166 1464 Juli 23, – –

Balthasar Griesser, Bürger zu Leoben, beurkundet, daß er sich mit seinem Bruder Caspar, derzeit Amtmann am Gries im Gaiserwald, bezüglich aller Ansprüche auf das elterliche Erbe verglichen habe.

Siegler: 1. Hans Haindorfer, Stadtrichter
2. Hans Zwickel, Bürgermeister

Original, Pgt., zwei Hängesiegel fehlen, StLA-U 7033.

167 1465 März 12, Leoben

Barbara, Hans Metschachers Ehefrau, gibt ihren acht minderjährigen Kindern aus erster Ehe mit Georg Drumbling je 10 Pfund Pfennige mit Zustimmung ihres zweiten Gemahls. Siegler ist Johann Ungel, Pfarrer zu Maria am Waasen als Zinsherr.

Original verloren; *Cop. Pap.* (17. Jh.) StLA-U 7059.

168 1466 November 7, – –

Hans Haindorfer, Bürger zu Leoben, und seine Gattin verkaufen dem Leobener Bürger Jörg Kätzler und seiner Frau Margaret ihr „haws und hoff mitsambt den drein fleischpennkhenn daran gelegenn zu Lewben in der stat gegenn Jörgen des Grabmern und weillennd Micheln des Hamersmid hewser uber am egk und ruredt hinden an der burger turn und neben an weillennd Casparn des Pyerer gartenn davon man jerlich dint in daz statgericht zu Lewben newnundachzigk phenning zu hoffzins“ um 130 Pfund Pfennige und unterwerfen den Kaufvertrag dem Schutz „nach gewonhait der stat Lewben und lanndes rechtenn in Steir alsdann burckrechtsrecht ist“.

Siegler: 1. Aussteller
2. Hans Zwickel, Stadtrichter zu Leoben

Original, Pgt., zwei Hängesiegel abgeschnitten, StLA-U 7159.

169 1468 Mai 11, Leoben

Christina Sendelbeckin, Witwe Caspar Holzapfels, stiftet dem Spital in Leoben genannte Güter für Jahrtage.

Original, Pgt., drei Hängesiegel verloren, StLA-U 7243.

Ich Kristina Sendelbegkin Casparn des Holczaphel saligen witib bekenn fur mich und all mein erben und tun kund offenlich mit dem brief allen den er furkumbt gegenburtigen und kunfftigen, das ich fur mich genomen hab die wart unsers haylwartiger, dye da lautund sein, das ein yeder kristenmensch in dysem gegenwurtigem tal der zaher wach und sein sol, wenn der tag und die stund der zwkunfft desselben unsers haylwartiger allen menschen verporgen sey, auch bedacht hab die undersleg und irrung, so den person die ir geschafft, gab oder gemacht in blodigkait ires leib volbringen, beschehen dartzw die zwitracht und krieg, so nach dem tod der menschen, die ir guet nicht geordent haben, auf erstenn solhes zw vermeiden und das zw emphliehen Got dem allmachtigem zw lob, mir und allen meinen frewndten und vorvorden und nachkomen ze hilff und ze trost zw der zeit, do ich des gantzen volmachtigen gewalt gehabt hab und mit recht wol getuen hab mugen, mit guetem gesund meines leibs und untzeritter vernufft meiner synn dem loblichen gotshawss genant zw dem Heyligengeyst dem spital hye zw Lewben gegeben, gemacht, geschaffen, geordent und gewident hab die hernachgeschriben stukch und grunt: item von erst das hawss halbs gelegen hie bey der prugkhen gegen dem spital uber, darin mein swager Michel Flachh wonund ist, mitsambt dem halben garten und aller zwgehorung so zw demselben halben haws zwgehorund ist; item den hamer halben gelegen an der inneren Lewben genant im Gern mit allem zewg so zw halben hamer gepurdet und aller ander zwgehorung; item den akker gelegen zwischen beden Lewben halben darin der bemelt hamer mit ainer seyten rueret und dartzw die wisem halbe gelegen bey der aussern Lewben, die do rueret an des Weyrguet grunt und an die lanndstrass und gegen dem benanten akker uber wie die bede mit iren zewn, rain und pymerkchen ausgetzaigt und umbfangen sind – von dem bemelten halben haws, hamer, akker und halber wysen man jarlich ein yedem pfarrer zw Unser Frawnpfarrkirchen am Wasen dient zweliff schiling phenning zw sand Gorgentag und unserm allergnadigisten herren dem romischen kayser etc. als lanndesfurst in Steyr neynn pfenning zw gruntzynnss in das statgericht hie ze Lewben. Und von dem andern halben tayl der yetzberurten stucken, den ich vormolen durich sunder lieb und frewndtschafft willen meiner lieben muemen Hemma des Gorgen Sendelbegken saligen tochter und Michelen des Flachh eleichen hawsfrawn geben hab, man den yetzbenenten herrschafften auch sovil dienet. Die bemelten stukch und grunt ich obgeschribne Kristina dem obgenannten spital gib, mach, schaff, orden und widen wie das am krefftigisten von ainem artikel auf den anderen nach ordnung und verhengung geystlicher und weltlicher rechten wesen kan oder mag. Ich antwurt auch hewt hie die oberurten stukch und grunnt in den erberen weysen Hannsen Reicher und Wolfgangen Streun burgern und des rates hie zw Lewben dietzeit verweseren und spitalmaistern desselben spitales und setz sy der auch in aygne gwer anstat des offtgedachten spital in krafft des gegenburtigen briefs mit allen den ern, gewaltsamkaiten, nutzen und wirden als ich die und mein vorvordern innegehabt haben, nichts darin ausgetzogen noch hindangesatzt. Allso, das sy die benanten stukch und grunt nw furpass fur hewtigen tag mugen prauhen und nutzen zw notdurfftigkait des spital und der armen lewt, wie sy das am pesten zymmet, an mein und aller meiner erben und frewndt und manigklichs von unsern wegen irrung und widersprechen. Ich hab auch fur hewtigen tag mir noch meinen erben kainerlay gerechtigkait daran nicht vorbehalten doch der maynung halben das dem verschreiben so mein lieb herren richter und rat der stat Lewben und die bemelten spitalmaister mir gegeben haben nachkomen were. Auch das die yetzgemelten spitalmaister und ir nachkomen jarlichen und ewigklich von den obberurten stukchen raihen und geben sullen ein yedem pfarrer zw Unser Frawnpfarrkirchen am Wasen sechss schilling phenning und vierundtzwaintzigk phenning an sand Vlrichstag, darumb dann derselb pfarrer mir und meinem mann saligen und allen unsern vorvorderen, nachkomenn und allen gelaubigen selen begenn sol des abents mit ainer gesungen vigily des morgens mit zwain gesungen ambten und darunder mit vier gesprochen messen und dem zechmaister der bemelten unser Frawnkirchen sechsunddreyssigk phenning, darumb sol er zw dem benenten gotsdinst der kirchen kertzen aufzunden des abents und morgens. Es sullen auch die bemelten spitalmaister jarlichen geben und raihen ein yedem zechmaister sand Maria Magdalenaltar in sand Jacobspfarrkirchen der burgerbruederschafft hie ze Lewben ain pfundt pfenning zw sand Gorgentag an lenger vertziehen, darumb man in der bemelten bruederschafft gotsdinst mein, meines man Casparn Holczaphel saligen und aller unser vorvordern ewigege gedachtnuss haben sol. Und das das allso dem bemelten pfarrer und zechlewten ewig gehalden werde, sullen sich dye vilgemelten spitalmaister fur sich und ir nachkomen an des obgedachten spital stat gen in genugsamlich verschreiben und mugen dann die yetzgemelten spitalmaister mit dem anderm, so von den vilgemelten stukchen und grunten gevellet, hanndlen als oben berurt ist, doch der herrschafft unvergriffen an irem zynnss und gewaltsamkait. Auch das die benantten stukch von dem spital nicht verkumert werden doch mit der underschaid, ob man zw dem bemelten spital ich nutzer grunt oder zynnss umb die benentten stuckch erlanngen mochte, so mugen die gedachten zechlewt dieselben grunnt und stukch nach willen richter und rates der stat hie ze Lewben darzw brauhen wie in das am pesten fueget, Das ist mein gueter willen. Und solhes meines geben, machen, schaffen, ordens und widnes so ich dem genentten spital mit den obgemelten stukchen und gruntten getan hab ich offtgedachte Kristina durich gotswillen bit und setz volbringer, volfuerer, hanndthaber und beschutzer ze sein die fursichtigen wol weisen burgermaister, richter, rate und die spitalmaister des bemelten spital und all ir nachkomen mein lieb herren als ich des zw in hohes vertrawen hab und sy darumb den lon von Got dem allmachtigem emphahen werden, das sy auch das des krefftigklicher ze tuen haben, gib ich in auch hiemit an des vilgemelten spital stat uber in krafft des briefs all mein gerechtigkait und briefliche kuntschafft, so ich uber die benantten stukch und grunt hab mit allen den krefften, puntten und artikeln so darinn geschriben stenn, wie die lautund oder genant sind. Allso, das sy die nw furpas zw dienst und nutzperkait des bemelten spital durich sich selbs ainen menigern oder ir procuratores, den sy das bevelhen mugen, prauhen und niessen in guet oder mit recht geystlichem oder weltlichen wie sich das gepurdet oder gibt, inmassen als ich dasselbs wol getun mocht. Darin noch dawider gelob ich in fur mich und all mein erben nicht ze reden noch ze tun in kainerlay weis. War es in aber von yemand zw uberswenkchig, so sol es tun unser allergnadigister herr der romisch kayser etc. als lanndesfurst in Steyr oder sein anwald, domit solhes mein geben, machen, schaffen, ordnen und widnen so ich dem oberurtten spital mit den vilgenanten stukchen und gruntten getan hab gantzlich widergee und als oben berurt ist. Des zw bestatt und urkund gib ich obgenante Kristina den yetzgemelten burgermaister, richter, rat und spitalmaistern anstat des offtgedachten spital den brieff besigelten mit der erbern weysen Fridreichen Kainer, burgermaister, Wolfgangen Hersinger diezeit statrichter und Hannsen Pringsauff purger und des rates hie ze Lewben aygen anhanngunden insigelen, die sy durich mein vorbenantter Kristina vleissigen bet willen an den brieff gehangen haben doch in und allen iren erben an schaden. Darunder ich mich fur mich selbs und all mein erben verpinde alles das ewig, war und stat ze haben, so an dem brieff geschriben ist. Auch durich merer sicherhait willen hab ich zw solhem meinem geben, machen, schaffen, ordnen und widnen, so ich dem vilgedachtem spital getan hab und als oben bemelt ist, zw getzeugnuss gepeten den ersamen hern Hannsen Oberegker, pfarrer zw Sand Mertten in der Pagk offem notarien und die erbern weysen den bemelten burgermaister, Hannsen Reicher, Hannsen Pringsauf, Wolfgangen Wendler, Hannsen Haymdorffer, Hannsen Krewsen und Erhartten Trabocher allen burger und des rates hie ze Lewben. Geben zw Lewben nach Kristi gepurd vierzehenhunder und darnach inn dem achtundsechtzigistem jare am mitich vor sand Pangratientag.

170 1469 April 26, Völkermarkt

Kaiser Friedrich III. befiehlt Richter und Rat zu Leoben, kein Kriegsvolk in der Stadt aufzunehmen, und ordnet an, daß von den Holden des Landesfürsten und genannter Amtsträger eine dreitägige Robot in der Stadt Leoben bei Strafe der Pfändung ihres Gutes zu leisten ist.

Original verloren; *Cop. Pap.* StLA-U 7280[b].

171 1469 Mai 17, Graz

Kaiser Friedrich III. verbietet den Bürgern von Leoben, das Haus des Leobener Bürgers Sixt Beheim vor dem Stadtturm neben der Brücke abzubrechen.

Original verloren; *Cop. Pap.* StLA-U 7282[b].

Fridreich den Gots gnaden römischer kaiser zu allen zeiten merer des reichs etc. Getrewn lieben. Uns hat unser getrewr Sixt Beheim unser burger zu Lewben anbracht, wie ir auf das bevelhen so wir ew am naxsten tan [!] furgenomen habt, sein haws vor dem statturn bey der prugken daselbs zu Lewben gelegen abzuprechen und zu vernichten, das er sich beswert bedunkht. Emphelhen wir ew ernstlich und wellen, daz ir dasselb haws und das gemawrt haws daselbs uber gelegen nicht abprechet, sunder die untz auf unser verrer geschefft und bevelhen steen lasset. Daran tut ir unser ernstliche maynung. Geben zu Gratz an mittichen vor dem heiligen phingsttag anno domini etx. LXVIIII, unsers kaisertumbs im achzehenten jare.

commissio domini imperatoris in consilio

Adresse: Unsern getrewn lieben dem richter und rate zu Lewben.

172 1469 Juni 9, Graz

Kaiser Friedrich III. befiehlt den Bürgern von Leoben, dem Grazer Bürger Wolfgang Schmied 32 „Zennen" Eisen zur Waffenfertigung zu übergeben, ihn diese in Leoben fertigen zu lassen und wegen der Kosten zu berichten, damit sie von den Einkünften des Vordernbergs am Erzberg bezahlt werden können.

Original verloren; *Cop. Pap.* StLA-U 7285.

173 1469 Juli 25, Graz

Kaiser Friedrich III. befiehlt der Stadt Leoben, ihm 200 ungarische Dukaten zur Abwehr der Feinde zu leihen, und erlaubt die Rückerstattung des Darlehens aus der gewöhnlichen Stadtsteuer. Er befiehlt, ihm das Geld binnen 14 Tagen zu überbringen.

Original verloren; *Cop. Pap.* StLA-U 7290.

174 1469 August 4, Graz

Kaiser Friedrich III. befiehlt den Bürgern von Leoben, ihre Heerwagen, welche sie aus dem Krieg abberufen haben, bei Strafandrohung sogleich wieder in den Krieg zu schicken.

Original verloren; *Cop. Pap.* StLA-U 7291.

175 1470 vor Dezember 25, Graz

Kaiser Friedrich III. verpfändet dem Leobener Bürger Friedrich Kainer die gemeine Maut, den Aufschlag von „viech und gevill" sowie die Maut zur Verbesserung der Brücken und Wege für 620 Pfund Pfennige auf drei Jahre.

Original (von einem Buchdeckel abgelöst und beschnitten) im Archiv des Stiftes Vorau, *Cop. Pap.* StLA-U 7343[c].

176 1471 Jänner 25, – –

Pangraz Rintscheit als von Kaiser Friedrich III. eingesetzter Richter entscheidet den Streit zwischen dem kaiserlichen Vertreter Peter Kornmeß und Katharina, der Gattin des Leobener Bürgers Paul Gablkhover, wegen des Nachlasses des ohne Erben verstorbenen Bürgers Georg Grabmer zu Leoben sowie der Bürgerin Agatha Hochlin zu Rottenmann, der dem Kaiser als Landesfürsten zugefallen war, aber von Katharina als ehemaliger Gattin des Georg Grabmer beansprucht wurde.

1. Paul Gablkhover soll anstelle seiner Frau Peter Kornmeß als kaiserlichen Vertreter alle Güter ob Gaishorn und um Rottenmann samt der Wiese zu Liezen und dem Haus zu Rottenmann überlassen, ausgenommen zwei Äcker zu Rottenmann.

2. Alle Schuldbriefe werden von Kornmeß übernommen, mit Ausnahme eines von N. Schalautzer über 150 Pfund Pfennige, der dem Gablkhover verbleibt. Nicht beurkundete Schulden sind gleich zu teilen.

3. Der Weingarten zu Radkersburg bleibt Kornmeß.

4. Alle Urkunden über den Besitz des Grabmer sollen dem Kaiser übergeben werden.

5. Ausstehende Zinse sind gleich zu teilen.

6. Dem Gablkhover bleiben alle Güter zu und um Leoben und die Fahrhabe. Peter Kornmeß erhält aus dem vorhandenen Silber zwei Stücke.

7. Überdies bekommt Katharina für einen auf 600 ungarische Gulden lautenden Heiratsbrief 400 Gulden zu Mittfasten, die restlichen 200 Gulden zu den nächsten Pfingsten, worüber ihr ein Schuldbrief ausgestellt wird.

Original verloren; *Auszug Pap.* aus StLA-U 7360 (1471 April 9), StLA-U 7348[a].

177 1471 Juni 4, – –

Kolman Pierer, wohnhaft zu Leoben, verkauft vor dem Stadtgericht zu Leoben Kaiser Friedrich III. den Hof Spangerall unter der Massenburg.

Siegler: 1. Hans Zwickel, Stadtrichter
2. Friedrich Kainer, kaiserlicher Amtmann zu Leoben

Original verloren; StLA *HSG 994*.

178 1471 Juni 17, – –

Der Knittelfelder Bürger Valentin Murer verkauft „mit gerichts hannden“ Jörg Kätzler, Bürger und Rat von Leoben, seinen Keller samt

Obstgarten „ze Lewbem am viechmarkht“, von dem man jährlich 31 Pfennig zu Hofzins in das Stadtgericht dient und der Burgrecht ist, um eine ungenannte Summe Geldes. Der Kaufvertrag wird geschlossen „als solhs kawfs im lannd ze Steir recht und nach statrechten ze Lewbem gewonhait ist“.

Siegler: 1. Hans Zwickel, Stadtrichter
2. Friedrich Kayner, Bürgermeister

Original, Pgt., zwei Hängesiegel abgeschnitten, StLA-U 7374.

179 1473 Mai 1, Wr. Neustadt

Kaiser Friedrich III. befiehlt Richter und Rat von Leoben, die minderen Etschkreuzer nicht mehr zum Werte von vier Pfennigen zu nehmen und diesen Befehl in Leoben öffentlich zu verkünden.

Original verloren; *Cop. Pap.* StLA-U 7468.

180 1474 Juli 20, Augsburg

Kaiser Friedrich III. befiehlt der Stadt Leoben, das Ungeld im derzeit nicht besetzten Landgericht St. Peter sorgsam einzuheben, und erlaubt, den halben Teil des Ungeldes von außerhalb der Stadt zur Befestigung der Stadt zu verwenden.

Original verloren; *Cop. Pap.* StLA-U 7513.

181 1476 April 6, Wr. Neustadt

Kaiser Friedrich III. gewährt den Bürgern von Leoben die freie Stadtrichterwahl.

Original, Pgt., Hängesiegel abgerissen, StLA-U 7595, Abschrift im StLA Landschaftliches Privilegienbuch II, fol. 350’.

Wir Fridreich von Gots gnaden romischer kayser zu allenn tzeitten merer des reichs zu Hungern, Dalmacien, Croacien etc. kunig, hertzog zu Osterreich, zu Steyr, zu Kernndten und zu Crain etc. bekennen, daz wir unser getrewn lieben dem richter rat und unser burger gemainkhlich zu Lewben von fleissiger pete wegen und sundern gnaden gefreyt und in die gnad tan haben, tun auch wissenntlich mit dem brief, daz sy nu furan untz auf unser widerruffen ains yeden iar oder als offt in des not beschiecht ainen unsrer burger aus in, so dartzu teuglich, daselbs zu Lewben als von allter herkomen ist zu irm stattrichter setzen und erwellen und im das statgericht ze hanndlenn und zu verwesen bevelhen mugen von menigklich ungehindert. Doch daz die, so sy ye zu tzeitten zu richter setzen, den pan von uns als herren und lanndsfürsten nemen und emphahen. Davon gebietten wir den edlen unsern lieben getrewen allen unsern haubtlewten, graven, frein heren, rittern und knechten, verwesern, lanndtschreybern, vitztumben, phlegern, burggraven, burgermaistern, richtern, reten, burgern, gemainden und allen annderen unseren ambtlewten, undertanen und getrewn und in sunderhait unseren lanndtschreybern in Steyr gegenwurttigen und kunfftigen ernstlich und wellen, daz sy die bemelten richter, rat und unser burger gemainklich daselbs zu Lewben bey diser unser freyheit und gnaden berublich bleiben lassen und sy dawider nicht dringen bekumbern, noch des yemands annderm ze tun gestatten in dahain weis doch nur untz auf unser widerruffen. Und daz die so durch sy ye zu zeitten zu richter gesetzt werden den pan von uns nemen und emphahen als vor stett, das mainen wir ernstlich. Mit urkund des briefs geben zu der Newnstat an sambstag vor dem heiligen palmtag nach Cristi geburde vierzehenhundert und im sechsundsibentzigisten, unsers kaisertumbs im funfundzwaintzigisten, unserr reiche des romischen im sechsunddreissigisten und des hungrischen im achtzehennden jarn.

182 1477 November 14, – –

Wolfgang Sitzing, Lizentiat der geistlichen Rechte und derzeit Erzpriester in der oberen Steiermark, Heinrich Auffensteiner, Pfarrer zu Traföss [!], Peter Amman, Vikar im Vordernberg, Gall Zach, Pfleger zu Kamer (= Kammerstein), Valentin Murer, gesessen zu Leoben, und Augustin Unsin, Bürger zu Leoben, schlichten den Streit zwischen der Äbtissin von Göß einerseits und Magister Laykhner, derzeit Pfarrer zu Leoben, andererseits wegen eines strittigen Zehents im Winkel zu Leoben auf dem Hof, der früher den Pierern und jetzt Caspar dem Rogendorfer gehört auf der Grundlage eines „instruments". Sie erklären, daß in Zukunft der Pfarrer und seine Nachfolger den Zehent auf den vorgenannten Hof von der „stattmawr hinab nach dem weg zu raytten, der die zwen höf schaydet hundert und zwaintzikg klaffter. Und als die genanten hundert und zwaintzigk klaffter ain endt nemen, da haben wir marchstain gesatzt und von denselben marchstain der lengs ab untz an die Mur und nebem an den pawngarten der demselben kloster gehort und nicht weytter an alle irrung der abbtesin, ires convents und irrer nachchomen. Und ob sich pegab, daß man den pawngartten, der yetz bei dem hof leit und vor zeitten akcher und pawfeld gewesen sein und stoßt oben an der prueder im kloster pawngarten und nebem an den statgrabem wider pawen wurdet", soll der Pfarrer auch den Zehent einnehmen, nicht jedoch vom Hof. Der Äbtissin, dem Bürgerspital und dem Pfarrer zu Maria am Waasen darf kein Schaden entstehen. Sollte sich eine Streitpartei über diesen Schiedsspruch hinwegsetzen, „der wer verfallen seiner obrikhaitt hundert guldein unnachlessiger pen".

1. Dorsualvermerk (16. Jh.): pro zehent an Winchel.

2. Dorsualvermerk (18. Jh.): Vergleichsbrief zwischen den stifft Gösß und den Pfarrer zu Leoben wegen hobund ains zehentt im Winkhl zu Leoben datirt sontags nach Martini anno 1477.

Original, Pgt., sechs Hängesiegel, StLA-U 7672.

183 1478 Jänner – –, – –

Kaiser Friedrich III. befiehlt Richter und Rat von Leoben, den Leobener Bürger Pangraz Seidennater mit seiner Ehefrau Regina auszusöhnen, nachdem sie in Uneinigkeit gelebt und vor das geistliche Gericht gekommen waren. „Mocht des aber nicht gesein, daz ir doch der benanten Seidennater ir gewanndt und clainad, so er ir vorhalt und ainstails mit gericht verboten hat, herausgeb und antwurt und derselben Regina darinne furdrung und guten willen beweiset."

Original-Konzept, Hs Blau 53, fol. 29, Nr. 59, HHStA Wien; Auszug Pap. gedruckt aus NOTIZENBLATT StLA-U 7688[d]/10.

184 1478 Jänner – –, – –

Kaiser Friedrich III. befiehlt Hans Prawn, daß er zusammen mit genannten Spruchleuten, die neben ihm als Schiedsrichter gewählt wurden, im Streit zwischen Peter Kornmeß, Richter und Bürger zu Bruck a. d. Mur, und Paul Gablkhover wegen eines erbenlos verstorbenen Leobener Bürgers endlich entscheiden soll.

Original-Konzept, Hs Blau 53, fol. 58, Nr. 123, HHStA Wien; Auszug Pap. gedruckt aus NOTIZENBLATT StLA-U 7688[c]/2.

185 1478 Jänner – –, – –

Kaiser Friedrich III. befiehlt seinem Rat Balthasar von Weispriach und dem bambergischen Vizedom zu Wolfsberg in Kärnten, die bambergischen Untertanen zu Kirchdorf an der Krems (OÖ) zu bewegen, dem Leobner Bürger Augustin Hindersteter die nach seinem Abzug vor sieben Jahren hinterlassenen Güter samt Nutzen und Renten zu übergeben.

Original-Konzept, Hs Blau 53, fol. 58, Nr. 124, HHStA Wien; Auszug Pap. gedruckt aus NOTIZENBLATT StLA-U 7688^c/3.

186 1478 Jänner – –, Graz

Kaiser Friedrich III. an Richter und Rat zu Leoben: Er habe ihr Schreiben wegen Fruchtlosigkeit des Versuches erhalten, die Eheleute Pangraz und Regina Seidennater gütlich zu vereinigen. Sie sollen trotzdem nochmals versuchen „die bemelten kanlewt solher irer zwittracht halben zu verainen und widerumb zueinander zu tedingen, damit sy merer mue, kost und zerung vertragen beleibn". Gelingt das nicht, so soll wenigstens Pangraz zur Herausgabe der Kleider und des Kleinodes seiner Frau bewegt werden. „Daran tut ir uns gut gevallen, das wir gnedig gen ew erkennen wellen."

Original-Konzept, Hs Blau 53, fol.74a, Nr. 163, HHStA Wien; Auszug Pap. gedruckt aus NOTIZENBLATT StLA-U 7688^c/11.

187 1478 Jänner – –, Graz

Kaiser Friedrich III. beauftragt seine Amtleute und Untertanen, daß sie die Schuldner der Leobener Bürger Jörg Fuchsel und Andreas Unverwegen auffordern, die Forderungen zu begleichen oder sich rechtlich zu verantworten.

Original-Konzept, Hs Blau 53, fol. 100, Nr. 227, HHStA Wien; Auszug Pap. gedruckt aus NOTIZENBLATT StLA-U 7688^c/21.

188 1478 Jänner – –, Graz

Kaiser Friedrich III. befiehlt Hans Trautmannsdorfer und Gallus Zech, kaiserlichen Pfleger auf Kammerstein, im Streit zwischen Lienhart

Lembsitzer einerseits und dem Richter, Rat und Spitalmeister von Leoben andererseits wegen einer Mühle, einen Tag zur gütlichen Einigung zu setzen oder zu entscheiden.

Original-Konzept, Hs Blau 53, fol. 143, Nr. 348, HHStA Wien; Auszug Pap. gedruckt aus NOTIZENBLATT StLA-U 7688^{e}/6.

189 1478 Februar 22, Graz

Kaiser Friedrich III. an Valentin Murer, Bürger zu Leoben: „Getrewr. Uns hat unser getrewer Jorg Windisch unser burger zu Judenburg anbracht, wie er und N. der Newman zu Weitersfeld irer zwittrecht halben, so zwischen in gewesen auf ettlich hindergenngig worden sein, dartzu du zu orttman von in beden furgenomen seist, derselben irer zwittrecht halben, dieselben spruchlewt nach menigerm irem vleis sy aber nicht haben verainen noch vertragen mugen.“ Er soll nun als „orttman“ dieselben vereinen und den Streit beenden „damit sy bederseit merer mue und zerung vertragen beleiben“.

Original-Konzept, Hs Blau 53, fol. 179, Nr. 458, HHStA Wien; Auszug Pap. gedruckt aus NOTIZENBLATT StLA-U 7692^{d}/3.

190 1478 Februar – –, – –

Kaiser Friedrich III. an Christoph von Mörsberg, kaiserlichen Rat und Burggrafen zu Graz: „Uns hat unser getrewer Hanns Stubich unser ambtman zu Leuben anpringen lassen, wie zwischen sein ains und Paulen Gablkofer unseren burger zu Leuben des anndern tails ain spruch und teding durch frum leut ettlicher irrung und zwitrecht halben, so sich zwischen in gehalten haben, beschehen, dem aber derselb Gablkhofer seins tails nicht nachkomen sey, sunder im solhen spruch und teding uberfarn hab, des er sich beswert bedunkht. Emphelhen wir dir ernstlich, daz du den obgenanten Stubich und Gablkofer darum tag furderlich fur dich setzest und benennest etc. gutlich vereinen oder rechtlich entscheiden.“

Original-Konzept, Hs Blau 53, fol. 226, Nr. 582, HHStA Wien; Auszug Pap. gedruckt in NOTIZENBLATT, Nr. 512.

191 1478 Februar 26, Graz

Kaiser Friedrich III. beauftragt Richter und Rat zu Leoben zu veranlassen, daß der Leobner Bürger Andreas Unverwegen seinen Vetter Christoph Unverwegen, Bürger zu Vordernberg, wegen rascher Bezahlung der ihm geliehenen Summe nicht dränge und die Schuld nicht anderen cediere, sondern ihm Zeit lasse, „auch die angebotene theilweise abzahlung annehme damit der deshalben nicht verderbt noch in verderben bracht werde“.

Original-Konzept ausgestrichen, Hs Blau 53, fol. 311, Nr. 801, HHStA Wien, gedruckt in MONUMENTA HABSBURGICA I.2, Nr. DCI.

192 1478 Mai 15, Leoben

Richter und Rat der Stadt Leoben bestätigen den Meistern und Gesellen der Eisenzieher ihre inserierte Handwerksordnung und die Errichtung einer Bruderschaft im Dominikanerkloster.

Original verloren; *maschinschriftliche Kopie 1952* StLA-U 7711[a] nach Cop. Pap. des 16. Jh.s im OÖ. Landesarchiv Linz, St. A. Freistadt Sch. Bd. 256.

193 1478 Juli 10, Graz

Kaiser Friedrich III. an die Äbtissin von Göß: „Als ettwas zwitrecht und irrung sein zwischen dein ains und unserer getrewen lieben N. der richter, reten und unserer burger gemainklich zu Prugk auf der Muer und Leuben des anndern tails sein von wegen der ungewendlichen strassen so von den semern mit eysen, saltz, wein und anndern von Fronleiten aus uber den Dewbeg fur Goss wider derselben unserer stett freihait und alts herkomen geubt und getriben werden, als wir vernemen. Emphelhen wir dir ernstlich, daz du darumb auf den montag nach s. Jakobs im snit ietzkomenden her fur uns komest oder yemannts der deinen mit volmechtigen gwalt senndest, da dann die benanten von Prugk und Leuben auch sein oder ir volmechtig anwelt haben sullen. So wellen wir die sachen horen oder schaffen ze horen und versuchen ew zu beder seit gutlich darumb mit einannder zu verainen. Mocht das aber nicht gesein, verrer darin was pillich und recht ist hanndeln. Daran tust du unser ernstlich maynung". Item an die von Bruck an der Mur und Leoben.

Original-Konzept ausgestrichen, HHStA Wien, HS blau 53, fol. 740; ed. *MONUMENTA HABSBURGICA* I.2, Nr. CMLXXV.

194 1478 November 30, Leoben

Katharina, Tochter des verstorbenen Erhard, Amtmannes am Gries in der Pfarre Gaishorn, und der verstorbenen Frau Margret, jetzt Gattin des Leobener Bürgers Hans Herzoger, verzichtet gegenüber ihrem zu Gries wohnhaften Bruder Caspar nach Ausfolgung des väterlichen und mütterlichen Erbes auf alle weiteren Ansprüche. Ihr Mann Hans Herzoger bekennt, „das solich verzeichung, so mein liebe eliche hausfraw Kathrey gethan hat, mit meinem willen und wissen geschehen ist".

Siegler: 1. Paul Gablkhover, Ratsbürger zu Leoben
2. Hans Herzoger, Bürger zu Leoben

Original, Pgt., Hängesiegel (Nr. 1 fehlt), StLA-U 7744.

195 1479 September 7, – –

Der Leobener Bürger Georg Kätzler beurkundet, daß er von Kaiser Friedrich III. den Hof im Winkel bei Leoben, der in das kaiserliche Amt dienstbar ist, um jährlich 13 Pfund Pfennige verpfändet erhalten hat.

Siegler: 1. Aussteller
2. Hans Pringsauf, Stadtrichter zu Leoben

Original, Pgt., zwei Hängesiegel, HHStA Wien; StLA HSG 1149 unter 1479 September 8.

196 1481 Jänner 27, – –

Die Meister und Knechte der Bäcker und Müller zu Leoben ändern mit Zustimmung des Richters und Rates die Ordnung ihres Handwerkes in genannten Punkten ab und verpflichten sich nach Gründung einer gemeinsamen Zeche („ain furnemen und zech") alle Übervorteilungen beim Vermauten des Getreides („mallter gen mull") hintanzuhalten, von dem besonders die Müller des Vordern- und Innerbergs betroffen waren, ferner Streitigkeiten vor dem Stadtgericht auszutragen. Den Muttelbäckern wird der freie Verkauf verboten.

Siegler: Zechsiegel der Müller- und Bäckerzunft

Original, Pgt., Hängesiegel, StLA-U 7865; ed. POPELKA, Schriftdenkmäler Nr. 119.

197 1481 Juli 7, Wien

Kaiser Friedrich III. überläßt der Stadt Leoben das in der Umgegend einzuhebende Ungeld zu Befestigungszwecken („an paw und zu der wer") bis auf Widerruf.

Original verloren; *Cop. Pap.* StLA-U 7882[a].

198 1482 Jänner 28, – –

Paul Gablkhover, wohnhaft zu Leoben, verfügt über das ihm von seiner Gattin Ursula, Tochter des verstorbenen edlen Franz Schötel zu Salzburg, und dessen Ehefrau übernommene Heiratsgut (Haus und Hof am Hafermarkt zu Salzburg), das als Eigengut gilt, und gibt seiner Gattin als Widerlage 500 Pfund steirischer Landeswährung sowie die Hälfte seiner Fahrhabe. Ursula soll das genannte Gut nach seinem Tod so lange mit ihren Kindern besitzen, bis seine nächsten Erben und Verwandten die Rückforderung stellen und 500 Pfund Pfennige sowie den halben Teil der fahrenden Habe übergeben. Stirbt Ursula vor ihm, so sollen er und seine Erben Nutznießer des Salzburger Hauses sein.

Siegler: 1. Aussteller
2. Valentin Murer

Original, Pgt., zwei Hängesiegel abgeschnitten, StLA-U 7904.

199 1482 Oktober 15, – –

Mert Prachenberger, Pfarrer zu St. Andrä zu Göß, verzichtet auf das Pfandrecht an der Habe der Johanna, Witwe nach Hans Pierer zu Leoben, mit Ausnahme des Hammers bei dem Winkelhof und genannter Getreide- und Hauszehente am Etsch- und Holerhof.

Bleistiftvermerk auf der Innenseite der Plika (19. Jh.): „hammer im Winklfeld".
Original, Pgt., Hängesiegel fehlt, StLA-U 7932[d].

200 1483 März 14, Graz

Ulrich von Graben, Hauptmann zu Marburg, und Bürgermeister, Richter und Rat zu Graz vergleichen auf kaiserlichen Befehl die Leobener Bürger Jörg Posch und Valentin Murer wegen einer Geldschuld.
Original, Pap., zwei außen aufgedrückte Siegel, StLA-U 7944.

Ich Vlrich vom Graben haubtman zu Marchburg, und wir der burgermaister, richter und rat der stat zu Gretz bekennen mit disem offenn brieff als uns der allerdurchleuchtigist furst und herr her Fridreich romischer kaiser zu allenn tzeitten merer des reichs zu Hungern, Dalmacien, Croacien etc. kunig hertzog zu Österreich, zu Steir etc. unser allergenedigister herr ernstlich bevolhen hat der irrung und hanndels halben, so der erber Jorg Posch, burger zu Lewben mit dem ersamen und weysen Valentin Murer burger daselbs zu Lewben hat gehabt, bed obbemelt tail furderlich fur uns zu ervordern, sy der berurtten hanndels, irrung und zwittrecht halben geneinannder zu horn und versuhen gutlich zu verainen, mocht des aber nicht gesein, mit recht darumb enntschaiden nach laut seiner kaiserlichen gnaden commission darumb ausganngen. Auff solh seiner kaiserlichen gnaden commission wir bed tail auff hewt fur uns ze komen ervordert haben. Darauff dann bed tail fur uns komen sind und haben sy zu bederseit in solhem irem hanndel, irrung und zwittracht geneinannder gehort und sovil mit beden tailen geredt, daz sy solher irer irrung, zwittrecht und hanndel an all verrer waigrung und auszug genntzlichen bey uns bliben und hinder uns wilkurlich hindergenngig worden sein und bey iren hanndtgelobten trewen uns gelobt und versprochen haben, wie wir sew umb solhen iren hanndel und zwittrecht enntschaiden und darumb awssprechen dem getrewlich nachzekomen und das stet ze halten bey dem val, den wir in in dem gegenwurttigen spruch darumb aufsetzen wurden. Auff solh der bemelten Posch und Murer hindergenng und wilkur haben wir gesprochen, sprechen auch wissenntlich mit dem brieff, daz all hanndlung, raittung und zallung, so ain tail mit dem anndern gehabt hat oder hiet, gehaben mugen nemlich alle geltschuld, so der Posch dem Murer schuldig ist gewesen oder der Murer dem Poschen schuldig gewesen ist nichts ausgenomen, sunder alles und yedes hieinne beslossen ganntz krafftloss, tod und ab und von kainem tail nu furbasser in geistlichen noch weltlichen rechten geprawcht noch gedacht sol werden in kainerlay weyse. Auch sprechen wir, daz der bemelt Murer demselben Poschen ausrichten und geben sol sechtzig phund phenning guter lanndeswerung in Steir, die er im dann an hewtigem tag dato des brieffs vor unser beraitt ausgericht und betzalt hat, nicht von der spruch und anfordrung wegen so er vor unser auff die kaiserlich commission zu dem bemelten Murer hat gehabt, sunder von seiner dinst wegen. Welher tail aber, nachdem an solhem unserm spruch yeder bemelter tail vor unser ain gut benugen und gevallen gehabt hat, dem gegenwurtigen unserm spruch nicht nachkem und uberfuer, es wer in aim oder menigerm artickel, das wissenntlich gemacht wurd, derselb tail wer unserm allergenedigisten herrn dem romischen kaiser etc. als lanndesfursten hundert guldein und auff die stat Gretz zwenunddreissigk guldein alles unger und ducaten zu rechtem val schulldig und verfallen inver zwayen monadten den nachsten nach solhem überfaren und wissenntlich machen, auszerichten und zu betzalen an lennger vertziehen und widersprechen ungeverlich. Und des zu urkund geben wir yedem tail nach seinem begern ainen spruchbrieff in gleicher lautt under unsern obgenannten commissarien mein des von Graben und gemainer stat Gretz auffgedrukchten petschadten, doch uns unsern erben und nachkomen, auch gemainer stat Gretz an schaden. Geben zu Gretz am freitag vor dem suntag Judica in der vassten nach Cristi gepurd viertzehenhundert und im dreyundachtzigisten jare.

201 1483 Juni 14, Graz

Kaiser Friedrich III. benachrichtigt Richter und Rat von Leoben, daß er das Ungeld vom Wein, der unter dem Schloß gelegenen Tavernen zu St. Peter ob Leoben, dem Pfleger Hans Stubich auf zwei Jahre für Bauarbeiten am Schloß zu St. Peter am Freienstein überlassen hat.

Adresse: Unsern getrewn lieben dem richter und rate zu Lewben.

Original verloren; *Cop. Pap.* StLA-U 7956.

202 1483 Juni 15, Graz

Kaiser Friedrich III. sendet mit seinem obersten Truchseß in Steier, Hofmarschall und Kämmerer Sigmund Pruschink, acht Truhen nach Leoben zur Verwahrung, wo schon andere derartige Truhen deponiert sind. Er fordert die Stadt weiters auf, bei Tag und Nacht Vorsicht walten zu lassen.

Original verloren; *Cop. Pap.* StLA-U 7956[a].

203 1483 Juni 30, – –

Mathias Wulffinger, Bürger zu Leoben, und Georg Dultsch, Zechmeister zu Maria am Waasen, verleihen Peter Weitentaler im Dorf Schladnitz westlich von Göß eine Wiese, die Kaufrecht der Kirche Maria am Waasen ist, um eine ungenannte Summe Geldes unter den üblichen Kaufrechtsbedingungen.

Siegler: Mathias Wulffinger

Original, Pgt., Hängesiegel, StLA-U 7958.

204 1484 März 11, Innsbruck

Kaiser Friedrich III. bestätigt dem Leobener Bürger Jörg Ketzler den Kauf eines halben Drittels an zwei Hämmern, „genannt die walichhemmer", von Friedrich Kunerin zu Leoben und erlaubt ihm über diese Anteile wie über anderes Eigengut zu verfügen.

Original Privatbesitz, Cop. Pap. StLA-U 7979[a].

205 1484 Mai 3, Graz

Kaiser Friedrich III. befiehlt Richter und Rat von Leoben, seinem Bevollmächtigten, dem Grazer Bürger Hans Schwarzenburger, über Aufforderung „puchsenmeister, terras, hauffnitz oder annder puchsen und zeug" samt Wagen und Fuhrleuten ohne Zögern bereitzustellen.

Adresse: Unsern getrewn lieben dem richter und rate zu Lewben.

Original verloren; *Cop. Pap.* StLA-U 7984[a].

206 1484 August 16, Graz

Kaiser Friedrich III. beauftragt Richter und Rat von Leoben, nächsten ersten September einige aus ihrer Mitte an ihn abzuordnen, die von den an seiner Statt erhobenen Geldern Rechnung zu legen und sie abzuliefern hätten, damit er seine Dienstleute bezahlen und die Ausgaben für das Land bestreiten könne.

Adresse: Unsern getrewn liebn dem richter und rate zu Lewben.

Original verloren; *Cop. Pap.* StLA-U 7994.

207 1485 Jänner 9, – –

Hyersel Jud, Sohn des Juden Eisack zu Graz, verkauft Valentin Murer, Bürger zu Leoben, und seiner Gattin Dorothea ein Haus samt Hof und Garten mit allem Zubehör gegenüber vom Rathaus in der Stadt Leoben, das ehedem seinem Schuldner Wolfgang Understetter, gewesenem Bürger zu Leoben, und seiner Frau Kunigunde gehört hat. Dieses Haus gelangte auf Anordnung Kaiser Friedrichs III. als Darlehenssicherung in den Besitz Hyersels. Er wurde vom Gericht „in nutz und gewer gesetzt" und erhielt auch die gesamte Fahrhabe. Davon wurden dem Leobener Stadtrichter 48 Pfennige als „gruntrecht" gereicht. Der Verkauf erfolgt vor dem Stadtrichter Paul Gablkhover. Das Haus wird nach Burgrechtsrecht übergeben „mit gemainer plankhn und dach umbfangn . . . mit infartt, ausfartt, liecht und dachtropfen" um eine ungenannte Summe Gulden. Alle älteren Kaufurkunden verlieren ihre Rechtskraft.

Siegler: Paul Gablkhover, Stadtrichter

„. . . und zu merer zeugnuss hab ich den brief mit meiner judischen handgeschrift unden an geschriben bestett . . ."

Original, Pgt., Hängesiegel, hebräischer Vermerk, Stiftsarchiv Admont.

208 1485 Jänner 14, Linz

Kaiser Friedrich III. beauftragt Richter und Rat von Leoben, ihm zur Ausbesserung des Schlosses Strechau mindestens zwei Maurer zu schicken.

Original verloren; *Cop. Pap.* StLA-U 8002.

209 1485 April 25, Linz

Kaiser Friedrich III. verleiht dem Leobener Bürger Jörg Kätzler den „hof im Winkchl bey unserr burgk daselbs gelegen zu rechten burgkrecht oder kaufrecht“ gegen jährlichen Zins von 13 Pfund Pfennigen zu Georgi.

Original Privatbesitz, *Cop. Pap.* StLA-U 8032.

210 1485 September 9, Graz

Reinprecht von Reichenburg, oberster Hauptmann in Steiermark, Kärnten und Krain, benachrichtigt den Richter und Rat von Leoben von einem geplanten Angriff der Feinde auf Eppenstein und fordert sie auf, acht gerüstete Knechte nach Judenburg zu schicken, die sodann auf den Basteien zu Eppenstein einen Monat lang Dienst verrichten sollen. Die anfallenden Kosten dürfen von der künftigen Steuer abgezogen werden.

Original, Pap., rückwärts aufgedrückte Petschaft, StLA-U 8059.

211 1487 Mai 9, Nürnberg

Kaiser Friedrich III. an Richter und Rat von Leoben: verordnet über Beschwerde der dortigen Bürgerschaft, daß hinfür – wie vordem üblich – der Richter und vier Räte aus der Bürgerschaft zu wählen seien. Er empfiehlt ferner dem Richter und Rat die Bürgerschaft nicht im Handel, im Eisengewerbe und beim Weinschenken zu bedrücken, damit sie „mitleiden mugen“. Überdies soll die Stadt in den Kriegszeiten ordentlich behütet werden.

Adresse: Unsern getrewn lieben dem richter und rate zu Lewbenn.

Original verloren; *Cop. Pap.* StLA-U 8199.

212 1488 März 24, – –

Valentin Murer, Bürger zu Leoben, stiftet zum Marienaltar in der Johanneskirche daselbst eine ewige Messe, wozu er 28 Pfund 6 Schilling 15 Pfennige Gülten widmet. Die Überwachung der Einhaltung wird dem Richter und Rat der Stadt Leoben überantwortet.

Siegler: 1. Johann Lainckner, Erzpriester in Obersteiermark und Pfarrer zu St. Jakob zu (Alt-)Leoben
2.Richter und Rat der Stadt Bruck a. d. Mur
3. Aussteller
Original, Pgt., drei Hängesiegel, StLA-U 8306; zwei Urbare 1488, StLA, St. A. Leoben, Sch. 166, H. ad 857.

213 1488 April 9, – –

Michael Sulzbacher, Mitbürger zu Leoben, und seine Gattin Margarete verkaufen „als kanleut" den Brüdern Michael und Lienhard Fruewein und deren Ehefrauen Haus, Hof und Garten in der Stadt Leoben (18 Pfennige Grundzins) „hinnder der schuel zu nachst an der stat turnn" um eine ungenannte Summe Geldes nach Burgrecht. Der Verkauf erfolgt nach Landesrecht in Steier und „der stat Lewbem sit und gewonhait".
Siegler: 1. Mathias Wulffinger, Ratsbürger zu Leoben
2. Niklas Schwarzpeck, Stadtrichter zu Leoben
Original, Pgt., zwei Hängesiegel abgeschnitten, StLA-U 8309.

214 1488 September 9, Antwerpen

Kaiser Friedrich III. erklärt die Verschreibung und den Revers des Weinaufschlags, den die Leobener seinem Diener Hans Reichenburger sowie Richter und Rat zu Bruck a. d. Mur zu leisten haben, den er derzeit nicht zur Hand hat, für nichtig.
Original, Pgt., vorne und hinten aufgedrücktes Petschaft, StLA-U 8370.

215 1489 Juli 21, Pordenone

Kaiser Friedrich III. befiehlt Richter und Rat von Leoben, dem Wolfgang Grappler den gebührenden Sold für Pferde auszuzahlen.
Adresse: Unsern getrewn lieben dem richter und rat zu Lewben.
Original verloren; *Cop. Pap.* StLA-U 8473.

216 1490 Jänner 3, – –

Die Schneider von Rottenmann geben sich eine der Leobener Ordnung nachgebildete Handwerksordnung „das wir von maister und gesellen vorgenantz hanntberchs der stat ze Lewben mit brieflicher kundtschaft under derselben stat statgerichtz und ratherrenn innsigl ververttigt bericht sein wie und sich maister und gesellen des hanntberchs hallten sullen unnd bisher in vorgmellter stat Rottenmann nicht verordent noch beschehen ist . . .“

Siegler: Stadtrichter und zwei des Inneren Rates von Rottenmann

Original, Pgt., drei Hängesiegel fehlen, StLA-U 8540[a].

217 1490 April 29, Linz

Kaiser Friedrich III. befiehlt Richter und Rat von Leoben, von den ausgeschenkten Weinen das Ungeld nach den für Bruck a. d. Mur, Trofaiach sowie Vordernberg und Eisenerz festgesetzten Tarifen einzuheben.

Original verloren; *Cop. Pap.* StLA-U 8589.

218 1490 Oktober 20, Steinamanger

König Maximilian I. befiehlt der Bürgerschaft und dem Rat von Leoben, dem Vlrich von Weispriach und seinem Schatzmeister in der unteren und oberen Steiermark, Veit Offnig, die er wegen Aufnahme von Darlehen in die Steiermark gesandt hatte, vollen Glauben zu schenken.

Original verloren; *Cop. Pap.* StLA-U 8666.

219 1490 Oktober 29, Linz

Kaiser Friedrich III. verbietet, den Weg über die Piber-, Rachauer-, Glein- und Lainsacheralm zum Viehtrieb und Transport von Kaufmannswaren zu benützen, da dadurch die Maut zu Leoben umgangen werde. Zuwiderhandelnde sollen verhaftet und dem Kaiser gemeldet werden.

Original verloren; *Cop. Pap.* StLA-U 8669.

220 1490 Dezember 3, – –

Bürgermeister, Richter und Rat der Stadt Bruck a. d. Mur vidimieren dem Richter und Rat von Leoben eine Urkunde Kaiser Friedrichs III. von 1490 Oktober 28, Linz, worin den Vordernbergern die freie Veräußerung des Roheisens über das ihnen zugestandene Drittel, das sie gegen Getreide und Holzkohle eintauschen dürfen, zum Vorteil der Stadt Leoben untersagt wird.
Original verloren; *Cop. Pap.* StLA-U 8687.

221 1492 Juli 9, Linz

Kaiser Friedrich III. beurkundet die zwischen den Bürgern von Leoben und den Radmeistern von Vordernberg getroffene Übereinkunft, ein Drittel des Erzeugnisses gegen Kohlen, Getreide und andere Güter einzutauschen.
Original verloren; *Cop. Pap.* StLA-U 8963.

222 1493 Jänner 7, – –

Johannes Tobler, Laienpriester im Bistum Passau, überträgt genannte Urkunden über ein Haus zu Leoben, die er von Barbara, Witwe nach Erhard Rusterwinkel, hat, gegen Entschädigung an Richter und Rat daselbst.
Siegler: 1. Aussteller
2. Wolfgang Tollinger, Pfarrer zu Maria am Waasen
Original, Pgt., zwei Hängesiegel, StLA-U 9047.

223 1493 Februar 28, – –

Ruprecht Reichenhaller, Stadtrichter zu Leoben, fordert im Fall Valentin Murers erstmalig etwaige Gläubiger zur Meldung auf.
Original, Pap., außen aufgedrückte Petschaft, StLA-U 9071.

224 1493 April 14, Linz

Kaiser Friedrich III. benachrichtigt seinen Mautner zu Leoben, Thomas Donner, daß er das Aufgeberamt „des geslagen eysen so in kurtzer zeit aufkommen ist“ wiederum dem dortigen Richter und Rat übertragen habe, „nachdem das vormals in khainen bestannd nye gehört hat“.

Original verloren; *Cop. Pap.* StLA-U 9088.

225 1493 Mai 3, Graz

Jörg von Losenstein, Landeshauptmann in Steiermark, verbietet über kaiserlichen Befehl den Bewohnern im Gäu um Leoben Handel oder Gewerbe zu treiben.

Original verloren; *Cop. Pap.* StLA-U 9094.

226 1493 Mai 9, – –

Ruprecht Reichenhaller, Stadtrichter zu Leoben, fertigt Valentin Murer ein gerichtliches Zeugnis aus, wonach derselbe seine Gläubiger wegen Bezahlung auf den nächsten Gerichtstag berufen habe.

Original, Pgt., außen aufgedrückte Petschaft, StLA-U 9097.

227 1493 Juni 20, – –

Ruprecht Reichenhaller, Stadtrichter zu Leoben, beurkundet, daß Valentin Murer zum dritten Mal seine Gläubiger habe gerichtlich auffordern lassen.

Original, Pgt., außen aufgedrückte Petschaft, StLA-U 9113.

228 1493 Dezember 26, Wien

König Maximilian I. bestätigt die Rechte und Freiheiten der Stadt Leoben.

Original, Pgt., Hängesiegel abgerissen, StLA-U 9169.

229 1494 Mai 15, – –

Niklas Schwartzpeck, Stadtrichter zu Leoben, erklärt alle „in offner schrann hie ze Lewben“ nicht angemeldeten Schuldbriefe und Forderungen an Valentin Murer für erloschen, nachdem dieser die vorgeschriebene viermalige gerichtliche Aufforderung vorgenommen hat.
Original verloren; gleichzeitige *Cop. Pap.* StLA-U 9246.

230 1495 Juni 6, Graz

Andre Spangsteiner, Verweser der Hauptmannschaft in Steier und zu Graz anstatt Reinprechts von Reichenburg sowie Lienhart von Ernau, Vizedom und Landschreiber in Steier, gestatten der Stadt Leoben in ihrem Burgfried in allen Fällen zu richten, die gegen einen oder mehrere Artikel der Landhandfeste gerichtet sind („in iren burkhfrid und gerichtszwanng all vell, peen und wenndel von den so wider einen oder menigem artikhel in der lannshanntvest begriffen, hanndeln, zu ervordern und zu nemen haben, auch gen denselben verbrechern mit strafaushalltung und in annder weeg in aller mass volfarn sullen und mugen . . .“).
Dorsualvermerk (18. Jh.): den statrichtter zu Leoben wierdt von herrn landtshaubtman und vizedomb in Stayer gewalt geben alle händl und wändl in purkhfrid abzustraffen.
Original, Pap., ohne Siegel, StLA-U 9383.

231 1497 April 26, Innsbruck

König Maximilian I. befiehlt dem Rat von Leoben als Inhaber der dortigen Maut darauf zu achten, daß der Mautner Thomas Pflanz dem Dominikanerkloster zu Graz für den Klosterbau und als Unterstützung zwei Jahre lang wöchentlich zwei Pfund Pfennige aus den Mauteinnahmen übergibt.
Aus: *BeitrrKdeSteiermGeschQ 15* (1878), 8.

232 1497 Oktober 24, Leoben

Richter und Rat von Leoben inserieren und vidimieren dem Prior des Dominikanerklosters Niklas Holzegger den von dem klösterlichen

Holden Paul Denner ausgestellten Heiratsbrief von 1452 Jänner 25. Die Stadt fertigt dem Prior „ditz gelewblich vidimus oder transsumpt unndter unser der stat hie zu Lewben kleineren anhangunden innsigll".

Original verloren; *Cop. Pap.* StLA-U 9646.

233 1498 Jänner 26, – –

König Maximilian I. beauftragt den Propst von Rottenmann und genannte Personen, sich vom Zustand der Dokumente des Leobener Dominikanerklosters zu überzeugen und für deren Erneuerung Sorge zu tragen.

Original verloren; *Cop. Pap.* StLA-U 9672, als Insert in StLA-U 9704.

234 1498 April 16, – –

Georg Sahrl, Schneider und Bürger zu Leoben, und seine Ehefrau Katharina verkaufen vor dem Stadtgericht dem Mitbürger und Fleischermeister Kunz Eckstein ihr an der Ringmauer gelegenes Haus, von dem 18 Pfennige Grundzins in das Stadtgericht gegeben werden, um eine ungenannte Summe Geldes, „alls dann solichs kauffsrecht sit und gewonhaidt ist in dem lannd Steyr und hie der stat Lewbem".

Siegler: 1. Sigmund Baumgartner, Stadtrichter
2. Ruprecht Reichenhaller, Ratsbürger

Original, Pgt., zwei Hängesiegel abgeschnitten, StLA-U 9702.

235 1498 April 21, – –

Johann Kugelberger, Propst von Rottenmann, und genannte Personen beurkunden unter Inserierung des königlichen Befehls von 1498 Jänner 26 (StLA-U 9672), daß sie dem Prior und dem Dominikanerkloster zu Leoben mehrere schadhafte Urkunden in einem näher bezeichneten Libell vidimiert und erneuert hätten.

Siegler: 1. Aussteller
2. Andreas von Metschach, Erzpriester in Obersteiermark
3. Hans Maltis

Original verloren; *Cop. Pap.* StLA-U 9704.

236 1499 Mai 11, – –

Bruder Niklas Holzegger, Prior des Dominikanerklosters zu Leoben, beurkundet aufgrund zweier Schiedsurkunden den Vergleich zwischen Niklas Schwartzpeck, Bürger zu Leoben, und Peter Walch, Bürger zu Vordernberg, wegen eines Grundstückes am Erzberg.

Original verloren; *Cop. Pap.* StLA-U 9893.

237 1500 Dezember 31, – –

Hans Lechner, Bürger zu Leoben, einigt sich auf Vermittlung des Richters und des Rates zu Leoben mit dem Dominikanerkloster zu Leoben wegen einer Ewiglichtstiftung mit Zinsen von seinem Haus sowie von einer genau lokalisierten Wiese und eines Gartens durch Heinrich Hackenteufel. Mit der Reichung dieser Zinse war er in Rückstand geraten, da sein Haus „in abpaw komen und gantz nidergefallen ist“. Der Prior verzichtet zum Wiederaufbau des Hauses für immer auf die Zinse, wofür ihm Hans Lechner die Wiese und den Garten übereignet, „als dann solhe vertrage im lanndt Steir recht und der stat zu Lewbn syt und gewonhait ist“.

Siegler: 1. Niklas Schwartzpeck, Stadtrichter zu Leoben
2. Ruprecht Reichenhaller, Ratsbürger zu Leoben

Original verloren; *Cop. Pap.* StLA-U 10045.

238 1501 Februar 10, Linz

König Maximilian I. bestätigt das von Kaiser Friedrich III. für Richter, Rat und Bürgerschaft von Leoben erlassene Verbot des Weinhandels auf dem Gäu zwischen Leoben, Knittelfeld, Rottenmann und Vordernberg und befiehlt, daß sich auch die Dörfer Trofaiach, Mautern und Kalwang sowie andere Orte an diese Bestimmung halten müssen.

Original, außen aufgedrücktes Siegel abgefallen, StLA-U 10056.

239 1501 März 2, – –

König Maximilian I. befiehlt, daß die Leobener auf das in ihren deutschen Hämmern geschmiedete Eisen stets die alte Marke, den Strauß des Stadtwappens, schlagen sollen. Den welschen Hämmern wurde die Einprägung dieses Zeichens untersagt, damit „unser Leubner eysen" seinen guten Ruf nicht einbüßt.

Nach *ILWOF,* Eisen 85.

240 1506 August 26, Graz

König Maximilian I. befiehlt seinem Rat und Vizedom in Steiermark, den Bürgern von Leoben von ihrem Steuerrückstand 400 Rheinische Gulden nachzulassen, dafür aber einen Schuldbrief über eine gleich hohe Summe einzulösen.

Original verloren, *Cop. Pap.* StLA.

241 1509 November 5, – –

Richter und Rat der Stadt Leoben bestätigen den dortigen Zimmerleuten die Errichtung einer Bruderschaft zum hl. Josef aufgrund der vorgelegten Ordnung der Grazer Zimmerleute, die diese von Kaiser Friedrich III. erhielten. Die Bestätigung der Stadt Graz von 1506 Februar 19 ist inseriert.

Original verloren, *gleichzeitige Abschrift,* Libell in rotem Pergamenteinband mit einem Vorsatzblatt, das Aufzeichnungen der Stadt Leoben aus dem Beginn des 15. Jahrhunderts enthält; das rückwärtige Vorsatzblatt enthält eine Handschrift des 14. Jh.s, StLA, St. A. Leoben, Sch. 157, H. 623; ed. POPELKA, Schriftdenkmäler Nr. 156.

In dem namen unnsers lieben herrn Jhesu Cristi amen. Wir N. richter und rate gemaynklichn der stat zu Lewben bekennen veraindtlich fur uns, alle unnser erbn und nachkomen mit disem offenn brief und tun unverschaydenlichn kund allen, den er furkumbt und gezaigt wirdet, das fur uns hie samentlichn khomen sein, die ersamen N. zymerlewt mit ainer abgeschrifft und ordnung aines bruederbrieffs, so ire werchgnossen durch ir verdienuß bey der loblichen hawbtstat Grez aufgericht und noch anfengklichen her mit gnedigem vergonn in durch weylendt kayser Fridrichn dieselb zeidt romischen kunig alls regierundten fursten im lannde Steyr gegeben und nachmalln seiner furstlichen gnaden hochloblicher gedechtnußs durch seiner verlassen kayserlichen mayestet erbson, auch yez erwellten romischen kayser herrn

Maximilian auch alls herren und regierunden lanndesfursten gannzlichen aufgerichtet und bestatt, auch weidter bey seiner kayserlichen mayestet undtertanigen furnemen burgern N. den von Grez undter irn gehorsamen verfollgen mit irer besiglunge verferrtiget und erstlich gannz aufgericht were etc., in auch hie bey uns allso dermassen helffn durch ir vleissiges anrueffen und stetlichs verdienn Got dem almechtigen, seiner ausserwellten lieben mueter junkhfrawn Marie zu lob und eren allen lieben heiligen und cristgelawbigen selln durch merung des loblichen gozdienst unnserr aller vorforderen und nachkomen, darinn taglich zu gedenkhen nymer vergessen hie aber ain soliche lobliche und ersame bruederschafft mit zuegeben, hilff, rat und wissen unnser aller auch in den eren des heiligen vatter sand Joseph, unnsers lieben herrn phleger und aller heiligen anfahen aufzurichten. Des wir in dann von gemayner stat wegen in solher beruerter forma, wie ir abgeschrifft innhellt, auf ir vleissiges anrueffen willig und genaigt sein helffen ze mern und nymer ze myndernn, anfahen, darinne nicht mer ausgeslossen noch vorbehallten sey, allain verer guet ordnung in irn taglonen oder gedingten sollden, die albegen zu messigen und nicht ze meren, darnach die annderen phenbert der narunge und auch ires werchzeugs ze kauffen geschikht seinn, denselben irn tagsolld darnach ze messigen und nymer zu erhöhen, dadurch nyemand durch sy oder widerumb sy durch annder besbert und ubergriffen wurden. Fur das annder auch daneben angezaigt, das sy in solhen irn taglonungen ires gesazten sollds benuegen und zu irer selbs weil und zeidt ausser der arbaidt allen irn werchzeug richten sollen bey irer selbs weil und nicht in annder lewt arbaidt oder belonung an eehafft not ainem yedem in solher belonung oder dingwerch ungehynndert. Auch ob mer ain annder mayster oder werchman mit zymerberch herkem und weniger lons nemen tät, dann die hieigen zymerlewt nemen tatten, auch der oder dieselben ir wochengellt in dy bruederschafft wie ander fur sich und sein zymerlewt des wochenphening einlegten, dieselben sollen von im nicht vertriben, sonnder von in allzeidt gehallten werden wie von anndernn zymerlewten bey der beruerten bruederschafft und sy sollen auch albeg in aller notturfft der stat dem armen alls dem reichen fur auswendig gehorsam sein ungeverlich. Aber in annder loblicher furnemung und gueter ordnung der von Grez, wie dy von ainem lanndesfursten auf den annderen bestätt sein, wellen wir auch hie unverschayden in allen annderen artigkln, wie dy hawbtstat Grez anzaigt, von ainem auf den annderen verfollgen, wie dann dieselb ir ordnung alle nachainannder geschriben stet und hernach anfahet:

Wir N. der burgermayster, richter und rate der stat zu Grez bekennen, das uns die erberen mayster all zymerlewt hie zu Grez behausst und unbehawst in unnserem rat anbracht haben, das sy nach willen und geschefft des allerdurchlewchtigisten fursten und herren herren Fridrichs romischen kunig zu allen zeidten merer des reichs, herzogen zw Österreich und ze Steyr etc. unnsers allergnedigissten herren ainhelligklich und mit guetem vleis fur sich genomen hietten ain bruederschafft und zech in aller heiligen namen und ern, die sy furbaser allezeidt der stat und dem gannzen lannd ze nuz mit allen maystern und geselln ires hanndtberchs hie in der stat und im purgkfride, auch was der in vier meylen wegs weidt und braidt umb die stat in stetn, merkhten, dörffern oder auf dem gew gesessen sein, ze regieren und ze hallden mayndten, allso das Gott der herre davon gelobt und irer sel hayl damit gesuecht wurde, auch das alle gepew des zymerberchs mit rechter wissenhaidt und gueter maß werchperlich durch soliche ordnung muessen volbracht werden, alls sy das alles in sonndern artigkelln wol gelewtert und verschriben hietten mit diemuetigen vleis an uns begerend, das wir solich ir ordnung verhörn und durch unabnemunder gedechnuß willen in unnser statpuech ze schreiben geruechten. Allso das sy ir kundtschafft oder dieselb ir ordnung davon gehaben möchten, alsofft in des notturfft beschehe. Wanne wir aber schulldig und punnden sein, solh und annder sachen daraws unnser gnedige herschafft der stat und uns eer und nuz bekumbt zu fudernn und ze erheben seidtemallen dann unnserr gnedigister herr kunig Fridrich sonnder wolgefallen in diser ordnung und bruederschafft hat und auch wir aigentlich erkennen, das gemayner nuz und alle pew damit gefurdert werden, darumb haben wir all ir aufgemerkht artigkl derselben ordnunge in unnser statpuech geschafft ze schreyben und lauttend genzlich von wart zu wartten, alls hernach geschriben stet:

Des ersten sollen all mayster und zymerlewt hie in der stat und im purgkfrid wonhafft, auch alle die in vier meilln wegs weidt und praidt umb die stat in stetten, merkhten, dörffern oder auf dem gew gesessen sein, in die bemellt sand Joseph und Allerheiligen zech und bruederschafft khomen zwischen hynn und Gotsleichnambstag nachstkunfftig, alls das der egenandt unnser gnedigister herre der kunig Fridrich in sonderhait verlassen hat, damit die zeche in allem guetm aufnemen muge. Welhe des aber wider wollten sein, dem sol das hanndtberch ganz nydergelegt werden unzt alslang, das er der bruederschafft und zech darumben abtragen tut. Und yeglichen mayster, der allso yez und hinfür in die zech kumbt, sol geben zu der infart sechzigk phening und darnach all quottemer acht phening.

Item wer sonst mit gottlichem willn in ir zech und bruederschafft khomen welle, der nicht ires hanndtwerchs ist, der sol geben zu der infart ain phundt wachs und hinfur alle quottemer dreyzehen phening.

Es sollen auch all zymergesellen, die hie und da in der vorgemellten refier bey maysternn steen in irer zech und bruederschafft seinn, also das ain yeglicher alle wochen darinn er dann arbaidt in die zech geb ain phening. Dieselben zechphening sol albeg der mayster selbs wochenlich innehaben und an irer stat in die zech raichen. Wann aber ain mayster oder ain annderer brueder, der in die zech kumbt, dem zechmayster mit solhem gellt zu yeder zeidt sonnder alls vorgemellt ist, nicht gehorsam wer, so sol der statrichter zu Grez auch furan nu hie zu Lewben denselben mit wanndl darzue hallden und er ist dennoch zu pues in die zech fellig ain phunt wachs.

Auf das ist zum ersten ze merkhen, das khayn zymerman hie im purgkfryd noch in der bemellten refier nicht maysterschafft treyben noch dhaynerlay paw aufnemen sol, er sey dann in der zech und das er mit ainer eelichen hausfrawen mit aignem rugken darinn angesessen sey.

Auch sonnderbar sol sich kayn zymerman dhaynerlay paw oder werchs im purgkhfrid zu Grez und furan auch hie zu Leuben nicht underfachen, er sey dan ain gesborner burger hie und leid mit der stat, ausgenomen ob unnser gnedigisster herr der kunig Fridrich und seiner mayestat nachkomen recht frömbd werchlewt zw irer gnaden paw hererforderten. Die sollan an iren willen darinn nicht verpunden sein.

Es sol auch khayn zymerman khayn dingwerch noch paw undterhanndt nemen, er wiss es dann maysterlichen an ergerung hindan zu vertigen.

Welher mayster dann ain zymer oder paw beschawt, abmisst und formiert auf dingberch oder taglon, demselben sol kayn annder mayster darin nicht greiffn noch kayn hindernuss darinn zueschikhn. Welher es daruber tät und wollt im das paw zueziehen, also das er mynder vordert wenn der erst oder das er disem sein mass und formierung lezst an redlich ursach, derselb ist in die zech verfallen drew phunt wachs und sol dennoch von dem richter mit dem wanndl gepessert werden.

Wer aber, das ain mayster sein dingberch inner ainem monadt nicht nachkhem und das paw sawmet an seines pawherrn wissen und willen, so mag dasselb dingberch ainem anndernn verlassen werden an alle hyndernuss des ersten.

Item wann sich ain zymerman paw undterwyndt des er nicht versorgen kund oder mocht, das sol den maysternn in der zech anbracht werden, damit es besicht werde. Erfyndt sich dann, das dasselb paw in rechter mass werchperlich nicht mag besteen, so sol im das hanndtberch nydergelegt und mit gericht darzue gehallten werden, das er seinem pawherrn umb den schaden benuegen thue und sol furbaser khayn maysterschafft nicht treiben, unnzt alslang das ers bewert.

Item ob sich begäbe, das er ettlich mayster oder geselln irs hanndtwerchs wider er tatten, das wissendtlich wurd, in welher maynung sich das fuegt, derselb sol auf dem hanndtberch verschmecht sein und welher mayster in der zech in daruber aufneme, der ist in die zech verfalln drew phunt wachs und im sol hinfur khayn gesell nicht arbaidten unzt alsslanng das er mayster und geselln hulld mit gerichts willen emphecht.

Item wann sich ain mayster oder gesell gegen dem anndern vergess in zarn mit verpottnen wartten, es wer in der zech, in der werchstat, auf der gassen, bey dem wein oder wo mayster und geselln beyainannder sein, derselb ist dem richter wanndlsphlichtig und in die zech verfalln zway phunt wachs und welher mayster oder gesell das gehort hiet und brecht es dem zechmaister nicht an, der ist auch ain phunt wachs in die zech vellig.

Item wann ain mayster von der stat zeucht zu ainem paw auf das lannd in stet, merkht oder dörffer und gesellen aufredet, die solher zeidt bey anndern maysternn hie stuenden und allso mit im von der stat furet, so man ir zu der stat notturfft oder annder arbaidt wol bedorfft, derselb mayster ist in die zech zu pueß vellig drew phunt wachs und sol dennoch alle wochn von ainem yeden geselln, die er auf dem paw hat, ain phening innbehallten und dieselben, allspalld er wider anhaymb kumbt, wissendtlich in die zech raichen. Welher aber des nicht tätt, so ist er dem richter wanndl verfalln und sol darzue nicht mer auf dem hanndtberch arbaidten, er khom dann an mayster und geselln auch an des richter willn.

Item ob ain mayster dem anndernn sein geselln mit hohn oder annderen guettem verhayssen abtaydinget an seinen willn und wissen, der sol in die zech gepuesst werden umb zway phunt wachs und der sich abtaydingen lesst, ist darein verfalln ain phunt wachs.

Item wann ain wandrunder gesell herkumbt durch arbaidt willn, so soll in der statmayster fudern mit arbaidt und der gesell sol nu gehorsam sein. Bedorfft er sein aber nicht, so sol er in zu ainem anndern mayster schikhen.

Item ob ain mayster oder gesell hie in krankaidt viel, der sich nicht vermecht austzehallten, demselben sol man aws der zech mit ainem beschaiden gellt ze statten komen und in nicht verderben lassen. Hiet er aber nicht werchzeug oder annder hab und begeret darauf anlechens aus der zech, des sol man im auch stattun und desselb phanndt unverkumert innhalltn unzt er es wider löst. Verschied er aber mit dem tod und ubertewrung auf den phanndten wer, so sol man imbs davon begeen lassen alls verr es wert.

Item so ain zymergesell von der stat wanndert und liess gelltschulld hynndter im, umb wen das wär, an seines gellter willn und wissen, dem sol der zechmayster mitsambt den anndernn nachschreybn und das hanndtberch nyderlegen unnzt er seiner gellter hulld gewynet.

Und wann ain gesell muet hat zu wanndern, der sol das seinem mayster acht tag vorhyn wissen lassen. Tett er das nicht, so ist er zu pues in die zech schulldig ain phundt wachs. Desgeleichen wann ain mayster seiner gesellen ains nicht bedorffe, so sol er imbs auch acht tag vor ansagen, damit er sich nach arbaidt verer wiss zu richten. Tett er des nicht, so ist er in die zech ain phunt wachs verfallen und sol dem geselln sein geordendten lon an demselben tag unverzogenlich ausrichtn. Verzug er im aber damit, was er dann ungeferlich auf dem lon muesst verzeren, das sol im der mayster auch ablegen und der zechmayster sol in darzue hallden.

Item wann ain gesell von dann zeucht mit willen und wissen seines maysters und anndern endten mit tod verschied, so sol man im aus der zech begenuß tun und fur in bitten lassn alls umb ain anndern irn mitbrueder, alspalld in das verkundt wirdet.

Item es sol weder mayster noch gesell khayner dem anndern lons oder furlechens nymer verzeyhen oder verlaugnen. Und welher des uberfarn wird, der ist in die zech schulldig ze geben zway phunt wachs und sol dennoch umb solich verlaugnen mayster und geselln auch des richters hulld gewynnen.

Item ob ain gesell werchzeug aus ainer werchstat oder von ainer anndern arbaidt neme an des maisters willen und wissen und brecht den nicht hinwider inner ainem jar oder zwayn, so dann nachmalln wissenndtlich wurd, das er den zeug geferlich hiet vorhallten, so ist er des hanndtberchs verfallen. Welher es dann von im gewesst und nicht zu wissen thon hiet, der sol auch allso gestrafft werden. Mugen sy aber an mayster und geselln willn komen, das ist hie nicht abgeslagen, doch dem richter an seiner pues unendtgollten.

Item welher mayster oder gesell irrung und unfrid undter den anndern ubt, es wer in der process an Gotzleichnambstag oder anderswo in unser zech und der undterweysung der mayster nicht gehorsam sein wollt, der ist in die zech vellig zway phunt wachs. Auch welher gesell in ubermuet ain auspruch oder misshellung machet undter den geselln und von neids wegen bestellet, das die von ires mayster arbaidt giengen und anderswo in ain paw tretten sollten, der ist in die zech schulldig zu geben zway phunt wachs und ain ganntzen lon und soll dennoch in mayster und geselln pessrung steen.

Item ob ain lerjunnger von seinem mayster gieng, ee wenn er seine lernjar ganntz ausgedienet het, der sol im nachgeschriben und das hanndtberch ganz nydergelegt werden und unzt er seines maysters und des hanndtberchs hulld emphacht.

Item welher gesell umb das hanndtberch nicht gedienet hat, den sol kayn mayster nicht fudernn an der andern mayster will und ob er dann allso aufgenomen wirdet, so sol er in die zech geben ain phunt wachs und furbaser alle quottemer dreyzehen phening alls ain annder brueder.

Item wann ain frembder mayster oder gesell herwanndert und hie zu arbaidt aufgenomen und nachmalln wissendlich wurd, das er andern endten unredlich naherkomen wär, so ist er in die zech verfalln drew phunt wachs und im sol das hanndtberch von stundan nydergelegt werden unnzt so lang, das er derselben lewt hulld gewynet, die er geunert oder betrogen hat.

Item wann sich ain fewr in der stat oder vor der stadt erhebt, so sollen alle mayster und gesellen, die zu solher zeidt hie sein, zuelauffen und mit den fewrhagken zu redten helffn, alls der stat ordnung ist. Und welher darinn ungehorsam erfunnden wurdt, der doch wol darzue komen hiet mugen, der ist in die zech verfalln ain phunt wachs und auf die stat zu pues zbenunddreissigk phening.

Nemlich ist zu merkhn, das all mayster und geselln aus der ganntzn refier, alls sy dann in dem zechpuech aigentlichen beschriben sollen werden, jerlich zu Gozleichnambstag her gen Grez und nu auch hie gen Lewbn komen und yeder in der process mit ainer kerzn geen sullen, zuvordrist alls von allter ist bey in herkomen. Welher mayster oder gesell aber solhs an eehafft not versawmet und darzue nicht kom, derselb sol in die zech gepuesst werden umb zbay phunt wachs.

Sy sollen auch allso järlich zu quottemerrn zuainannder komen und ir zechgellt raichen in maynung, alls das vor aufgesazt ist und alsdann des nachsten montags nach dem quottemersontag in der pharkirchen zu Grez und nu furbaser auch hie zu Lewbn, wo sy solhe brueder-schafft und zech am fueglichisten mugen volbrigen, ain selambt allen gelaubigen selln singen lassen, darzue ir yeder gen opher geen sol durch hailbertigkaidt willen der gannzen bruederschafft. Welher aber all quottember persondlich in die zech oder zu dem selambt nicht kem, der doch an schadn und an irrung darzue wol kommen wer, der ist zusambt der annderen gehorsam und sazung in die zech vellig ain phunt wachs alsofft das in der zech von ainem wissendtlich wirdet.

Aber die mayster zu Grez und auch furan hie zu Lewben im purgkhfrid allain sollen alle monadt bey dem zechmayster zuainann-der komen und der zech notturfft nach zeidten und schullden furhandt-nemen und aufrichten alsferr das unnser gnedigster herrschafft der stat Grez auch hie zu Lewbn und dem gannzen lannd Steyr ze ern und furdrung mag komen allenndthalben ungeferlich.

Wir tun auch melldung alls von wegen ires geordendten lons, den sy nemmen, der sol hinfur an irrung besteen alls von allter ist herko-menn, nemblich von sand Petterstag auf dem stuel unzt auf sand Gallntag sol ainem mayster zu taglon ausgericht werden vierund-zwainnzigk phening und ainem geselln zwenundzwaynzigk phening aber von sannd Gallntag unnzt hywider auf sannd Petterstag sol ain mayster zu taglone nemen achzehen phening und ain gesell sechzehen phening. Und welher mayster selbsechster oder selbsubendter auf ai-nem paw stet, so sol er nicht mer wenn ainer lerjunger darundter haben.

Es sol auch von notturfft und gueter ordnung wegen zeidtstund gesazt werden, wann ain zymerman taglich zu der arbaidt und wider dannen geen sull. Von erst alls von dem benandten sand Petterstag unnzt auf sand Jörgentag sol des morgens umb sechse zw der arbaidt getretten werden und des abendts umb sechse wider davon, dann von sannd Görgentag unnzt zu sand Gillgentag sollen sy des morgens an die arbaidt geen umb funffe und des abents abgeen umb subme. Item von sand Gillgentag unnzt auf sannd Gallntag des morgens auch umb sechse an und des abendts umb sechs widerumb ab. Und nemblich in der obberuerten zeidt sol man aim yeglichen zymerman sein fruestukh und jawsen zum stokh oder auf das paw tragen, damit ainem yeden erbernn mann sein paw dester fuderlicher mug gefertigt werden. Er mag auch zum fruestukh haymbgeen, doch das er in ainer halben stund hynwider zu der arbaidt khom ungeferlich. Dann von sand Gallentag unnzt hinwieder auf sannd Petterstag sol man täglich des morgens umb subme zu der arbaidt khomen und das fruestukh vor dahaymb essen und des abents umb funffe wider davon tretten.

Und wann ain mayster oder gesell solhe gesazte zeidt uberfur und ze spat an oder zufrue abgienng an seines pawherrn wissen und willn, so sollen im albeg fur ain stund, die er versawmbt hat, zwen phening an seinem taglon abgezogen werden.

Des zw urkund geben wir der obgemellten zech und bruederschafft dise bewerte abgschrifft irer ordnung alls die in unnserem statbuech geschriben stet besigellt mit der eegenandten stat zu Grez anhangunden innsigel. Geben zu Grez am phynztag vor sannd Petterstag der stuelfeyr nach Christi gepurd funffzehenhundert und im sechsten jare.

Weidter des zu urkund geben wir den hieigen zu Lewben in diser ordnung wie dy von Grez irer zech und bruederschafft dises libell undter der stat hie zu Leuben grösseren anhangunden innsigell verfertiget am montag vor des heiligen abbt und peychtinger sand Leonhartstag zu herbst nach Christi unnsers lieben herren gepurde in dem funffzehenhundertisten und newndten jaren.

242 1513 Jänner 23, Graz

Andre Spangsteiner, Verweser der Hauptmannschaft in Steier, und Leonhard Ernau, landesfürstlicher Vizedom, befehlen Hans Flugk, Stadtrichter zu Leoben, den dort gefangenen Prätl, Diener des kaiserlichen Rates und Hauptmannes zu Graz, Christoph von Mindorf, auf dessen Verlangen nach Graz zu überstellen.

Adresse: Dem ersamen weisen Hannsen Flugkhen statrichter zu Lewbem unnserm gueten frewnndt.

Original, Pap., StLA, St.A. Leoben, Sch. 29, H. 137.

243 1513 Mai 19, Leoben

Die kaiserlichen Räte und verordneten Kommissäre der „vmbreitterey in Össterreich unndter unnd ob der Ennß auch in Steyr“ entscheiden im Streit zwischen Hans Gerhab, kaiserlicher Pfleger auf Massenburg, und Richter, Rat und Gemeinde zu Leoben wegen des Burgfriedes, der Fischerei, der Jägerei und der Gemain.

Original verloren, *Cop. Pap.* StLA, St. A. Leoben, Sch. 4, H. 36c.

244 1513 Juni 1, Leoben

Die kaiserlichen Räte und verordneten Kommissäre der „vmbreiteten zu Össterreich under und ob der Enns, auch in Steyr“ entscheiden im Streit zwischen der Äbtissin von Göß und der Stadt Leoben wegen Holzentnahme und Viehweide am „Puechperg“, ferner wegen eines Steinbruches und wegen des Galgens der Stadt Leoben.

1. Die Leobener dürfen auf der halben Seite des Buchbergs „negst gegen Leoben werts“ ihr Vieh auftreiben.
2. Ebenso wird ihnen zugestanden, dort Holz für ihre Hämmer und Werkstätten zu entnehmen; die Bewohner der Vorstadt Waasen dürfen für den Hausgebrauch Holz schlagen.
3. Der andere Teil des Buchbergs bleibt der Äbtissin von Göß vorbehalten.
4. „Dan der bemelten von Leoben galgengericht soll ihn demselben Puechperg inmassen wie vor bleiben.“
5. Den Leobenern wird erlaubt, den Steinbruch zu nutzen.

Bei Verstoß gegen den Entscheid gilt eine Strafe von hundert ungarischen Gulden.

Original verloren, *Cop. Pap.* StLA, St. A. Leoben, Sch. 28, H. 75.

245 1515 März 14, Leoben

Der Notar und Bürger zu Leoben Erasmus Otter schreibt und fertigt das Testament der Anna, Witwe des Leobener Bürgers Mert Ausseer.

Original, Pgt. mit Notariatssignet, StLA.

In nomine domini amen. Nach desselben unsers allerliebstn herren geburdt tausend funffhunndert und im funffzehendten jare undter unnsers allerheiligissten vatters babst Leo des zehendten dits namens seiner regierunge im andern jare und undter des allerdurchlewchtigissten, grossmechtigissten fürsten und herren herren Maximilians erwellten römischen kaiser, seiner regierung des romischen reichs im dreissiggissten und des hungrischen im funffundzwaynzigissten jaren an dem vierzehendten tag des monadts Martzii umb die subende stünd nach mittentag oder nachendt dabey, der dritten indicion in der undteren stuben, darinn Anna, weylendt des Merten Ausseer seligen ettwen burger zw Lewben gelassne wittib gewondlichen gewondt, die mich durch den wirdigen heren Michaellen Gassner, layenbriester, irn peichtvatter und dertzeidt caplan bey der pharrkirchen hie zw sand Jacob erfordern lassen und sy mich selbs mit allem vleiss ersuecht und gepetten hat, ir nachfollgündts geschefft und lesten willen ob Got uber sy putt zuverschreyben, auch aus meinem gewallt, wo es dy notturfft erfordern mocht, ains oder mer glawburdig instrumendt daruber zumachen, das ich allso wie hernachvollgt gethon, welhes sy allso wolbedachtlich, auch unbezwunngen, wiewol swach am leib auch mit guetter vernufft gethon und aufgericht in mein offenns notary gegenburtigkaidt und der hernachbenandten beywesendten getzeugen befalh sy ir seel, so sy von irm leib abschide in dy barmherzigkaidt des allmechtigen Gottes und seiner liebsten muetter Maria der raynen maid etc. Nämblich am ersten hat sy geschaffen und verordendt von irm zuegetailltem guet auf dem haws, so ir gedachter Ausseer gelassen hab, innhallt desselben ires hauswirts seligen letsten willn und gescheffts ain rambfart davon auszurichten und zuvolbringen, auf das nechst nach irem tod von den hundert und achzehen phunnt pfening, so ir irs taills von den erben des Ausseers seligen zuegesprochen seinn, von dem haws zugeben und von dem uberschus des beruerten gellts uber dy rambfart, sol man den Staiger zw Gretz seiner vermayndten schullden, so er die weislich macht, betzallen und was noch uber dy rambfart und des benandten Stayger schullden aus solhem gellt uberbeleibt, schaff sy hie sand Jacobspharrkirchen zum paw einzenemen. Item so schaff sy alle ir varunde hab nach irem tod den nachsten iren gesibtten frewndten, ir und irs hawswirts selen damit zugedenkhen. Item mer schaff sy irn gartten in der schmidgassen hie gelegen mit aller seiner zuegehorunge iren pharrer und selsarger, mayster Wolfgangen Nuntaler, ir und aller irer vorforderen selen, davon er herkumbt, in ebig zeidt darumben zu gedenkhen und alle anderer ausgab, was ir begenuss bringen ausgeslossen. Item mer so schaff sy zwelff schilling phennig irem peichtvatter herrn Michelln Gassner obbemellt, auch ir sel damit zu gedenkhen. Und wär darauf ir fleissig diemuetigs pitten an ainen ersamen richter und ratte hie zw Lewben alls ir gunstig herren, dartzue sy ir sonnders guet vertrawen sezte, das sy lawtterlich durch Gotts willen solh geschefft und irn letzsten willen crefftigklichen und vesstigklichen handthabten und endtlich volziehen hülffen, das wollt sy in yhener wellt gegen Got ebigklich mit irem gepet umb sy all verdienn.

Und solh geschefft und ir letzster willn ist beschehen in obberuerter stat Lewben undter babstlicher und kayserlicher mayestet regierung, auch im jar, tag und monadt, indicion, stund und stuben in mein notari auch der yetznachbenandten zeugen gegenburtigkaidt des wirdigen auch der ersamen weysen herrn Michelln Gassner, Martin Hallperger, ander des rats und Rueprechten Reyhenhaller, baid burger hie Saltzburger bistumbs, alls glaubwirdig zeugen zu solhen geschefft ersuecht und gebetten.

Notariatssignet

zwei gekreuzte „P“, flankiert von den Buchstaben „E“ und „O“ auf drei Stufen, datiert 1515.

Und wann aber ich Erasmus Otter aws babstlichen und romischen kayserlichem gewallt offner notari und burger zw Lewbn bey solhem geschefft mitsambt den obberuerten zeugen selbs gegenburtig gewesen, auch solhs allso beschehen, gehört und gesehen, darumben ich ditzs offen instrumendt auf ir fleissigs ersuechen, anrueffen und erpitten mit meiner aigen hanndt trewlichen geschriben und in dise gemayn formb bracht, auch mit mainem nam und zuenam undterschrieben und gewöndlichen zaichen singnirt hab zw zeugknuss alles und yedes, so hievor geschriben stet.

Dorsualvermerk: Testamentum seu ultima voluntas Anne Ausseerin anno domini 1515.

246 1515 September 17, – –

Otilie, Tochter Sebastian Intzingers, gewesenen Bürgers zu Leoben, und Ehefrau des Dr. med. Sebastian Hinkher beurkundet als älteste von fünf Geschwistern, von ihren testamentarisch eingesetzten Gerhaben Hans Eisenperger, Stadtrichter zu Leoben, und ihren beiden Vettern Lorenz Schachner, Bürger und Radmeister in Vordernberg, und Leonhard Poxöder, Bürger zu Leoben, bei ihrer jüngst erfolgten Volljährigkeit („demnach aber ich obgemelte Otilia nun meine vogtpere jar erraicht“) ihren Anteil an der väterlichen Hinterlassenschaft „in anliggunden gutern, auch varunder hab, in parschafften, clainutern, eysn, stahl und anderem zeug und geltschuld, sovil mir inhallt derselben tayllung, so jetzo in das statpuech alhie zu Lewben eingeschriben und allenthalben gebürt hat“ vollkommen ausgefolgt erhalten zu haben und verzichtet auf weitere Ansprüche. Ausgenommen sind die Geldschulden „so auch neben der tayllung im statpuech eingeschriben“, die noch nicht geteilt sind, weil über sie noch zuwenig in Erfahrung zu bringen war. Sie behält sich für die Zukunft auch an ausstehenden Geldschulden ihren Anteil vor. Sollte einem Geschwisterteil Irrung und Schaden zugefügt werden, wollen alle Geschwister „mitleiden“. Sie anerkennt die richtige Abrechnung der Gerhaben. Dies alles geschieht mit Zustimmung ihres Ehemannes.

Siegler: 1. Wolfgang Gablkhover, Ratsbürger zu Leoben
2. Pangraz Reitsperger, Ratsbürger zu Leoben

Dorsualvermerk: Gerhablicher raittbrieff von Ottilia Hinkherin auf ihre gerhaben Hansen Eisenberger, Lorenzen Schachner und Lenhardten Pexoder ihrer gethannen gerhabschafft reittung.

Original, Pgt., zwei Hängesiegel fehlen, StLA.

247 1516 Mai 24, – –

Richter und Rat der Stadt Leoben bestätigen die Ordnung der Jakobs-Bruderschaft der Bettler.

Original verloren, *Cop. Pap.* StLA, St. A. Leoben, Sch. 171, H. 928.

Wir N. richter unnd rate der stat Lewbm bekennen offenlich mit disem brieff, das wir Got zu lob unnd eer auf anrueffen der armen leut hie bey der stat, so des almusen notturfftig, und damit denselben das wirdig almuesen durich die stertzer und umlauffer, die das on notturfftig not entzogen wurdet ain bruderschafft unnd ordnung aufzurichten und vergunnet inmassen wie hernach volgt: erstlich soll die bruederschafft aufgericht unnd gehallten werden in den eren des heiligen zwefboten sannd Jacob des merern alls haubtherrn der pharrkirchen hie zu Lewben, auch in den eren der heiligen frawen sannd Anna unnd jungkfrawen sand Barbara unnd ain ider vermugender soll sich in die bruederschafft anfengclich mit ainem halben phunt wags zu stegkhkertzen unnd ain armer allain mit dreyzehen phening einkauffen oder einlassen mugen. Darnach soll ain jeder all quottember, er sey reich oder arm, drey phening in sölh bruederschafft zu geben schuldig sein. Von solhem ich vor unnd hernachbemeltem einkomen der bruederschafft soll all quottember bey der obgemellten pharrkirchen gehallten werden ain gotzdienst mit ainer gesunngen vigilii, sellambt unnd ainem hochambt von unnser lieben Frawen schiedung mitsambt ettlichen gesprochen messen nach gelegenheit des vermugen solhes einkomen von der bruederschafft auch dabey gebeten werden für lebendig unnd tode, brieder unnd swester, auch steurer unnd stiffter diser bruederschafft. Wir haben uns auch bewilligt auf anrueffen der gemelltn armen leut, in ainen petlerrichter zu setzen unnd zu bestellen. Derselb soll sein vleissig aufsehen haben, das durich die ongeschikhten stertzer und umblauffer den notturfftigen das almuesn nit enzogen werde und nemblich, wo ain frembder petler herkom, das demselben zu petlen nit vergunnet wurde, er hab dann ain beichtbrieff und das derselb ain dreyer in die vorgemellt bruederschafft zuhanden unsers verorndtn petlerrichter anntwort. Dergleichen soll auch das petlen verpoten sein, denen so stetig in der fullerey und trungkenhait ligen oder sich sonnst ongebürlich hallten und bey aller Gotz eeren zu kirchen nit beleiben. Unnd ob petler hie weren, die in diser bruederschafft nit sein wollten, die sollen dem petlerrichter all wochen am sonntag vor der kirchen ain phening in die bruederschafft geben unnd von allem hie vorgeschribem einkomen der bruederschafft soll dem petlerrichter durichaus für sein mue und handlung der vierd phening geraicht und gegeben werden. Doch behalten wir uns bevor dise ordnung und bruederschafft zu alaller zeit wann uns des not unnd gut bedungkht zu mindern, merrern oder gar widerumb aufzuheben trewlich onn geverde, zu urkund wir den vorbemelten armen leuten disen brieff mit unnser und gemainer stat zurugkfurgedruckhten secret verfertigt. Geben am sambstag in der phingstwochen nach Christi geburt der mindern zall im sechtzehenden jar.

248 1516 Oktober 24, Leoben

Der Notar Hans Neuschl schreibt und fertigt das Testament des Leobener Bürgers und Schusters Kunz Rechwein.

1. „Nachdem er und sein hausfrawe im anfanng irer heyrat nichts gehabt, sonnder dises ir gütl herttigclich miteinander gewunnen, darumb sey sein letster will und maynung, das derselben Martha, seiner hausfrawen, was uber die geltschulden uberbeleib, es sey haws, hof, anligunds oder varunds guetl nicht ausgenomen, ir leben lanng frey und ledig beleiben und sy dasselbig innhaben, nuzen und nyessen sol von seinen kynndern, auch ayden und sunst von meniglichen daran gennzlich unverhindert, das auch dieselben seine khinnder und ayden mit irer erbschafft und heyratgut irs todsfal erwarten sullen."

2. Will sie das Haus „hie in der stat am egkh gegen der schuel uber gelegen" nicht behalten, so soll sie es mit Rat der „geschefftinger"

verkaufen und sich damit eine Pfründe im Spital kaufen. Den Rest erhalten seine Kinder.

3. Seine Schwiegersöhne sollen das versprochene Heiratsgut erst nach dem Tod ihrer „swiger" erhalten. Gleiches gilt für den Anteil des Sohnes.

4. Er vergleicht sich auch mit seinen genannten Schuldnern.

5. Die St.-Sebastians-Bruderschaft soll drei Pfund Pfennige erhalten; Wolfgang Gablkhover ein Pfund Pfennige, Hans Fluck vier Schilling Pfennig und Hans Eisenberger als Stadtrichter 12 Schilling Pfennig, „das hieten sie ime auf das pflaster und schut ausfueren" geliehen.

6. Hinsichtlich der drei Steueranschläge ersucht er Rat und Gemein, seiner Frau entgegenzukommen.

7. Peter Reitzinger zu Salzburg sollen für die Schulden seines Sohnes Hans fünf Schilling 10 Pfennige gegeben werden.

„Hierauf bate er mit allem fleiss und lautter umb Gottes willen die ersamen, weysen Mangnusen Hurter, ainen des rats, seinen lieben vetternn und Hannsen Wulffing, auch burger hie, das sy als sein gescheftiger trewlichen ob seiner hawsfrawen hielten und so Gott uber in pute, diss sein gegenwurtig gescheft ernnstlich hulffen volziehen, als er in dann des irer gewissen nach genntzlich ze tun vertrawe, des sy sich auch zu tun bewilligt und ime zuegesagt haben."

Zeugen: 1. Mathesen Frölich, Ratsbürger zu Leoben und Laie des Passauer Bistums
2. Jakob Freytag, Zinngießer und Bürger zu Leoben
3. Caspar Zläbinger, Schneider, Bürger zu Leoben, aus dem Bistum Brünn

Der päpstliche Notar Hans Neuschel aus dem Bistum Regensburg schreibt und fertigt das Notariatsinstrument. Notariatssignet: Traube mit zwei Blättern auf Dreiberg auf drei Stufen mit Namen und Titel des Notars.

Original, Pgt., Notariatssignet, StLA.

249 1517 Juli 7, – –

Kaiser Maximilian I. beurkundet, daß in der von Richter und Rat zu Trofaiach gegen die von Leoben wegen Beeinträchtigung ihrer Rechte und Freiheiten erhobenen Klage zu Recht erkannt worden sei, daß die von Trofaiach in ihrem Handel sowie bezüglich ihrer Wirte, Fleischhacker und Bäcker aufgrund alten Herkommens durch die Leobener nicht gehindert und von ihren Weinen kein „Abschießgeld“ verlangt werden dürfe.

Original, Pgt., Hängesiegel fehlt, StLA.

250 1517 August 1, Augsburg

Kaiser Maximilian I. befiehlt dem säumigen Wolfgang Gablkhover, Stadtrichter in Leoben, dringlich, daß er den Schweinen eine andere Weide als jene vor dem Eingang der Burg anweise und den Platz reinigen lasse.

Adresse: Unnsern getrewen Wolffganngen Gablhofer, statrichter zw Lewben.

Original verloren; *Cop. Pap.* StLA.

251 1517 September 12, Wien

Kaiser Maximilian I. verleiht auf Bitte der Stadt Leoben einen Jahrmarkt für den Sonntag vor Matthäus (21. September) und einen Wochenmarkt für jeden Montag („. . . nemlichen den jarmarckt albegen auf den sontag vor sanndt Matheuss des heiligen zwelfpotentag, wie vor steet, mit fürstlicher freyhait vierzehen tag vor und sovil darnach unnd dann den wochenmarckht albegen in der wochen auf dem montag halten und darzue alle die, so solichen jar unnd wochenmarckt mit iren kauffmanschafften, waar, haben unnd guetern oder in annder weis besuechen darzue, darin und davon ziehen, freyen, faylen, kauff unnd dazue all unnd yeglich gnad, freyhait, recht, freyung, frid, glait, schutz, schirm unnd gewonhait haben, geprauchen und geniessen sollen unnd mugen, die annder unnser stet in iren jar unnd wochenmarckten haben, doch annderen steten unnd märckten, so dergleichen von unns unnd unnsern vorfaren ertzhertzogen zu Österreich mit freyhaiten begnadt sein an iren gerechtigkait unvergriffenlich unnd unschedlich . . .“).

Original, Pgt., Hängesiegel fehlt, StLA.

252 1520 November 9, – –

Hans Greifenstein und Hans Neuschl, beide Bürger zu Leoben, verkaufen der St.-Leonhard-Bruderschaft der Hammermeister und Hammerschmiede daselbst mehrere Güter nächst Leoben, die sie von Anna, Witwe nach Hans Eysenperger, erworben hatten. Der Verkauf wird „dann auch von wortt zu wortten in gemainer stat Lewbm statbuech eingeschriben".

Original, Pgt., anhängendes Stadtsiegel fehlt, StLA.

253 1521 Oktober 10, Graz

Erzherzog Ferdinand gebietet Richter und Rat der Stadt Leoben darauf zu achten, daß kein Hüttenbergisches Eisen und „pöss waldeysen" in die Steiermark verführt werde.

Original verloren; *Cop. Pap.* StLA.

254 1521 November 26, Graz

Erzherzog Ferdinand verlegt über Bitte der Stadt Leoben den von Kaiser Maximilian bewilligten Jahr- und Wochenmarkt auf andere Tage. „So haben unns aber die gedachten richter, rat und gemainde zu Lewben yetzo fürbracht, das die obbestimbten zween täge des jarmarkhts und wochenmarckhts gemainer stat ganntz ungelegen und nichts erschiesslich fürtragen, dann sy von dem gewerbman noch dem gewvolkh auch anndern nit besuecht, noch ire waar und phenwart dahin nit bringen aus ursachen, das in anndern stetten in der nähent bey inen umb gelegen ire wochenmarckht auch zu derselben zeit sein und auch der gemain pawrssman zu irem jarmarkht in der vechssung sey und unns hierauf unnderthenigclich angewiessen und gebeten, inen die obbestimbten zween täge zuveränndern und umbzulegen, nemlichen den jarmarckht järlichen auf sannd Anndreestag des heiligen zwelffboten (30. November) und den wochenmarckht wochenlich am sambstag ze hallten . . ."

Original, Pgt., Hängesiegel, StLA.

255 1522 September 20, Wr. Neustadt

Erzherzog Ferdinand bestätigt die Freiheiten und Gerechtigkeiten der Stadt Leoben.

Original, Pgt., Hängesiegel fehlt, StLA.

256 1523 Jänner 16, Graz

Die Räte Erzherzog Ferdinands benachrichtigen Richter, Rat und Gemein der Stadt Leoben und andere, daß „furo all todslag, bos sachen und ubeltaten gestrafft, nyemandt dhain gelaitt noch sicherhait gegeben, sonnder all gelaitt, sichrung, begandung und absolucion irer fürstlichen Durchlaucht oder derselben hoffrat“ vorbehalten sind. Alle Pfleger, Amtleute, „gerichtslewt“, Landrichter und Richter sollen bei sonstiger Strafe ihr möglichstes zur Ergreifung der Täter beitragen. Sie erlassen auch Bestimmungen bezüglich der Vermeidung von Bränden.

Original verloren; *Cop. Pap.* StLA, St. A. Leoben, Sch. 4, H. 40.

257 1523 Mai 7, Wr. Neustadt

Erzherzog Ferdinand beauftragt Richter und Rat der Stadt Leoben, die Streitigkeiten betreffend eine Vormundschaft zwischen Anna, Witwe des Zinngießers Jakob Freytag zu Leoben, an einem und den Erben des Achatz Zechner an dem anderen Teil raschest zu untersuchen und zu entscheiden in der Weise, „damit die gemellt wittib nit unbillicher weiß in verrer cosst und schaden gelait“.

Adresse: Unnsern getreuen lieben N. richter und rate unnser stat Leobm.

Original verloren; *Cop. Pap.* StLA.

258 1524 Mai 7, Wien

Erzherzog Ferdinand gebietet dem landesfürstlichen Mautner Ruprecht Zeller zu Leoben von den dortigen Bürgern für die Waren, die sie in ihre Stadt führen, keine Abgabe zu verlangen, dagegen deren Ausfuhrwaren mit einer Mautgebühr zu belegen. „Und emphelhen ew darauf mit ernst, daz ir die gedachten unser burger zu Leobm mit iren warn und kaufmanßguetern, die sy daselbst hin gen Leobm bringen und niderlegen, mawtfrey und bey irem herkumen gebrauch derhalben bleiben lasset unnd dawider khainswegs beswaret. Doch was die gedachten unser burger fur kaufmansgutter, es sey eisn oder annder war nichts außgenomen gen Saltzburg, Gratz, Radkherspurg und ander ennde hingeben und verkaufen, darvon sollen dy kaufer uns die mawt zu Leobm und an allen andern unsern mewtstetn, da solch war und gutter ankumbn, raichen und die berurtn unser burger dieselben war und guetter in irem namen niemandts mawtfrey uberliffern und durchschlaiphn bey verhorung diser unser gnad und freyhait."

Dorsualvermerk (18. Jh.): Königcliches General an die Mautner zu Leoben, das sie die Burger alda mit ihren Wahrn, so sie gen Leoben bringen mautfrey lassen; aber waß sie von Leoben anderwertig zum Verkhauff hinwekhfiern, die mauth abfordern sollen.

Original, Pap., mit drei Unterschriften und außen aufgedrücktem Siegel, StLA.

259 1525 Jänner 3, (Leoben)

Anno Domini 1525 am montag vor Trium Regum sein durch den ersamen, weisen Wolfgangen Gablchofer als rechten erwellten statrichter ditz jars und auch ainen ersamen rat und gemaind gemainer stat ambter ubersetzt unnd geordnet worden wie hernach volget:

Statrichter:	Wolfgang Gablchofer	
Pawmaister:	Wolfgang Donrsperger	
Spitlmaister:	Zacharias Gablchofer	
Ratsherrnn:	Doctor Sebastian Hinkher	
	Wolfgang Donrsperger	
	Zacharias Gablchofer	
	Mangnus Hueter[1]	
	Lorentz Zehenthofer	
	Mert Hallperger	
	Matheus Delphin	
	Vlrich Leokircher	
	Sebastian Pernawer	
	Cristoff Pögl	
	Thoman Aichinger	
	Hanns Schneider	
Statschreiber:	Mert Widner	
Raytherrnn:	aus dem rat	von der gemain
	Doctor Sebastian Hinker	Tiburtz Pögl
	Lorenntz Zehenthofer	Leonhart Gablchofer
	Vlrich Leokhircher	Leonhart Wenngler
	Sebastian Pernnawer	Thoman Veyell
Zechmaister:	Sand Jacobs	Matheus Delphin, Goldschnid

	Sand Johanns	Leonhart Gablchofer
Protbeschawer und Fleischschätzer:		
	von rat: Matheus Delphin, Hanns Schneider	
	und gemain: Thoman Wurtzer, Hanns Gumpnhueber	
Vorstmaister und Torsperrer:	Georg Felber	
	Wolfgang Maller	
Zum Kalhprennen:	Zacharias Gablchofer	
	Jörg Walch	
Weger:	Hanns Graber	
Aufgeber:	Erhart Newschl	
Mesner:	zu sand Jacob	pleibt der fertig
	zu sand Johanns	Wilhalben Kürsner

---

1 eingefügt

Original, Pap., StLA, St. A. Leoben, Sch. 5 (Gerichtsprotokolle = GP), fol. 2 ff.

260 1525 Februar 17, (Leoben)

Richter und Rat von Leoben entscheiden den Streit zwischen Sebastian Kainer und Hans Gumpenhuber wegen Geldschulden.

Original, GP, fol. 4.

Zwischen Sebastian Kainer, klager aines und Hannsen Gumpnhueber, burger zu Lewbem, antworter annderstails ist durch unns richter und rate daselbs zu Lewbem diser entschid gegeben worden: Dieweill Sebastian Kainer laut seiner eingelegten khundschafft so durch Wolfganngen von Moshaim und Petern Ziergler, richter zu Mauttern als verordent commissarien verhört und beschriben worden, genuegsamlich bewisen, das Hanns Gumpenhueber an der eingebrachten schulld von weilend Hannsen Schmid zu Mauttern umb drew phunt phennig mer dann in raittung einkhomen emphangen, sey er Gumpnhueber demnach laut der zwaien vorausgangen entschid dieselben 3 lb d ubertaill ime dem Khainer und seinen miterben pillich zu bezallen schulldig. Aber die fünff oder sechs phunt phennig schullden, so weilend Magdalena Gumpenhueberin, sein des Kainers schwesster noch dieweil sy junkhfraw gewest von Wolfgangen Lemperzagl on wissen des

Gumpenhuebers eingenomen und emphanngen haben solle, sey er, Gumpnhueber, laut obberurter vorausganngen entschid zu bezallen nicht schulldig. Welher taill sich dises entschids beschwärt zu sein vermaint, mag deshalben die obrikait umb merer und pesser erledigung besuechen. Des ist yedem taill auf sein begern diser entschid in schrifft unnder unnserm und gemainer statt secret, doch unns, unnseren nachkomen und gemainer stat Leobem on allen schaden, verfertigt, zu geben bewilligt amb freytag vor Mathie apostolici anno etc. im 25.

Diser entschid ist von gedachtem kamer erstlich fur den herrenn vitzdumb und nachmallen fur f. D. etc. hoffrat der Niderösterreichischen Lannde gedingt, aber an baiden ortten zu khrefften erkhannt worden, wie man dan in den acten hie bey gemainer statt in behallt ligenndt befindet und vernemen mag.

261 1525 März 10, (Leoben)

Der Rat von Leoben nimmt Thomas Schneider als Haidstaller auf.

Original, GP, fol. 3'.

Dem Thoman Schneider ist von ainem ersamen rat auf sein vleissig bitten und begeren haytzstal ain jarlanng vergönt und verlichen worden, doch also und mit disen ausgenomen worten, das er sich inner derselben jarsfrist mit einem hawß ankhauffe, wo das aber nicht bescheen wurde, so soll er zehen gullden auf gemaine stat verfallen sein etc. Und umb solh zehen gullden ist sein ayden Caspar Schneider alhie purger worden und hat dem gericht auch also daruber angelobt. Actum freitags nach dem sonntag Invocavit anno etc. XXV

262 1525 April 19, (Leoben)

Richter und Rat der Stadt Leoben führen am Haus des Christoph Weinheber eine Besichtigung durch und bestimmen „. . . nämlichen, das er das dach an berurter seiner behausung yetzo von stundan und aufs pelldist mit neben und giblmewren allenthalben unnderfaren und vermauren, auch das dach nachvolgennd mit ziegeln dekhen soll . . .“ Diese Vorschreibung wird ihm angesichts des Mangels an Ziegeln bei einer Strafe von 50 ungarischen Gulden an den Landesfürsten auf drei Jahre gestundet. „Welhes alles sich auch gedachter Weinheber bey yetz angezaigter peen also vesst, stat, war und unzerbrochen zu hallten, gegen obbenannten herrn richter und rate obligiert, verpunden und darauf dem gericht angelobt hat."

Original, GP, fol. 4'.

263 1525 Dezember 16, Augsburg

Erzherzog Ferdinand dankt Richter und Rat von Leoben für Treue und Gehorsam im Bauernkrieg.

Original verloren; *Cop. Pap.,* I.Ö. Herrschaftsakten, fol. 248, HKA Wien.

Ferdinannd von Gottes gnaden prinz unnd infant in Hispanien, erzherzog zu Osterreich, herzog zu Burgundi etc. Getreuen lieben. Wir sein genuegsamblich erynndert, wie unnd welchermassen ir unnd gemaine statt Leoben euch in disen verganngen peurischen aufruern unnd empörungen an unns unnd unnsern haus Osterreich dermassen unnd sovil unnd gehorsamb gehalten, bewißen und erzaigt haben, als fromen, redlichen unnd getreuen unnderthonnen an iren erbherrn unnd lanndtsfursten zu thuen gepurt unnd zuesteet. Des wir euch sonnder gnedigen danckh sagen der ungezweifelten zuversicht, ir werden euch alß hinfür wie bisher aufrichtigklich halten. Des sein wir alzeit gegen euch unnd gemainer statt in eurn hänndlen unnd sachen wo die an unns gelanngen gnedigkhlich zu erkennen unnd bevolchen zu haben genaigt. Das wolten wir euch hiemit aus sonndern gnaden nit verhalten. Geben zu Augspurg den sechzehennden tag decemberis anno etc. im funffundzwainzigisten.

Adresse: Unnsern getreuen lieben N. richter unnd ratt unnser statt Leobm.

264 1526 Jänner 4, (Leoben)

Der Rat von Leoben bestimmt genannte Personen zu Vormündern für die Kinder des verstorbenen Andre Scherer.

Original, GP, fol. 13'.

Andreen Scherers gelassen khinder gerhabschafft halben. An heut michen vor Trium regum anno etc. im 26. sein durch ainen ersamen rat hie zu Leobem die fursichtigen, ersamen und weisen Wolfgang Donrsperger, statrichter, Lorenntz Zehenthofers und Chuentz Halssinger zu weilend des Scherers etwen auch burgers hie und Vrsula seiner hausfrauen baider selgen gelassen ungevogten khinder, tutores und gerhaben verordent und gesezt. Auch inen denen gerhaben alle bemeltes Andreasen und seiner hausfrauen selgen gelassen ligund und varund hab und gueter laut aines verfertigten inventari, welhes gleicherlautt ains bey gemainer statt in behallt ligt, zu derselben irer phlegkhinder hannden eingeantwort und zuegestellt worden.

265 1528 September 18, Graz

Der Landeshauptmann von Steiermark Sigmund von Dietrichstein befiehlt Bürgermeister, Richter und Rat zu Leoben, den angeblichen Wiedertäufer Peter Schuster samt Weib, Kindern und Hausgesinde gefangenzunehmen und zu halten und sein Hab und Gut zu untersuchen.

Adresse: Den fürsichtigen und weisen N. burgermaister, richter und ratte zu Leoben meinen gueten freunten.

Original, Pap., StLA, St. A. Leoben, Sch. 177, H. 1015.

266 1528 September 21, Graz

Der Landeshauptmann in Steiermark Sigmund von Dietrichstein befiehlt Bürgermeister, Richter und Rat zu Leoben: „Daneben will ich euch auch nit verhalten, das ich bericht wirde, wie etlich personen, so der widerteufferischen sect tailhaftig und anhenngig, zu Leobm sein sollen. Derhalben von gemelter Kgl. Mt. wegen abermalls bevelhundt, dass ir deßhalben eur vleissige erkhundigung halltet und wo ir dergleichen personen erkhundet, alssdann laut Kgl. Mt. ausganngen bevelchs hanndlet . . .“ Bei Zuwiderhandeln wird Strafe angedroht.

Adresse: Den erbern weisen burgermaister, richter und ratt zu Leobm meinen guetn frundtn.

Original, w. o.

267 1528 September 27, Graz

Der Landeshauptmann von Steiermark Sigmund von Dietrichstein lobt Bürgermeister, Richter und Rat für die Ausführung seines Befehles vom 18. September (RQ 265) und befiehlt, die Gefangenen anhand des beigeschlossenen Wiedertäuferbekenntnisses gütlich und notfalls peinlich zu verhören.

Original, w. o.

268 1528 Oktober 20, Wien

Der Landeshauptmann von Steiermark Sigmund von Dietrichstein beauftragt Bürgermeister, Richter und Rat zu Leoben, den verhafteten Peter Schuster und die Seinen gegen „ain geburliche urfeth“ freizulassen.

Original, w. o.

269 1529 Jänner 1, Graz

Der Vizedom von Steiermark Seifried von Windischgrätz befiehlt Richter und Rat der Stadt Leoben, das Gut der flüchtigen Wiedertäufer Grintziger und Schuster einzuziehen.

Adresse: Den ersamen unnd weisen N. richter unnd rate der stat zu Leobm meinen gueten freunden.

Original, w. o.

270 1529 April 21, Speyer

König Ferdinand I. übereignet seinem Rat und Kammermeister in Niederösterreich Veit Zollner zwei Häuser in der Stadt Leoben, „so den gedachten Yntzinger und Petern Schuester zuegehört haben mit aller irer zuegehörung . . .“.

Original, Pap. mit aufgedrücktem Siegel, StLA.

271 1529 Mai 3, Graz

Sigmund von Dietrichstein befiehlt Richter und Rat zu Leoben, Barbara Schlesinger, Gattin eines ausgewanderten Wiedertäufers, an der Reise nach Mähren zu hindern.

Adresse: Den erbern weisen N. richter und rat der stat Leobm meinen guten frunnden der widertauff halben.

Original, Pap., StLA, St. A. Leoben, Sch. 177, H. 1015.

272 1529 Mai 24, Graz

Sigmund von Dietrichstein macht Richter und Rat zu Leoben Vorwürfe, daß man Barbara Schlesinger habe wegziehen lassen, und befiehlt zu erkunden, wer von diesem Abzug wußte.
Original, w. o.

273 1529 Juni 2, Graz

Der Landeshauptmann von Steiermark Sigmund von Dietrichstein beauftragt Richter und Rat zu Leoben, die Frau des flüchtigen Wiedertäufers Wiser eidlich zu befragen, ob sie sich der Wiedertaufe zeitlebens enthalten wolle und ihr darüber eine schriftliche Erklärung abzunehmen.
Original, w. o.

274 1530 Jänner 20, Budweis

König Ferdinand I. setzt entgegen bisheriger Gepflogenheit Wolfgang Hohenwarter, der kein Leobener Bürger ist, als Wäger zu Leoben zu den bisher bestehenden Bedingungen ein.
Original, GP, fol 61.

275 1530 Mai 26, – –

Kundmachung des Rates von Leoben betreffend die öffentliche Ordnung und Wiedertäufer: Publiciret in die ascensionis domini 1530.

Hört und losst, der kuniglichen majestät, unnsers gnädigsten herren und landsfürsten, ernstlicher bevelch ist, das in irer kuniglichen majestät lannden nyemands, wer der sei, bei Gotes unnsers erlösers und seligmachers heilligen namen, seinen heilligen unnd pitern leiden, martern, noch glidern, furter nit mer schweren, noch fluechen, auch khainer dem andern mer zuetrinkhen, noch annder dergleichen pöss lasster treiben, noch gestatten solle.

Darauf ist meiner herren bevelch, das nyemands solh gotslessterung und zuetrinkhen in seinem hauss gestatte, noch verschweige, sonnder in albege dem gericht und rate anzaige.

Welher aber solh lasster in seinem hausse gestattet, oder anderswo höret und säche, und dem gericht nicht anzaiget, denselben wellen richter und ratt ebengleichermassen, als den, der an solher gotslessterung und zuetrinkhen betreten wurde, nach bevelh kuniglicher majestät an leib und guet straffen.

Es soll auch khain wirt, noch annder an den sonntägen, zwelfpotentägen oder ander feirtägen nyemands vor singen zeit essen noch trinkhen geben, aussgenomen den gessten, so uber lannd raissen.

Es sollen auch die wirt, burger und inwonner in iren heussern nicht spilen, noch offen tanntz hallten lassen, auch bei nächtlicher weill uber die verpoten zeit nyemands sytzen, noch trinkhen lassen.

Es soll auch nyemands, wer der sei, bei nächtlicher weill uber di gewöndlich zeit an erhafft not auf der gassen wandlen, sich auch khainer mit ungestiemen geschrai, unverschampten gesanng, rumor oder aufruer hören, noch betretten lassen.

Darzue sollen sich alle, die von iren weibern oder männern geloffen, und auf der uner sein, inner acht tagen aus der stat heben, dergleichen alle die unbekhanten ledigen leut, so khainen dinst, noch fürsprecher haben, sollen sich auch iner vierzechen tagen mit dinsten versechen, oder zu dem thor ausseheben.

Und welhe nun uber disen beruef als ungehorsam ubertreter hanndlen und begriffen, di wurde man nach kuniglicher majestät bevelch hochermellter oder iero majestät räten an leib und guet sverlich straffen. Das sag ainer dem anndern, damit sich menigklich vor schaden zu verhueten wisse.

Nachdem di römisch khunigliche majestät, unser allergenedigister herr, nun zu mermallen offen bevelch und mandat der widertauffer halbn ausgeen lassen, und bevolhen, das man khainen tauffer aufhalten, beherbrigen, noch behausen solle etc., wie euch dann nun offtmals angezaigt, verkhadet und beruefft worden ist, wellen ain ersamer richter und rate sie zu Leoben nochmals und zu uberflusse eur yeden und meniklichen reulichen [!] gewarnnt, ermont und bevolhen haben, das eur khainer, wer der sei, khainen tauffer aufhallt, behause, beherberg, atze, noch trenkh, noch sich derselben tailhafftig, anhengig oder verwont mache, dann wo man ainen oder mer, der diser sect anhengig oder tailhafftig wär, oder der solh taufferisch leuth, wie obsteet, aufhielt, oder wesst und dem gericht nicht anzaiget, betrett, den oder dieselben würde man nach bevelh hochgedachter römischer khuniglichen majestät an leib und guet schwerlich straffen.

Dergleichen well sich eur yeder vor gotslesstrung, zuetrinkhen, spill, hurrerei und andern dergleichen posten lasstern verhüetten, auh solhs in euren heusern, weder von euren, noch andern leutten, nicht gestatten, wo man der ainen oder mer begreiffen, wurde man auh swärlich an leib und guet straffen.

Es soll auh nyemands on erhafft ursahen bei nächtlicher weil uber di 9 ur auf der gassen wandlen, noch sich mit ungestiemen geschrai oder unverschambten gesang, noch rumor hören noch betretten lassen.

Und di wirt oder nyemands sollen in iren heusern bei nachtlher weil singen, spiellen noch trinkhen, darzue auh khainen offen tancz halten lassen, bei swärer straff leibs und guets. Das sag ainer den andern.

Hört und lost. Es haben die fürstlich durchlaucht, unser gnädigster herr und lanndsfurst, ettlich general mandat unnd bevelh ausgeen lassen, darinen ir furstlich durchlaucht allen auslenndern der grafschafft Tirol, Intall und anndern irer durchlaucht furstenthumen verwont(en) den furkhauf allenthalben verpewt, nämlich das nun furo khain burger, fleischakher, paursman, noch iere diener khain viech, weder gross noch klain, auch kain getraid, noch annder kaufmanswar mer auf den gey, in tollern, noch winckhlen, sonndern solhs in steten und markten auf offen wochen und jarmarkhten im lannd Steyer aufkhauffen, auch auch hinfuran kainen pawern mer solh gattung furzukhauffen bestellen solle etc. Welcher aber daruber hanndlen und betretten, wurde man solh sein furkhaufft gattung zu furstlich durchlaucht hannden nemen, und darzue an leib und guet swarlich straffen, wie man dann solhs auf offen platz hie in der statt auch offenlich anslahen wierdet.

Zum anndern, soll nun furo khain wiert, es seye burger oder haytzstaller, uber die newnt ur bey nachtlicher weyl khainen spiler, trinkher, noch annder ungeschikht lewt in seinem hawss nit sytzen, trinkhen, noch spilen, auch khainen offen tantz hallten lassen. Es soll auch kain wirt an den sonntagen zwelfpoten oder andern heiligen tagen vor singen zeit in seinem hawss weder essen, noch trinkhen geben, ausgenommen den gessten, so uber land raysen. Welher aber das uberfaren, und hierinen ungehorsam erfunden wurde, den wellen die herren sambt seinen gessten nach gelegenhait der unthat an leib und guet straffen.

Zum dritten soll nun furbasser nach pierglokhenzeyt kainer on gross eehafft ursachen auf der gassen on ain prynnends liecht mer wanndeln, sich auch kainer mit ungestuemen geschray, unverschambten gesanng, rumor, noch aufruer horen, noch begreiffen lassen, und ain yeder der aufs höchst davor verhuetten solle, bey vermeidung swarer straff an leyb und guet, albeg nach verhanndlung der sachen.

Zum vierdten sollen sich alle, die von iren weybern oder mannen geloffen, und auf der uner sein, inner acht tagen aus der statt heben, dergleichen alle die unbekhannten ledigen lewt, so khainen dinst, noch fursprecher haben, sollen sich inner XIIII tagen mit dinsten versehen, oder auch zum thor ausheben. Welhe dergleichen person man aber daruber betreten, wurde man damit, wie sich geburt, hanndlen.

Zum fünfften und letzten, das furter khainer, er sey was stannd oder wesen er welle, daruber die herrn zugebieten haben, bey unnsers herrn namen, seinen leyden, noch glidern mer sweren, noch fluechen oder solh gotslessterung in seinem hawss gestatten solle. Welher aber daruber dermassen gehort, erfragt, oder als ein ungehorsamer fräfler glewblich angezaigt wurde, dergleichen welher solh gotslesstrung von ainem anndern horet, oder in seinem hawss gestattet, und der obrigkhayt nicht anzaiget, der yetweden wellen die herrn darumben an seinem leib swarlich und on alle gnad straffen.

Gleicherweise, welher furo mit hakhen, spiessen, pleykuglen, oder anndern dergleichen verpoten weren begriffen, wurde man auch an leyb und guet straffen. Darnach hab sich ain yeder zu richten und vor schaden und leibstraff zuverhuetten. Das sag ainer dem anndern.

Nach *ZAHN,* SteiermGeschBll 4 (1883) 110–113; Original im StLA, St. A. Leoben nicht auffindbar.

276 1531 April 21, (Leoben)

Richter und Rat von Leoben verleihen Wolf Wiener aus Vordernberg das Bürgerrecht.

Original, GP, fol. 76.

Verleychung Wolfen Wienner burgerrecht. Freytags vor Georgii in gegenburt Melchiorn Trauben statrichter, doctor Sebastian Hinkher, Wolfgangen Gablchouer, Doctorsperger[1], Veyell, Hallssinger, Aichinger und Graber ist Wolf Wienner aus dem Vordernperg mit ainem schreiben von dem herrn chamermaister sambt ainem abschidbrief von denen im Vordernperg auf richter und rate hie zu Leobem lauttend, das durch Kgl. Mt. niderösterreichische regierung etc. vorgenanntem Wienner seine radwerch daselbst im Vordernperg wie ainem anndern bürger von Leobem hinein zu arbaitten vergönnt und zuegelassen sey, das auch di bemelten vom Vordernperg ine den Wienner seiner burgerlichen aydsphlicht ledig und muessig gezellt haben etc. wie dann dieselben zwai schreiben in gemainer stat behallt ligundt mit merern worten in sich hallten und ausweisen, furkomen und darauf begert ime seinen vorausgerichten hausbrieff zuverfertigen und das burgerrecht alhie zuverleichen mit erbietung sich in albege wie ainem mitburger gezimbt geburlich zu hallten etc. Auf solh obberurt schreiben und ledigzellung der burgerlichen aidsphlicht im Vordernperg auch auf gedachts Wienners vleissig bitten ist ime dem Wienner, obbestimbtem seinem begeren nach, das burgerrecht vergönt und verlichen worden – doch dergestallt, das er sich wie ain annder burger alhie geburlich und gehorsamlich hallten und fur alle ding, das er ime das raucheysen von seinen plaheusern nit allain werffen, sonnder wievor in die gemain hinumb taillen und geben solle und welle, wie er dann selbs auch also zu thuen zuegesagt. Und hat darauf seinen burgerlichen ayd und glubd von stundan gethan und geswornn in gegenburt obgenanter herren.

Und sein khaufbrieff vom Paul Schmidt und seiner hausfrau auf ine Wienner und seine erben umb des Comatheurs behausung alhie lauttendt, so noch in Lorenzen Zehnthovers gericht des 1528 jars geschriben und auf desselben Zehenthouers als statrichters verfertigung gestellt, ist ime dem Wienner gegen uberantworttung der pettzedl auch dises tags zu verfertigen, zuegesagt und verfertigt worden.

Entgegen hat man dem Wienner als ainen newen bürger aufgelegt zwo gefasst hakhenpuchsen auf gemaine statt zugeben. Des hat er sich also zu thuen bewilligt und erpoten.

---

1 verschrieben für „Donnersperger"

277 1531 Mai 27, Wien

König Ferdinand I. bekennt, daß ihm sein Getreuer Konrad Heiberger, Bürger zu Leoben, als Gewaltträger für seine Frau Susanna Väslin, die ehedem mit Hans Neitdorf verheiratet war, das landesfürstliche Grafenlehen bei Murau, das Neitdorf mit anderen Gütern zu Lehen erhalten hatte und das das Heiratsgut der Susanna war, aufgesandt hat. Heiberger ersucht, es dem Murauer Bürger Hans Schmelzer zu verleihen, dem er es verkauft hatte. König Ferdinand entspricht seinem Ersuchen.

Original, Pgt., Hängesiegel verloren, StLA.

278 1531 Juli 1, Graz

Wiederholte Anzeige des Vizedoms in Steir, Michael Meixner, an König Ferdinand I. bezüglich des Heimfalles eines Hauses und anderer Güter des „welhisch maurer“ und Leobener Bürgers Andre Walch, der seine Frau in der Schweiz verlassen und Selbstmord begangen hat. Der Vizedom ersucht um Übergabe des heimgefallenen Gutes.

Original, Pap., I.Ö. Herrschaftsakten, fol. 87, HKA Wien.

279 1531 Juli 7, (Leoben)

Richter und Rat von Leoben setzen den Fleischhackern die Preise für Kastraun-, Widder-, Bock- und Geißfleisch fest. Auf ihr Bitten dürfen sie vierzehn Tage lang Kastraun- und Schaffleisch „was annders recht, guet und faisst fleisch ist“ um fünf Pfennige verkaufen; Fleisch minderer Qualität sowie das Bock-, Widder- und Geißfleisch unter Strafandrohung für vier Pfennige.

Original, GP, fol. 80'.

280 1533 Februar 17, Leoben

Gütlicher Vergleich zwischen denen von Leoben und dem „eingedrungenen“ Eisenwäger Wolfgang Hohenwarter wegen verschiedener Streitigkeiten in folgenden Punkten:

„Erstlich soll und will gedachter Hohenwarter den ernanten herrn richter unnd rate von berurten beden der rauchen und schallwag die jarlichen und bisheer aussteeundn zinns so in suma funffunddreissig phundt phening bringen von stundan zu aufrichtung diss vertrags bezallen. Auch ain obligacion hinausgeben, das er inen hinfuran alslanng er dy wag zu verwallten und innenhaben wirdet, solchen zinns on alle verwiderung jarlichen wie von allter heerkhomen raichen und geben, auch der wag wie sich geburt vleissig auswartn welle.

Zum anndern soll und will mergemelter eysnweger der wag oder aber des eysenhanndls absteen und hinfuran die wag und eysenhanndlung wie er sich bisheer wider gemainer statt allt heerkhomen gebraucht nicht mer ueben und miteinannder furen und hanndlen, sonnder wann er solcher wag abstee, alsdann den eysenhanndl aufrichtig und unnder sein selbs zaichen alls ainem burger geburt treiben.

Zum drittn soll und will yetzgenannter Hohenwartter umb das er allso wie gemellt wider gemainer statt Leobem allt heerkhomen nun bey zwayen jarn heer raucheysen gefurt, darauf im bisheer khain mitleidig steur auf gemaine statt zu[1] geben angeslagen worden etc. Von solcher hanndlung versessen steur und aufgeloffen expenns wegen in suma funfundzwaintzikh phundt phening auch par unnd beraitt neben uberanntwortung diss vertrags auf gemaine statt geben, ausrichten und betzallen.

Zum vierten unnd letzten nachdem offtgemellter Wollffganng Hohenwartter in seinen eingelegten schrifften und verantwortung di dikhgenannten richter, rat und ain ganntze gemaine burgerschafft zu Leobm mit ettlichen schmachworttn injuriert hat, soll und will er Hohenwartter mit vier erbern auswenndigen angesessen burgersmannern den gedachten von Leobm solch angelegt intzicht und injuri abpitten."

Die Vergleichsurkunde wird zweifach ausgefertigt und wechselweise ausgetauscht. Die Leobener Ausfertigung enthält das aufgedrückte Sekretsiegel der Stadt, jene des Hohenwarter dessen aufgedrücktes Petschaft und Unterschrift.

1 übergeschrieben

Original, StLA, St. A. Leoben, Sch. 158, H. 639 und GP, fol. 109'.

281 1534 Juni 2, – –

Lorenz Pucher, kaiserlicher Mauteinnehmer zu Leoben, bestätigt, daß ihm Richter und Rat erlaubt haben, im Stadtzwinger eine Hütte und einen Stall auf eigene Kosten zu bauen, doch soll der Bau „darzu gemainer stat hierinnen geferlichait des liechts auch fewr unnd in ander weg yederzeyt ganz on nachtail und schaden" sein. Es wird hinzugefügt, daß „den nachkomenden mawttern dergleychen mir selbs kunfftigklich zu kainer gerechttigkait oder aigenthumbh verstannden oder gebraucht werden, trewlich und ungeverde".

Original, GP, fol. 116.

282 1535 Februar 23, – –

Der statt Leuben burkfrid, wie der im Rö: ku: mt: reformierten urbar beschriben, wie volgt. Ir burkfrid vacht an an der stainen bruken bei Mulltal, von der stainen pruken hin fur Spanngenalbm geen Goß werts unzt an den Hautzenpach, vom Hautzenpach geen Knitlfeld wertz zum Hakhenschmid bei dem kreitz an der wegschaid, von derselben wegschaid hin geen sand Petter wertz an die Außer-Leuben an dem steg und von demselben steg nach der Muer abwertz bis widerumb an die stat und von der statt der Muer nach hinab bis widerumb an die stainen pruken.

Disen gemelten articl der stat Leuben burkfrid bei dem herrn vitzthumb zu Gratz Micheln Meixner aus Rö: ku: mt: etc. reformierten urbar ausgetzogen am erchtag vor sand Mathias tag des heiligen zwelfpotten im XV und im XXXV jare. Herman Kullmer

Beschreibung des Burgfrieds der Stadt Leoben (nach *MELL-PIRCHEGGER,* 205).

283 1535 August 9, – –

Die Brüder Christoph und Franz Freytag beurkunden ihrem Gerhaben Wolfgang Zehenthofer die Richtigkeit seiner Rechnung über die Erbschaft nach ihrem Vater „wie solher verziecht lanndes Steyr der stat Leoben recht gebrauch unnd gewonhait ist“.

Original, Pgt., Hängesiegel abgerissen, StLA.

284 1537 Jänner 8, (Leoben)

Richter und Rat von Leoben setzen die Preise für Schmalz, Käse und Fisch fest.

Original, GP, fol. 179.

Item auff monntag nach der heylingen dreykunigtag ano 37 ist von richtter unnd rat beschlossen worden, namlich wie hernach folgt:

item ain pfund schmalz über ain pazen nit zu geben,
item ain pfund kass umb VII oder acht d zu geben,
item ain pfund visch umb XXII d jerlich zu geben.

285 1538 Mai 1, Prag

König Ferdinand I. widerruft das von Kaiser Friedrich III. zu Graz am 5. Oktober 1461 der Stadt Leoben erteilte Zollprivileg (RQ 163) und verleiht und bewilligt der Stadt Leoben für 1200 Rheinische Gulden die Einhebung des sogenannten „puchslgelds“ auf sechs Jahre.

Original, Pgt., StLA.

286 1539 Februar 1, Wien

Abschrift des Vertrages zwischen König Ferdinand und Sebald Pögel auf einem „peremptorischen Rechtstag“ in folgenden vier Anklagepunkten:

1. „von wegen ainer freyhait, der sich ernenndter Pogl beruembt“
2. „dergleichen von wegen verfuerung unser maut, so er under dem schein des burgerrechten zu Leuben im Vordernperg und zu Prukh getriben“
3. „auch des er sein eisen ungewonlich strassen, den annden es unnser mawt nit berurt, unnsern camerguet zu nachtayll verfuert“
4. „und das er sonnst den ordnungen und reformationen so von wegen unnsers eysenperkhwerchs bey Leoben jederzeit bslossen zuwider gehanndlt, dardurch das eisenperkhwerch unnd die so sich sonnst dabey enndhallten, dergleichen die von Leoben und annder in abfall, nachtayl und verderben gelayt und uns an unnsern camerguet zu nachtayll gebraucht haben solle . . .“

1. Der König nimmt von allen Ansprüchen und Anforderungen laut den Anklagepunkten gegen Pögl und seine Erben für sich, seine Erben und Nachkommen, Amtleute, Mautner und andere Personen auf ewige Zeit Abstand.
2. Dagegen verzichtet Pögel auf sein Bürgerrecht und den bürgerlichen Handel. Alle Urkunden, die er darüber hat, sollen „aufgehebt, gennzlich vernicht, tod und ab sein“, außer dem, was ihm in diesem Vertrag der Hämmer wegen bewilligt wird.
3. Pögel muß dem König zu bestimmten Fristen 38000 Rheinische Gulden in bar bezahlen, worüber ein Schuldschein ausgestellt wird.
4. Er muß auch seine drei Radwerke in Vordernberg binnen Jahresfrist denen von Leoben oder anderen tauglichen Personen verkaufen.

5. Innerhalb dieses Jahres darf er das in seinen Blähhäusern erzeugte halbe Eisen zu seinen fünf welschen Hämmern in der Laming, zu Thörl und in der Au unter Abgabe der gebührlichen Mauten führen und verarbeiten lassen. Den anderen halben Teil soll er wie andere Radmeister laut Inhalt ihrer Freiheiten denen von Leoben verkaufen. Nach Ablauf des Jahres müssen Pögel und seine Erben das Rauheisen wie andere Hammermeister, die nicht Bürger sind, in Leoben kaufen und auf den vorgeschriebenen Straßen führen.

Cop. Pap. I.Ö. Herrschaftsakten, fol. 120 ff., HKA Wien. Zur Vorgeschichte dieses Vertrages vgl. LOEHR, Thörl 22 ff., und TREMEL, Frühkapitalismus 89 ff.

287 1539 Juni 16 (Leoben)

Richter und Rat zu Leoben beschließen der Bäcker wegen, die die Semmeln nicht mit Roggen und richtigem Gewicht backen, „das sy umb 12 ur auf den thurn in gemaine stat straff geen unnd ee nicht herabkhomen, biß sy sich mit gemainer stat unnd gericht deshalben vertragen“, wovon sie sich durch die Erlegung von 20 Gulden in das Stadtgericht freikaufen können.

Original, GP, fol. 216’.

288 1539 Juni 20, (Leoben)

Auf Ansuchen der Bäcker wird der Fall nochmals verhandelt und beschlossen, „. . . das man von Paull Pegkhen umb das er mer als der Cristoff Peckh die ordnung ubertreten, sich auch yezo jar vergangen, als der graf he gewest mit dem pachn ungepurlich und straffmassig gehalten, darzue gemainer stat grossen spot und nachteil damit zuegefuegt, zu straf nemen soll 4 lb d und von Cristoff Pegkhen 2 lb d, halber thaill gemainer stat und halber thaill dem gericht zuervolgen. Wo sich aber sy die pegkhen furan nicht vleissiger halten und also mer ungehorsam betretten wurden, sollen sy paß an leib und guet gestrafft werden“.

Original, GP, fol. 217.

289 1540 Mai 23, Thörl

Die Vormünder der hinterlassenen Kinder Sebald Pögels übergeben gemäß eines von diesem 1539 geschlossenen Vertrages der Stadt Leoben drei Radwerke zu Vordernberg.

Original, Pgt., vier Hängesiegel fehlen, StLA.

290 1540 Juli 1, (Leoben)

Testamentarische Verfügung des Bürgers Georg Walch:

Georg Walchen lessten willen. „... hat der ersam und weis Georg Walch, burger zu Leobm gannz spat zu abennt gegen der nacht, vasst kranckh unnd unbeweglich seins leibs, vor den fursichtigen, ersamen unnd weisen herren Zacharias Gablchofer, derzeit statrichter, Rueprechten Freundtsperger, spitalmaister, des rats und Frannz Friesen, notarien unnd geschworenn statschreiber zu Leoben seinen lessten willen – wiewoll mit unverständigen wortten, aber doch mit verständiger guetter bedeuttung angezaigt in gegenwurttigkhait seiner hausfrawen unnd sune, das sy nach seinem absterben alle seine haab unnd guetter gleich miteinander inenhaben, thaillen und alle gläubiger davon bezallen. Unnd ist also druber angeferlich in zwayen tagen mit todt abganngen."

Original, GP, fol. 233'.

291 1541 Jänner 24, Wr. Neustadt

König Ferdinand verleiht der Stadt Leoben in Würdigung ihrer Verdienste um das Eisenwesen das Recht der freien Bürgermeisterwahl.

Original verloren; *Cop. Pap. (vielfach gebessert)* StLA.

Wir Ferdinand von Gottes gnaden romischer kunig ... (daß) wir dann yetzo von unnsern getrewen lieben N. richter, rath unnd gemayner burgerschafft unnser stat Leobm unndtertheniglich erinnert unnd bericht worden, wellichermassen sich aus schickhung unnd verleihung des Allmechtigen die gatzgaben [!] beder Eysenartzt des vordern unnd innern pergs durch irer vorfarn unnd irer vleissigen erpawung bisheer dermassen erzaigt, das dardurch das eysenperckhwerch unnd die hanndlung desselben dermassen erweittert unnd gemert, das ainem statrichter zu Leobm die versehung des eysenperckhwerchs unnd fürnemblich den bürgerlichen täglich furfallunden sachen mit guetter ordnung, wie es dises orts die notturfft wal erfordert, allain statlich zu entrichten nicht wol muglich unnd damit aber an beden orten nemblichen bey dem eysenperckhwerch unnd gemainer stat in burgerlichen hanndlungen unnd sachen guette ordnung, zucht unnd erbarkait erhallten, auch derselben privilegi unnd freyhaitten desstatlicher gehanndthabt mugen werden, unns unndterthenigclich angesuecht unnd gebetten, das wir sy uber ire vorige gnaden unnd freyhaitten gnedigclich befreyen unnd inen zuelassen wolten, das sy nun hinfüro wie annder unnser stett burgermaister unnd richter ambter haben unnd tragen unnd yederzeit wie bey anndern stetten gebreuchig unnd von allter heerkhomben ist ainen burgermaister neben dem richter aus ierem mittl erwelen unnd erkiesen möchten. Dieweyl wir nun mit sonndern gnaden zu gemuet gefuert, betracht unnd erwegen wir genedigclich unnd vätterlich weyllennd unnsere vorfaren ertzhertzogen zu Österreich löblicher gedechtnuß angeregte burger unnser stat Leobm mit stat unnd anndern freyhaitten, gnaden unnd privilegien versehen, erhebt unnd begabet, auch die annderen getrewen unnd unndterthenigen diennste, so unns gemellte stat Leobm mit merung unnsers camerguets unnd in vil annder weeg unnd fürnemblich in den beschehen gewalltigen türggenzugen als unnser getrewe unndterthanen gehorsamblich erzaigt unnd bewisen unnd hinfuro ze thun erpiettig sein auch wol tun mugen unnd sollen, haben wir mit wolbedachtem muet, guetem zeittigem rath unnd rechter wissen unnser burgerschafft in gemellter stat Leobm diese besonnder gnad gethan unnd freyhait gegeben, das sy unnd alle ire nachkhomen nun hinfuro in ewig zeit zu järlichen gepreuchigen zeitten wie annder unnser stet in unnserm fürstenthumb Steyr ainen burgermaister neben dem richter aus irem mittl erwelen unnd erkiesen. Unnd zu noch merer ergetzlichait ires eerlichen wolhalltens unnd getrewen diennste sy mit solher freyhait fursehen unnd begnad, das sy all unnd yegklich ire hanndvessten, brieff unnd missiven, auch alle ire sachen unnd hanndlungen gegen geistlichen unnd welltlichen irer notturfft nach unnder irem gewonndlichen statsigl unnd secret mit rottem wachß siglen unnd verfertigen, thun unnd geben inen auch obengeregte gnaden unnd freyhaitten alles aus römischer kunigclicher unnd lanndtsvurstlicher macht hiemit wissentlich in crafft ditz brieffs unnd maynen, setzen unnd wellen, das sy unnd alle ire nachkomen in ewig zeit solich gnaden unnd freyhaitten haben, jederzeit ainen burgermaister aus irem mittl ordenlich erwelen unnd darzue ier brieff, hanndlungen unnd sachen unnder gemayner statsigl unnd secret irer notturfft nach mit rottem wachß verferttigen unnd all annder gnad, freyhait, recht, gerechtigkait unnd gewonhait haben unnd sich der freyen geniessen unnd gebrauchen mugen unnd sollen inmassen annder unnser stet, so mit dergleichen freyhaitten begabt unnd fursehen sein, sich von recht oder gewonhait wegen frewen unnd gepräuchen von allermenigclich unverhindert.

... (Festsetzung der Pön mit 30 Mark lötigen Goldes, je zur Hälfte an die landesfürstliche Kammer und die Bürgerschaft zu Leoben.) ...

Mit urkhundt ditz brieffs besiglt mit unnserm kunigclichen anhangenden innsigl, der geben ist in unnser stat Newstat den vierunndzwainzigisten tag des monats Januarii nach Christ unnsers lieben herrn gepurde tausent funfhundert unnd im ainsunndvierzigsten, unnsrer reiche des römischen im aindlifften unnd der anndern aller in dem funffzehennden jaren.

Ferdinand [eigenhändig] ad mandatum domini regis proprium
[weitere vier Unterschriften]

292 1541 April 19, (Leoben)

Im Streit zwischen dem neugewählten Bürgermeister und dem Baumeister zu Leoben um das Weiderecht im Stadtgraben und im Zwinger, das bisher dem letzteren vorbehalten war und nun aufgrund einer Instruktion des Richters und Rates dem Bürgermeister zugesprochen worden war, erfolgt eine gütliche Einigung „... ain ersamer richter und rat welle ime, burgermaister, bey der instruction handthaben unnd so fer er, pawmaister, das ambt dermassen nit versehen welle, so soll er doch dasselb biß auf nagstkonfftigen quatember zu phingsten verwallten unnd daneben sein raitung stellen, die alsdan zu ausgang der quattember ainem ersamen rat ubergeben etc. und ist darnach zwischen inen gültlich gehandlt, das burgermaister unnd pawmaister ain jeder sein kue in die statgraben schlahen und die waidt nitzen lassen mag, doch soll pawmaister sein kue nit lenger drein schlahen, dan sein pawmaisterambt wert.“

Original, Pap., StLA, St. A. Leoben, Sch. 35 (Ratsprotokolle = RP), fol. 10’; GP, fol. 242’.

293 1542 Mai 25, (Leoben)

Richter und Rat von Leoben erlassen eine Ordnung für die Viertelmeister in folgenden Punkten:

„Verrer ist beratslagt, das sich die viertlmaister miteinander sollen entschliessen unnd ain yeder sehen, was er fur leut unnder im hat unnd zwischen inen guette ordnung furnemen und das man under die zwai thor zwen verordnen thue, die auf die frembten personen guet aufsehen haben, desgleichen sol man bei den wiertten und gastgeben auch thuen.

Item man soll auch die ordnung des puchselgefell furnemen unnd in volziehung bringen.

Item etlich verordnen, die di fewerstet besichtigen und von hauß zu hauß umbhergeen, die di rauchfanngkh zu besehen unnd welche der ordnung nit gemäß gelegt, dieselben den burgermeister und richter anzuzaigen, die soll man darumben straffen.

Item die ordnung und pollicei, so der statschreiber von wegen des gotschweren, zuetrinckhen, huerrerei und annder lasster halben gestellt, zu stet geschriben, offentlichen berufft und angeslagen werden, damit sich die frembten desselben auch wissen zu erinndern.

Item es soll auch ain yeder viertlmaister sein vierts außgeen unnd sein vleissig aufsehen haben, damit der ainem yedem haußwiert aufsleg unnd bevelch, bei seinem eehalten und diennstpotten darob zu sein, daß sy des fewrs halben guete sorg haben . . .“

Original, GP, fol. 250’.

294 1543 April 25 ff., (Leoben)

Die Stadt Leoben trifft Vorkehrungen wegen der Feindesgefahr: den Viertelmeistern soll aufgetragen werden, die Streitmauern und Gänge an der Stadtmauer sowie das Zeughaus zu überprüfen, um genug Geschütze, Pulver und anderes zu haben. Außerdem wird beschlossen, Getreide und Proviant als Vorrat für die Stadt einzukaufen (fol. 268). Dem Peter Weigandt und anderen wird befohlen, ihre an der Ringmauer liegenden „sorckhlichen gebew“ abzutragen (fol. 275).

Original, GP, fol. 268 ff.

295 1544 Juni 23, (Leoben)

Meister Thomas Härtl wird als Zinngießer mit der Auflage aufgenommen, daß er das Zinn wie in der Hauptstadt Graz bearbeiten und auf das bester Qualität den Strauß, auf das mittlerer Qualität das „L“ und auf das übrige sein eigenes Zeichen schlagen und jedem verkaufen soll. Auch soll er wie andere Mitwohner gehorsam und gewärtig sein. Das hat er vor Bürgermeister, Richter und Rat mit Mund und Hand gelobt.

Original, RP, fol. 7; ed. ZAHN, Miscellen 276.

296 1545 Jänner 5, (Leoben)

Bürgermeister, Richter und Rat beschließen die wöchentliche Abhaltung von zwei Ratstagen mit Beginn um 7 Uhr, solange die Tage noch kurz sind, danach um 6 Uhr, wozu der Gerichtsbote jeweils die Glokken im Rathaus läuten solle. Kommt jemand länger als eine halbe Stunde zu spät, muß er 12 Pfennig zahlen; kommt jemand unentschuldigt überhaupt nicht, so den zweifachen Betrag.

Original, RP, fol. 33; ed. ZAHN, Miscellen 277.

297 1545 Juni 1, (Leoben)

Richter und Rat beschließen, daß der Sohn eines ehemaligen Wiedertäufers als Lehrling des Ledererhandwerkes zugelassen und ihm über den Verbleib des von seinem Vater hinterlassenen Gutes Bericht erstattet wird.

Original, RP, fol. 54.

298 1547 Juni 30, (Leoben)

Der Richter von Leoben berichtet dem Rat, daß ihn der Prior des Dominikanerklosters gebeten hat, er möge in seiner Abwesenheit als Vogt auf die Ordnung im Kloster achten. „Dieweill aber ain conventbrueder sich denselben gantz zuwider gehalten, hab er solliches abstellen wellen, aber durch bemelten conventbrueder noch gescholten und injuriert worden“. Der Rat beschließt, den genannten Bruder bis zur Rückkehr des Priors gefangenzuhalten.

Original, RP 1547; ed. *ZAHN,* Miscellen 277 f.

299 1547 Juli 4, Wien

König Ferdinand I. verordnet aufgrund der von der Bürgerschaft der Stadt Leoben und des Marktes Vordernberg vorgebrachten Klagen hinsichtlich Getreide-, Salz- und Weinfuhren und des Holzkaufes über die Stadt Bruck a. d. Mur folgendes:

1. Die Leobener und Vordernberger dürfen das Ausseer Salz ohne Beschränkung führen; die Brucker dürfen Getreide für den Hausbedarf im Aflenz- und Mürztal kaufen.

2. Die Leobener sollen das Salz zu Wasser und zu Land nach Bruck führen dürfen, dort an Markttagen und anderen Tagen verkaufen oder Salz zu Wasser oder zu Land ungehindert auf eigenen Schiffen in die Mark abwärts führen.

3. Die Leobener müssen für ihre aus der Mark stammenden Weine in Bruck kein „niderschiesßgelt“ zahlen.

4. Wegen des Fürkaufs und der „verschwenndtung“ von Holz zwischen Knittelfeld und Leoben wird entschieden, daß die Brucker dazu nicht berechtigt seien und nur bei Notdurft vom Waldmeister in Steier die Erlaubnis erteilt wird, Holz aus den landesfürstlichen Wäldern zwischen Bruck und Leoben zu entnehmen. Den Bruckern soll vom Waldmeister gestattet werden, Floßholz für den Salztransport zu schlagen. Werden Floße zwischen Knittelfeld und Leoben gefertigt, sollen die Flößer gegen „zimblichen lohn“ Holzkohle bis nach Leoben transportieren.

Original verloren; *Cop. Pap.* StLA.

300 1552 April 20, Wien

König Ferdinand I. bestätigt den Bürgern der Stadt Leoben die Mautfreiheit im Umkreis von drei Meilen.

Original verloren; *Cop. Pap.* StLA.

301 1553 Juli 7, Graz

Der steirische Vizedom Christoph Resch gibt den kaiserlichen Befehl an die Leobener weiter. Sie haben den Pfarrhof und die Kirche an den Abt zurückzugeben, ihre Leute abzuziehen und der Einsetzung eines neuen Pfarrers keinen Widerspruch entgegenzusetzen. Wenn sie aber glauben, im Recht zu sein, dann sollen sie innerhalb von acht Tagen einen Bericht an das Vizedomamt in Graz schicken.

Original verloren; Cop. Pap. Stiftsarchiv Admont; zur Vorgeschichte vgl. *MEIXNER-SCHÖLLER* 61 ff., dem auch die weiteren Regesten zum Vogteistreit entnommen sind.

302 1554 Mai 28, Graz

Vorläufiger Entscheid des Vizedoms Christoph Resch: „Dieweill auß deren von Leoben gwalltrager anzaigen und furbringen verstandten, das sy die inventierung und verpedtschierung des verstorbnen pharrers zu Leobm verlass und verwarung des pharrhofs daselbs der vogthey nit für sich selbst, sonder in namen und von wegen der R. K. Mt. fürzenemen understanden haben, aber desßwegen von inen khain titl noch schein fürbracht wierdet, demnach hat inen zuwider des herrn abbte und convent habendt fürgelegt und verlesen privilegien sollich eingriff zu thuen nit gebürdt und sy sein sich desthalben, destgleichen von wegen der aufferloffen expens und uncostens nach gerichtsmässigung zu vertragen schuldig."

Original verloren; Cop. Pap. im StLA, St. A. Leoben, Sch. 28, H. 77 und Stiftsarchiv Admont; *MEIXNER-SCHÖLLER* 74 f.

303 1559 Dezember 22, (Leoben)

Der Rat stellt fest, daß die Errichtung eines „Narrenhäusel" durch den Stadtrichter Hans Hanner ohne seine Zustimmung erfolgte. Es wird beschlossen, daß der Stadtrichter, als der, der es bestellt hat, bei „sondern personnen" um finanzielle Unterstützung zur Bezahlung des Schmiedes ansuchen soll. Hat er damit keinen Erfolg, so will der Rat unter Verurteilung der Vorgangsweise des Stadtrichters 10 Pfund Pfennige zur Begleichung der offenen Rechnung zur Verfügung stellen. Im Narrenhäusel sollen dann Gotteslästerer ihre Strafe abbüßen.

Original, RP, fol. 95'; ed. *ZAHN,* Miscellen 279.

304 1560 Jänner 4, – –

Kammerordnung der Stadt Leoben.

Original, sechs aufgedrückte Petschafte im Stiftsarchiv Admont; ed. *WICHNER-SCHMELZER,* Leoben 62–66.

Wier N. bürgermaister, richter und rath der stat Leobm und N. die gannz gemain der burgerschafft daselbs bekhennen veraintlich sament und unverschaidenlich für uns und unser nachkhomen, nachdem unser und gemainer stat all und jedlichs jährlichs einkhomen hinvor allain durch ainen bürgermaister und ander unser officier bisheer mit einnemen und ausgaben gehandlt worden, dieweill wir aber gemainer stat zu gueten nach genuegsamer getreuer beratslagung bey uns für vast nuzlich und fürträglich befinden, das hinfüro all emphang und außgaben durch zween hierzue geordent camrer und gegenschreiber (immaßen es dann bey etlichen stetten und flekhen in diesen landt Steyer gehalten wierdet) treulich und mit allen vleiß gehandlt wurde. Demnach haben wir uns ainhelligclich ainer camerordnung wie und welchermaßen solches bey gemainer stat gehalten und gehandlt werden solle mit hienach volgenden articln verglichen, aufgericht und besloßen, mainen und wellen auch samentlich und unverschaidenlich dabey zu bleiben und derselben also gehorsamblich nachzukhomen, wie dann ain jeder ze thuen schuldig und bey seiner pflicht angelobt hat und laut solche ordnung, wie hernach volgt:

Fürs erst so soll hinfüro alweg jährlich zu ainen obristen statcamerer ainer aus unserm mitl des rath mit gemainer waall und stimb fürgenomen und zu andern ambtern in das ratsprotocoll durch den statschreiber eingeschriben werden. Der und ain jeder khunftiger obrister statcamrer soll sein ambt selbs zu regiern und die handthabung haben und ime ain jeder burger, wann er durch ime ervordert wierdet, die gebürlich gehorsamb inmaßen als ainem herrn burgermaister und richter, doch allein sovill die camer betrifft, zu laisten schuldig sein.

Zu ainem under statcamrer soll ain ander burger auß der gemain alhie fuergenomen oder erkhiest und khunftigclich auch jährlich also gehalten werden.

Zu ainem gegenschreiber soll ain jeder aufgeber oder ander tauglicher burger allhie, der die ganz camerhandlung, alles einemens und aufgebens ordenlich und mit vleiß beschreibt, neben zwaien camerern furgenommen und inen zuegeordent werden.

Item zu der ambtstruchen, darein allgemainer stat gefell gelegt wierdet, soll jedlicher statcamrer ain schlüßl und der herr burgermaister den driten schlüßl haben, der mag auch nach seiner gelegenhait jederzeit bey eröffnung und versperung der truchn gegenwärtig sein oder aber den schlüßl dem gegenschreiber bevelhen.

Die zwen camrer sollen allgemainer stat einkhomen oder geföll, nemblich von den zwaien radwerch im Vordernperg als von den eisenhandelsleuten, so ir ordenlich verleggelt bey gemainer stat haben, das gelt auf abwegen des rauheneisen, item die jährlich ansag und haußsteuer, auch das wochenlich püchslgeld und zinß vom padt und fleischpenkhen und anders innhalt gemainer stat urbar (doch außerhalb der grundtzinß, die ainen jeden statrichter von wegen das er gemainer stat potten zum thaill versolden mueß und sonst ander außgaben hat, zu geben gebürn) wo auch auß den gerhabschafften oder in ander weg auf gemainer stat notturfft gelt entlehndt wierdet, in iren emphang zu nemen, davon all und jed gemainer stat ausgaben mit hernach gegebner maß zu entrichten und järliche raittung davon zu halten schuldig sein und nachdem Leonhart Gügkhler, als derzeit gegenschreiber, das püchslgelt einnimbt, sollen ime die camrer all vierzehen tag, was er inen für püchsl, aufgab und waggelt raichen und antworten wierdet, ainen schein entgegen geben.

Die zwen camrer sollen all vierzehenten tag im rathhauß die ansag und järliche haußsteur, auch das püchslgelt und ander gemainer stat gefell oder einkhomen in beisein des gegenschreiber einemen und alle suntag zu solchen vierzehen tägen von zwelffe biß auf drew ur abents im rathhauß sizen, alle emphang und außgaben an solchen raittag aufs vleißigist handlen und verrichten.

Item wann die khaufleut auf abwegen gelt bringen, so soll der obrist camrer solches gelt einemen und durch ime in der handlsleut handtpuechl von stundan eingeschriben und den negsten raittag darnach in gemainer stat ambtstruchen in beisein des herrn burgermaister und der andern geordneten gelegt, alsdann durch den gegenschreiber in das raidtpuech, so in der truchen ligt, auch in das haderpuech, so sy jederzeit hervor behalten mugen, eingeschriben und soll der camrer khain gelt, so er zwischen der raittäg emphecht über den nägst darnach volgenden nicht inhendig behalten und sollen ime umb alles, so er in die truchen antwort, die andern geordneten ainen schein geben.

Nachdem järlich auf gemaine stat ain khalch prenndt und gemacht wierdet, soll gleichfalls der obrist statcamrer das gelt umb denselben khalch, so zwischen den raittägen begert und gefuert wierdet, einemen, doch soll der undercamrer und pawmaister die zedln, wie zuvor gebreuchig, darumben ausgeben und daßelb gelt an dem gewönlichen raittag zu andern emphang in die truchen gelegt und ordenlich eingeschriben werden.

Der obrist camrer soll den eisenhandlern, so ir verleg bei gemainer stat haben, jedem nach gelegenhait und wer mit dargebung gelt selbs nicht saumig, alle vierzehen tag in gegenwurt der andern seiner mitverwonten, das eisen am plaz zu Leoben durch den vactor abzuwegen verordnen, doch das er vactor auffs maist so muglich jederzeit selbs bey der wag sei und das wagpuechl bey seinen handen hab und soll durch den obristen camrer oder seinen mitverwonten khainen handlsman uber ain wagen eisen außerhalb parer bezallung oder aines ratslag nicht abgewegen werden.

Item gemainer stat vactor soll zu allen raittägen, was er für gelt auf die radwerchsarbaiten im Vordernperg nottürfftig, auß der truchen auf die nagst darnach volgende raittung durch die statcamrer gegeben werden. Doch soll verweser im Vordernperg, wie ime dann solches inhalt seiner instruction auferlegt wierdet, ain uberslachzedl auf dem freytag darvor herausschikhen, auf das vactor ungewerlich wißen muge, wievill er gelt mit im auf den raittag hineinbringen soll und ime gleich was abgienge, so mag doch derselb abgang hinach auf ain andern tag im perg geschickht und erstat werden.

Was nun dieselben außgaben zu den ordenlichen raittägen bringen, soll vactor dieselb wochenzedl all vierzehen tag den statcamerern, wann sy zu gewöndlicher zeit im rathhauß sizen, furbringen und ob er ainichen rest an dem emphangen gelt gebricht und inhendig hat, erlegen oder aber den abgang zu erstaten begern. Dasselb particular soll zu stundan durch den gegenschreiber in das ordenlich raitpuech under sein sondern ruberigen (doch das dasselb durch den camrer zuvor ordenlich probt und ubersehen) alsdann mit allem vleiß eingeschriben werden.

Es sollen auch die statcamrer allgemainer stat provisionen als statschreiber, bestellte procuratores, aufgeber, schuelmaister, wachter, gerichtsdiener und ander officier ire ordinari besoldungen zu quotembers oder ander jarszeiten gegen quitungen entrichten und bezallen.

Was aber außer des jarlichen remanenzgelt und intereße auf zerung, pottenlohn und ander gemainer stat extraordinari außgaben betreffendt ist und durchs ganz jar in gemainer stat sachen und handlungen furfallen werden, sollen sy niemandt nicht bezallen, allain sy haben derwegen von ainem ersamen rath under des statschreibers handtzaichen ainen ratslag.

Dann von wegen der ainzigen clain außgaben, so wochenlich durchs ganz jar auf tagwercher, gebew und in ander weg beschehen mueßen und der vierzehentäglichen raittäge nicht erwarten mugen, solle zur abrichtung derselben außgaben dem obristen statcamrer auf raittung ungeverlich zwainzig oder dreyssig phundt phening auß der truchen gegeben werden. Davon soll er dieselben tagwerch gegen des undercamrer als pawmaister oder herrn burgermaisters underzaichenden zedln bezallen und dieselben ainzigen posten seiner gethanen außgaben sollen zu den ordenlichen raittungen von dem obristen camrer aufgenommen, alsdann durch den gegenschreiber an sein gehörig ort in das raitpuech ordenlich eingeschriben werden.

Doentgegen soll ain ersamer rath und gemaine stat hinfuro dem obristen statcamrer für seine mue, sorg und vleiß zu ainer ergözlichkhait, so er dises ambts halben tragen mueß, gemainer stat vorstrecht, so man vermug des urbar ain anzall khorn und habern von etlichen underthanen einzunehmen hat, darzue den dritten thaill aller straff im burgerwaldt, auch der ain visch vom vischbehalter von den steyrerischen vischern einzunemben bewilligt und gelaßen worden, doch soll gemelten obristen camrer dem vorstner, so man bisher järlichen von gemainer stat besoldt, der auch den dritten thail der straff von burgerwaldt hat, auß andern solchen einkhomen sein järliche provision zu entrichten schuldig sein.

Item dem zuegeordenten understatcamrer und pawmaister ist gleichfalls zu ainer ergözlichkhait für sein vleiß, sorg und mue järlich acht phundt phening, darzue das waldtholz, so man järlich gemainer burgerschafft schlachen läßt, dogegen er die raittung halten mueß, auch das alt holz von allerlay gemainer stat gepeuen, item die halt ainer khue im außern statgraben, inmaßen es ain paumaister hievor gehabt, auch die straff des dritten thaill im burgerwaldt und Haußperg, so mit hinauftreibung des viechs wider das gemain verpodt mit der unordenlichen ez und halt, auch holzverwuestung verworcht wierdet, zu besoldung bewilligt werden.

Daneben ist ime understatcamrer und pawmaister mit ernst auferlegt und bevolchen worden, auf all und jed gemainer stat groß und khlain gepew und nachpeßerung, so auf ainen und mer orten durchs jar hoch vonnöten, auch auf dem Haußperg sein vleißige achtung und aufsehen halten laß. Doch soll er khain namhaft gepew für sich selbs außer aines ersamen rats vorwißen und beratslagung anzufahen nicht macht haben.

Item dem zugeordennten gegenschreiber soll sein alte besoldung sechs phundt phening, so er hievor wegen beschreibung der ansag steuer gehabt, sambt und neben des aufgab und püchslgelt, so ime allain auß dieser ursach auf dits jar hierzue bewilligt worden, für sein vleiß und mue järlich geraicht werden.

Wo es sich auch im mitl des jars zuetragen und begeben wierde, das ainer oder der ander statcamrer in seinen geschäfften und notturfften von hauß vereissen mueße, so soll und mag derselb ainen andern tauglichen an sein stat erbitten, wo er aber niemandt furbringen oder mit guetem willen gehaben möchte, so soll der herr burgermaister ainen andern an desselben stat von ambts wegen darzue schaffen und verordnen; derselb ist schuldig, die gehorsamb zu erzaigen.

Darauff haben wir auß vorgemelts unsers burgermaister, richter, rath und gemainer burgerschafft mitl etlich als den herrn burgermaister, statrichter, vier vom rath und zwen auß der gemain furgenomen, das sy dise unser besloßne und aufgerichte camerordnung neben gemainer stat clinnern signet mit irn petschadtn verfertigt und becrefftigt haben, doch inen, irn erbn und petschadtn an schaden und im alweg behalten wir uns bevor, dise unser camerordnung zu mindern, meren oder gar abzethuen und aufzeheben, wie es sich dann nach gelegenhait der zeit und lauff zuetragen und begeben wierdet ungeverlich. Geben und beschehen am vierten tag monnats Januarii nach Cristi geburdt im fünfzehenhundertsechzigisten jar.

305 1561 – –, (Leoben)

Auszüge aus dem Grundbuch der Stadt Leoben:

Aines stattrichters einkhomen:

– Erstlichen die grundtzins von allen heusern unnd grundten im purckhfrid gelegen, laut der brieflichen urkhunden daruber.

– Von phingsten biß auf Martiny von jeglichen oxen, der am freitag oder sambstag geschlagen, ain zungen unnd zu sannd Mertentag jeglicher fleischhakher zway lampfell.

– Sanndt Dionisymaut hebt sich ungeverlich XIIII tag vor Dionisy an unnd ist niemandt frey unnd ainmal im jar zu geben schuldig, nämblich von ainem halben säm schwär ain phening, von ainem ganzen säm II d, von ainem stärtin schwär drey phening, von ainer wagen schwär, das ist zwen stärtin, per sechs phening, von dreyen stärtin schwär neun phening unnd von ainem gannzen last unnd 4 stärtin schwär 12 d.

– Mer so dienen die hernachbeschribnen mayren ainen jeden richter järlich dreu fueder hey:

Walckhlmair	1 fueder hey
Collmair	1 fueder hey
Widmair zu s. Petter	1 fueder hey

Endtgegen sein die obernanten drey mayr dem gericht khain claggelt zu geben schuldig.

– Auch hat ain stattrichter die pueß unnd wanndl von fräfenlicher unnd muettwilliger hanndlung, es beschech mit wortten oder werchen, zu erfordern und einzunemen nach gelegenhait der verprechung. Doch steet jederzeit den straffmessigen die waigerung fur ainen ersamen burgermaister unnd rat bevor.

– Deßgleichen von den burgerlichen straffgelt der pekhen, fleischhakher, leitgeben, khramern unnd anndern, so nit recht maß, wag unnd ziment in iren gewerb unnd hanndtwerchen gebrauchen, soll ime der drittaill unnd die zwen taill gemainer stat ervolgen unnd zuesteen.

– Haizstaller: Mer hat ain statrichter von ainem yeden haizstaller, die derselben zeit in gemainer statt burgkhfrid wonen unnd das haizstall emphanngen haben, järlich zu ervordern unnd einzunemen XVIII d.

– Auch alls offt ain hauß oder hofstat in oder ausserhalb der statt in burgkhfrid gelegen verkhaufft wierdet, soll der es verkhaufft mit sovill gellts, als der grundtzinß darauf ist, dem gericht aufgeben unnd der khauffer auch mit sovill gelts von gericht emphahen.

– So hat er auch von ainem khauff oder haußbrieff deßgleichen heyrat, verzicht, vertrags unnd schuldbrieff, so er den mit seinem innsigl verfertigt LX d, aber von dem pedtschadt nit mer dann XXIIII d. Doch soll er khainen khauff, schuld oder annder brieff ausserhalb willen unnd vorwissen aines ersamen burgermaister unnd rats von gerichts wegen verferttigen . . .

. . . Volgen gemainer stat järlich urbari einkhomen, als den zinß vom brottisch, fleischpenckhen, pad und andern 1561;

Prottisch: Erstlichen von prottischen gibt man järlichen den zinnß auf sannd Johannstag zu sunewendten, nämblichen ain jeder semblpeckh XII ß d unnd ain jekhlicher mittlpekh halb sovill, id est VI ß d.

Fleischpenkh: Item die fleischakher, ir sein drey, vier oder funff, geben von jeder fleischpankh zu der ersten vasstwochen zinnß XX ß d, dieweil die gemauert unnd gewelbt worden, gibt man von ainer panckh 6 tl d.

Die recht unnd ordenlich zinnßzeit, laut gemainer stat allten urbar, ist auf weichnachten gestellt, wo sy aber damit verzugen, sollen innen die pennkh gespert werden.

Rathauß 1569: Item die gwelber unnd gemäch im rathauß:

– Erstlich Christoff Pernfeindt, meßrer, diennt järlich Michaeli von seinem laden unnd werchstat V tl IIII d.

– Michal Vözl, khupfferschmidt, diennt järlich Michaeli von seinem laden und werchstat V tl IIII d.

– Georg Khrössl, schlosser, diennt järlich Michaeli von seinem laden und werchstat V tl IIII d.

– Anndre Ainfalt, schlosser, diennt järlich Michaeli von seinem laden unnd werchstat V tl IIII d.

– Gregor Ertl, puchsenschmidt, diennt järlich Michaeli von seinem ladenn unnd werchstat VI tl IIII d.

– Item der hafner zu Kapffenberg diennt jarlich von dem gwelb im rathauß auf Jörgi I tl IIII d.

. . . die aufgab und puxlgellt quottemberlich zu emphahen vom auffgeber, dergleichen das paleckhngellt laut hernachbeschribner ordnung unnd instruction.

– Das khesslgellt von dem khrautsieden ist zum spital gewidembt.

– das stanndtgelt zum jarmarckht Anndree von den khramhutten

– Das niderschiessgellt, es sey auf wasser oder lannd, je von ainem stärtin wein, so er abgeschossen wierdet oder uber nacht auf dem schiff ligen bleibt.

– Es soll auch alles clainclaub graglach und drumer, so von den abwerffen des raucheneysen abfellt, durch die drey eisenheber mit vleiß aufkhlaubt unnd aufgehebt unnd in das ratthauß in den verordenten gemach durch das venster daselbst hineingeworffen unnd bestatt unnd alßdann von ainem burgermaister verkhaufft unnd dasselb gellt zu genannter stat notturfft gebraucht unnd angelegt werden.

– Auch soll ain jeder, der burger werden will unnd ain behausung erkhaufft, zu einfart des burgerrechts zu gemainer stat gebewen nach erkhanndtnuß burgermaister, richter unnd rate ain anzall dach oder maurziegl oder aber ain taugliche mansweer, harnasch unnd puxen in gemainer stat zeughauß oder darfur pargelt nach emphahung seiner burgerrechts zu geben unnd zu erlegen schuldig sein . . .

Aines burgermaisters einkhomen:

– Das predigercloster diennt järlich zu vaschanngzeit gemainer stat zu aines burgermaisters handen von wegen der vogtey funff vaschannghuenner.

– Steirerisch vischer: So hat ain burgermaister von jerkhlicher zeit visch, so allenthalben her auff den khauff gefuert wiert, ain essvisch, nit den grosten nit den khlienisten.

– Mer hatt der burgermaister einzunemen das siglgelt.

– Mer hat er von gemainer stat zu ainer ergezlichait seiner bemueeung in parn gellt zu emphahen XVI lb.

– So ist auch ain jeder burgermaister wacht, torsteen unnd robath frey.

– Auch hat er den grossen und khlainen zwinger sambt den stattgraben unnd den garten bey der alten schuel sambt ainen jeden paumaister zu seinen nuz zugebrauchen, doch das soliches alles beschech gemainer stat an sonndern nachtaill unnd schaden.

Original, Pap., StLA, St. A. Leoben, Sch. 32, fol. 159–164; *Kopie Stadtmuseum Leoben.*

306 1564 November 3, – –

Erzherzog Karl II. bestätigt das Urteil von 1554 Mai 28, Graz (RQ 302).

Original verloren; inseriert in der Entscheidung des Vizedoms von 1565 April 10 *(RQ 310).*

307 1564 November 26, Wien

Erzherzog Karl II. befiehlt dem Rat zu Leoben die Ausweisung des Prädikanten Hans Schenkhl aus allen fürstlichen Ländern.

Original verloren; gleichzeitige Cop. Stiftsarchiv Admont; ed. *WICHNER IV,* Nr. 655 b.

308 1565 März 19, Schloß Friedhofen bei St. Peter/Freienstein

Der Pfleger von Freienstein geriet wegen Überantwortung von Malefizpersonen durch den Schaffer von Göß an ihn und des damit verbundenen Durchzugs des Leobener Burgfrieds mit dem Leobener Stadtrichter Sebastian Gablkhover in Uneinigkeit, der trotz mündlicher Verständigung durch einen Boten des Landrichters eine zu überantwortende Malefizperson in seine Gewahrsam genommen hatte. Nach Vermittlung durch den Bürgermeister von Leoben wurde festgelegt, daß künftig die Verständigung schriftlich zu erfolgen habe. Der Pfleger zu Freienstein übernahm darauf die Malefizperson unter Protest auf der Leobener Brücke, mit der Begründung, daß dies bisher nicht üblich gewesen war.

Original verloren; *Cop. Pap.*, StLA, St. A. Leoben, Sch. 4, H. 37.

309 1565 März 21, – –

Bürgermeister und Rat von Leoben antworten dem Pfleger von Freienstein, daß die Übergabe und Übernahme von Malefizpersonen „in sonnderheit der herschafft Freinstain an derselben obrigkhaitten, freihait, gericht unnd gerechtigkheit on allen nachteil unnd schaden sein“ soll. In Zukunft soll bei Benachrichtigung des Stadtrichters der Übergabeort namentlich genannt werden „so soll euch der paß mit durchbelaidtung unnsers richters an alle irrung zurgelassen und vergundt sein“.

Original verloren; *Cop. Pap.*, StLA, St. A. Leoben, Sch. 29, H. 137.

310 1565 April 10, – –

Der Vizedom Bernhard Rintscheit bekräftigt laut landesfürstlicher Deklaration von 1564 November 3 (RQ 306) noch einmal das Urteil von 1554 Mai 28 (RQ 302), wonach den Leobenern der Eingriff in die Vogtei der Pfarre St. Jakob nicht zustand.

Original verloren; Cop. Pap. Stiftsarchiv Admont; *MEIXNER-SCHÖLLER* 86.

311 1567 April 14, Graz

Vertrag zwischen Abt Valentin von Admont und der Stadt Leoben betreffend die Vogtei über die Pfarre St. Jakob.

Original, Pap., sechs Petschafte, Stiftsarchiv Admont; ed. *WICHNER IV,* Nr. 656.

Zu wissen nachdem sich verschines dreyundfunffzigisten jars die hoch und ehrwirdigen herren herr Valentin abbte des wierdigen gotzhaus Admund und N. der convent daselbst vor der rö. khay. maist. etc.

kayser Ferdinand hochlöblichister und gottseligister gedechtnus von weg aines eingriffs der vogtey sanct Jacobspharrkirchen zu Leoben, so mit inventierung und verpetschierung des abgestorbnen gewesnen pharrers daselbst herrn Sigmunden Greiffen selligen verlass, auch verwahrung, behuettung und vorhaltung des pharrhoffs ime dem herrn abbt und convent zu abpruch und schmellerung irer vogteyobrigkhaiten durch die ersamen und weisen N. burgermaister, richter und rathe der stat Leoben furgenumen und beschehen, beschwärdt und hierüber ainen khunigclichen comissionbevelch erlangt an den vorgewesnen herrn vizdomb in Steyer herrn Cristoffen Röschen selig, das er zwischen den taillen die billichkhait handlen und verabschiden solle, welliches auch beschehen nämblichen also, das denen von Leoben zuwider des herrn abbt und convent habundt furgelegt und verlesen privilegien sollicher eingriff zu thuen nit gebürdt hab, derhalben die von Leoben durch ordenliche verabschidung dem herrn abbt und convent nit allain der haubtsachen wegen, sondern auch des uncostens in abtrag erkhennd worden, davon sy die von Leoben gleichwol appelliert. Sy haben auch die appelation prosequiert und ist durch der hochlöblichen kayserlichen regierung declaration, der datum steet Wienn den dritten tag novembris nach Cristi geburdt funffzehenhundert und im vierundsechzigisten jar des vorgewesnen herrn vizdomb Cristoffen Röschen selig gegebner abschidt (vorangeregte vogtei belangendt) zu crefften erkhenndt worden. Hierüber und nach eröffnung der hochlöblichen regierung declaration hat wolgedachter herr abbt zu Admundt und N. der convent daselbst ihr auferloffne expens und schäden zu der taxierung in das vizdombambt in Steyer einbracht, deshalben auch tagsazung zu gebürlicher mässigung derselbigen wider die von Leoben erlangt, als aber nun mit gerichtlicher mässigung hat furgangen sollen werden, haben daentzwischen ernente von Leoben bey mergedachtem herrn abbt und convent umb guettliche vergleichung und vermitlung angesunen, die inen auch auf ir nachbarlich bittlich anlangen und begern zu ersparung und verhuettung merers uncostens der baiden taillen het auferlauffen mugen und zu erhaltung frid und ainigkhait, auch guetter nachberschaft ist stat gethan worden. Demnach haben sich baidt tail, ernennter herr abbt und der convent, auch die von Leoben guettiger handlung und aines handlstag durch derselbigen zu baiden tailen abgesante volmechtige gwalttrager als nemblichen der herr abbt und convent durch derselben diener und phleger auf der obern Clausen den ernuesten furnemen Cristoffen Tennberger und die von Leoben durch ire ratsfreundt die ersamen weisen Augustin Zigler und Hansen Hamer auf heut dato veranlast und verglichen, darzue sy zu bayderseits zu underhandlern erbetten, nämblichen der herr abbt und convent den wolgebornen herrn herrn Georgen freyherrn zu Herberstain, Neydperg und Guettenhag, erbkamerer und druchsess in Kärnten etc. auch den edlen gestrengen herrn Hans Adamen Praunfalkhen bedt f. D. camerrathe und den edlen gestrengen herrn Bernhardin Rindtschadt zu Schielleuten auch höchstgedachter f. D. rath und vizdomb in Steyr und die von Leoben die edlen gestrengen und vesten herrn herrn Erasam Stadler zu Khrottendorf und Liechtenegkh ritter, ainer ersamen löblichen lanndtschafft in Steyr obrister veldhaubtman, Georgen Seyfriden von Truebnegg zum Schwarzenstain und Maximilian Ruepen von Pheilberg, kellermeister in Steyr, baidt merhochstgedachter irer f. D. lanndträthe, welliche obundwolgedachte herrn erbettnen die baidt taill vermelter expenssach halben in iren notturfft reden und widerreden genuegsamblich angehördt und vernomben und darüber mit irem unverpindtlichen vorwissen und bewilligung disen nachfolgunden vertragsspruch gemacht und baidt taill verglichen haben: nemblichen also, das gedachte von Leoben dem herrn abbt und convent zu Admund fur obvermelte ir auferloffne expens und erlitten schäden, auch des eingrifs halben, wellicher uncosten wolgedachten herrn underhandlern in ainem expenslibell particulariter ist furbracht worden, auf negstkhumenden sanct Michelstag gegenwuerttiges sibenundsechzigisten jars in guetter lanndtleuffiger münz zu Admund ausrichten und bezallen benenntlichen dreyhundert phund phening. Daentgegen so sollen auch die von Leoben weder sy noch ire nachkhumen vilvermelter vogtey halben sanct Jacobspharrkirchen zu Leoben weder mit inventierung noch verpedtschierung der absterbenden pharrer daselbst verlassenschafft, auch verwahrung, behuettung und vorhaltung des pharrhoffs zu abbruch und schmellerung des herrn abbts zu Admund und convent habenden vogteyobrigkhaiten weitter und hinfur nichts furzenemen, zu thuen noch zu handlen haben in kainerlay weiss noch weege sonder sich sollicher handlungen aller zu ewigen zeiten fur sy und alle ire nachkhumen genntzlich und gar enthalten, sich auch derselben nimermer weder guetlich noch rechtlich anmassen oder understeen und sollen auch all zuespruch und anvordrung, so ain tail gegen den andern gehabt oder haben het mugen, hiemit zu bederseits aufgehebt, todt, hin und ab sein und damit nun also baidt taill obvermelter sach und irrung halben, darinnen nichts ausgenumen auf ein stät, ewigs und unwiderrueflichs ende veraind, verglichen und vertragen sein und bleiben, welliches sy auch also zu baiderseits guettwillig angenomen und solliches alles war, vest und stät zu halten mit mundt und hanndt zuegesagt und versprochen haben, alles bey verbindung des gemainen lanndtleuffigen schadenpunts des furstenthumb Steyer als wäre der von wort zu wort nach lenngs hierinnen angezogen und ausgefuert, treulich und on alles geverde.

Des zu waren urkhundt seind diser vertragsbrief zwen gleicher laut under obberurter bayder tayl darzue erbetnen herrn underhandlern aigenen aufgetruekhten pedtschaden aufgericht und bekhrefftigt und jedem tail ainer zuegestelt worden, doch inen den herrn, iren erben und pedtschaden allerdings one nachtail und schaden under welliche verferttigung sich die taill fur sy und all ir nachkhumen verpunden haben, alles das, so diser vertrag ausweist, war, vest und stät zu halten und zu volziehen. Beschehen und geben zu Gräz den vierzehenden tag des monats Aprilis nach Cristi geburdt tausent funfhundert und im sibenundsechzigisten jar.

312 1570 Februar 22, Graz

Erzherzog Karl II. bestätigt der Bürgerschaft von Leoben die Rechte und Freiheiten.

Original, Pgt., (1945 in Stadl verloren).

313 1574 März 10, Graz

Erzherzog Karl II. beauftragt Seifried Närringer und Christoph Praunfalk zwischen Peter Zollner auf Massenberg und der Bürgerschaft von Leoben wegen strittiger Holzbezugsrechte und dem Burgfried der Herrschaft Massenberg (mit eingeschlossener Beschreibung) zu vermitteln.

Original, Pap. I.Ö.K. Sachabteilung, Karton 177[a], Nr. 7.

314 1575 Juni 6, Wien

Erzherzog Karl II. befiehlt Bürgermeister, Richter und Rat der Stadt Leoben unter Androhung des Verlustes der Stadtfreiheiten die Ausweisung eines Prädikanten.

Original, Pap., StLA Reformationsakten.

315 1576 August 31, Leoben

Bürgermeister, Richter und Rat der Stadt Leoben erlassen in Beilegung eines Streites zwischen den Lederern, Schustern und Fleischhakkern auf Widerruf eine Ordnung über Lieferung, Verwendung und Preisen von Häuten und Fellen.

Original, Pap.-Libell in Privatbesitz, *maschin. Abschrift* StLA.

Wir N. bürgermaister, richter unnd rathe der statt Leobm bekhennen unnd thuen khundt offentlich mit disem briefe, alls unnß mermalls mit beschwär furkhumen, wie daz leder an yeczo nicht so gerecht unnd guet alls vor jarn gearbayt unnd im khauf erstaigert werde, dessen sonnderlich der gemaine man auch die schuester unnd annder hanndwerchsleuth, durch die es verarbayth, zu schaden, in erfarung gebracht, zu dem die ledrer unnd schuechmacher auch meczger uber die hievor zwischen innen erganngne verabschid unnd gepflegte hanndlung in strit unnd irrung gestannden. Haben wir demnach in anseheung, daz solches gemaines nutz notturfft erfordert, zu abkhürtzung dergleichen beschwär unnd zwitracht, nach vorgeender bewegung etlicher hanndmitl unnd uber vernemen der thail schrifftlich unnd mündlich fürbringen, damit sy allerseits in ainigkhait auch zu gebürlicher gleichheit gebracht unnd sonnst menigclich mit dem leder unnd schuechen unuberschätzt unnd etlichermassen zufriden gehalten werde, auf verrer unnser widerruefen unnd wolgefallen nachvolgunde ordnung unnd satzung aufgericht unnd nämblichen also:

Fürs erst, dieweill in gleichmessiger hanndlung unndter den schuestern unnd lederern am driten tag July im verschinen ainundfunfftzigisten jar alhie ein abschid, den die ledrer gleichwoll für die merer obrigkhait gedingt, aber die appellation nicht prosequirt, dardurch derselb sein crafft unnd würckhung erraicht, ergannngen, daraus befunden, daz inen ledrern noch vor derselben zeit ernstlichen gepotten, die heyt unnd veel ordenlich gerecht unnd guet, ungesparth der notturfftigen arbayth unnd zeug, treulich unnd vleissig außtzearbaiten unnd die alhieigen schuechmacher gegen der bezallung vor allen anndern yederzeit mit gueten leder, heyt unnd veelen zubegaben unnd da sy uber derselben fürseheung, was merers heten, dasselb im Vordernperg zu befürderung des lanndtsfursstlichen camerguets unnd annderwerts nicht zuverkhauffen unnd darinen kheinen ausschuß ze machen, die schwäntz unnd stierling oder ohrwanng bei den heyten ze lassen unnd nicht zu beschneiden unnd ir der ledrerkhnechten untzt auf weiter verordnung neben iren maistern in ain werch etwo ain oder zwo haut, doch daz sy mit denselben wie obsteet verpunden einzetauchen vergünstigt, erkhent ein ersamer rath, daz es bey diesen allen verner pillich thuet bleiben.

Wann nun fürs annder inhalt gemainer statt ratßprothocol uber obgehörte verabschidung den ledrern vom neununndzwaintzigisten tag octobris verwichnes vierundsybentzigisten jars solches alles ebenmässig bey vier ducaten unablässiger straff unnd daz sy nicht die pessten heyt zu solstuckh schneiden, sonnder sich dessen enthalten unnd zu hieiger ganntzer burgerschafft fürseheung die notturfft unwaigerlich dargeben sollen, ernstlichen auferlegt, dem sein die ledrer zu gehorsamen unnd bey obberürter straffsvermeidung zu geleben schuldig.

Zum dritten ist auch den schuestern in nachbestimbter peen gepotten, reichen und armen stüfl unnd schuech gerecht unnd guet ze machen, dieselben im khauf wie etwo bißheer beschechen wider die gebür nicht ubersetzen noch beschwären, sich sambt iren khnechten hierinen also verhalten, dz man zu annder merer ernstlichen mitl nicht verursacht werde.

Was dann am vierten betreffent den khauf der heyt unnd veel wie hoch der ledrer solche vom metzger unnd von dannen die schuester unntzt auf eines ersamen raths verenderung annemen sollen, ist heernach unndterschidlich begriffen:

Ordnung unnd satzung des khaufs der heyd unnd veel:

Die ledrer sollen den metzgern für ein oxenhaut zu betzallen und ze geben schuldig sein ain gulden sechs schilling pfening, idest	1 fl. 6 ß d
Ain khalbveel umb ain schilling achttzehen pfening	1 ß 18 d
Umb ain schafveel ain schilling zehen phening	1 ß 10 d
Von ainer oxenhaut zu arbaiten soll dem ledrer gegeben werden ain schilling achttzehen pfenning	1 ß 18 d
Item von ainer khuehaut ain schilling zehen pfening	1 ß 10 d
Von einem veel zwelf phening	12 d
Die schuester aber sollen den ledrern für ein ausgearbaite haut mit pargelt zu betzallen schuldig sein zwen gulden ain schilling phening	2 fl. 1 ß d
Für ein khalbfeel zwen schilling zwelf phening	2 ß 12 d
Ain schafveel umb zwen schilling phening	2 ß d

Unnd sol hieneben von einem ersamen magistrath den metzgern bey heernach vermelter straff auferlegt sein, das sy von alten unnd jungen aufgearbaiten viech die heyt unnd das gefyll in kheinerley weege annderwerts nicht verwenden, sonnder solches den hieigen ledrern gegen der betzallung ervolgen lassen. Die ledrer und schuester sollen sich auch alle sambstag zu den metzgern verfiegen unnd wievil sy den ledrern heyt oder veel geben, yedem thail auf einen gleichlauttenden rabisch unwaigerlich anschneiden unnd wann die ledrer ein werch, es sey wenig oder vil, ausarbaiten, denselben zeug allen den beschauleutten, so von einem ehrsamen rath dartzue verordnet, damit die notdurfft unnd austhailung des leder furgenomen khan werden, ansagen unnd fürlegen unnd sich auch sunsten diser ordnung unnd der gebür yederzeit gemäß verhalten.

Dise ordnung und satzung haben wir yeden thail auf sein begern unndter unnser unnd gemainer statt secretinsigil geferttigter zu ervolgen bewilligt unnd welcher unndter den hieigen schuestern, ledrern oder metzgern fürsetzlich hiewider hanndlet, der ist allsofft zu unablässigen peen unnd straff dreyssig ducaten in goldt, halb der f. D. unnserm genedigisten herrn unnd lanndtßfurssten unnd die ubermaß gemainer statt Leobm zu erlegen unnd zu betzallen verfallen unnd sollen nicht destweniger dise ordnung unntzt auf unnser wolgefallen unnd verenderung in allen articln bey chrefften unnd würden bleiben. Beschechen zu Leobm den letzten tag monats Augusty nach der geburd Christy im funfftzehenhundert sechßunndsybentzigisten jare.

Dorsualvermerk: Ordnung zwischen den lederern, auch metzgern unnd schuestern zu Leobm 1576.

Nachtrag: Disen lestn abschid wiert man in gemainer stat proticol eingeschribner finden nach dem abschidt.

316 1578 Juni 1, Leoben

Die Meister und Knechte des Ledererhandwerks zu Leoben, Eisenerz, Vordernberg, Trofaiach und Mautern errichten eine gemeinschaftliche Handwerksordnung.

Original, Pgt. mit rubrizierten, verzierten Initialen, rubrizierten Artikelanfängen und sechs Hängesiegeln, StLA.

*K*hundt *u*nd *z*uwissen *d*er menigclich, das dy ersamen und weisen N. die maistern und khnecht des ledrerhantwerch zu Leobm, Eisenärzt, Vordernperg, Trafeyach und Mauttern seshafft, mit ainhelliger vorbetrachtung und beratschlagung zu erhaltung guetter zucht und pollicei, ain löbliche guete handtwerchsordnung aufzerichten entschlossen unnd in das werch gebracht inmassen wie hernach volgt:

Erstlichen, weill von alter her je unnd albeg die hanndtwerchsversamblung, zech oder bruederschafft der ledrer von obgemelten ordten aldo zu Leobm als in ainer stat gewest unnd die zusamenkhunfft zu zwaymallen im jar, nämblichen am sunttag nach Gotsleichnambstag unnd an sanndt Anndreeastag gehaltten worden. Darbei sol es hinfuran nachmallen verbleiben, das allain alda zu Leobm an der hanndtwerchsherbig unnd sonnst an khainen ort alle handlungen gepflegt, auch alda maister unnd khneht in die zunfft aufgenomen gemacht, leerjunger gedingt unnd ledig gezelt unnd dasselb umb khünfftiger wissenhaidt willen alspaldt in das puech eingeschriben sol werden.

Zum andern, so soll all jar am sunttag nach Gotsleichnambstag ain maister zu Leobm zu ainem zechmaister unnd ain altkhnecht erwellen und fürnemen, dieselben sollen alda zu Leobm ain lad mit zwayen undterschidlichen schlossen darzue ir jedweder ain schlüssl haben, in welliche lad alle gefell des hanndtwerchs gelegt unnd verwardt, davon di notturfft ausgeben, bezalt dasselb erbar aufgeschriben unnd wans ain ersambs hantwerch begert, threullichen verraitten.

Zum driten, wann also ain ersambs handtwerch zu bestimbten tägen in der versamblung zu Leobm beieinander sein, sollen unnd mügen sy von allen notturfften was doch in fürfallender noth unnd zu handthabung der zech unnd handtwerchsordnung auch althergebrachten löblichen gebrauch diennstlichen unnd vonnötten ist, reden unnd handlen und wo sich ain maister, khnecht oder junger sonderlichen in der versamblung, wan ain ersambs hantwerch beienander ist, mit wordten oder werckhen ungebürliche verhaltten wurde, der soll nach gestaldt seines verbrechen (doch ausgenomen und vorbehaltlichen was gerichtliche handlung ist unnd zu straffen gebürt) von unnß ainem handtwerch wie von alter gewest unnd herkhomen, nach notturfft gestrafft werden, damit hierinnen guette zucht unnd erbarkhait erhaltten unnd dem ubl gewehert werden khann. Zudem soll auch ain jeder maister und khnecht sein gebür auflegen, nämblichen ain maister für alle wochen zween phening unnd ain khnecht ain phening erlegen, welliches gefell in beruertter lad sol gelegt unnd zu khünfftiger fürfallender handtwerchsnotturfften mag angelegt, auch auf arme khranckhe und prechenhaffte ledrerkhnecht unnd gesynndt davon sol geholfen unnd mitgethailt werden.

Zum vierten, wo unndter unns ledrer maister oder khnecht zu obbestimbten gewendlichen versamblungtagen zu beratschlagung und annderer händlung in des handtwerchsnotturfften auser Gottes verhindternuß oder annder genuegsamer und wissentlicher ursachen zum handtwerch nit erscheinen, besonnder wellicher seine wochenphenning oder die außständdten nit schickhen wurden, die sollen in die zerrung zween schilling phennig erlegen. Wo aber ainer auß verächtlicher weiß aussenbleiben unnd hierinnen gar khain gehorsamb laisten würden, denselben soll (biß er alle ausstandt und gebür vollig erlegt und bezalt hat) ain maister khain khnecht in arbait gelassen, auch khain leerjunger gedingt oder ledig gezelt werden. Gleichermassen sol ain khnecht umb sein ungehorsamb nach gestalt der sachen und verbrechen von ainem ersamen hantwerch gestrafft oder von sein maister auß der werchstat aufgehebt unnd vertriben werden.

Zum beschluss, wann ain leerjunger in der zunfft das hantwerch ausgelernt hat und desselben von ainem hantwerch ledig gezelt worden ist, sol er alspalt und zustundan ain phundt wax oder das gelt darfür erlegen, dasselb und die zeit wann er ausgelernt hat unnd ledig gezelt worden ist, wie obgemelt eingeschriben werden.

Damit aber dise unnser aufgerichte handtwerchsordnung für unnß und all unnsere nachkhomen bestät unnd hinfuran becrefftigt werde unnd sein soll, so haben wier unns allen hieroben vermelten fleckhen unnd ortten ain maister, als nämblichen zu Leoben *Fabian Tautter*, ratsbürger und derzeit zechmaister unnd Ruep Wegschaider, altkhnecht zu Leobm, Cristoff Männdl in Innerperg des Eisenärzt, Thoman Reichnauer in Vordernperg, Veith Vaschang zu Trafeyach unnd Wolff Eischer zu Mauttern all sechs unnser jeder sein aigen petschadt herangehanngen und disem brief damit verferttigt und damit becrefftigt, *geben und beschechen* zu Leoben am sunttag nach Gotsleichnambstag nach Crist geburt im fünffzechennhundert unnd im achtunndsybenzigisten jare.

317 1579 August 5, Graz

Erzherzog Karl II. an die Stadt Leoben bezüglich der Zigeuner.

Original verloren; *Cop. Pap.* StLA, St. A. Leoben, Sch. 149, H. 547.

Getrew lieb, ir werdet aus beyligundem gefertigten general vernemen, was der zigeiner halben, so des nagstverschinen jars in disem lanndt gesehen worden, für verordnung beschehen. Weil unns dann fürkhombt, wie sich jez ain anzall gemelter zigeiner in die ober Steyrmarckh begeben, die den armen unnderthanen in mehr weeg schädlich unnd betrüeglich sein sollen, so ist demnach unnser genädiger bevelch an euch, das ir nun nachfrag unnd erkhundigung halten lasset, ob gemelte zigeiner sich alda zu Leoben oder derennden aufhalten unnd so dem also alßdann gegen inen vermüg sollicher generaln mit hanndlung fürgeen lasset. Da sy aber der ortten weiter nit zu betretten, dann verrer euch erkhundiget, wohin sy sich gezogen unnd derzeit aufhalten unnd dessen unnser niderösterreichischen regierung fürderlich berichtet, damit die verrer notturfft verordent werden müge. Daran beschiecht unnser genädiger willen unnd mainung. Geben in unnser statt Gräz den fünfften tag Augusti anno etc. im neununndsibenzigisten.

Christoph Rägkhnitz zu stathalter-ambtßverwalter (m.p.)
Ben. Walther canzler (m.p.)

commission serenissimi domini archiducis in consilio
Sigmundt freyher zu Egkh (m.p.)
C. a Sitenistsch (m.p.)

318 1580 Jänner 7, Graz

Erzherzog Karl II. gebietet Bürgermeister, Richter und Rat der Stadt Leoben, den kaiserlichen Mundschenk Schwarofskj, der auf der Reise nach Venedig durch ihre Stadt kommen mußte, gefangenzunehmen und bis auf weiteren Befehl im Gewahrsam zu behalten.

Adresse: Den ersamen weisen unnsern getrewen lieben N. burgermaister, richter und ratt unnserer stat Leoben.

Original verloren; *Cop. Pap.* StLA, St. A. Leoben, Sch. 29, H. 137.

319 1580 Juli 9, (Leoben)

Die Stadt Leoben schreibt wegen der Kommission des Massenberger Burgfrieds durch Christoph Praunfalk und den Amtmann in Vordernberg, die der Erzherzog beauftragt hatte, an Erzherzog Karl II. Sie beschweren sich über Peter Zollner, der zu seinem Schloß Massenberg einen Burgfried erhalten möchte, dessen Bewilligung aber bereits 1574 abgelehnt wurde (RQ 313).

Die Leobener klagen, daß mit dem Zollner ein Streit um Gründe, die im angestrebten Burgfried Massenberg gelegen sind, entstanden ist. Sie legen ein Schriftstück vor, das über das Ausmaß des städtischen Burgfrieds Auskunft gibt (RQ 282) und berufen sich auf den jahrzehntelangen ruhigen Besitz ihres Burgfrieds, den selbst Peter Zollner und seine Vorfahren nicht angezweifelt hatten. Aus diesem Urbarartikel geht hervor, daß das Schloß Massenberg im Leobener Burgfried gelegen war und nie einen eigenen besaß. Auch 1513 war anläßlich eines Streites zwischen der Stadt Leoben und dem landesfürstlichen Pfleger zu Massenberg von einem Burgfried keine Rede (RQ 243). Die Leobener pochen auf ihr altes Recht, das den Anspruch Zollners unbegründet erscheinen läßt. Um nicht weiter zu verarmen und ihr Recht auf Viehweide und Holznutzung nicht zu verlieren, wollen sie auf ihren Burgfried nicht verzichten, in dem auch der Pfarrfriedhof St. Jakob und jene Wasserquellen liegen, aus denen die städtischen Brunnen gespeist werden. Zollner versuchte, den geplanten Burgfried durch einen Tausch innerhalb des Landgerichtes Freienstein zu erwerben, dem die Leobener nicht zustimmen können. Sie erhoffen sich vom Landesfürsten einen gerechten Entscheid.

Original verloren; *Cop. Pap.* I.Ö. Herrschaftsakten, fol. 144–147, HKA Wien.

320 1580 Juli 17, – –

Gesuch des Rechenschreibers zu Leoben Andre Schnelko um Erlaubnis zur Ablegung des Bürgereides in Leoben (Abschrift des Bürgereides eingeschlossen): Der gmain angesessnen burgerayd zw Leobm:

Ich N. schwöre euch burgermaister, richter unnd ratt anstatt irer fürstl. Dt. etc. bey meinen ehrn unnd treuen ain christlichen ayd, das ich die gehaimb der statt verschweigen unnd bey mir behallten will unnd mitsambt ainem burgermaister, richter unnd ratt helffen ratten, was für höchstgedachte fürstl. Dt. unnd gemaine statt das nüzist ist, auch der statt freyhait nach meinem pesten vermugen und verstanndnuß hanndthaben unnd mit chainem außwenndigen oder außlennder, der mit fürstl. Dt. noch mit gnädiger statt hie khain mitleyden tregt, noch mit kainem, der nicht aigen behausung hie hat noch bürger ist khainerlai hanndlung, der in gleichen gwin mit mir sey, nit treyben soll noch will, auch wider das unrecht tostlich (!) unnd unerschrockhen steden unnd von khainer vorcht, feindtschafft, freundtschafft, muet noch gab dem unrechten zuelegen, darzue dem hern bürgermaister, gericht unnd ratt in allen zimblichen unnd billichen sachen beystanndig, gehorsamb unnd gewärtig ze sein, alles treulich on geförde, des helff mir Gott.

Juli 21: Befehl an die von Leoben, es beim Eid des Schnelko verbleiben zu lassen.

August 5: Bericht derer von Leoben wegen des Bürgereides mit dem Verlangen, daß sich Schnelko auch zu Ämtern und Gerhabschaften gebrauchen lasse.

August 15: Befehl an die von Leoben, es bei jenem Eid, welchen die landesfürstlichen Beamten auch in Graz leisten, verbleiben zu lassen.

Oktober 10: Gutachten des Amtmannes in Vordernberg zum Bürgereidsstreit Stadt Leoben – Schnelko.

November 7: Gutachten von Regierung und Kammer betreffend Bürgereid. „Wan er Schnelckho die burgerliche handtierung (ob es anderst auch an versaumbung seines diennst beschehen mag) zu treiben willens, daß er dern von Leobm gestölten aydt zu schwörn und anzunemen schuldig. Wo er aber nicht alle handtierung, wie ander burger alda zu treiben, sonder sonnst sich seines burgerlichen hauß alda betragen, auf solichen fall möchte es gleichwoll der regierung unnd camer erachtens bey dem nottl, wie es ir für. Dur. mit ander iren officiern alhie in phleg halten, auch gehalten werden".

Original, StLA I.Ö.K. Sachabteilung, Karton 180, Nr. 17.

321 1584 Februar 26, Graz

Die Verordneten von Steiermark an den Stadtrichter von Leoben und den Postverwalter zu Bruck a. d. Mur mit dem Begehren eines Berichtes „wegen Bartlmeen Pruner fuesspotten, so zu Leoben mit briefen und schreiben gewaltthätiger weiss aufgefangen worden".

Konzept, Pap., StLA Reformationsakten; Regest bei *LOSERTH,* Acten 518.

322 1584 Februar 27, Leoben

Der Leobener Stadtrichter Michael Mayr erstattet Bericht, daß der Postverwalter zu Bruck a. d. Mur auf landesfürstlichen Befehl dem Fußboten alle aus dem Reich gebrachten Briefe abgenommen hätte.

Original, Pap., StLA Reformationsakten; Regest bei LOSERTH, Acten 519.

323 1587 November 26, Graz

Erzherzog Karl II. bewilligt dem Peter Zollner einen Burgfried für sein Schloß Massenberg „nämblichen von endung des closters Göß purckhfridts am Hauzenpichel an, von dannen umb die dero enden massenburgerischen felden, grundt unnd gärtten auch hinfür biß auf iereen negst nacheinander bey sant Jacob steende creuz, von denselben (doch auser der landtstrassen dabey) sonssten gegen Massenburg werz neben hinab in Nennerßdorffr grabm, nach sollichen ferrer hinauf biß widerumen an dem gösserischen purckhfridt und alßdan abwerz hinab zu der Muehr".

Original verloren; *Cop. Pap.* I.Ö. Herrschaftsakten Leoben, fol. 140 ff., HKA Wien.

324 1588 Dezember 20, (Leoben)

Neuerliche Beschwerdeschrift von Bürgermeister, Richter, Rat und Gemeinde der Stadt Leoben gegen Bewilligung des Burgfrieds von Massenberg durch Erzherzog Karl II. in folgenden Punkten:

1. Bezüglich der Viehweide führen sie an, daß ihnen diese durch die Schaffung des neuen Burgfrieds entzogen würde.

2. Wegen der Wasserversorgung der Stadt führen sie folgende Befürchtung an: „. . . das wasser, so wir durch rhörn zu den prunen in die statt fuern muessen in sein herrn Zollners an jezo zuegeaigneten purckhfridt wäre, mit dessen unnd seiner nachkhumen gunst, willen unnd zuegeben wir das liebe wasser khunfftig in die statt bringen unnd villeicht lezlich woll dasselb von innen gar erkhauffen muessen . . ."

3. Pfarrkirche und Friedhof kämen „in frembder jurißdiction unnd gebiett". Das Gebiet um die St.-Jakobs-Kirche sei der Standort der alten Stadt gewesen, die von den Fürsten von Österreich „statt freyhait" gehabt hätte, die ihnen nun ohne Schuld weggenommen worden wäre.

4. Zusätzlich würden sie in ihren Rechten am Bürgerwald geschmälert, sodaß „. . . wir gleich biß an die stattmauern eingethan unnd

weder gründt, purckhfridt, waydt noch annders, onne allain was die plosse rinckhmauern umbfacht, nit hetten, das dann je disem armen stättl, unns unnd unnseren nachkhumben ain ewige uberaus seer hochbeschwärte verderbliche sach wäre . . .“.

Sie bitten um einen für sie günstigen Entscheid.

Original verloren; *Cop. Pap.* I.Ö. Herrschaftsakten Leoben, fol. 142 ff., HKA Wien.

325 1594 Juli 9, Graz

Erzherzog Maximilian erteilt eine Wirtsordnung.

Original verloren; *Cop. Pap.* StLA, St. A. Leoben, Sch. 153, H. 580.

Maximilian von Gottes genaden ertzhertzog zu Österreich, hertzog zu Burgundi etc. administrator des hochmaisterthumbs in Preussen, maister teutschordens in teutsch und welschen Lannden, graue zu Tyrol etc. Getreuen lieben. Ob euch gleichwol unsers freundtlichen geliebten brueders ertzhertzog Ernstens zu Österreich etc. lieb, nach vom zwelfften tag Augusti des zwayundneuntzigisten jahrs durch bevelch auferlegt, das ir bey den wierthen und gastgeben bey euch ernnstlich verfuegen auch daran und darob sein sollet, damit die durchraisenden gest auf ir begern unwaigerlich und guttwillig beherbergen auch sovil müglich jeden seinen ehren und wierden nach tractieren und gewiertten, sy auch mit der raittung unzimblicher weiß mit überschlagen und beschwären, sonnderlich aber ir euch selbs ainer leidenlichen und billichen wierthsordnung wie nemblich die fleisch und dann absonnderlich die vischmalzeitt geraith, wie es mit bezalleung der fuetterung und stallmüeth gehalten werden möchte, vergleichen und sodann solche wierthsordnung der alhieigen N.O. regierung und camer verfaster überschicken sollet. Wann aber nit befunden wierdet, das ir deme solchermassen den schuldigen gehorsamb gelaist, so haben wir selbs ain wiertsordnung, wie ir die hieneben mit mehrern zu vernemen, verfassen lassen, euch demnach ernnstlich bevelchendt, das ir dieselb bey euch strackhs publiciern lassen, auch mit ernnst bey inen denen wierthen und gastgeben verfüegen daran und darob sein wellet, damit sy solchen wierthsordnung würckhlich geleben und derselben gemäß die gest, sonderlich aber das an yetzo durchziehende khriegsvolckh tractiern, wir auch insonderhait denjhenigen, welche es begern werden, die truckhnen malzeitten stattuiertermassen unwaigerlich geben und wir ir nun hieran unsern ernnstlichen willen und mainung thuet also werdet ir auch gegen den ungehorsamen und übertrettern mit gebürlicher straff zuverfahren wissen. Geben in der statt Grätz den neundten tag July anno etc. vierundneunzig.

commissio serenessimi domini archiducis
in consilio

[und weitere vier eigenhändige Unterschriften]

Adresse: Unnsern getreuen lieben N. burgermaister, richter und rath der statt Leoben.

Wierthsordnung:

Herrn: fleischmal per 12 Kr
fischmal per 15 Kr

Diener, khnecht und bueben: fleischmal per 10 Kr
fischmal per 12 Kr

Wan aber ain gast ainen oder mehr andere gösst laden und besser alls ordinari tractieren lassen wolte, mag derselbe mit dem wiert nach aines jedwedern gelegenheit abkhumben.

Unnd do auch die göst nur die truckhen malzeit begeren unnd etwo jedes gelegenhait nach den wein absonderlich bezallen wolten, sollen die wiert schuldig sein inen solche dergestalt zu geben, das nämlich auf der herrn unnd vom adeltisch sechs gekochter speisen auf der khnecht unnd dienertisch aber vier speisen darundter auch zum wenigsten zway oder dreyerlay fleisch aufgetragen unnd gespeist, von der herrnmallzeit aber mehrers nit alls acht unnd von der khnechtmalltzeit sechs khreitzer für jede person zuverstehen begert unnd genumben werden sullen.

Das fuetter mäsl deren 24 gestrichen ain gehaufftes viertl geben solle mit den pantherthier getzaichnet unnd ainen jedtwedern wiert ains zuegestelt unnd auf 4 Kr gesetzt werden.

Stallmueth tag und nacht 5 Kr.

326 1595 Dezember 12, Graz

Erzherzog Ferdinand II. befiehlt Bürgermeister, Richter und Rat zu Leoben, daß bei der demnächst erfolgenden Neubesetzung des Bürgermeister- und Richteramtes und zu den Ratsämtern nur Katholiken gewählt werden dürfen.

Original, StLA Reformationsakten.

327 1598 April 27, Leoben

Der Regimentsrat Adam Vischer und der Pfarrer von Pöls geben den Leobenern eine Reformationsordnung in kirchlichen und politischen Angelegenheiten:

1. „Das sö fürs erste hinfüro khainem zum burger aufnemben, er sey dann der catholischen allain seeligmachenden religion zuegethan".

2. „Es sollen auch inskhünfftig burgermaister unnd richterambt, wie auch die rathsstöllen und andere stattämbter allain mit catholischen personen im fahl derselben, so hierine tauglich verhanden, ersezt, diejhenigen auch, so an yezo durch unnß commissarien in den rath genumben worden, ihrer rathsstöllen und ambtern nit bemuessigt werden, es seyen dann ander catholische verhanden, wellche an irer statt substituiert werden mügen".

3. „Zum dritten im fahl ettliche (sich hierdurch deß schuldigen gehorsambs zu enttschutten) das burgerrecht aufkhünden wurden, so soll ain rath alhie von khainem die aufkhündung deß burgerrechtes annemben, auch khainem ainichen abschidbrief erthaillen, sonnder in mit der aufkhündung für ir für. D. als hern und lanndtesfürsten weisen, die werden alsdann den aufkhünder unnd ainem rath alhie bschaidt zu geben wissen".

. . .

5. Bürger, die Gerhabschaften übernommen haben, sollen bei sonstiger Strafe die Kinder nicht in sektische Schulen schicken. Bei Nichtbeachtung sollen die Gerhaben durch katholische Personen ersetzt werden.

6. Zech- und Bruderschaften sollen wiederaufgerichtet werden.

. . .

9. Es soll strengstens verboten sein und der Magistrat hat darauf zu achten, daß in den Häusern keine Prädikanten gehalten werden „darbey sich dann etlliche burger finden lassen sollen".

10. „So ist auch denen von Leobm unverborgen, wie bey inen ain sollcher schädlicher und wider die ehr Gottes unnd gesözte löbliche policei streittender beser mißbrauch eingerissen, das wan alda am h. suntag und andern h. fessten und feyertägen die läden offenhöldt, khauffet und verkhauffet unnd andere gwerb und hanndtierung, sowoll als an andern werchtägen treibt, welches dann mitnichten zu gedulden. Derwegen so sollen sy fürs zehende disen mißbrauch bey irer für. D. straff fürderhin gänzlichen ab und einstöllen und sich darfür an soll-

chen fessten und feyrtägen, wie frummen christen gebürt, in der khürchen bey den gottsdiennst unnd sonnssten in guetten löblichen christlichen werckhen übend, finden lassen. Sy sollen auch bey den wiertten mit betroung ernnstlicher straff darob sein, das sy unter khürchzeitten, es wär dann sach, das sollches der khranckhen und durchraissenden personnen wegen die notturfft erforderet, khainen wein ausschenckhen".

11. „Es soll auch zum ailfften ain magistratt alhie guette mannßzucht erhalten, das scheltten, fluechen, juchssen, schreyen und poldern in den wierdtsheußern und auf den gassen wie auch andere schwäre lasster, dardurch dann der allmechtig Gott zu zorn und straff bewögt wirdet, khainesweegs gestatten, sonnder gegen denen verpröchern mit ernnstlicher straff verfahren. Sy sollen auch das unnuze herrnlose gesind und die starckhen streichenden pettler weeder bey der statt noch in den purckhfrid durchauß nit gedulden, sonnder bey betroung der gefänckhlichen einziech und ernnstlicher bestraffung hinweekh schaffen".

. . .

13. „Es wirdt auch zum dreyzehenden mit dem weinausschenckhen khain ordnung gehalten, sonnder es steth ainem jeden frey, ime seines gfallens ain saz zu machen, welches aber in ainer wolbestölten statt nit sein soll. Derwegen dann ain rath alhie nach beschaffenhait unnd guette deß weins ainen gebürlichen saz zu machen, die massen unnd khandlen bey den wiertten zu cementieren unnd sollches alles eheist ins werckh zu richten bedacht sein solle".

14. „So befindt sich auch fürs vierzehende im augenschein, das alhie zu Leobm das prot gar khlain gepachen wirdet, damit demnach hinfüro auch dißfals guette ordnung erhaltten werde, so soll ain rath die durch sy bestelte zwen prodtbschauer wochenntlich herumbghen unnd das prodt besichtigen unnd wögen lassen, wie auch bey den pöckhen allen übermässigen gwin unnd aigennuz genzlichen abstöllen und verhietten".

15. „Zum funffzehenden werden sich auch die von Leobm noch woll zu erindern haben, das inen zu mehrmallen durch fürstliche bevelch auferlegt worden, das sy das pfundt rindtfleisch heher nit alls umb siben pfennig außhackhen sollen lassen. Dieweill aber hierinnen der schuldige gehorsamb nit gelaist worden, so ist der commissarien verrers auferlegen, das sy solchen bevelchen nochmallen gwißlichen nachkhumen, auch bey den fleischhackhern allen beschwerlichen aigennuz abstöllen".

16. „Am sechzehenden soll ain magistratt alhie ins khonnfftige bedacht sein, die armen gefangnen personnen ihrem verbrechen nach eheist justificiern ze lassen“.

17. „Es ist auch den commissarien fürkhumen wie ettwo von ainem rath inn anschlagung der steur die gebürliche gleichait nicht gehalten, sonnder ir vill hierinnen hochbeschwört werden sollen. Weill dann solches nicht zu gestatten, so ist der commissarien bevelch, das sy nicht allain disfals niemandtes wider die gebür beschwären, sonnder auch von den burgern die steurn järliche zu rechter zeit abfordern unnd dieselben hinfüro nicht also wie bißheer beschechen hinan wachsen lassen, wie auch die alten steur ausstandten alles ernnstes würckhlichen einbringen und an das gehörige orth erlegen“.

18. „Also wellen auch die commissarien ainem rath alhie verrer auferlegt haben, das sy von allen und yeden officiern, denen gmainer stattämbtern, gerhabschafften, zehen und bruederschafften anbevolchen, hinfüro järliche, erbare und richtige raittung aufnemben“.

. . .

21. „Sy sollen auch wegen des feuers guette ordnung halten, die viertlmaister zum offtern des jars° die rauchfäng besichtigen und an notwendiger fürsehung dißfals nichts erwinden lassen“.

22. „Unnd weill auch die von Leobm vermug habender freyhait dasjhenige gelt, so die püxenmaut järlichen ertrögt, zum stattgebey anzuwenden schuldig, so sollen sy demnach solches gelt, so ir zu zeiten fallen wierdt, allain zu paw unnd besserung der statt unnd währ zugebrauchen, sonnderlich aber die maur am steeg, so in 90isten jar eingefallen, eheist widerumb zuerhöben in albeeg bedacht, auch iederzeit mit der raittung wohin solches gelt angewendt worden, gefasst sein“.

. . .

24. „Seittemall auch ir für. Dr. unnser gnedigister herr Franzen Pagge zu ainem stattanwald alhie gnedigist fürgenumben, mit bevelch, das er nit allain ob allen hievor erzelten puncten und articln starckh halten, sonnder auch auf das ganze gmaine wesen in genere und in specie sein vleissige achtung haben soll, so ist demnach der commissarien ernnstlicher bevelch, das ain rath und gmaine burgerschafft ihne den anwald gebürendermassen respectieren und ohn in und ausser seines beiwesens im fahl er anderst bey der hanndt, khainen rath versamblen noch halten und ohn sein vorwissen nichts schliessen“.

25. „Im fahl auch sich ettliche murbler nach ir der commissarien

abzug finden und gegen den eingesezten rathspersonnen (oder in ander weeg) mit unzimblich wortten und werckhen sich vermerckhen lassen wurden, so soll burgermaister, richter und rath nit allain gegen sollchen aufwiglern und murblern mit gebürlicher straff verfahren, sonnder auch die catholischen mittlspersonnen in iren standt unnd ambs schüzen und handthaben".

Original verloren, *Cop. Pap.* StLA Reformationsakten; ed. *LOSERTH,* Reformationsordnungen 136–142.

328 1598 August 21, – –

Erzherzog Ferdinand II. befiehlt der Bürgerschaft zu Leoben, von einem jährlichen Wechsel der Ratsmitglieder abzusehen, da dies Nachteile für die Stadt und die landesfürstliche Kammer mit sich bringe. Die Ratsstellen im ewigen Rat sollen mit qualifizierten Personen besetzt werden.

Original nicht auffindbar; zitiert bei *PEINLICH,* Ordnung 51, und *POPELKA,* Rat 154; erwähnt in StLA-U 1643 Oktober 3, Ebersdorf.

329 1598 September 1, Graz

Erzherzog Ferdinand II. befiehlt Bürgermeister, Richter und Rat von Leoben, daß fortan kein nichtkatholischer Bürger und Inwohner aufgenommen werden darf.

Original, Pap., StLA Reformationsakten.

330 1599 Februar 12, Graz

Erzherzog Ferdinand II. befiehlt Bürgermeister, Richter und Rat von Leoben unter Bezugnahme auf das von Erzherzog Karl II. am 1. Jänner 1587 erlassene Dekret, daß sie ihre Kinder, „so sie anderwärtig und außer landts verschickt", um dort studieren zu lassen, binnen Monatsfrist zurückholen und diese entweder an die Grazer Universität oder an das in Laibach gegründete Jesuitenkollegium schicken sollen. Der Besuch ausländischer höherer Schulen wird untersagt.

Original, w. o.

331 1599 Februar 15, Graz

Erzherzog Ferdinand II. befiehlt Bürgermeister, Richter und Rat von Leoben, die ihnen übersandte „Eidsnotel“ den Bürgern zu zeigen und zu publizieren. Hinfür darf kein nichtkatholischer Bürger Stadtämter übernehmen und Bürger werden.

Original, w. o.

332 1599 August 15, Eisenerz

Erzherzog Ferdinand II. gibt Bürgermeister, Richter und Rat der Stadt Leoben Anweisungen, wie sie sich bei Abzug von Bürgern zu verhalten haben:

1. Ohne sein Wissen und seinen Willen soll keinem einzigen Bürger das Bürgerrecht aufgekündigt werden; es muß erst die landesfürstliche Erlaubnis eingeholt werden.

2. Bei Bewilligung des Abzuges sol „ain ordenlicher cridatag durch euch ausgeschrieben [werden], damit menigclich, so zu ime, es sey gleich umb geltschulden, gehabter stattämter unnd gerhabschafft oder sonnst umb anders sprüch zu haben vermaint, des seinigen billichermassen darauß vor den abtzug würkhlich contentiert werde . . .“

3. Bei Bewilligung des Abzuges muß der Abziehende von allen seinen Gütern den zehnten Pfennig als „nachsteuer“ geben, der von der Stadt eingefordert und an die Niederösterreichische Kammer abgeliefert werden muß.

Original verloren; *Cop. Pap.* StLA, St. A. Leoben, Sch. 161, H. 689.

333 1600 März 22, Leoben

Zweite Reformationsordnung für Leoben und andere innerösterreichische Städte und Märkte.

Original verloren; *Cop. Pap.* StLA Reformationsakten.

334 1600 April 11, Graz

Erzherzog Ferdinand II. verordnet auf Beschwerde des Bergrichters von Rottenmann und Zeiring wegen unbefugter Goldwäscherei zweier

Leobener Goldschmiede, daß diese der gebührlichen Bestrafung laut eines ergangenen Patentes zuzuführen seien.

Original verloren; *Cop. Pap.* StLA, St. A. Leoben, Sch. 159, H. 663a.

ZUSAMMENFASSUNG:
DIE RECHTSQUELLEN DER STADT LEOBEN

Die vorliegende Studie versucht die Rechtsverhältnisse der zweitgröß-ten steirischen Stadt – Leoben – zwischen 1280 und 1600 möglichst quellennah zu beleuchten.

Zu diesem Zweck ist sie in zwei Abschnitte geteilt. Der erste Teil, der auf Teil 2 basiert, soll eine Übersicht über verschiedene Aspekte der Rechtsgeschichte in einer Stadt bieten. Nach einem kurzen Abriß über die Geschichte und die Verfassung der Stadt Leoben im behan-delten Zeitraum, werden im Kapitel „Stadt und Recht" jene Stadtäm-ter behandelt, in deren Kompetenz die Rechtsprechung vorwiegend fällt. In Leoben war dies bis ins 16. Jahrhundert das Amt des Stadt-richters, das dann den Vorrang an den jeweiligen Bürgermeister abtre-ten mußte. Die genauen Ausmaße des Geltungsbereiches des städti-schen Rechtes sind erst aus dem 16. Jahrhundert bekannt. Die 1525 bzw. 1541 einsetzenden Gerichts- und Ratsprotokolle geben genauere Aufschlüsse über die Umstände der Wahl und der Einsetzung in das Amt sowie über gesprochene Urteile. Zu wenig untersucht sind allge-mein die Beziehungen zwischen Stadtgericht und den angrenzenden Landgerichten. Für Leoben lassen sich zu diesem Problem nur wenige Quellen finden.

Ein weiteres Kapitel befaßt sich mit der rechtlichen Stellung der Bewohner einer Stadt und deren Beziehungen zueinander. Die Bevöl-kerung der Stadt Leoben war nicht einheitlich. Es gab Bürger, die im Besitz des vollen Bürgerrechtes waren, solche mit eingeschränktem Bürgerrecht (die sog. Haidstaller), Inwohner ohne bürgerliche Rechte und Pflichten, stadtherrliche Ministerialen, Geistliche und Juden. Adel, Klerus und Juden waren von der städtischen Jurisdiktion ausge-nommen. Über das Verhältnis der rechtlich unterschiedlichen Gruppen der Stadtbewohner verlautet nur wenig aus den Quellen. Berührungs-punkte bildeten vor allem der Besitz und die Stiftungen. Zu den Vor-teilen des Bürgerrechtes zählten günstige Besitzrechte, eine eigene städtische Gerichtsbarkeit, die Nutzung des Bürgerwaldes, der Vieh-weide und eines Steinbruches sowie das Fischen in der Mur und die niedere Jagd. Zu den Pflichten der Bürger zählten die militärische Sicherung der Stadt nach außen, die Erhaltung der Sicherheit im Inne-ren, die Steuerleistung und die Übernahme städtischer Ämter. Um die Steuerleistung aufrechtzuerhalten, war der Stadtherr bestrebt, die Bür-ger seiner Stadt durch verschiedene Privilegien in ihrer Handels- und

Gewerbetätigkeit zu schützen. In Leoben lassen sich bereits Ende des 13. Jahrhunderts Handwerker und Eisenhändler nachweisen. Mit dem 1314 verliehenen Niederlagsrecht für Trofaiacher und Vordernberger Eisen wurden die Vormachtstellung Leobens im steirischen Eisenhandel und die Entstehung der Eisengewerbe grundgelegt. Die 1415 erstmals genehmigte Eisenhandelskommunität für den Ein- und Verkauf des Vordernberger Eisens durch Leobener Bürger war ein gewinnorientierter wirtschaftlicher Zusammenschluß, der jedoch nur von kurzer Dauer war. Die frühesterwähnte Handwerksbruderschaft zu Leoben ist bezeichnenderweise jene der Schmiede und Hammermeister.

Das Siegel als Ausdruck einer rechtlich und verwaltungsmäßig selbsttätigen Bürgergemeinde darf in seiner Bedeutung für die Rechtsgeschichte einer Stadt nicht unterschätzt werden. Der Vogel Strauß im Leobener Stadtwappen erfuhr bislang unterschiedliche Deutungen. Hervorzuheben ist die rechtliche Bonität, die dem Stadtsiegel zuerkannt wurde. In den meisten der mit dem Stadtsiegel beglaubigten Urkunden fehlen weitere Siegel.

Die Beziehungen zwischen Stadtherr und Stadt waren vielfältig. Der Stadtherr stellte Grund und Boden für die Errichtung der Stadt in Form einer freien erblichen Leihe zur Verfügung und übernahm eine wichtige Rolle beim Bau der Stadtbefestigung. Die Stadtsteuer, Maut, Ungeld und andere Steuern waren an die landesfürstliche Kammer zu leisten. Daneben griffen einzelne Stadtherren, so etwa besonders Kaiser Friedrich III., in bürgerliche Angelegenheiten ein. Zumeist erscheinen die Stadtherren durch die Gewährung von Privilegien als Förderer der Stadt und seiner Bewohner, obwohl sie sich kaum in ihren Mauern aufgehalten haben. Vor allem zur Zeit der Reformation und Gegenreformation bekam die Stadt jedoch die landesfürstliche und gleichzeitig stadtherrliche Macht zu spüren.

Eine Besonderheit bezüglich der kirchlichen Verhältnisse in Leoben ist, daß bei der Verlegung der Stadt in die Murschlinge die Kirche St. Jakob im ehemaligen Markt (Alt-)Leoben als Pfarrkirche außerhalb der Mauern blieb. Der Erzbischof von Salzburg erteilte 1330 die Erlaubnis, innerhalb der Stadtmauern eine Kapelle zu errichten, die spätere St.-Johannes-Kapelle. Die Dominikaner lassen sich 1280 erstmals urkundlich zu Leoben nachweisen. Ebenfalls in die Betrachtung mit einbezogen wurde die Marienkirche in der Vorstadt Waasen, wo auch das Bürgerspital gelegen war, das eine Stiftung der bürgerlichen Familie Pierer war. In Leoben bestanden mehrere Bruderschaften, von denen jedoch nur die Ordnung der St.-Jakobs-Bruderschaft der Bettler von 1517 erhalten ist. Die Klöster Admont und Rein sowie der Pfarrer zu Proleb besaßen Freihäuser in der Stadt. Vielfältig waren auch die Beziehungen zwischen der Äbtissin von Göß und den Bürgern von Leoben. 1528 sind in Leoben Wiedertäufer nachweisbar, die sich jedoch durch Flucht der Verfolgung entzogen. Zur Zeit der Reformation entflammte ein Streit zwischen den Bürgern von Leoben und dem Abt von Admont um das Vogteirecht über die Pfarrkirche St. Jakob. Der Rechtsstreit zog sich jahrelang hin, ehe die Leobener auf Eingriffe in das Vogteirecht verzichten mußten. Der Protestantismus breitete sich in Leoben ab der Mitte des 16. Jahrhunderts immer mehr aus. 1598 erhielt Leoben als erste steirische Stadt eine Reformationsordnung.

Nur wenige Urkunden nehmen auf Leobener Juden Bezug. Konkret gibt es für den untersuchten Zeitraum nur einen einzigen und eher dürftigen Nachweis eines Juden in Leoben. Auch der Nachweis eines Judengerichtes konnte nicht erbracht werden. Die Frage, warum Juden in Leoben eher unbedeutend waren, kann auf mehrere Gründe zurückgeführt werden.

Bei der Betrachtung der Ausstellungsorte der Privilegien für Leoben fällt auf, daß keines von ihnen in Leoben ausgestellt wurde. Da auch kein Privileg in Leoben bestätigt wurde, waren die Leobener gezwungen, Abordnungen zum jeweiligen Aufenthaltsort des Landesfürsten zu schicken. In den Urkunden werden die Ausstellungsorte nicht immer genannt. Notariatsurkunden des 16. Jahrhunderts zeigen dagegen eine präzise Datierung und genaue Angabe des Ausstellungsortes. Geurkundet wurde vorerst vermutlich im Privathaus des Richters, später im Rathaus, das 1485 erstmals in den Quellen erscheint.

Seit wann in Leoben ein Stadtschreiber tätig war, läßt sich aufgrund der erhaltenen Urkunden nicht mit Sicherheit feststellen. Die Quellenbasis für Aussagen über eine funktionierende städtische Kanzlei ist zu gering. 1442 wird der erste Stadtschreiber namentlich genannt. Seit dem 16. Jahrhundert besserte sich die Quellenlage. Dennoch zeigen die reichlicher erhaltenen Urkunden, daß auch danach die „Kanzlei" nur ansatzweise vorhanden war. Sie wurde nur durch den Stadtschreiber repräsentiert. Unklar sind die Voraussetzungen für die Aufnahme als Stadtschreiber. Gewiß mußte der Stadtschreiber einigermaßen rechtskundig sein. Akademische Bildung läßt sich bei keinem Stadtschreiber feststellen. Wie der Stadtrichter wird der Stadtschreiber die Kenntnis in der alltäglichen Praxis erworben haben. Das Stadtschreiberamt stand mit jenem des Schulmeisters in Zusammenhang. Der Stadtschreiber konnte gleichzeitig auch Notar sein. Stadtrichter, seit

1541 Bürgermeister und der Stadtschreiber zählten zu den wichtigsten städtischen Amtspersonen.

In einem eigenen Abschnitt werden die Rechtsquellentypen näher charakterisiert. Es sind dies Privilegien und stadtherrliche Mandate, Handwerks- und Bruderschaftsordnungen, jüdische Schuldurkunden sowie Rechtsquellen privatrechtlichen Inhalts.

Das „gebündelte" Stadtrecht Leobens läßt sich nicht eindeutig einer Stadtrechtsfamilie zuordnen. Jede Stadt hatte ihre besonderen Privilegien und Gewohnheiten. Einflüsse des Wiener Rechtes können – ähnlich wie für Judenburg und Bruck a. d. Mur – angenommen werden. Städtisches Gewohnheitsrecht zeigte sich etwa ab der Mitte des 15. Jahrhunderts in den Sicherungsformeln bürgerlicher Urkunden.

In Teil 2 werden 334 Rechtsquellen, zum Teil im Volltext, zum Teil im Regest geboten. Als Grundlage wurden – soweit vorhanden – Originalurkunden herangezogen. Die der Arbeit zugrundeliegende Definition des Begriffes „Rechtsquelle" schließt nicht nur normative Rechtsquellen an sich ein, sondern alle Quellen, die über das Rechtsleben in der Stadt Auskunft geben. Dazu gehört die Erstnennung eines Stadtrichters ebenso wie die Rechtsquellen privatrechtlichen Inhalts. Bei gleich- oder ähnlich lautenden Stücken galt das Prinzip des zeitlich früheren. Bei den Gerichts- und Ratsprotokollen des 16. Jahrhunderts wurden Typen ausgewählt.

Besonderer Wert wurde auf ein ausführliches Register gelegt, das, geteilt in ein Personen- und Ortsregister sowie ein Sachregister, künftigen Benützern hilfreich sein soll.

ANHANG

1. LISTE DER STADTRICHTER BIS 1600

1273: Wernhardus
1280: Bernhardus
1282: Wernhardus
1284: Bernhardus
1297: Friedrich Haller
Heinrich, „angesetzter Richter"
1298: Wigandus
Heinricus, „subjudex"
1310: Chunrad
1311: Chunrad
1313 Jänner 5: Chunrad
" April 14: Ulricus
1321: Nicla Judenhaupt
Chunrad und Ulrich, „di alten richter"
1328: Heinrich
1331: Heinrich
1332: Andre
1342: Heinrich Stupper
1346: Heinrich Pierer
1361: Wulfing Pachscheit
1365: Örtlein Haerb
1369: Jakob Huebherr
1371: Martin Torsäuler
1376: Jakob Huebherr
1377: Ulrich Chloczenritter
1378: Jakob Huebherr
1382: Dietrich Styerl
1383: Ulrich Schawrekker
1384: Heinrich Chorntewer
1385 Jan. 21: Heinrich Chorntewer
" Juli 4: Ulrich Cherner
1388: Thomas Ledrer
1389: Thomas Ledrer
1391: Niclas Unsin
1393 Feb. 6: Niclas Unsin
" Mai 25: Jäklein Arbaistaler

1399: Heinrich Chorntewer
1404: Jakob Arbaistaler
1406: Hans Hodwider
1407: Jakob Arbaistaler
1410: Chunrad Sunter
1411: Hermann Stenpfel
1412: Friedrich Halperger
1413: Friedrich Halperger
1415: Hertneit Strazzer
1416: Chunrad Sunter
1417: Jakob Glacz
1418: Jakob Glacz
1420: Caspar Pierer
1421: Caspar Pierer
1422: Hans Schalawczer
1423: Simon Gruenermel
1424: Simon Gruenermel
1425: Vinzenz Sawser
1426: Vinzenz Sawser
1427: Jakob Glacz
1428: Gregor Numerdum
1430: Hans Scherer
1437: Hans Schalawczer
1441: Ulrich Popperhandel
1442: Hans Scherer
1443: Hans Scherer
1444: Hans Reicher
1447: Ulrich Popperhandel
1458: Hans Reicher
1462: Ulrich Popperhandel
1464: Hans Haindorfer
1466: Hans Zwickl
1468: Wolfgang Hersinger
1471: Hans Zwickl
1473: Hans Zwickl
1475: Paul Gablkhover
1476: Gregor Leubner
1479: Hans Pringsauf
1481: Wolfgang Steyrer
1483: Gregor Leubner

1485: Paul Gablkhover
1488: Niclas Schwartzpeck
1493: Ruprecht Reichenhaller
1494: Niclas Schwartzpeck
1498: Sigmund Pawngartner
1500 März 19: Lienhart Zehenthover
" Dez. 31: Niclas Schwartzpeck
1501: Hans Eisenperger
1502: Hans Flugk
1504: Lienhart Zehenthover
1506: Mathias Khuener
1509: Lienhart Zehenthover
1512: Hans Flugk
1513: Hans Flugk
1515: Hans Eisenperger
1516: Hans Eisenperger
1517: Wolfgang Gablkhover
1522: Ulrich Leokircher
1523: Doctor Sebastian Hinkher
1524: Zacharias Gablkhover
1525: Wolfgang Gablkhover
1526: Wolfgang Donnersperger
1527: Doctor Sebastian Hinkher
1528: Lorenz Zehenthover
1529: Wolfgang Donnersperger
1530: Zacharias Gablkhover
1531: Melchior Traub
1532: Wolfgang Gablkhover
1533: Doctor Sebastian Hinkher
1534: Zacharias Gablkover
1535: Thomas Aichinger
1536: Conrad Halsinger
1537: Hans Graber
1538: Wolfgang Donnersperger
1539: Doctor Sebastian Hinkher
1540: Zacharias Gablkhover
1541: Hans Graber
1542: Wolf Wiener
1543: Wolfgang Hohenwarter
1544: Paul Grundtner

1545: Mathes Schmelzer
1546: Caspar Weger
1547: Caspar Weger
1548: Zacharias Gablkhover
1549: Thomas Schmittner
1550: Melchior Traub
1551: Caspar Weger
1552: Sebastian Veichter
1553: Augustin Ziegler
1554: Andre Donnersperger
1555: Sebastian Veichter
1556: Hans Veyel
1557: Andre Donnersperger
1558: Jakob Gunzkhover
1559: Hans Hanner
1560: Sebastian Gablkhover
1561: Erasmus Reitsperger
1562: Abel Donnersperger
1563: Hans Hanner
1564: Sebastian Gablkhover
1565: Caspar Spät
1566: Hans Hanner
1568: Erasmus Reitsperger
1569: Abraham Donnersperger
1570: Hans Steuber
1571: Caspar Spät
1572: Wolf Henntz
1573: Georg Jandl
1574: Wolf Henntz
1576: Mathe Gerlach
1577: Georg Puchner
1578: Hieronimus Pischinger
1579: Daniel Donnersperger
1581: Mathe Gerlach
1582: Georg Puchner
1583: Michael Donnersperger
1584: Michael Mair
1585: Wolf Haslinger
1586: Michael Mair
1587: Wolf Haslinger

1588: Mathes Schwär
1589: Michael Mair
1590: Mathes Schwär
1591: Wolf Haslinger
1592: Hans Guppler
1593: Sigmund Leuzendorfer
1595: Hermann Carl
1596: Hans Guppler
1597: Hermann Carl
1598: Georg Rormoser

2. LISTE DER BÜRGERMEISTER BIS 1600

1400: Jakob Unger
1461: N. N.
1462: Michel Swanselperger
1464: Hans Zwickl
1467: Friedrich Kainer
1468: Friedrich Kainer
1471: Friedrich Kainer
1541: Wolfgang Donnersperger
1542: Zacharias Gablkhover
1543: Leonhard Gablkhover
1544: Hans Graber
1545: Zacharias Gablkhover
1546: Wolf Wiener
1547: Mathes Schmelzer
1548: Hans Graber, dann Wolfgang Donnersperger
1549: Wolf Wiener
1550: Mathes Schmelzer
1551: Zacharias Gablkhover
1552: Thomas Schmittner
1553: Mathes Schmelzer
1554: Zacharias Gablkhover
1557: Mathes Schmelzer
1558: Thomas Schmittner
1559: Augustin Ziegler
1560: Jakob Gunzkhover
1561: Mathes Schmelzer

1563: Sebastian Veichter
1564: Jakob Gunzkhover
1565: Augustin Ziegler
1568: Augustin Ziegler
1569: Hans Hanner
1570: Jakob Gunzkhover
1573: Hans Hanner
1574: Hans Hanner
1576: Wolf Henntz
1577: Caspar Spät
1578: Caspar Spät
1579: Wolf Henntz
1581: Wolf Henntz
1582: Daniel Donnersperger
1583: Wolf Henntz
1584: Hieronimus Pischinger
1585: Wolf Henntz
1586: Daniel Donnersperger
1587: Hieronimus Pischinger
1588: Wolf Henntz
1589: Daniel Donnersperger
1590: Wolf Henntz
1591: Michael Mair
1592: Mathes Schwär
1595: Sigmund Leuzendorfer
1596: Wolf Haslinger

REGISTER

Vorbemerkungen:

1. Fettgedruckte Ziffern bedeuten die Seiten des ersten Teiles, jene in Kursivsatz jedoch die Rechtsquellennummern des zweiten Teiles.
2. Allgemeine Nennungen von Leoben wurden nicht berücksichtigt.

1. Orts- und Personenregister

2. Sachregister

Z